LEMURIA-ASHAMAH

Die Aluah-Trance Massage aus Lemuria

Dietrich von Oppeln-Bronikowski
Dr. med. Sylke Neumann

LEMURIA-ASHAMAH

Die Aluah-Trance Massage aus Lemuria

ch. falk-verlag

Erstveröffentlichung

Gestaltung,
Fotos und Illustrationen: Dietrich von Oppeln-Bronikowski

Druck: Druckerei Sonnenschein, Hersbruck

Printed in Germany
ISBN 3-89568-061-3

Meiner geliebten Großmutter

Aenne Winter
1884-1965

gewidmet

Inhaltsverzeichnis

Vorwort

Liebe Leser dieses Buches, liebe Freunde!

Was passiert eigentlich alles in einem Menschenleben? Was spielt sich auf all den verschiedenen Ebenen des menschlichen Seins ab? Was ist uns davon bewußt, was ist und bleibt unbewußt und beeinflußt uns dennoch jeden Tag, jede Stunde, jede Sekunde?

Gibt es so etwas wie eine allgemeine Blaupause für ein glückliches und erfülltes Leben?

Wie verhält sich unser Leben, wie wir es tatsächlich leben, zu dem Leben, wie wir es uns vielleicht einmal vor unserem Hierherkommen erträumt haben? Wie verhalten sich Ideal und Wirklichkeit? Wie wirken auf uns Situationen und Erlebnisse, an die wir uns gar nicht mehr erinnern können - aus diesem Leben und aus anderen? Ist unser Leben tatsächlich nur aufgespannt zwischen Vergangenheit, Gegenwart und Zukunft? Oder existieren wir auch darüber hinaus?

Wie ist das eigentlich mit Körper, Geist und Seele? Wie wirken sie zusammen? Was passiert, wenn ihre Synergie gestört ist, wie ist es, wenn sie heil ist? Gibt es darüber etwas Allgemeingültiges zu sagen?

Mit diesen Fragen, liebe Leserin, lieber Leser, beschäftige ich mich schon so lange - und Sie vielleicht auch. Es sind uralte Menschheitsfragen, immer wieder neu gestellt, nie aber wirklich endgültig beantwortet.

Vor einigen Jahren habe ich im „Teaching“ von *Lazaris* das Konzept von den sieben Phasen und Gesichtern der Seele entdeckt (mehr zu *Lazaris* im Teil IV des Buches). Es hat mich sofort tief angesprochen und mich dazu angeregt, mein Leben und das Leben anderer zu untersuchen, ob und wie dieses Konzept stimmig ist. Ein Aha-Erlebnis folgte dem anderen. Insbesondere beobachtete ich eine Verknüpfung der Seelenphasen mit bestimmten Wachstumsstufen des menschlichen Lebens. So baute ich das Konzept immer mehr aus und schuf daraus eine Grundlage zur Betrachtung des menschlichen Lebens: die 7 Seelen- und Lebensphasen. Ich kam zu der Überzeugung, daß, wenn man all diese Phasen voll nach ihrer Bestimmung lebt, man das Meiste aus seinem Leben machen kann - auf allen Ebenen.

Während des Schreibens der Bücher über Lemuria machte ich die wundervolle Entdeckung, daß wir dort offensichtlich im vollen Bewußtsein der Wichtigkeit dieser Lebensphasen gelebt haben. Ich hatte in meiner Meditation diese entzückende Begegnung, die ich in der Geschichte „Wie alles begann ..." beschreibe. Und dann kam eins zum anderen. Ich beobachtete die fröhlichen Einweihungen und ihre Feste, die tiefe gegenseitige Anteilnahme an den jeweiligen Seelenthemen und Lebenssituationen, und ich begriff, daß die lemurianischen Menschen deshalb so gesund und glücklich, so reich und lebendig waren, weil sie die Bedürfnisse der Seele nach Achtsamkeit und Fürsorge in der Beachtung ihrer Phasen erfüllten.

Angeregt durch das Erlebnis am Felsen, wo die Frau so liebevoll ihr Kind massierte, beobachtete ich außerdem, daß die Lemurianer sich das ganze Leben hindurch gegenseitig berührten. Wir würden sagen, sie massierten sich, wenn man das Trommeln, Streicheln, Betupfen, Drücken mit Füßen, Händen, Armen und Lippen, mit Kristallen und Steinen, mit Ölen und Essenzen, mit Kräutern und Moosen, mit warmem und kaltem Wasser als Massieren bezeichnen kann.

Waren sie denn so verspannt? Nein, darum schien es nicht zu gehen. Ich erkannte, daß diese Massagen so etwas wie anerkennende Botschaften waren - an Körper, Geist und Seele. Wobei der Körper (und seine Aura) offensichtlich das Tor, die Membran war, um Seele und Geist zu erreichen und mit ihnen zu kommunizieren. Dabei sangen sie. Es waren poetische Verse von großer Schönheit und Eindringlichkeit, die immer wieder, wie Mantras, wiederholt wurden.

Ich beobachtete, daß die Massagen in den verschiedenen Lebensphasen immer wieder anders waren, andere Bewegungen, andere Hilfsmittel, verschiedene Essenzen, immer wieder andere Gesänge.

Sie nannten diese Massage: *Aluah-Ashamah.*

Mit diesem Buch möchte ich Ihnen die Aluah-Ashamah von Lemuria vorstellen. Seit über zwei Jahren gebe ich sie mit Erfolg in Ausbildungsseminaren weiter.

Ich beschäftige mich schon sehr lange mit „Lemuria", dem Land „lange vor unserer Zeit", bin in unzähligen Meditationen dorthin gereist, habe einiges darüber gelesen und bin zu der Auffassung gekommen, daß das, was wir „das Paradies" nennen, eine Erinnerung an eine Welt ist, in der alles so war, wie wir es uns jemals erträumten - eben „Lemuria".

Von Lemuria gibt es nicht allzu viele Überlieferungen, dennoch haben Menschen oft ein mehr oder weniger bewußtes Heimweh nach diesem Land im Pazifik, dem „Land des goldenen Lichts". Obwohl es auf dieser Erde nicht mehr existiert, ist die Erinnerung im Unbewußten der Menschheit verborgen (das Paradies, Shangrila, Insel der Glückseligen, Shambhala ...).

Lemuria ist in vieler Weise ein exemplarischer Ort. Es repräsentiert eine

Vision vom Menschen, die wir heute noch nicht leben. Aber wir sind auf dem Weg dorthin.

Lemuria ist nicht ein Ort der Vergangenheit, der „guten alten Zeit", an den wir wieder zurückkehren sollten, sondern ist eher ein Ort der Zukunft. Wir haben die Zukunft sozusagen schon einmal gelebt, und nun bewegen wir uns wieder auf sie zu - ein seltsames Paradox, das sich auch anders formulieren läßt: Wir kehren heim und waren eigentlich immer zu Hause.

Um eine glückliche und erfolgreiche Zukunft zu leben, brauchen wir also nicht zu Ackerbau und dörflichem Leben zurückzukehren. Nein, Lemuria und das, was es repräsentiert, kann immer gelebt werden - auch in einer Welt der Bits und Bytes, der digitalen Netzwerke und der Global Community. So steht Lemuria in diesem Buch für eine Vision vom Menschen, wie er eigentlich gedacht ist: würdevoll, verantwortlich, respektvoll, integer und eins mit dem Göttlichen. Ein „heimgekommener" Mensch, ein wahrhaft erwachsener Mensch, ein guter Sachwalter dieser Erde und all seiner Geschöpfe.

Daher sind in diesem Buch so viele Seiten den Beschreibungen gewidmet, wie es in Lemuria war. Ich stelle bewußt ein Ideal dar, das uns durch seine visionäre Kraft in den Zustand von Zuversicht und Hoffnung, Mut und Erwartung versetzt. Die Menschen, die sich der Aluah-Trance Massage von Lemuria, der *Aluah-Ashamah,* widmen wollen - so wie Sie - haben ein solches Ideal in sich.

Aluah-Ashamah heißt übersetzt so viel wie „der kreative, lebendige und heilende Geist, der aus dem Herzen der gebenden Göttin fließt und dich und mich berührt". Aluah ist diese lebendige Kraft, vergleichbar mit Chi oder Prana, ein Aspekt der lebendigen göttlichen Kraft, die durch uns fließt, wenn wir das wollen und die Tür dazu aufmachen. Alle Menschen von Lemuria wußten um diese Liebeskraft und waren ganz natürlich mit ihr verbunden. Sie mußten nicht erst in „Trance" gehen, um sich auf sie einzustimmen. In gewisser Weise waren sie nämlich immer in „Trance", d.h. in der entspannten Alpha-Schwingung, in der wir es viel leichter haben, mit „allem" verbunden zu sein, so daß die guten und heilenden Kräfte in uns und durch uns fließen können.

Aluah floß zwischen Eltern und Kindern, zwischen Liebespartnern, in der Sexualität, aber auch im Anblick eines Sonnenunterganges - es war eine „köstliche Kraft", verbunden mit dem „köstlichen, prickelnden Gefühl", DA zu sein. Es war auch die Kraft, die entsteht, wenn man im Einklang mit der eigenen Seele ist, wenn sie sich verstanden und geliebt fühlt und wenn man ihr erlaubt, sich auszudrücken, wenn man ihr Stimme verleiht und wenn man ihren Entwicklungsphasen oder - sogar noch präziser - „Ausdrucksphasen" im Laufe des Lebens genügend Raum gibt.

In der Aluah-Trance Massage geht es also um die bewußte Würdigung der menschlichen Seelen- und Lebensphasen, die synchron miteinander verlaufen.

Es geht darum, der Seele das Tor zum Leben und dem Leben das Tor zur Seele offen zu halten. Es geht darum, der Seele immer wieder die Botschaft zu geben, daß sie am Leben teilnimmt und teilnehmen darf, daß sie geliebt ist und daß ihre Präsenz und ihr Einfluß auf das Leben anerkannt wird.

Das ist wichtig, insbesondere in einer Zeit, in der die Seele in der Regel nur noch dann Beachtung findet, wenn sie sich „negativ" äußert - durch eine Krise, eine Krankheit oder einen Zusammenbruch. Die „Midlife-Krise", in der die Seele sich im Übergang von der Lebensphase 4 zur Lebensphase 5 (das „ausdrucksvolle, bewußte Handeln") befindet, wird im allgemeinen zu einer Art Krankheit herabgewürdigt - dabei ist gerade diese „Krise" eine Suche nach Öffnung, in der sich die Seele nach außen wendet und Ausdruck findet. Ohne die Würdigung dieser Phase ist ein bewußtes und erfülltes Altern gar nicht möglich - ein Grund, warum so viele alte Menschen abgeschrieben sind und nicht mit Würde in die 6. Phase gehen können, in die Phase der „Weisheit". Diese Phase ist wiederum wichtig für die letzte, das bewußte, würdevolle Sterben - den Übergang zu einem neuen Leben.

Die Aluah-Trance Massage ist wieder in die Welt gekommen, um uns diese Seelenphasen bewußt zu machen und ihre große Bedeutung für das Leben anzuerkennen.

Vielleicht werden Sie sich fragen: Wenn ich jetzt 55 bin und die Seelenphasen in meinem Leben bisher kaum beachtet habe, habe ich dann alles verpaßt?

Nein, das Schöne ist, die Aluah-Trance Massage kann vorwirkend und rückwirkend eingesetzt werden, ist also für jedes Alter bestimmt.

Bei denen, die den gesamten Zyklus der sieben Phasen der Massage einmal empfangen haben, ist vieles aus der „Vergangenheit" geheilt und vieles für die „Zukunft" vorbereitet. Denn die Seele ist zeitlos. Unser inneres Kind und unser innerer Jugendlicher sind mit ihren Seelenverbindungen immer in uns lebendig und suchen nach angemessener Beachtung und Anerkennung. Wenn wir es „damals" nicht bekommen haben, dann können wir es uns heute geben - und es wirkt so, als ob es „damals" geschehen wäre.

In diesem Buch ist öfters von Sexualität die Rede. Dieses so scharf und technisch klingende Fremdwort zeigt, wie wir mit diesem wunderbaren Bereich des menschlichen Lebens umgehen. In Lemuria war das Wort dafür: Aluah-Ashanah und unterschied sich nur in einem Buchstaben von „Aluah-Ashamah". Es war die köstliche Liebesenergie, die im Fluß ist und alles Lebendige berührt. Die Integrität der Lemurianer war, daß diese Ashanah-Energie in jeder Lebensphase etwas anders gelebt wurde, aber sie wurde IMMER gelebt. Sie war eine Verbindung zum heiligen Geist, zu Mama-Ahanah, und beide, der Geist der Liebe (Aluah) und der Heilige Geist (Mama-Ahanah) flossen in der Ashanah ineinander. Daher ist dieser Bereich durchaus ein Bestandteil der Aluah-

Ashamah, und ich gehe immer wieder in diesem Buch darauf ein.

Gerade dieser (Er)Lebensbereich ist in der heutigen Zeit ein sehr delikates Thema, da er mit der Verletzlichkeit, Tiefe und Göttlichkeit des Menschen zu tun hat und damit, daß die meisten von uns hier so verwundet sind. Ich bitte meine Leser darum, sich beim Lesen dieses Buches und erst recht beim Geben der ATM immer wieder klar zu sein, daß die Sexualität etwas Heiliges und Göttliches und die Grundenergie alles Schöpferischen ist. Gerade weil sie so ein direkter Zugang zur eigenen und zur Seele des anderen ist, in **jedem** Lebensalter, wurde sie in den letzten Jahrhunderten von gewissen Kräften so schrecklich mißbraucht, beladen und belastet.

Die Aluah-Trance Massage ist viel mehr als eine Massage. Sie ist eine Wiederherstellung eines natürlichen Lebensrhythmus und Lebensverständnisses. Sie ist damit auch die Wiederherstellung einer Lebensqualität, die wir in unseren Tagen so schmerzlich vermissen.

Viele von Ihnen werden beim Lesen dieses Buches mehr über sich und ihre Umwelt verstehen, insbesondere beim Lesen der Abschnitte über die Lebens- und Seelenphasen in der heutigen Zeit. Sie werden sich so manche Situation, so manches Erlebnis, so manche Sehnsucht, manchen Irrtum, manche Beziehung und Partnerschaft, Berufssituation und Weltbezug, so manche Schwierigkeit und so manche Freude auf Ihrem bisherigen Lebensweg erklären können.

Benutzen Sie dies, um gnädiger und liebevoller mit sich und anderen zu sein, verständnisvoller. Verstehen Sie, warum die Welt immer noch in dem Zustand ist, in dem sie ist. Haben Sie den Mut, Vorschläge zur Veränderung zu machen und in Ihrem eigenen Leben umzusetzen. Dieses Buch soll auch dazu eine Anregung und Ermutigung sein.

Immer wieder schreibe ich von Lebenspurpose, Lebensmission, Lebensaufgabe, Lebenswahrheit. Diese Begriffe gehen davon aus, daß viele von uns hier sind, um etwas Bestimmtes zu tun, durch eine bestimmte Entwicklung zu gehen, einen bestimmten Beitrag für die Welt zu leisten. *Lazaris* nennt solche Menschen die Kartenmacher, die Visionäre, die Träumer und Träumeweber, die Realitäts-Schöpfer. Die meisten Leser, die dieses Buch hier gefunden haben, gehören zu dieser Gruppe, und die Aluah-Trance Massage ist ihnen in besonderer Weise gewidmet, damit sie noch mehr von dem sein können, was sie sind, und mehr tun können, was sie sich vorgenommen haben.

Aber die ATM ist für alle da, auch für die, die keine besondere Lebensausrichtung haben und einfach „nur" leben wollen. Nach *Lazaris* gibt es kein höheres Ziel, als zu lernen, Spaß zu haben und wie man bewußt erfolgreich ist („...to learn how to have fun and to consciously create success"). Das ist alles, was wir lernen müssen, und das nicht einmal perfekt, sondern gerade gut genug - und dann dürfen wir nach Hause.

Aber, sagt *Lazaris*, so einfach scheint das mit dem Spaß auf dieser Welt nicht zu sein, also dem richtigen Spaß, dem, der aus der Einheit von Körper, Geist und Seele kommt. Wir haben es offensichtlich geschafft, aus dem Leben etwas recht Ernstes zu machen, und, so sagt *Lazaris* weiter, „it was never meant to be so painful, so fearful", es war nie so schmerzhaft und so zum Fürchten gemeint, wie es in dieser Welt oft ist.

Die Aluah-Trance Massage soll daher in erster Linie zu mehr Lebensspaß und Lebensfreude beitragen und zu mehr echtem Erfolg - Erfolg, den man von Herzen genießen kann.

Zugegeben, im vorliegenden Buch wird das menschliche Leben sehr ideal, voller Fülle, aufregend und wunderbar dargestellt. Zugegeben, so erleben wir es nicht jeden Tag - aber es wäre sicher schön, es **ein wenig** mehr so jeden Tag zu erleben. Die Aluah-Trance Massage soll uns zumindest in die Lage versetzen, mehr von dieser Lebensfreude erleben zu können.

Da und dort schreibe ich von **„Magie"**, „magischer Zeit", „magischen Qualitäten des Menschen" usw. Ich meine damit die lemurianische Auffassung von Magie, ich nenne sie die „goldene" Magie. Es ist die höchste Form spiritueller Kompetenz, es ist das Wissen um die Schöpfung, es ist Achtsamkeit, Fürsorge, Integrität und das schöpferische Wissen darum, daß der Mensch sich seine Realität selbst erschafft. Sie umfaßt die Fähigkeit der Co-Creation, das heißt das Mitschöpfertum mit dem Höheren Selbst und Gott. Sie weiß von ihrer Kraft, sie ist aber auch demütig in ihrer Anerkennung von Grenzen, Prinzipien und Werten.

Diese Magie hat überhaupt nichts zu tun mit den manipulativen Aktivitäten, die da und dort - auch auf metaphysischer Ebene - als „Magie" angesehen und eingesetzt werden.

Noch ein weiteres Wort möchte ich klarer definieren. Wenn ich vom **„Geist"** des Menschen spreche, meine ich die Essenz, den göttlichen Funken, den Heiligen Geist des Menschen. Die englische Sprache unterscheidet zwei Worte, nämlich „mind" und „spirit". Im deutschen Wortgebrauch ist „Geist" meist gleichbedeutend mit „mind", also dem Verstand. Wenn ich das Wort **„Geist"** verwende, meine ich aber **immer** den **„spirit"**, das **göttliche Bewußtsein** des Menschen. Für „Geist" und „geistig" als Leistung des **physischen Bewußtseins** verwende ich „mind" oder „Verstand", „mental" oder „rational".

Mir ist wohl bewußt, daß nicht alle Leser meine Definition von „Seele" und „Geist" teilen. Mit Definitionen werden wir immer auf dieser Welt unsere liebe Mühe haben, wenn wir Dinge beschreiben, die mit unseren begrenzten Worten kaum beschreibbar sind. In einem wundervollen buddhistisch orientierten Buch, das ich in einem der Kapitel zitiere, ist der „Geist" z.B. gleichbedeutend mit dem Ego und so wird darin vom „bösen" Geist des Menschen gesprochen.

Auch hier ist mit Geist wohl „mind“ oder eben „das Ego“ gemeint und nicht der göttliche Funke, von dem ich spreche.

Wenn ich in „männlicher“ Form schreibe, sind natürlich alle meine weiblichen Leser mit eingeschlossen und umgekehrt. Außerdem möchte ich mich dafür entschuldigen, daß ich den Leser, die Leserin im Buch abwechselnd mit „Sie“ und mit „Du“ anspreche. Ich habe dies erst gegen Ende des Buches gemerkt und wollte es nicht mehr verändern. Es hat einen Sinn. Bitte fühlen Sie sich, fühle Du Dich **immer** angesprochen.

Fast drei Jahre habe ich nun an diesem Buch geschrieben, mußte es oft wegen anderer Projekte liegen lassen. Das war aber auch gut so, denn im Verlauf der Zeit sind immer wieder neue Erkenntnisse hinzugekommen. Zugegeben, es ist umfangreicher geworden als ursprünglich geplant und dadurch auch teurer. Aber ich denke und hoffe, daß mir meine Leser dies verzeihen in Anbetracht eines Buches, das wesentlich mehr bietet als eine bloße Beschreibung von Techniken.

Nun könnte man beim ersten Hineinsehen ins Buch meinen, daß die ATM sehr kompliziert ist, und ich würde zu gern mit einer langatmigen und erschöpfenden Rede über den Unterschied zwischen kompliziert und komplex kontern. Tu ich aber nicht und sage einfach: Alles, was hier geschrieben steht, ist nicht da, um es schwerer, sondern um es leichter zu machen. Die ATM ist komplex aber letztendlich einfach: Hände, Öl, Musik, Verbindung zur Seele und zum eigenen Wissen genügen.

Zutiefst möchte ich mich bei all denen bedanken, die mir bei der Erstellung dieses Buches und der Entwicklung der ATM halfen, ohne jetzt im Einzelnen ihre Namen nennen zu wollen.

Ich danke *Lazaris* für seine wunderbare Art, wie er mich nach Lemuria brachte und mir, neben so vielem anderen, so Wichtiges über die Seele und ihre Phasen vermittelte.

Ich danke insbesondere Lemuria und allen Lemurianern, die uns ermutigen, den Traum von der Schöpfung weiterzuträumen und ihn auf dieser Erde Gestalt werden zu lassen.

Zwei Menschen, die ich liebe und verehre und die nicht mehr unter uns weilen, widme ich dieses Buch: Diana, Prinzessin von Wales, die in ihrer Weise diesem Buch viel an Liebe und Güte mitgegeben hat. Sie wußte und weiß so viel um die Seele des Menschen, der Tiere und der Natur - und so soll sie auch in diesem Buch immer wieder zu Wort kommen. Ich widme es außerdem meiner Großmutter, Aenne Winter, die mir in meinen wichtigsten Lebensphasen das Vertrauen und den Glauben an Gott gegeben und bestärkt hat. Als Heilerin hat sie in den Jahren zwischen 1900 und 1965 so vielen so viel Gutes getan. Oft spürte ich sie bei mir, wenn ich an diesem Buch schrieb.

Ich bin zudem sehr glücklich darüber, daß sich Frau Dr. med. Sylke

Neumann mit der Aluah-Trance Massage so intensiv beschäftigte und sie ganz praktisch nach ihren Möglichkeiten in der ärztlichen Anwendung untersuchte. Im Teil III dieses Buches können Sie ihren Erfahrungsbericht lesen.

Obwohl die ATM in ihrer Bedeutung und Anwendung in diesem Buch sehr detailliert beschrieben wird, möchte ich Ihnen, wenn Sie vorhaben, die ATM weiterzugeben, dringend empfehlen, eine Einführung bzw. Ausbildung bei mir zu machen. Dort erhalten Sie weitere wichtige Informationen und praktische Erfahrungen, die für ein verantwortungsvolles Geben der Aluah-Trance Massage wichtig sind (s. dazu Kapitel 4 im Teil II).

Vielleicht wächst beim Lesen dieses Buches das Interesse, selbst eine oder mehrere ATM-Behandlungen zu empfangen. Sie können von mir eine Liste von ATM-Behandlern bekommen, die von mir zertifiziert und autorisiert sind. Bitte achten Sie immer darauf, daß Sie Ihre ATM-Behandlung von jemandem bekommen, den ich persönlich ausgebildet habe.
Bitte wenden Sie sich auch diesbezüglich vertrauensvoll an mich.

Zum Schluß dieser Zeilen möchte ich eine Persönlichkeit zu Wort kommen lassen, die die Beziehung von Körper, Seele und Geist so trefflich beschrieb:

... Gott ist dreifach von Personen und einfach von Natur... So steht es auch um die Seele.
Sie ist auch dreifach an Kräften und einfach von Natur.
Die Seele ist auch in allen Gliedmaßen und in jedem Glied ist sie gänzlich.
Daher sind alle Glieder ein Ort der Seele.
Wäre Gott nicht, so wären die Engel Stein.
Ich sage ferner, daß eine Kraft in der Seele ist, die nicht Zeit noch Fleisch berührt, sie fließt aus dem Geiste und bleibt in dem Geiste, und sie ist ganz geistig.
Die Seele ist ebensogut ganz und ungeteilt im Fuß und im Auge.

Meister Eckhart, 1260 -1328

Im November 2001 *Dietrich von Oppeln-Bronikowski*

Die 7 Seelen- und Lebensphasen in der Kurzübersicht

Phase 1:	**Geburt bis 6 Jahre** • **Name:** Die erste Salbung • **Thema:** Urvertrauen • **Einweihung:** Die Namengebung • **Öl:** No.1 „Das Empfangen" **Chakra:** Wurzelchakra • **Symbol:** Spirale • **Element:** Feuer **Zentrales Mantra:** „Du bist willkommen"
Phase 2:	**7 bis 13 Jahre** • **Name:** Die Reinheit, die Ästhetik und die Werte **Thema:** Schönheit • **Einweihung:** Die Werte • **Öl:** No.2 „Das Entdecken" • **Chakra:** Nabelchakra • **Symbol:** Pentagramm • **Element:** Feuer, Wasser **Zentrales Mantra:** „Du bist schön"
Phase 3:	**14 bis 20 Jahre** • **Name:** Das erwachende Ich • **Thema:** Lebenssinn **Einweihung:** Die zweite Geburt • **Öl:** No.3 „Das Erwecken" **Chakra:** Solarplexus • **Symbol:** Sonne • **Element:** Wasser **Zentrales Mantra:** „Du erwachst zur wahren Liebe"
Phase 4:	**21 bis 48 Jahre** • **Name:** Das erwachende Herz • **Thema:** Erwachsen werden, Vereinigung von Anima und Animus • **Einweihung:** Die Initiation der Reife • **Öl:** No.4 „Das Erwachen" • **Chakra:** Herz, Anahata • **Symbol:** Ringe • **Element:** Wasser, Luft **Zentrales Mantra:** „Ich lote dich aus und energetisiere dich"
Phase 5:	**49 bis 76 Jahre** • **Name:** Das gereifte Ich • **Thema:** Der Seele Ausdruck verleihen • **Einweihung:** Die große Stimme • **Öl:** No.5 „Das Erleben" • **Chakra:** Halschakra • **Symbol:** Kristall, Adler **Element:** Luft **Zentrales Mantra:** „Du bist Ausdruck und Selbst-Bewußtsein"
Phase 6:	**Ab 77 Jahre** • **Name:** Das gereifte Herz • **Thema:** Erkenntnis und Transformation • **Einweihung:** Das Empfangen der Weisheit • **Öl:** No.6 „Das Erkennen" • **Chakra:** Das Dritte Auge • **Symbol:** Hexagramm • **Element:** Äther **Zentrales Mantra:** „Du bist weise"
Phase 7:	**Der Abschied** • **Name:** Die Heimkehr, die dritte Geburt • **Thema:** Loslassen, Veränderung und Neubeginn • **Einweihung:** Die letzte Salbung • **Öl:** No.7 „Das Ergeben" • **Chakra:** Scheitelchakra **Symbol:** Spirale • **Element:** Erde **Zentrales Mantra:** „Du läßt los und gehst ins Licht"

EINFÜHRUNG

Wie alles begann ...

Es geschah in einer meiner zahllosen Meditationen nach Lemuria - diesem wunderbaren Land vor unserer Zeit. Wie so oft schon betrachtete ich wieder einmal den Sonnenaufgang auf meinem Lieblingsfelsen über dem „Meer des Friedens“, hinter mir der Wald und weiter gegen den goldfarbenen Himmel hin das Gebirge, das das „Magische Tal“ einschließt, den Ort der Kristallstädte von Lemuria, den Städten des Wissens.

Schließlich stand ich auf, räkelte und streckte mich und machte mich auf den Weg zu meinen lemurianischen Freunden. Ich ging die paar Schritte über den Strand, vorbei an diesen mächtigen rotgoldenen Felsen, bis ich fast am Wald angelangt war.

Ich stand still. Ich hörte das Singen einer jungen Frau. Es war ein Singen von so einer Schönheit und Leichtigkeit, Tiefe und Freude, daß es mir die Tränen in die Augen trieb. Sie sang immer wieder dieselben Worte (oder Laute?) - und vom Gefühl her bedeuteten diese Worte: „Ich habe dich so lieb“, „Gott hat dich lieb“, „Du bist wunderbar, du bist gesegnet“, „Du bist mein liebes Kind, ich habe dich sehnsüchtig erwartet, jetzt bist du da, und ich freue mich so sehr ...“.

Ich ging dem Singen nach. Nachdem ich aus dem Schatten eines größeren Felsens kurz unterhalb des Waldes vorsichtig herausgetreten war, sah ich diese allerliebste Szene. Eine junge Mutter saß da, auf einem mit einem Tuch gepolsterten Stein. Singend wiegte sie sich hin und her - und auf ihren Knien ein kleines Kind, vielleicht gerade ein halbes Jahr alt. Es lag rücklings im Schoß der Mutter. So entspannt, so friedlich lag es da. Seine Augen waren halb geschlossen, und in seinem Gesicht lag so ein seliges Lächeln, wie ich es noch nie auf dem Gesicht eines Kindes gesehen hatte. Beide, Mutter und Kind, waren nackt.

Die Frau hatte eine kleine goldene Schale neben sich stehen, in der sich eine purpurfarbene Flüssigkeit befand, die in der Sonne glitzerte. Ab und zu nahm sie ein paar Tropfen dieser Essenz aus der Schale und massierte damit das Kind, das so völlig hingegeben dalag.

Magisch angezogen trat ich näher. Beide schienen es nicht zu bemerken. Sie saßen da - in diesem vollständigen Frieden. Eine feine rotgoldene Energie umwehte sie, durchwärmt von der Morgensonne Lemurias. Mit beiden Händen streichelte und massierte sie das Kind. Auch ihre wunderschönen schlanken Hände waren umhüllt von dieser goldenen Energie. Die braune Haut des Kindes schimmerte golden, wo immer sie darüberstrich, wie das Glitzern der Sonne auf einem See.

Die Frau wiegte sich zum Rhythmus der Melodie und der Worte. Ihre Augen waren halb geschlossen wie die des Kindes. Beide waren in einer anderen Welt, sie waren in Trance.

Es schien mir, als ob das Kind selbst die Hände der Frau bewegte und als ob die Frau sich in dem Kind selbst massierte - beide hatten sie dasselbe selige Lächeln auf ihren Gesichtern.

Was für ein Anblick. Ich konnte meine Augen nicht abwenden. Ich spürte die Hände dieser Frau wie auf meiner eigenen Haut, fühlte mich eingehüllt in diese rot- und orangegoldene Energie, und mein ganzer Körper kribbelte vor Behagen. Das war ALUAH - die Lebens- und Liebesenergie von Lemuria. Jetzt wußte ich, was Wonne, was Behagen war.

Was dieses Kind jetzt wohl erlebte?

Mutter und Kind waren eins.

Ich schaute noch lange zu. Es war so wichtig, das hier zu sehen, diese Schönheit, diese Tiefe, diese Magie in mich aufzunehmen - eine Botschaft an mich, den Abgesandten aus einer fernen Zeit.

Mit Leichtigkeit, Achtsamkeit, natürlicher Sorgfalt, intuitiv und voll präsent, elegant, in vollendeter Hingabe und Klarheit, wie eine Künstlerin beim Modellieren einer Skulptur, massierte sie jeden Körperteil ihres Kindes. Sie ließ nicht eine Stelle aus - als ob sie das Kind noch einmal erschuf, jeden Muskel, jede Rundung, jede Struktur mit Genuß erspürte und in einem inneren Bild zusammenführte - zu einem Geschöpf, das mehr war als der Säugling auf ihrem Schoß.

Das Lächeln auf den Lippen des Kindes war das Lächeln der Seele, die sich so tief angenommen fühlte. Das Leuchten um seine Stirn war sein Geist, der sich zutiefst eingeladen fühlte - und so waren sie hier vereinigt: Körper, Seele und Geist. Ein Bild der vollkommenen Schönheit und Harmonie - das Urbild der Schöpfung, Gestalt gewordene Göttlichkeit, ewig, unvergänglich, so zart und verletzlich und doch so kraftvoll und bewegend. Die Hände dieser Mutter streichelten und massierten das Kind nicht nur, sondern sie sprachen mit dem Kind **durch die Berührung**, sprachen mit seiner Seele, sprachen mit seinem Geist, sagten zu allen: „Du bist wunderbar, du bist willkommen, du bist geliebt."

Haben Gott und Göttin so den Menschen erschaffen?

War dies das „Formen", von dem die Bibel spricht?

Etwas weinte in mir. Das Weinen hatte keine Worte, dieses Weinen hatte ausgestreckte Arme, suchende Blicke. In mir weinte ein Kind und mit ihm viele Kinder - und dann wußte ich, was dieser unserer heutigen Welt fehlt und warum sie für viele so ein unfreundlicher Platz geworden ist, ein Platz der Trennung und Einsamkeit - der Abgeschnittenheit von Gott und seiner Schöpfung.

Ich faßte einen Entschluß: Sobald ich aus der Meditation auftauche, will ich aufschreiben, was ich gesehen habe. Ich will weiterhin erforschen, was es mit Aluah, mit Trance und Massage und der Seelenbeziehung im Leben der Lemurianer auf sich hat.

Ich werde es in die heutige Zeit bringen.

TEIL I
DIE GRUNDLAGEN DER ALUAH-TRANCE MASSAGE

Kapitel 1
Das Verständnis von Seele, Geist, Körper und Leben heute und in Lemuria

In den letzten Jahrhunderten, etwa seit der Renaissance, hat der Mensch - insbesondere der westliche Mensch - sich mehr und mehr dem Äußeren, den Fakten, zugewandt. Es begann etwa mit dem Satz: „Ich denke, also bin ich", bis hin zu den Sätzen: „Ich habe, also bin ich" und „Ich bin etwas, also bin ich".

„Ich habe" heißt soviel wie: „Ich habe es geschafft, ich bin wer." Dazu gehören die richtigen Zeugnisse, der richtige Beruf, ein angemessenes Einkommen, eine bestimmte soziale Anerkennung. Das geht einher mit „Ich bin etwas ..." - und das „etwas" bezieht sich darauf, daß man etwas zu erzählen hat, wenn man gefragt wird: „Was machst du eigentlich ...?"

Was man dann meistens hören will, ist: „Ich bin dort und dort angestellt, oder ich bin freiberuflich tätig, dort wohne ich, das sind meine familiären Verhältnisse." Oder man spricht mit viel Mut und etwas stockend darüber, daß man etwas in den Sand gesetzt hat, daß alles leider doch nicht so funktioniert - und dann schämt oder grämt man sich. Irgendwie und irgendwann gibt man dann gar nichts wirklich Bedeutsames zur Antwort, sondern man erzählt von sich in möglichst dürren Worten und ist froh, wenn das Thema gewechselt wird.

Mit nahen Freunden ist es mitunter etwas anders, bei denen kann man sein Herz ausschütten - denkt und hofft man.

Nun, worauf will ich hinaus?

Wenn man gefragt wird: „Wie geht es dir?" oder „Was machst du?", kann man selten über die eigene Betroffenheit berichten, selten darüber, was man heute morgen empfunden hat, als die Vögel so schön sangen, wie gut gestern abend das Abendessen und wie wunderbar die Gespräche bei Tisch waren. Man erzählt selten, wie traurig man ist, daß dieses oder jenes in der Welt geschieht, daß man seine Seele hat weinen oder lachen hören und mitgelacht oder mitgeweint hat.

Das alles ist wenig „gesellschaftsfähig" ...

Solche Bedürfnisse kommen aber immer wieder hoch, insbesondere in bestimmten Lebenslagen, während oder nach sehr starken Erlebnissen, in denen die Seele so erschüttert ist, daß sie sich zu Wort melden **muß**. Das geschieht insbesondere in der sogenannten „Midlife-Krise" bei Männern und den „Wechseljahren" bei Frauen. Starke psychische, hormonale und andere Veränderungen erschüttern so tief, daß man „dünnhäutig" wird, und die Seele findet eine Tür, sich zu melden. Nicht selten wird diese Tür dann mit Wucht aufgestoßen, und manchmal bricht sie sogar aus den Angeln - und so fühlt sich auch der Mensch, weil er nie zuvor gelernt hat und sich auch nie die Zeit nahm, auf seine Seele zu achten, sie und ihre kleineren „Krisen“ zu verstehen und auf sie zu hören.

Dann versucht man, diese große Krise in der Mitte des Lebens durch Medikamente und psychotherapeutische Behandlung, durch Alkohol oder andere Drogen oder mit größter Willensstärke „in den Griff“ zu bekommen. Das Ergebnis ist ein Mensch, der zwar wieder funktioniert, aber der statt der Tür nun eine Betonwand hat, um sich von seinem so unkontrollierbaren wahren Sein und dem „Störenfried“ Seele für immer abzuschotten.

Ich denke, daß dies für die oft traurige Art, wie bei vielen Menschen das Alter verläuft, verantwortlich ist.

An dieser Stelle möchte ich klar zwischen dem Begriff „Psyche“ und „Seele“ unterscheiden. Die Psyche des Menschen, die in Psychotherapien behandelt wird, hat wenig mit der „Seele“ des Menschen zu tun. Zumindest die herkömmliche Psychotherapie bezieht sich mehr auf das **Funktionieren** des Menschen und ist meines Erachtens mehr auf das konzentriert, was die Amerikaner mit „mind“ bezeichnen - den Verstand, die Sinne, Gefühle und Emotionen, Denk- und Umsetzungsfunktionen etc.

Die **Seele** des Menschen ist mit all dem Genannten verbunden, sie ist aber noch viel mehr: Sie ist das **Mysterium** des Menschen, sie ist die Instanz, die weiß, warum wir in diese Welt geboren worden sind, was wir hier wollen, was hier unsere Aufgabe und Berufung ist. Sie ist der Sitz unserer tiefsten Kreativität, weit über die Gedanken hinaus, Kreativität, die direkt mit der Schöpfung und ihrer Entwicklung zu tun hat. Die Seele ist dieser Bereich in uns, wo unsere **Kraft** ist, aber auch unsere **Magie**, wo wir Dinge erfassen und bewerten, erfahren und gestalten können jenseits aller uns aufgedrückten und angenommenen Denk- und Handlungssysteme und jenseits von all dem, was wir linear gelernt haben. Die Seele ist ein Wesensaspekt von uns, der sich mit uns im Augenblick der Geburt oder etwas vorher oder nachher verbindet. Sie hat die Aufgabe, die Verbindung zu unserer spirituellen Schönheit und Kraft, zum Göttlichen, zu halten. Sie lebt von der Erwartung, daß sie angenommen und geliebt ist, daß sie gesehen, gehört und gefühlt wird und daß sie sich in der Welt, in die sie hineingeboren wird, auch ausdrücken darf, um zu den Veränderungen und Entwicklungen hin zu einer neuen Welt beizutragen.

Es ist die Seele, die einen Sommermorgen oder einen Winterabend so richtig rund macht, wenn der Gesang der Vögel oder das knisternde Feuer im Kamin uns tief mit Freude erfüllt. Die Seele ist die Instanz, die zu dem, was wir sehen, fühlen, hören, riechen und schmecken, ihr „Feedback“ gibt, das uns glücklich macht - mitunter auch traurig, mitunter auch heilig zornig.

Ein „gesunder" Mensch, ein Mensch, der mit der „äußeren Realität" fantastisch funktioniert, der alles hat, der **psychisch** völlig in Ordnung erscheint, kann dennoch von seiner Seele und damit auch von der Schöpfung abgespalten sein. Es gibt für ihn kein wirkliches Feedback, keine wirkliche Seelenantwort mehr, allenfalls das Registrieren von Schönheit als **Form** und **Funktion**, ohne Gefühl, ohne Seele eben. Solch ein Mensch wird nicht sehr viel Anteilnahme seinen Mitmenschen oder der Schöpfung gegenüber entwickeln können. Er wird das **Ergebnis** seiner Arbeit und seines Lebens als oberste Priorität sehen, also das „**Was**" und nicht das „**Wie**", wie er dort hinkommt, die Mittel. Er wird sich nicht fragen, welche Firmen und damit welche Produkte er mit seinem Aktienkauf unterstützt, sondern nur, wie sich die Kurse entwickeln. Er wird sich nicht um das Leiden der Tiere scheren - er transportiert sie einfach von A nach B. Das Motto solcher Menschen ist: „Der Zweck heiligt die Mittel."

Katastrophen und Grausamkeiten wie Tankerunfälle, kriegerische Auseinandersetzungen, Umweltverschmutzung, brutale Tierhaltung und Tierversuche beruhen auf dieser Haltung. Die gesunde Seele des Menschen kann eine solche Haltung nicht einnehmen, und sie leidet darunter, daß diese Dinge auf der Welt geschehen.

Dennoch läßt die Menschenseele auch diese Dinge zu, um uns aufzurütteln. Was am 11. September geschah, hat die ganze Welt in eine Krise gestürzt. Man kann nur hoffen und beten, daß wir alle die richtigen und segensreichen Konsequenzen daraus ziehen und uns wieder mehr - auch weltweit - den Bedürfnissen der Seele zuwenden. Aber nach wie vor ist die Antwort darauf „Vergeltung". Es ist erschütternd, daß auf das Sterben Unschuldiger wieder das Sterben Unschuldiger folgte. Es sieht so aus, als ob es für den einzelnen Menschen und auch die ganze Menschheit fast unmöglich ist, einmal innezuhalten. Einfach einmal alles hin- und wegzulegen, sämtliche Konzepte, Fehden, Rechthabereien, und sich darauf zu besinnen, was das Leben eigentlich ist. Zu dieser Besinnung will uns die Seele immer wieder führen - individuell und global. Der Seele ist es nicht wichtig, wer im Recht ist - der Seele ist wichtig, wie wir uns verhalten. So ist auch das Wort von Christus zu verstehen: „Tut wohl denen, die euch verfolgen, bittet für die, die euch hassen ...". Jesus wußte zu genau, daß Vergeltung nicht funktioniert und nur noch mehr Elend, Seelenelend, bringt.

Es ist die Seele, die uns wahres Lebensgefühl vermittelt - es ist die Seele, die sich freut, wenn sich Menschen, Tiere und Pflanzen wohlfühlen, wenn sich die Erde wohlfühlt, und es ist die Seele, die weint, wenn Unrecht geschieht, wenn Tiere und Pflanzen, wenn die Schöpfung und ihre Kinder gequält werden. Die Schönheit der Seele ist ihre Anmut, ihre Verletzlichkeit und ihr Mitgefühl.

Wenn man den heutigen Zustand der Welt betrachtet, dann kann man daran sehr wohl ablesen, wie es um unser Verhältnis zu unserer Seele bestellt ist. Zum Beweis braucht man nicht weiter als zum nächsten Kiosk zu gehen und in den

Zeitschriften zu blättern oder die Beiträge in den TV-Sendern anzuschauen.

Die Seele ist **sehr, sehr machtvoll** - sie will um **jeden Preis** mit dir Kontakt aufnehmen, sie will sich um jeden Preis ausdrücken. Sie ist machtvoll, aber sie ist eben auch verletzlich. Sie reagiert auf Ablehnung, und sie reagiert auf Schmerz. Schmerz, sei es sehr starker körperlicher, psychischer oder seelischer Schmerz, kann die Seele dazu bringen, daß sie Teile von sich abspaltet oder sich ganz oder teilweise einbunkert. Wenn dieser Schmerz sehr stark war, z.B. vor, während oder nach der Geburt, in den frühen Kinderjahren, aber auch später, geht die Seele unter Umständen ganz - und das Kind stirbt, oder ein Seelenersatz bemächtigt sich des kleinen Körpers, oft eine Energie aus den astralen Bereichen. Die Seele ist nicht gestorben, auch nicht verloren - aber nicht mehr greifbar.

Der abgespaltene Seelenteil irrt dann, bildlich gesprochen, im „Tal der verlorenen Seelen“ herum und hofft, wiedergefunden zu werden, um seinen Platz in der Seele wieder einnehmen zu können.

Die Seele ist sehr empfindlich - insbesondere gegenüber Grenzüberschreitungen aller Art. Grenzen, die heiligen Grenzen eines jeden Menschen, wurden in Lemuria sehr gewürdigt, besonders die der kleinen Kinder. Es wäre undenkbar gewesen, ein kleines Kind plötzlich und mit einem Ruck vom Boden oder aus dem Bett hoch auf den Arm zu nehmen und es irgendwo hinzutragen. In Lemuria hat man erst einmal geschaut, wo das Kind innerlich war. Wenn man sah, daß es „in seiner Welt war“, d.h. träumte oder in einem Spiel versunken war, ließ man es in Ruhe. Ansonsten hat man erst einmal vorsichtig „angeklopft“. Man stimmte sich erst einmal auf die Welt des Kindes ein, schaute mit **seinen** Augen, bemühte sich, **seine** Schwingung zu fühlen, bevor man etwas unternahm.

Ein guter Masseur wärmt seine Hände, bevor er einen Körper berührt - so müssen wir auch unsere Seelenhände anwärmen, bevor wir einen anderen Menschen berühren - und erst recht, wenn wir ein Kind berühren. Kinder sind von Natur aus sehr „dünnhäutig“, sie haben keinen so ausgeprägten Schutz.

Wenn gegenüber Kindern Grenzüberschreitungen geschehen, besonders solch brutaler Art wie sexueller oder emotionaler Mißbrauch, kann das so tief gehen und so viel Streß auslösen, daß sich nicht nur Seelenteile abspalten, weil sie es nicht mehr aushalten - es können auch massive Schäden im Gehirn, elektrische Fehlverknüpfungen, chemische und auch mechanische Probleme im Körper entstehen. Die Abwehr eines Kindes gegen Mißbrauch kann so heftig sein, daß sich der ganze Körper zusammenzieht und bestimmte Bereiche der Wirbelsäule oder der Gelenke ein Leben lang beeinträchtigt sind. Andere solche Abwehrkrankheiten sind Magersucht, Allergien, Unterleibserkrankungen und Drogensucht aller Art.

Viele Bandscheibenerkrankungen, besonders in der Lendengegend, sind möglicherweise eine „mechanische" Folge von Mißbrauch und den daraus folgenden tiefen emotionalen und seelischen Verwundungen. Nicht selten werden dann diese Krankheiten bei Streß akut, insbesondere bei Beziehungsproblemen. Menschen, die von „geliebten Menschen" mißbraucht wurden, werden immer wieder mißbraucht und mißbrauchen andere, da sie erlebt haben und von da an annahmen, daß das „der Weg der Liebe" und später auch „der Weg der Sexualität" ist.

Der beziehungslose Sex, der heute so verbreitet ist, ist im Grunde (eine Reaktion auf) Mißbrauch. Jedes Magazin mit einem nackten Menschen in Anmacherpose auf einem Titelbild ist eine Grenzüberschreitung und ein Mißbrauch. Mann mißbraucht Frau, Frau mißbraucht Mann. Ich spreche hier nicht von künstlerischen und die Würde und Schönheit des Menschen unterstützenden Darstellungen.

In diesem Buch wird die **Seele** als Sphinx, als Mysterium, als die Unruhige, die Rätselhafte, die Verletzliche, die immens Liebende, die Sehnsüchtige, die Künstlerin, die magisch Kreative dargestellt. Aber, so wird die Leserin, der Leser sich fragen, was ist denn mit der anderen, der negativen Seite der Seele, der dunklen Anima, der Kali-Seite?

Auch die Seele ist in unserer Welt in das Dualsystem (gut und böse, hell und dunkel) eingespannt. Das ist nicht ihre Präferenz. Ich habe auf Lemuria keine dunkle oder gar zerstörerische Seite der Seele gesehen, wohl aber machtvolle geheimnisvolle Seiten. In Lemuria gab es aber auch nicht einen solchen Dualismus, eine solch extreme Polarität wie bei uns heute. Dies begann, nach meiner Auffassung, erst in Atlantis.

Dualismus ist so krass in der Natur nicht zu finden, aber durchaus im „mind" des Menschen. Ein Beispiel dafür ist, daß man so gerne Tiere in dieses Korsett zwängt und von den „bösen" Haien und Tigern spricht. Der Film „Der weiße Hai" ist so ein Versuch. Gut und Böse gibt es in der Natur (und bei einigen Naturvölkern) nicht. Das Dunkel der Nacht ist auch nicht das Gegenteil des hellen Tages, sondern eine andere Form des Lichts. Die drei Tage Finsternis jedoch, in die die Menschenseele am Ende der dritten Epoche von Atlantis getaucht wurde - das war das echte Gegenteil von Licht. Sie haben das nachatlantinische Konzept vom Dualismus in weiten Teilen der Welt tief verankert.

Ich bin der Meinung, daß die sogenannten „dunklen" oder gar „zerstörerischen" Seiten der Seele gar nicht deren Gesichter sind, sondern die des negativen Egos, das natürlich sehr gerne in die Rolle der Seele schlüpft, um uns zu verwirren. Wenn die **Seele**, wir sagten es schon, ihr geliebtes Ich aufs Krankenbett wirft, resultiert das aus ihrer Liebe. Das sich aus Mißbrauch und Scham entwickelnde **negative Ego** hingegen bringt Krankheit, weil es das Ich haßt.

Vom Ursprung her ist die heile und vollkommene Seele die leidenschaftlich Liebende, sie ist die Lebensfrohe und Lebenslustige, sie ist die immens Schöpferische und immens Mitfühlende, sie ist die Tänzerin und Sängerin, und sie liebt Gott über alles.

Die **Aluah-Trance Massage** - durch Musik, Mantras und die Reinheit der Berührungen - stellt sicher, daß die **Seele** und nicht das Ego des Menschen berührt wird. Durch die von ihr angeregten Heilprozesse wird zudem das negative Ego wieder zu einem guten, positiven Ego, einer „Vase für die Blumen".

Soviel an dieser Stelle über die **Seele**.

Der **Geist** des Menschen kann sich weder spalten noch einbunkern, er ist nicht so verletzlich, er ist die in uns wohnende Göttlichkeit, der göttliche Funke, der seine Unsterblichkeit kennt. Doch auch dieser göttliche Funke in uns will anerkannt, will geliebt werden. Noch mehr als unsere Seele respektiert er unsere Entscheidung: Er ist uns nahe, wenn wir ihn wollen, er geht, wenn wir ihn nicht wollen. Dennoch ist er unsterblich und gesellt sich spätestens nach dem Tod vollständig zu uns. Mit ihm zusammen gehen wir dann auf den Weg, um die abgespaltenen Seelenteile zu finden und uns mit ihnen zu vereinen. Das ist die Heilung, die im und nach dem Tode geschieht.

Wenn Seele und Geist durch die Sinne des Neugeborenen erfahren, daß in der Familie eine Atmosphäre von Willkommensein und Angenommenwerden, von Liebe und Achtsamkeit herrscht, dann werden sich Körper, Seele und Geist auf das Innigste verbinden und so zusammen bleiben. Sie werden sich gegenseitig nähren und stärken und das zeitliche Sein auf der Erde als etwas Wunderbares und Wertvolles, als ein kostbares Geschenk empfinden und jedmöglichen kreativen Aspekt erforschen. Ein solches Kind wird sein Leben lang wissen, daß es keine Grenzen des Ausdrucks und des Wohlbefindens gibt - insbesondere dann, wenn es nicht nur im Augenblick der Geburt, sondern das ganze Leben lang immer wieder die Bestätigung erhält, daß seine Lebens- und Entwicklungsphasen erkannt, anerkannt und liebevoll gefördert und respektiert werden - in aller Individualität und Einzigartigkeit. Solche Menschen, die das erleben durften und erleben, sind ein Segen für sich und für alle, die mit ihnen zu tun haben, sie sind Botschafter für die Gesundung der Welt. Es sind NORMALE Menschen.

Solche normalen Menschen lebten in Lemuria. Alle Kinder in Lemuria wurden auf die liebevollste Art in der Welt empfangen. Sie wurden geboren von Müttern, die nur die besten Gedanken, die beste Haltung, die besten und göttlichsten, die liebevollsten Gefühle dem Kind gegenüber hatten. Sie lebten in einem Umfeld, in der große Liebe, größte Achtung und Respekt herrschten. Sexualität war etwas Heiliges und Wunderbares, etwas Göttliches und Ekstatisches. In diesem Gefühl holten die Paare in ihrer liebevollen Vereinigung die

Kinder „im Garten der Göttin“ ab. Ich habe darüber ausführlich in meinem Buch „Lemuria - das Land des goldenen Lichts“ geschrieben.

Der Körper war ein Abbild der Seele, die Seele ein Abbild des Geistes und der Geist ein Abbild Gottes. Alle zusammen als Einheit waren der Mensch, das Ich. Das Ego war das Gefäß, das dem Ich den physischen Raum gab.

Körper, Seele und Geist waren in Lemuria gleichermaßen hochgeachtet. Alle drei waren Ausdrucksformen voneinander - und da sie eins waren, unterschied der Lemurianer nicht so radikal zwischen ihnen, wie wir es tun. Alle drei waren Tore zueinander und Tore zu den höheren Welten, zum Herzen Gottes, oder besser zu Ja(Gott)-Shu(Göttin)-Ah(All das, was ist), Jashuah, dem Namen Gottes in Lemuria, so wie ich ihn gehört habe.

Die Lemurianer sahen und lasen die Aura von Menschen, Tieren und Pflanzen, sie sahen und lasen die Seele und den Geist im Menschen, und sie sahen auch sofort, wenn sich durch Streit, Mißgunst oder Zweifel etwas „getrübt“ hatte. Dann handelten sie sofort, um die „Reinheit“ dieser Einheit wiederherzustellen, die „Stimmigkeit“. Nicht selten taten sie das durch die Massage mit den entsprechenden Mantras. Sie sahen den Menschen auch als Lichtkörper, der von Millionen von feinen Lichtfäden durchzogen ist, die bei Integritätsverletzungen aller Art brechen bzw. erlöschen können. Für deren Ganzwerdung waren dann Kristallheiler oder Massagewissende, die mit Kristallen umgehen konnten, zuständig.

Der physische Körper wuchs zunächst im Bauch der Mutter, mitunter besucht von Seele und Geist. Bei der Geburt gesellten sich Seele und Geist endgültig hinzu und bildeten in der idealen Atmosphäre von Liebe und Angenommensein mit dem Körper eine Einheit. Der Geist als Träger des „Urbildes“ von Körper und Seele hielt also beide gesund und in liebevollem Zusammenspiel bis zum Tod. Unterstützt wurde diese Einheit durch die Beachtung der **sieben Lebens- und Seelenphasen** und den dazugehörigen Initiationen, von denen in diesem Buch die Rede ist. Wie das Waschen, Nähren und Pflegen des Körpers, so waren die Einweihungsfeste mit ihren Vorbereitungen ein Pflegen und Nähren der Seele. So beschritten Körper, Seele und Geist den Lebensweg gemeinsam von Phase zu Phase, bis sie sich in der letzten Phase wieder voneinander trennten - in der Sattheit eines vollendeten Lebens.

Diese Einweihungen wurden gewöhnlich am Anfang der jeweiligen Lebensphase gefeiert - aus gutem Grund. Sie waren verbunden mit einer Reihe von sorgfältig aufeinander abgestimmten rituellen Handlungen, die der Seele zeigen sollten, daß man es mit ihr ernst meinte. Die neue Lebensphase erhielt ihre spezifische Ausrichtung und ihre neue Thematik. Rituale, gleichgültig welcher Art, gehen tief in das Unter- und Unbewußte und bleiben dort und wirken, bis sie wieder aufgefunden und durch ein **neues Ritual** geändert werden. Rituale im

Zusammenhang mit Entscheidungen und Vereinbarungen prägen elementar - daher werden sie auch zum Zementieren von Macht und Abhängigkeit (in Bünden, Sekten, ideologischen Bewegungen etc.) benutzt.

Die Einweihungen und Initiationen (Einweihungsrituale) auf Lemuria aber waren ausschließlich dazu da, das persönliche seelische und spirituelle Wachstum zu fördern - daher waren sie so individuell ausgerichtet. Diesen Geist trägt auch die Aluah-Trance Massage in sich und kann dadurch auch helfen, sich von rituell getroffenen Entscheidungen in diesem und anderen Leben zu befreien.

Da das Wort „Ritual" in unseren Breiten eine so negative Belastung hat, habe ich in diesem Buch fast durchweg die Worte „Einweihung", „Einweihungsfest", „Initiation" und „Einweihungsvorbereitung" benutzt.

Das Leben war für Lemurianer eine Feier der Schönheit Jashuahs. Sie wußten, daß sie freiwillig in diese Dichte gegangen waren, um die Schöpfung zu ehren, zu lieben und zu leben, mit ihr zu kommunizieren und diese, ja, Kommunion immer wieder zu erleben und zu genießen. Leben war Ekstase, ein Rauschzustand der Sinne, eine göttliche Ekstase in Menschengestalt.

Die Seele war auch in Lemuria die Trägerin der Geheimnisse der Schöpfung. Sie machte das körperliche Leben erst so richtig interessant und bunt, mit all ihrer Abenteuer- und Erlebensfreude. Sie war fein, delikat und zerbrechlich. Und daher bemühte man sich um sie so fürsorglich. Je lebendiger die Seele, je teilnehmender und ausdrucksvoller, umso schöner und reicher war das Leben. Die Seele ganz, heil und rein zu halten, sie zu lieben und zu ehren, ihre Wünsche zu erfüllen und Räume für ihre Mysterien zu öffnen, war einer der obersten Grundsätze der Lemurianer. Daher lebten sie im Rhythmus ihrer Seele. Sie wußten, warum.

Kapitel 2
Die Elemente der ATM: Aluah, Trance und Massage

ALUAH

Aluah heißt so viel wie „die leidenschaftliche kreative Energie des Lebens und der Liebe". **Aluah** ist die Lebensenergie, die lemurianische Vitalenergie, ein Strang der göttlichen Energie, des Heiligen Geistes, der auf Lemuria **Mama-Ahanah** hieß.

Aluah ist die Energie der Kreativität und der leidenschaftlichen, mitfühlenden Liebe. Vergleichbar mit der Kundalini, ist sie aber auch die Energie, die alle Energiezentren (Chakras) verbindet, und **die** Heilenergie, weil sie alle Bereiche von Körper, Geist und Seele vitalisiert.

Sie ist die Energie, die Körper, Geist und Seele zusammenschmiedet und zur Einheit bringt. Es ist eine warme, fast heiße Energie, wie eine Quelle vulkanischen Wassers.

Aluah ist die Liebesenergie zwischen Liebenden, die Mutterliebe und Vaterliebe, die Liebe zur Schöpfung und die Liebe zu Gott. Man kann sie körperlich wahrnehmen als ein Kribbeln auf der Haut, ein Rieseln durch den Körper, ein wohliges Erschauern, eine Wärme im Herzen und in den anderen Energiezentren.

Aluah ist eine anteilnehmende Energie. Sie ist schöpferisch, sie will heilen, sie vergibt, sie verbindet, sie öffnet das Herz, sie ist Integrität, Verlangen und Erfüllung - mit erfrischender Spontaneität.

Eine Erinnerung an Aluah ist die auf den hawaiianischen Inseln, den Überbleibseln von Mu, gebräuchliche Grußform „Aloha". Auch dort bedeutet dieses Wort (mitfühlende) Liebe.

Die Energie **Aluah** wird vor jeder Aluah-Trance Massage-Sitzung herbeigerufen und ist die Trägerschwingung, die alles, was in der ATM geschieht, durchflutet, lenkt und heiligt.

TRANCE

Die Trance als Bestandteil der ATM ist ein „anderer" Bewußtseinszustand von erhöhter Aufmerksamkeit und macht die ATM überhaupt zu dieser kraftvollen und tiefenwirksamen Methode. Die Trance wird durch das Aroma des Öls, durch die Musik, durch das Ambiente des Raumes, durch begleitende Gebete und Mantras und durch bewußt langsame Massagebewegungen erreicht.

Sie wird erreicht durch das sich Einlassen auf den Geist Lemurias und das Herbeirufen des inneren lemurianischen ATM-Wissenden und Heilers. Die Trance schickt das Ego in den Schlaf (das Ego schläft gewöhnlich tatsächlich ein, weil die Gehirnschwingungen unkontrollierbar langsam werden, langsamer als der Alpha-Zustand). Erst dadurch kann sich die ungestörte Kommunikation mit Seele und Geist, mit dem Höheren Selbst und Gott einstellen, die nicht vom Ego kontrolliert werden kann und vom Unterbewußtsein akzeptiert wird.

Beide, sowohl der Behandelnde als auch der Klient, gehen während der ATM-Sitzung in Trance. Die behandelnde Person verliert dabei ihre „normale“ Identität und wird zu einer geistigen Wesenheit. Sie ist also weder Mann noch Frau, sondern reines Bewußtsein als ATM-Wissende. Somit ist der geistige Raum, in dem eine ATM-Behandlung geschieht, weitgehend frei von Bewertungen und Beurteilungen, Projektionen und Interpretationen. Behandelnder und Klient schaffen einen gemeinsamen geistigen Raum. Beide sind sich in dem Augenblick „ebenbürtig“ und erzeugen eine Synergie, in der die Heilprozesse **gemeinsam** in die Wege geleitet werden. Der Behandelnde steht also keinesfalls über dem Klienten! Das unterscheidet die ATM von so vielen anderen Methoden. Die Trance führt auch den Klienten weitgehend aus seiner Biographie, aus seinen festgefahrenen Mustern und Selbstbewertungen heraus und verbindet ihn mit seiner göttlichen Essenz und seinem Allwissen. Somit wird der Weg zur Seele frei, und der Geist kann sich entfalten.

Es ist nicht schwer, in diese leichte Trance zu gehen. Mit der richtigen Musik, der richtigen Vorbereitung, dem Öl und den Mantras stellt sie sich nach kurzer Zeit wie von selbst ein.

MASSAGE

Wer die folgenden Seiten aufmerksam liest, wird bald zustimmen, daß das Wort „Massage“ nur unvollkommen beschreibt, was die ATM wirklich ist. Ich bin selbst über dieses Wort nicht ganz glücklich, wüßte aber im Moment kein anderes, das diese Synergie aus Berührung, Mantra, Hören, Fühlen, innerem Sehen, Öffnen des Herzens und Verbinden mit Gott besser ausdrückt. Es ist eine Massage auf allen Ebenen, wenn man Massage als „Berührung“ versteht, es ist aber auch eine „Message“, eine Botschaft an die Seele. Diese Grundbotschaft lautet: „Ich weiß, daß du bist und unendlich liebst. Ich weiß, daß du dich ausdrücken willst und dies zu jeder Lebensphase in einer etwas anderen Weise. Ich höre dich, ich liebe dich, ich will, daß es dir gut geht. Ich erlaube dir, nach außen zu treten, die Welt zu lieben und deine Stimme zu erheben. Ich erlaube dir, in meinem Leben kreativ anteil zu nehmen. Ich respektiere und wünsche deine Integrität und deine Ganzheit. Ich verstehe deine Mysterien und liebe sie. Ich höre dir zu, ich gebe dir Stimme und Ausdruck.“ Die Bewegungen der Hände, entweder auf dem Körper direkt aufgelegt oder schwebend in der „Aura“, geben die Botschaften an die Seele über den „Resonanzraum“ des Körpers, durch die Modulationen des Energiekörpers und durch „das Tor“ der Haut. Die Haut, als das größte Sinnesorgan des Menschen, hat Millionen von

Nervenenden und wirkt damit wie ein gewaltiger Sender von Energie-Impulsen in alle Bewußtseinsschichten hinein. Sie ist eine schwingende, höchst sensible Membran zwischen der äußeren und der inneren Welt. Durch sie kann die Seele besonders gut hören.

Die ATM ist langsam und bewußt. Sie geschieht in Andacht. Sie geschieht in der lemurianischen „Stimmigkeit“, d.h. jede Bewegung, jeder Impuls, jedes Mantra ist Bestandteil eines „Massage-Mandalas“, das eine innere Magnetik, eine innere Energiestruktur hat.

Dieses Mandala kann man nicht „wissen“, man kann es nur fühlen - und das geht nur in Trance und nur in der Verbindung zum inneren ATM-Wissenden.

Kapitel 3
Die Bedeutung der sieben Seelen- und Lebensphasen und die zugehörige Aluah-Trance Massage (Aluah-Ashamah) in Lemuria

In Lemuria wurde viel gestreichelt, viel Zärtlichkeit ausgetauscht, viel umarmt, viel geliebt und viel massiert. Man wußte einfach, wie wichtig das für die Seele ist, wie sehr es den Geist beflügelt, wie gut es dem Körper tut. Es gab dafür keine „Sitzungen" wie heute, sondern man tauschte dies zwischen Eltern und Kindern, zwischen Kindern, zwischen Jugendlichen, natürlich zwischen Liebenden, aber auch zwischen den Alten und den Weisen aus - einfach so, wann immer man sich danach fühlte und etwas geben oder empfangen wollte. Es machte einfach Spaß. Es war voller Leichtigkeit und Humor, völlig intuitiv und spontan.

Aber wenn man näher hinschaute, sah man Wissenschaftler, sah man Forscher, sah man Künstler an der Arbeit: präzise und diszipliniert, völlig hingegeben, mit der Zunge zwischen den Lippen, mit klaren Bewegungen, vollkommen bei der Sache - wie ein Tanz, der einer Musik folgt, die man nicht hören kann. Das war die lemurianische „Stimmigkeit", von der ich in meinen Büchern so viel berichtet habe und von der ich so fasziniert bin. Es ist das absolute Gespür dafür, was richtig ist - ohne zu wissen, warum, ohne nachzudenken.

Warum konnten dies die Lemurianer? Weil sie unschuldig waren, vollkommen in Gott, in Jashuah ruhten und dadurch vollkommen im Besitz alles Wissens waren - insbesondere des Wissens über die Lebens- und Seelenphasen und die dazugehörige Massage. Dieses Wissen **wußten** sie nicht - es war kein Kopfwissen - es erfüllte und leitete sie. Lemurianisches Wissen war ein Raum, ein Zugang, eine Haltung - keine Bibliothek. Für Lemurianer war es völlig unsinnig, weil völlig begrenzt, alles im Kopf zu halten und nur darauf zu vertrauen, was man im Kopf hat - man war doch eins mit Gott und dem Allwissen!

„Warum schreibst du denn das für andere auf? Sie wissen es doch selbst ...!?"
Ich schaute meine Freunde lange an ... und verstand ... dann sagte ich: „Erinnert euch an die Mutter mit dem Kind hinter dem warmen Felsen am Meer ... das hatten sie nie."
„Kann es denn stimmig sein, wenn sie es ***so*** *machen, wie* ***du*** *es beschreibst?"*
Ich sagte: „Sie sollen es nicht so machen, wie ***ich*** *es beschreibe, sie sollen sich erinnern und es dann so tun, wie* ***sie*** *es wissen ...!"*

Doch gab es auf Lemuria auch spezielle Massagewissende, die die Ashamah zu ihrem Lebensfokus gemacht hatten. Das waren meist Heilungswissende aus den Kristallstädten, die auf diese Weise den Lemurianern dienten.

Die Lemurianer lebten und achteten sehr bewußt die **sieben Seelen- und**

Lebensphasen. Sie waren häufiges Gesprächsthema. Für sie waren die Phasen der Seele identisch mit den Phasen des Lebens, da sie davon ausgingen, daß es die **Seele** ist, die sich durch **Leben** ausdrücken möchte.

Sie liebten die Poesie, den Schönheitssinn, die Rätselhaftigkeit, die Magie und die Mysterien der Seele. Sie wußten, daß die Seele den göttlichen Sinn des Lebens versteht, da sie das Bindeglied zwischen dem schöpferischen Geist (spirit = Mamah) und dem Körperlichen ist.

Daher wurden diese 7 Phasen so bewußt gelebt und durch Initiationen gefeiert. Man wollte durch jedes dieser Feste der Seele erneut zeigen, wie wichtig, wie geliebt und wie verstanden sie war. Durch die Feste und Initiationen wurde jede Lebensphase in ihrer Fülle ausgekostet, da die Seele sich voll einbringen und den Schöpfungswillen voll ausleben konnte.

Die Tradition der Beschreibung des Lebens durch die sieben Seelenphasen entstand schon im frühen Lemuria durch Wissende, die durch intensive Erforschung der Schöpfung die Eigenart der Seele verstanden. Sie erkannten, daß, bei aller Individualität, bestimmte Grundbedürfnisse der Seele bei allen Menschen gleich sind. Daraus entstand dann mit der Zeit die Grundstruktur der Einweihungsfeste, die **zum Beginn** jeder neuen Phase gefeiert wurden. Der Ablauf der Initiationen war nicht immer derselbe. Man ließ sich vom Gespür leiten, wie es richtig war, wie es für das einzelne Individuum „stimmte". In Zweifelsfällen fragte man die Weisen des Dorfes oder die Wissenden von den Kristallstädten, die einen noch unmittelbareren Zugang zu Akshah, dem Wissen von Lemuria, hatten. Der Meisterkristall von Lemuria, der alles, was in Lemuria jemals über die Schöpfung Jashuahs erforscht wurde, aufgenommen hat, war Akshah, der riesige Kristall, der in der Kristallstadt der Träumer stand.

Die Aluah-Ashamah, die Aluah-Trance Massage in Lemuria, war also eine intuitive Kombination aus Berührung, Streicheln, Handauflegen, tiefer Massage, kreisenden Massagebewegungen in allen möglichen Formen, Einölen, Aura- und Energiemassage, Verbindung Herstellen zu den kosmischen Quellen, Regeneration von Lichtfasern des Lichtkörpers, Kristallmassage, Akupunktur und Akupressur, heißen Packungen mit Kräutern und Steinen, Anblasen, Besingen, Waschungen und vielem mehr. Je nach Seelenphase und Gespür wurden diese Formen kombiniert.

Die Lemurianer empfanden dies niemals als Arbeit, niemals als etwas, das man gibt, um etwas zu bekommen. Es war Vergnügen, es war Spiel. Die Trance entstand durch das sich Vertiefen in dieses Spiel mit Körper und Seele - und beide, der Gebende und der Empfangende, erlebten sich gleichermaßen gebend und empfangend, mit viel Vergnügen.

Dies natürlich ganz besonders, wenn sich Kinder gegenseitig massierten und sich dabei erforschten, oder Liebende in ihrem Liebesspiel.

Die Lemurianer waren sehr neugierig und kreativ, besonders, was die Erforschung von Details anging. Sie brachten dies voll in die Massage ein. Die Fältchen, Grübchen, alles das, was da pochte, zuckte, nachgab, sich aufstellte und hinlegte, weich oder hart wurde, wabbelte, schwabbelte, was da rein ging und da raus kam, wie sich's anfühlte, wenn man's kitzelte, drückte, rieb, stupfte, kratzte, was passierte, wenn man drauf blies, leckte, spuckte, biß, nuckelte, wie es roch, sogar, wie es klang - ach, konnten sie sich daran freuen. Gleichzeitig erforschten sie dabei die Auswirkungen, die ihre Berührungen, ihre Fürsorge und Detailarbeit auf die Seele, den Geist, die Aura und den Lichtkörper hatten. Sie waren in der Lage, die Verbindungen zwischen Körper, Seele und Geist, die Energieströme und Schwingungen, die bei solchen Aktivitäten hin- und herflossen, zu sehen, zu fühlen oder gar zu hören.

Wenn eine Mutter, auch in der heutigen Zeit, mit wohligem Behagen und voller Liebe den Duft im Haar ihres Kindes erschnuppert (schnuppern ist wirklich ein schönes Wort - und kleine Kinder duften doch wirklich wundervoll - oder? Und jedes charakteristisch anders!) - wenn sie also dort ihre Nase vergräbt, dann spürt sie auf, sie spürt nach, sie öffnet die Seelenpfade zwischen sich und dem Kind - über die Sinne!

Wenn Affen sich lausen, hat das wenig mit Körperpflege zu tun. Es ist eine seelische Begegnung zwischen Partnern oder in der Gruppe.

Wenn Kinder sich gegenseitig frisieren (na, Sie erinnern sich doch! Und es passiert auch heute immer noch bei diesem netten jungen Friseur!), dann ist da ein wohliges Erschauern, bis in die Seele hinein. Und das liegt an dieser Detailarbeit. Wirkliche Liebe geht ins **Detail** - und die Seele läßt sich nur durch wirkliche Liebe erreichen.

Die Aluah-Ashamah war eine Anerkennung der jeweiligen Seelen- und Lebensphase und gab, was die Seele in dieser Zeit an Zuwendung und Zärtlichkeit, an Nahrung und Unterstützung erwartete. Hier gab es bestimmte Traditionen, die von Eltern an die Kinder weitergegeben wurden. Diese bildeten aber, wie gesagt, nur die **Basis** für die sonst ganz intuitiv und ganz individuell gegebene Massage, bei der man der Seele lauschte und spürte, was sie brauchte.

Jede **Seelen- und Lebensphase** wurde durch ein oder mehrere **Einweihungsfeste** eingeleitet und begleitet, denen jeweils eine Zeit der intensiven Vorbereitung vorausging. Sie waren wichtige Lebenshöhepunkte, die der Seele bedeuteten, daß sie ernst genommen wurde, und ihre „innere Struktur und ihre Bedürfnisse" konnten eine äußere Form finden. Die Einweihungsvorbereitungen und das Einweihungsfest zu Beginn einer Seelenphase waren eine Art Vorwegnahme der erwünschten Entwicklungen und Ergebnisse einer Phase. Sie hatten immer diese drei Elemente: **Anzuerkennen und gehen** zu lassen, was war, sich darauf zu **fokussieren**, was ist, und die Augen visionär auf die **Zukunft zu**

richten. Die Lemurianer kannten keine lineare Zeit so wie wir. Die Zeit war eher zyklisch, und so existierte auch keine Vergangenheit. Sie lebten vollständig in der Gegenwart, mit der Ausrichtung auf die Zukunft. Lemurianer wußten und handelten danach, daß die Gegenwart aus der Zukunft gestaltet wird.

In jeder Aluah-Ashamah wurde die Energie der Einweihung wieder aufgenommen und verstärkt. Dadurch blieb die Seele der Lebensphase bewußt und durchdrang sie mit ihrer Schönheit und Ausdruckskraft. Die Aluah-Ashamah ist in vieler Hinsicht eine Befreiung der Seele zu ihrem Ausdruck in die äußere Welt hinein. Sie befähigt und ermuntert die Seele, ihren Teil am Erleben und Gestalten der Welt beizutragen. Um es auf eine Formel zu bringen: Die Aluah-Ashamah, die ATM, macht der Seele den Weg frei.

Auch in Lemuria waren die Lebens- und Seelenphasen mit den Chakras, mit den menschlichen Energiezentren, in enge Verbindung gebracht worden.

Die Chakras galten als die Haupttore, die Haupt-Energiekanäle, die Hauptkommunikationsverbindungen zwischen der äußeren Welt und dem Raum von Seele und Geist. Leuchteten und pulsierten sie, dann war die Verbindung gut, waren ihr Licht und ihre Vibration matt, schwach oder trübe, wurden sie durch die Ashamah wieder aufgefrischt. Die Lemurianer konnten das Leuchten der Energiezentren im Körper des anderen sehen und konnten daran ablesen, wie es um die andere Person bestellt war.

Es gab in Lemuria Chakra-Wissende, die Chakras heilen, erneuern, sogar austauschen konnten. Oft waren die Massage-Wissenden auch Chakra-Wissende.

Ich sah die Wissenden aber immer mit einer großen Fürsorglichkeit und Achtsamkeit mit den Chakras umgehen. Sie beobachteten lange die Bewegungen und das „Eigenleben“ dieser Energiezentren, bevor sie irgendwie eingriffen oder dort direkt etwas unternahmen.

Daran sollten wir uns auch heute halten - insbesondere auch bei der heutigen Aluah-Trance Massage.

Kapitel 4
Die Aluah-Trance Massage in der heutigen Zeit

Bis zum heutigen Tag hat sich am Verlangen der Seele, sich in der Welt auszudrücken und an ihr teilzunehmen, nichts geändert. Nach wie vor hat sie ein Bedürfnis nach Beachtung ihrer Phasen und den zugehörigen Initiationen als Tore zum **Ich** und der äußeren Welt.

Dazu muß man wissen, daß die Seele Initiationen und die mit ihnen verbundenen Feste nicht nur sehr liebt, sondern sich auch daran nährt. Das liegt daran, daß alles Ritualistische durch den sehr bewußten, achtsamen Vorgang eine gewisse magische Qualität erhält, die zeit- und raumlos ist und deshalb alle Bereiche des Menschen umfaßt und miteinander verknüpft. Somit hat die Seele das Gefühl, uneingeschränkt am Leben teilzuhaben, verbunden zu sein und endlich vollkommen geliebt zu werden und - was sie noch mehr freut - vollkommen lieben zu dürfen.

Die Seele „denkt", fühlt, erlebt - im Gegensatz zum Verstand - nicht linear, sondern zyklisch und komplex. Sie verkümmert in der bloßen Linearität, in den bloßen Zahlen- und Faktenspielen des Lebens. Sie spürt und erkennt in allem, was geschieht, die Bedeutung und den tieferen Zusammenhang. Sie sieht immer alle Aspekte - den weiblichen und den männlichen, den irdischen und den göttlichen. Sie sieht, empfindet, erkennt und bewertet immer das gesamte Bild - es geht ihr immer um das Wie und das Warum und nur am Rande um das Was. Es geht ihr viel mehr um den Weg als um das Ziel, viel mehr um die Geschichte als um die Fakten.

Man kann das sehr schön bei Kindern beobachten, die noch mehr mit ihrer Seele in Verbindung stehen. Sie sind auf einem Spaziergang mit den Eltern zu einem Aussichtsturm mit Restaurant. Während Papa so bald wie möglich auf dem Turm stehen will, um von dort aus mit seiner neuen Kamera ein paar spektakuläre Fotos zu schießen („solange die Aussicht auf das Gebirge noch gut ist"), schaut die Mutter auf die Uhr, weil das Restaurant um zwei Uhr schließt und alle noch essen sollten. Die Kinder tollen herum, rechts und links vom Waldweg - sie haben keinen Hunger, keinen Durst. Sie finden einen Bach mit tollen Steinen, die ganz golden glitzern ... und da hinten ist ein großer Felsbrocken, auf dem man so gut klettern kann ... und da drüben dieser Baum mit der Höhle unter den mächtigen Wurzeln ... wer weiß, wer da drin wohnt ... -- „Kommt jetzt endlich, Kinder, sonst kommen wir NIE mehr zum Turm!"

Die Seele spürt, was hinter den Dingen ist, und ist daher als Ratgeber so wertvoll. Die Seele spürt, sieht, erlebt beim Essen eines Stückes Fleisch sofort, wie das Tier gestorben ist, und möchte diese Botschaft an das Ich weitergeben. In den Nachrichten von einem Autounfall fühlt die Seele das Schicksal derer, die verletzt wurden, ihre Angst und ihren Schmerz, und möchte darüber sprechen, möchte trösten, möchte heilen.

Wenn ein Baum gefällt wird, spürt die Seele die Seele des Baumes und möchte mit ihr reden und sie trösten. Die Seele lacht mit, wenn jemand (aus dem Herzen) lacht, und weint mit, wenn jemand aus seiner Tiefe heraus weint. Die Seele kann aber auch durchaus weinen, wenn jemand lacht, denn sie fühlt, was hinter dem Lachen steckt (z. B. Zynismus), und sie kann durchaus lachen, wenn alle weinen (z. B. bei einem Begräbnis, weil sie die Freude des Heimgehenden spürt - und dann weint sie wieder, weil sie mit allen mitfühlt, die trotzdem weinen).

Die Seele empfindet das Flüstern des Windes, formt Engelsflügel aus den Wolken des Himmels, sieht Gesichter in den Runzeln von Baumstämmen, lauscht der Musik raschelnder Blätter, schmeckt die Farbe von Himbeeren, folgt dem Flug der Vögel wie einem Schwarm von leuchtenden Funken, erschauert beim Betreten heiliger Orte und schwebt in Bildern zwischen den Zeiten und den Räumen. Ohne eine aktive Seele gibt es keine wirkliche Lebensqualität, keinen Genuß, keine wahre Kunst und Musik, keine wirkliche Liebe und Fürsorge, keine Visionen, kein wirkliches Leben.

Die Seele spürt die Armut in einem Reichen und den Reichtum in einem Armen, aber auch die Armut in einem Armen und den Reichtum in einem Reichen. Sie hat ein untrügliches Gefühl für das Wesen hinter den Dingen, die Wahrheit hinter den Masken.

Die (gesunde, heile, ganze) Seele hat ein untrügliches Wissen darum, was gerecht und richtig ist, was „stimmt".

Sie hat ein klares Gefühl dafür, was der Schöpfungswille für den Menschen bedeutet und wie er sein Leben optimal lebt, so daß er am Ende sagen kann: „Alles ist gut."

Sie erinnert den Menschen an seine besten Eigenschaften, versucht ihn darin zu halten und zu bestärken: in Mitgefühl, Kreativität und Spiritualität. Durch ihr klares Gefühl für das Richtige hält sie - wenn es ihr erlaubt und wenn sie gehört wird - den Menschen sicher auf seinem persönlichen Weg zur Meisterschaft. Sie hält ihn in der Verbindung mit dem höheren Wissen, mit seinem Höheren Selbst und hält ihn in der Einheit mit dem Göttlichen. Sie erinnert den Menschen immer an seinen göttlichen Ursprung und an seine Verantwortung. Sie hält ihn im Bewußtsein, daß das „Wie" und das „Warum" wichtiger sind als das „Was", daß das Motiv wichtiger ist als das Ergebnis, daß es wichtiger ist, nach der Art der Mittel zu fragen als nach den Resultaten. Sie hat ein tiefes nichtlineares Verständnis von Ursache und Wirkung.

Die beachtete und genährte Seele hält den Menschen gesund, stärkt sein Immunsystem. Sie ist die wahre Heilerin. Sie belebt und fördert seine Begabungen und macht sie zu Lebensspendern.

Die Seele kann sich niemals an starren Strukturen festhalten, denn sie kennt den Sinn der lebendigen, fließenden Entwicklung der Schöpfung. Die Seele zeigt auf, wann eine Form ihren Sinn verliert, und sie ist im Fluß mit einer unendlichen Anzahl von Ausdrucksformen.

Sie hat Zugang zu den Mysterien der Schöpfung und dem göttlichen „Chaos", die den Weg des Bewußtseins zu immer mehr Leben abenteuerlich, frisch und voller Überraschungen halten. Überraschungen, Wunder, spontanes Erleben sind die Garanten für ein erfülltes Leben und eine kraftvolle spirituelle Entwicklung und wirken dem Festgefahrensein in Lebensroutinen, Paradigmen, Fundamentalismen und festgezurrten Glaubensmustern entgegen. Letztere sind die größten Feinde der Lebendigkeit und Auslöser unzähliger Krankheiten. Letztendlich sind sie der Grund für die Schwierigkeiten und Feindseligkeiten in unserer Welt.

Aus all diesen Gründen ist es so wichtig, daß die Seele diese Beachtung, Heilung und Würdigung findet, die sie in der Aluah-Trance Massage bekommt. Es ist wichtig für Seelen von einzelnen Menschen als auch für die gesamte Menschheitsseele, die mehr ist als die Gesamtheit der einzelnen Seelen. Sie ist ein Seelenwesen für sich, sehr verwundet und sehr krank ... und immer noch sehr weit weg von Gott. Doch ist sie voller Sehnsucht nach Heimkehr, nach ihrer Wirklichkeit.

Natürlich wäre es wünschenswert, daß wir in der heutigen Zeit die Initiationen und Feste von Lemuria zu Beginn der Lebensphasen wieder aufleben lassen. Sie sind ja bei uns nur noch rudimentär vorhanden, wie z.B. in der Kommunion, Konfirmation, in Jubiläen und Geburtstagen. Das heißt, wir wissen durchaus von dem Wunsch der Seele nach solchen Initiationen und Ritualen. Aber diese Feste, in der oberflächlichen Art, wie sie heute gefeiert werden, erreichen die Seele fast nicht mehr. Und ihre Anwesenheit dabei ist selten erwünscht. Diese Teilnahme am äußeren Leben vermißt sie ganz schrecklich.

Die Seele ist deshalb so wenig erwünscht, weil sie so wenig greifbar und steuerbar erscheint, nicht kontrollierbar ist und ihre so eigene, nicht an irgendein System angepaßte Sichtweise hat. Daher ist es für totalitäre Staaten und Diktaturen aller Art besonders wichtig, daß sie möglichst viele „Getreue" ohne Zugang zur eigenen Seele haben. Je weniger sich Menschen in einem System selbst um ihre Seele kümmern, umso besser für den Machterhalt. Kein System dieser Welt ist davon ausgenommen - kein religiöses, kein staatliches, kein ethnisches. Nicht einmal die „kleinen" Systeme wie Firmen, Behörden, Schulen oder gar die eigene Familie.

Ersatz für die persönliche Seelenbeziehung wird zuhauf angeboten, und dafür wird gnadenlos zur Kasse gebeten bzw. Geld, Zeit und Kraft verschwendet. Wie immer sind es „Brot und Spiele", die insbesondere durch die Medien verabreicht werden: Bilder, die nicht nähren, „Visionen", die Hoffnungen vernichten, „Spiele", über deren Primitivität die Seele nur lachen oder weinen kann. Aber natürlich wird auch Ersatz geboten durch die Bindung an eine Massen-„Seele" und deren Bewegungen, genannt Ideologie, Fanatismus und (religiöse, ethnische, kulturelle) Intoleranz. Hier ist „Leitkultur" immer „Leidkultur".

Die Aluah-Trance Massage läßt die Seele wieder am Leben nach ihrer ureigenen, individuellen Art teilnehmen. Selbst wenn die von ihr erwarteten Feste nicht mehr so gefeiert werden wie in Lemuria, so ist doch jede ATM-Sitzung eine kleine Einweihung für sich, die die Seele versteht und sie begeistert. Endlich hört einmal wieder jemand auf sie, nimmt ihre Bedeutung wahr und liebt sie, spricht mit ihr und WILL sie. Das heißt also, daß sie sich jetzt **positiv** äußern darf, daß ihre Stimme befreit ist.

Von Zeit zu Zeit **muß** sich die Seele Gehör verschaffen. Doch wegen des Widerstandes des in Systemen eingebundenen, für die Seele meist tauben **Ichs** geht das meist nur über eine Krise, über Krankheit, über eine „Auszeit" (wie z.B. eine Midlife-Krise, aber auch ein Unfall, eine Depression etc.). Es geht meist nur „mit Gewalt". Dies ist aber nicht, was die Seele eigentlich will, aber sie tut es, weil sie dich so unendlich liebt und keine andere Möglichkeit sieht.

Wird die Seele aber - wie in der ATM - wieder beachtet, dann kann sie sagen: „Ich muß dich ja gar nicht mehr krank machen ... ich muß dich ja gar nicht mehr in die Krise führen ... du hörst ja auf mich! Du gibst mir Raum in deinem Leben." Das ist eine große Freude für die Seele, und so ist jede ATM eine Befreiung der Seele zu ihren wahren Aufgaben und zu ihrem wahren Leben im Leben.

Das macht uns empfindlicher, verletzlicher in gewisser Weise. Wir sehen mit den Augen der Seele, wir spüren mit ihrem Herzen. Vieles können wir dann sicher nicht mehr so tun, wie wir es vorher taten. Manches, was wir sehen und erleben, wird uns nun traurig machen. Aber was wir dafür bekommen, ist eine Wachheit und Lebendigkeit, ein Lebensgefühl und eine Liebe, eine Motivation und Ausdrucksfreude, die für uns und für andere ein Segen ist. Ganz abgesehen von der tiefen Heilung, die wir, bis hinein in unsere Inkarnationen, erfahren können.

Das geht Schritt für Schritt, Schicht für Schicht, Stufe für Stufe. Die ATM heilt die Seele und damit den Körper selten gleich in der ersten Sitzung - auch hier braucht es Geduld und Ausdauer. Immer wieder können neue Dinge aufsteigen, die nach Heilung und Beachtung rufen.

Was aber in der ersten ATM-Sitzung sofort geschieht, ist ein tiefes Aufatmen der Seele: „Endlich werde ich gehört, endlich kümmert sich jemand um mich, endlich darf ich sein und werden, wer ich bin." Dann steht der schlafende, bis jetzt recht ohnmächtige innere Heiler auf und geht ans Werk - was spürbare

Verbesserungen im Leben zur Folge hat. Dies wurde mir in so vielen Zuschriften und Telefonaten bestätigt.

Die Verbindung der sieben Seelen- und Lebensphasen zu den sieben wichtigsten Energiezentren des Menschen, den Chakras, liegt auf der Hand und ist - wie in Lemuria - integraler Bestandteil der heutigen ATM. So „heilt" und erneuert die ATM nicht nur die entsprechenden Lebensphasen, sondern auch die Energiezentren und regt sie an, auf einem seelenrelevanten Niveau zu wirken.

TEIL II
DIE ANWENDUNG DER ALUAH-TRANCE MASSAGE

Kapitel 1
Grundlagen

Es ist mein tiefer Wunsch, daß die Aluah-Trance Massage von vielen praktiziert wird. Dazu habe ich ein Ausbildungsprogramm zusammengestellt, über das ich am Ende des Buches berichte. Seit über zwei Jahren gebe ich diese Ausbildung weiter und bekam immer wieder sehr ermutigende Rückmeldungen von Teilnehmern, die die Ausbildung in der Aluah-Trance Massage erhalten haben und die ATM regelmäßig anwenden. Einige von ihnen kommen in Erfahrungsberichten am Schluß des Buches zu Wort. Andere Absolventen behandeln nur dann und wann im privaten Kreis der Familie und der Freunde. Auch dies ist sehr zu begrüßen.

In diesem und den weiteren Kapiteln gebe ich Hinweise für diejeniegen, die die ATM-Ausbildung abgeschlossen haben und die ATM in einem größeren Stil praktizieren wollen - als Leitfaden, Handbuch und besonders als **Einstimmung** auf die Sitzung. Die folgenden Seiten sind aber auch sicher wertvoll für alle, die wissen wollen, was die ATM eigentlich ist - auch um sich besser entscheiden zu können, eine solche Ausbildung zu erhalten bzw. eine Behandlung zu empfangen. Darüberhinaus wird jeder angeregt, selbst über seine Seelen- und Lebensphasen nachzudenken.

Dieses Kapitel 1 im Teil II gibt allgemeine Hinweise, die für alle Behandlungen als Grundlage dienen. Im Kapitel 2 von Teil II werden die einzelnen Phasen und die dazugehörigen Massagen im Detail beschrieben. Dort werden zusätzliche und ganz spezifische Hinweise zur Vorbereitung, Behandlung und Nachbereitung für jede einzelne ATM-Phase gegeben.

Bitte bedenken Sie: Selbst die detaillierteste Darstellung kann die **Selbsterfahrung** der Aluah-Trance Massage nicht ersetzen. Diese ist die Voraussetzung für jede gute ATM-Behandlung.

Die Vorbereitung des Massage-Raums

Je liebevoller und bewußter der Massage-Raum für die Behandlung vorbereitet wird, desto hilfreicher ist die Schwingung für die ATM-Behandlung. Dennoch ist die Art und Einrichtung des Raumes nicht das Wichtigste. Ein schöner, geschützter Platz in der freien Natur, im Garten, am Strand ist genauso gut wie ein Krankenzimmer, das man mit ein paar Blumen schmückt. Viel wesentlicher als der äußere Raum ist der innere Raum des Behandelnden.

Dennoch trägt der äußere Rahmen bei, und so möchte ich ein paar Worte dazu sagen.

Wenn Sie die ATM professionell anwenden und auch die räumliche Möglichkeit dazu haben, sollten Sie **einen** Raum Ihrer Wohnung, Ihrer Praxis ausschließlich für die ATM bereitstellen. Das hat den Vorteil, daß in diesem Raum die ATM-Schwingung bleiben und sich von Behandlung zu Behandlung verstärken kann. Mit jeder guten Behandlung und anschließenden Reinigung wird der Raum wertvoller.

Materie hat Bewußtsein. Ein Raum ist Zeuge und nimmt auf, was in ihm geschieht. Je mehr gute ATM-Sitzungen dort ablaufen, umso stärker und besser die Schwingung. Wenn Sie im Anschluß an eine Sitzung oder ab und zu den Raum mit Salbei und / oder mit einer subliminalen Kassette (z.B. White Light, eine subliminale Musik, die ich zu diesem Zweck anbiete) oder mit einer anderen guten Methode reinigen, bleiben die guten, heilenden Schwingungen und verstärken sich sogar. Die ATM ist so angelegt, daß „negative" Schwingungen schon während der Sitzung „ins Licht gehen".

Daher ist die Raumschwingung nach einer ATM-Sitzung oft so schön und hoch, daß gar nicht gereinigt werden muß - im Gegenteil, man kann sich kaum von diesem Raum trennen.

Die Aluah-Ashamah ist eine Wesenheit, der Sie in diesem Raum sozusagen ein Bleiberecht einräumen. Wann immer Sie diesen ATM-Raum betreten, kommen Sie leichter und schneller in die Schwingung der Aluah-Kraft. Das erleichtert die eigene Vorbereitung, und auch Ihr Klient stimmt sich leichter auf die ATM ein, was den Erfolg der Behandlung sehr unterstützt.

Der Raum sollte hell sein, möglichst in einem warmen Weiß gestrichen - möglichst keine dunkle drückende Decke oder Fußboden. Achten Sie darauf, daß der Fußboden beim Betreten nicht knarrt (störende Geräusche können sich bei manchen Klienten während der Massage verstärken und für sie sehr unangenehm werden).

In der Mitte des Raumes steht die Massage-Liege. Das Kopfende sollte nach Norden ausgerichtet sein, außer Sie bekommen mit, daß für einen Klienten eine andere Richtung besser wäre. Aber generell ist Nord-Süd die richtige Ausrichtung, weil diese Himmelsrichtungen mit dem Fluß der Energiezentren (vom ersten zum siebten Chakra und zurück) am kompatibelsten sind. Das 1. Chakra ist dem roten Tetraeder des Südens zugeordnet, das 7. Chakra dem goldenen Kubus des Nordens.

Die Höhe der Liege sollte dem entsprechen, wie Sie am liebsten arbeiten. Es kann eine Matratze direkt auf dem Boden sein, aber bitte keine Federkernmatratze. Darunter sollte sich zumindest noch eine gute Wolldecke befinden. Das hat energetische Gründe. Besser wäre eine Art Bett in einer gewissen Höhe, damit man besser Kristalle darunter legen kann. Gut ist eine Liege z.B. in Kniehöhe, über die ein (weißes) Tuch gelegt ist, das auf allen Seiten bis zum Boden reicht.

Um diese Liege herum würde ich einen weichen Teppich und Kissen empfehlen, so daß Sie als Behandelnde es auch weich haben und leicht auf allen Seiten knien oder sitzen können. Die Liege selbst sollte groß genug sein, daß Sie sich **mit darauf** setzen können. Natürlich kann man auch eine herkömmliche Massage-Liege nehmen. Man sollte aber durch Tücher etc. dieser Liege den „Massagelook" nehmen.

Ich empfehle mehrere mobile Kerzenständer, die je nach Behandlung umgesetzt werden können. Die Ständer sollten möglichst aus Holz oder Keramik sein. Bronze, Kupfer und Messing sind auch o.k., aber es sollte möglichst kein Eisen im Raum sein. Wenn sich Eisen und andere „niederen" Metalle nicht ganz vermeiden lassen, sollten sie aber auf ein Minimum beschränkt sein. Das gilt auch für elektrische Kabel. Steckdosen, die Sie nicht brauchen, sollten Sie überkleben bzw. einen kleinen Citrin-Trommelstein oder einen schwarzen Turmalin hineinlegen. Bitte vermeiden Sie unter Strom stehende elektrische Apparaturen in weniger als zwei Metern Entfernung von der Liege. Dazu gehören auch mobile und schnurlose Telefone etc., die in diesem Raum gar nichts zu suchen haben.

In der Nähe der Liege sollte in Reichweite ein Hocker oder eine Ablage stehen, auf dem Sie die Öle, Papiertücher, Behandlungskristalle etc. liegen haben. Das Öl, das Sie bei der Behandlung verwenden, sollten Sie beim „Herumrutschen" um die Liege immer mit dabei haben. Am besten stecken Sie es in die Hose oder eine andere körpernahe Tasche. Das hat den Vorteil, daß das Öl in Reichweite ist und warm bleibt. Während der Behandlung aufzustehen und Öl holen zu müssen, ist genauso störend, wie das Ölfläschchen auf dem Massagebett zu suchen. Eigentlich sollte man während der Behandlung nie beide Hände vom Klienten wegnehmen. Finden Sie selbst Ihre beste Methode heraus.

Möglicherweise sollten Sie sich ein Öl in ein kleines Plastikfläschchen abfüllen. Aber nur wenig und für begrenzte Zeit, da das Öl möglicherweise nach einiger Zeit das Plastik angreift.

Mehr zu den Ölen können Sie in einem späteren Kapitel nachlesen.

Ansonsten sollte der Raum leer sein, bis auf ein, zwei Blumentischchen vielleicht. Als Pflanzen im Raum empfehle ich Topfpflanzen. Blumensträuße sind für empfindliche Klienten ein Hinweis auf „Abgeschnittensein". An den Wänden können Bilder hängen, die von Sitzung zu Sitzung wechseln. Jede Phase hat ihre besonderen schwingungserhöhenden Bilder. Dazu gehören die von mir als farbige Poster angebotenen ATM-Symbolbilder, die jeweils zu Beginn der Phasenbeschreibungen in Kapitel 2 zu sehen sind. Grundsätzlich empfehle ich

Bilder mit folgendem Inhalt: weites Meer, blauer Himmel, schöne Natur, Vögel, natürliche Bilder, die Freiheit, Natur- und Gottesverbundenheit ausstrahlen. Diese Bilder können immer hängen bleiben.

Der Raum kann (aber muß nicht) mit Kristallen magnetisiert werden. Kristallaufstellungen können von Phase zu Phase variieren, wie in den entsprechenden Kapiteln beschrieben wird. Man kann aber auch eine Grundaufstellung für alle Phasen beibehalten, insbesondere wenn man ATM-Kombinationen behandelt.

Eine gute generelle Grundaufstellung ist folgende (Sie schauen nach Norden): linke Ecke vorne Bergkristall, rechte Ecke vorne Rosenquarz, linke Ecke hinten Rosenquarz, rechte Ecke hinten Bergkristall. Unter dem Massagebett ein Dreieck aus drei Citrinen (Spitze des Dreiecks nach Norden) und in der Mitte des Dreiecks einen Amethyst. Diese Kristalle sollten natürlich auf die ATM sensibilisiert (programmiert) sein, was Sie in der ATM-Ausbildung lernen. Riesige Brocken Rosenquarz etc. sind nicht so gut, weil sie zu massiv in der Strahlung sind und dadurch zu viel Aufmerksamkeit an sich ziehen. Die Kristalle, die Sie in der Aufstellung verwenden, brauchen nicht groß zu sein.

Musik? Anlage und die Lautsprecher möglichst überdecken. Das Gerät nicht zu nahe an den Klienten, die Fernbedienung mit den Schwachstrombatterien in Reichweite. Näheres unter „Musik“.

Natürlich sollte der Raum ruhig gelegen sein, möglichst nicht zur Straße hin. Möglichst keine Störzonen oder Wasseradern - entstören lassen! Keine Straßenschuhe im Raum. Beleuchtung? Angenehm, indirekt von der Seite, nie direkt in die Augen der zu Behandelnden.

Natürlich sollte das Zimmer auch kein Durchgangszimmer sein - es muß ein SICHERER Raum sein und gewährleistet werden, daß niemand den Raum während der Behandlung betritt. Also ein klares Schild außen („Bitte nicht eintreten und auch nicht klopfen!“) und Türe abschließen. Ein unsicherer Raum kann die ganze ATM zunichte machen. Wir wollen ja, daß sich Ego und Kontrolle schlafen legen! Starke, besonders plötzliche, Geräusche von außen können den Klienten sehr erschrecken und dazu beitragen, daß er sich nicht mehr ganz einläßt.

Ich empfehle im Raum immer einen Krug mit Rosenquarzwasser und eine Schale mit naturbelassenen getrockneten Aprikosen.

Ansonsten kann man den Raum noch phasenbezogen schmücken, je nach Intuition. Sanftes Farblicht in der Farbe der jeweiligen Phase und des jeweiligen Energiezentrums kann ebenfalls sehr positiv wirken.

Detaillierte Vorschläge zu all dem gibt es in der Beschreibung der einzelnen Phasen.

Die ATM-Öl-Essenzen

Die 9 Essenzen werden im Teil IV dieses Buches näher vorgestellt. Hier allgemeine Hinweise zum Einsatz und der Bedeutung der Öle.

Die **ATM-Öle** sind ein äußerst wichtiger Bestandteil der ATM. Sie werden sehr sorgfältig mit Hilfe von speziell programmierten edlen Steinen in Kristallfeldern und mit natürlichen Duftessenzen hergestellt, die die Schwingung der einzelnen Phasen und ihrer Initiationen in sich tragen. Gleichzeitig werden bei der Herstellung Mantras und Gebete gesprochen. Der Ort der Herstellung und der Lagerung ist ein liebevoller und sicherer Raum.

Das Öl hält also die Bedeutung, die Thematik und die Mantras der jeweiligen Sitzung in ihrer Integrität, aber auch die Schwingung der Originale der entsprechenden Energiezentren (der Chakras). So beinhaltet zum Beispiel das **ATM-Öl-1** sowohl die Schwingung der ersten voll erlebten und ausgelebten Seelen- und Lebensphase einschließlich der Initationen und Feste. Zugleich ist aber auch die Schwingung des voll entfalteten und gesunden 1. Chakras enthalten. Duft und Zusammensetzung der Öle sind ebenfalls optimal auf die Phasen und Chakras abgestimmt. Insbesondere der feine Duft der Öle hält die Schwingungen und transportiert sie an allen eventuell kontrollierenden Instanzen vorbei genau dorthin, wo sie hingehören.

Die Öle halten den ATM-Wissenden, also den, der die ATM gibt, „auf Kurs".

Sie reinigen und „kalibrieren" seine Hände, geben ihnen den Purpose, genau im Sinne der Ashamah zu verfahren. Die Hände werden durch die Öl-Essenz zu einer Art Sieb, mit denen man negative Muster abschöpfen und ins Licht geben kann.

Bei Kombinationssitzungen wird durch den Wechsel des Öles der Wechsel von einer Phase zur anderen erleichtert.

Die Öle sollten in der Regel kühl (aber nicht kalt) aufbewahrt und erst kurz vor der Sitzung aufgewärmt werden. Direkt vor dem Auftragen sollte man die Flasche etwas schütteln und wenige Tropfen auf die eigenen Hände auftragen und verreiben. Dadurch werden die Schwingungen aktiviert und das Öl auf Körpertemperatur angewärmt. **Niemals**, natürlich, direkt das Öl auf den Körper des Klienten träufeln, auch nicht auf seine Hand. Immer vorher durch die eigenen Hände anwärmen, wobei man gleichzeitig immer mit dem Behandelten Körperkontakt halten sollte (man kann ganz leicht den Arm an ihn anlehnen, etc.).

Die Öle sind nicht nur dann wichtig, wenn man direkt auf der Haut massiert, sondern auch wenn man „schwebend" massiert, also ohne Körperkontakt.

Auch nach den Sitzungen sind die Öle sehr wertvoll, um die Schwingung der geheilten Lebensphase noch weiter zu halten und zu schützen. So kann es von

Nutzen sein, dem Klienten ein Öl mit nach Hause zu geben.

Sie können das Öl auch im Alltag verwenden, wenn man mit einem bestimmten Thema in Berührung kommen, es aktivieren, energetisieren oder beruhigen, schützen und heilen will. Das **ATM-Öl-1** ist zum Beispiel ein gutes allgemeines Schutzöl, das **ATM-Öl-4** hilft dem Herzen und in allen Herzensangelegenheiten, das **ATM-Öl-6,** auf das Dritte Auge aufgebracht, hilft bei schwierigen Erkenntnis- und Entscheidungsprozessen. Jedes Öl stimuliert und unterstützt, schützt und energetisiert das jeweilige Lebens- und Seelenthema, dem es zugeordnet ist.

Die **Öle 1 bis** 7 sind die Öle, die für die Behandlung und Erneuerung der sieben Seelen- und Lebensphasen **und** der sieben Energiezentren zur Verfügung stehen.

Das **ATM-Öl-8**, das **Regenbogenöl**, ist das sogenannte Integrationsöl. Es ist zuständig für das Balancieren der sieben Energiezentren und das Integrieren der 7 Lebensphasen. Es sollte vornehmlich am Schluß einer Sitzung in die Aura eingefächelt werden (von oben nach unten, von unten nach oben und von oben nach unten). Es beinhaltet in gewisser Weise alle Schwingungen aller Energiezentren und Seelenphasen und kann auch mal als Ersatz genommen werden, wenn ein spezifisches Öl zwischen 1 und 7 nicht zur Hand ist. Dennoch haben die Einzelöle den Vorteil, daß sie sich mit ihrer singulären Schwingung auf die jeweilige Phase fokussieren und keine anderen Themen mit hineinkommen. Man sollte also nicht **nur** mit dem Regenbogenöl arbeiten.

Das **ATM-Öl-9**, das **Lemuria-Vitalöl**, das goldene Öl, hergestellt mit Goldschwingungen und Goldpartikeln, hat die Aufgabe des Vitalisierens und des Schutzes des in einer Sitzung Erreichten. Es ist ein hervorragendes Aura-Schutzöl, vitalisiert und belebt die Energiezentren und die körperlichen Funktionen und ist für viele ein ständiger Begleiter. Dieses Öl kann ganz am Ende einer Sitzung aufgetragen oder eingefächelt werden, auch um den Klienten wieder leicht und sicher in das Hier und Jetzt zu entlassen.

Jedes Öl ist einer Kombination von zwei Grundsymbolen („Essenz-Symbole") zugeordnet. Ich habe diese Symbole und ihre Bedeutung eingehend in meinem Buch „Die Kristallstädte von Lemuria" beschrieben. Es sind archetypische Menschheitssymbole, die z. B. in den hinduistischen Tattwas wieder auftauchen, die aber auch in Lemuria zur Beschreibung von „Schwingungsebenen" und „Schwingungseigenschaften" sowie von Mustern körperlicher, seelischer und geistiger Vorgänge und den „heiligen Sekreten" benutzt wurden (s. dazu auch die Abbildung auf S.70).

Auf diese Symbole und ihre Bedeutung im einzelnen in diesem Buch einzugehen, würde den Rahmen sprengen. Es ist ein Forschungsgebiet für sich. Ich werde aber einiges darüber in der Ausbildung sagen.

Wegen ihres universalen Wirkbereiches ist die Verwendung und der Bezug der Öle nicht an die ATM und die zugehörige Ausbildung gebunden. Die Öle 1 - 9 können ein wunderbarer täglicher Begleiter für alle Eventualitäten sein.

Die Musik und die Mantras

Die Musik sollte die ATM-Sitzungen optimal unterstützen. Man vergesse bitte nie: Der Klient, die Klientin befinden sich in Trance, d.h. die Musik wird noch tiefer aufgenommen als sonst. Natürlich empfehle ich hier die von mir direkt für die ATM komponierte und aufgenommene Musik. Ansonsten können Sie sich aber auch selbst Musik machen oder zusammenstellen nach den in Kapitel 2 angegebenen Kriterien.

Eine gute Musikanlage mit dem ganzen Frequenzumfang von tiefem Bass bis zu den Höhen, weich ausgesteuert, ist von Vorteil. Wenn Lautsprecher verwendet werden, sollten sie rechts und links von der Massage-Liege aufgestellt und die Musik gut in der Mitte balanciert sein, so daß der Klient in der Musik „badet". Legen Sie sich ruhig selbst einmal auf die Liege, und hören Sie, sehen Sie, fühlen Sie!

Jedes Chakra hat einen bestimmten Basiston, auf dem ich die ATM-Musikstücke aufgebaut habe. Die Melodien, die diesen Ton umspielen, charakterisieren die entsprechende Seelen- und Lebensphase. Die Musik selbst ist in der Verbindung mit der entsprechenden Phase in der Trance entstanden.

Die Musik soll eine Hilfe zum Eintauchen in die Trance sein, sie stabilisieren und den Klienten wie den Behandelnden in der Schwingung der entsprechenden Phase halten. Sie sollte einfach sein, sie kann sich ruhig wiederholen. Auf der von mir herausgegeben ATM-CD sind 8 Stücke zu je etwa 8 Minuten. Sie sind so angelegt, daß sie nahtlos wiederholt werden können.

Bitte die Musik **vor** Beginn der ATM und für das entsprechende Stück die Repeatfunktion einstellen (wenn Ihre Anlage diese Funktion besitzt), bzw. eine Kassette bespielen, die dann im Auto-Reverse-Betrieb abläuft. Erlauben Sie sich eine Anlage mit Fernbedienung, so daß Sie während der Sitzung nicht zum Gerät laufen müssen. Die Fernbedienung erlaubt Ihnen auch, von einer Musik auf die andere zu wechseln, wenn Sie in Kombinationen behandeln. Die Fernbedienung in Reichweite legen, aber nicht direkt an die Liege.

Bitte nehmen Sie nur wirklich „saubere" Musik. Sie können die Musik auspendeln, indem Sie den Pendel mit einem Tropfen des entsprechenden ATM-Öles beträufeln. Wenn sich dann der Pendel vor dem Lautsprecher oder über der CD/Kassette von selbst im Uhrzeigersinn bewegt, ist die Musik in Ordnung. Sie können auch die Musik auf der CD „Die Gesänge Lemurias" verwenden und sie durchgehend abspielen.

Fragen Sie Ihren Klienten zu Beginn bzw. am Anfang der Sitzung, ob die Lautstärke so in Ordnung ist. Die Musik kann leise sein, sollte aber immer den gesamten Frequenzumfang haben und nicht „dünn" werden. Testen Sie es selbst, indem Sie sich auf die Liege legen.

In manchen Fällen kann es von Vorteil sein, wenn der Klient die Musik über Kopfhörer hört - besonders bei solchen, die es sehr schwer haben, von der Außenwelt, den Außengeräuschen abzuschalten. Das bedarf zwar bestimmter Vorbereitung und einer etwas anderen Massageweise, aber es kann **sehr** helfen. Hier muß man natürlich **besonders vorsichtig und sensibel** mit der Lautstärke sein - besonders beim **WECHSEL** von Musikstücken oder gar von CD's. **Jede CD hat eine andere Lautstärke!**

Ich habe so gut wie möglich alle Stücke der ATM-Musik auf demselben Lautstärke-Level gehalten. Aber auch hier: Bitte selbst einmal ausprobieren.

Bitte aber keine Ohrstöpsel verwenden, sondern wirklich sehr bequeme und **sehr gute** Kopfhörer mit dem entsprechenden Hi-Fi-Frequenzumfang benützen.

Den **Mantras** kommt ebenfalls eine zentrale Bedeutung zu, die ich an verschiedenen Stellen im Buch beschreibe. Sie sind eine der stärksten Ausdrucksformen der Seele und reichen als Botschaften tief in das Unter- und Unbewußte, um dort ihre segensreiche Wirkung zu entfalten. Sie halten den ATM-Gebenden in der Trance und im Fokus auf die Massage. Die Mantras können sowohl in der Ich- als auch in der Du-Form innerlich gesprochen oder gesungen werden.

Die eigene Vorbereitung des ATM-Wissenden

Wenn Sie die ATM gelernt haben und Einzelsitzungen geben, ist es natürlich wichtig, sich vor jeder Sitzung vorzubereiten.

Wenn Sie das Thema bereits kennen, wenn Sie schon wissen, in welcher Phase Sie Ihren Klienten behandeln wollen, sollten Sie zunächst den Raum anhand der entsprechenden Hinweise in diesem Buch und Ihrer eigenen Intuition vorbereiten. Dabei können Sie zur Einstimmung die ATM-Musik spielen lassen und sich bereits innerlich mit dem Thema beschäftigen.

Nach der Raumvorbereitung nehmen Sie etwas 9-er-Öl in Ihre Hände und fächeln es in Ihre Aura. Dann gehen Sie im Raum herum und bitten inbrünstig Ihr Höheres Selbst, Ihre geistigen Führer, Gott/Göttin um Beistand und Führung. Rufen Sie den oder die ATM-Wissende in Ihnen zur Hilfe, bitten Sie Ihre eigene Seele um Unterstützung.

Dann setzen Sie sich hin und nehmen etwas von dem Öl, das Sie anzuwenden gedenken, in Ihre Hände, riechen Sie den Duft und denken Sie an ihre eigene Lebensphase. Seien Sie dankbar für deren Heilung und bitten Sie nun, daß der

ATM-Wissende Sie und die Sitzung übernimmt.

Rufen Sie die Aluah-Kraft, Sie und den Raum zu erfüllen. Rufen Sie das Wesen der ATM, die Aluah-Ashamah, in den Raum und in Ihr Herz.

Auch eine geführte Meditation nach Lemuria ist eine gute Vorbereitung.

Lesen Sie die entsprechenden Beschreibungen der ATM-Phase, die Sie anwenden wollen, noch einmal in diesem Buch nach. Tun Sie das, auch wenn Sie glauben, daß sie alles schon längst wissen. Tun Sie es nicht nur, um sich zu erinnern, „wie es geht", sondern auch als Einstimmung und um noch mehr in die Schwingung zu kommen.

Eine solche Vorbereitung kann bis zu einer halben Stunde und länger dauern.

Dann erst bitten Sie den Klienten, die Klientin in den Raum.

Achten Sie bei sich auf eine leichte und lockere Kleidung. Nehmen Sie als Farben nur weiß oder eine Kombination mit chakrafarbenen Kleidungstücken, möglichst nicht zu bunt. Hilfreich ist, wenn Sie ein Tuch oder Kleidungsstück in der Farbe des Chakras tragen, das Sie behandeln wollen. Grundsätzlich keine zu grellen Farben und kein Schwarz.

Bitte kurze Fingernägel. Und angenehm riechen - auch an einen reinen Atem denken! Auf Parfüm besser verzichten.

Wenn es Ihnen an diesem Tag nicht gut geht? Sie werden sehen, das ändert sich während der Vorbereitung und erst recht während der Sitzung. Es kann und darf, es **muß** Ihnen aber nicht „gut" gehen vor und während einer ATM-Sitzung. Auch dann ist die Sitzung ein Erfolg. Meist aber geht es Ihnen schon nach der Vorbereitung oder während der ATM besser. Viele ATM-Gebende kommen ganz erfrischt aus einer Behandlung. Die ATM gibt immer beiden Beteiligten etwas.

Sie sollten nicht kurz vor der Behandlung gegessen haben. Auch hier ist es gut, wenn die letzte Mahlzeit inklusive Kaffee oder Schwarztee mindestens eine bis drei Stunden zurückliegt. Bitte natürlich auch keinen Alkohol vor einer Sitzung.

Detaillierte Informationen zur Vorbereitung gibt es in den folgenden Kapiteln.

Die Auswahl der richtigen Behandlung, das Vorgespräch

Möglicherweise hat Ihr Klient durch einen Bekannten oder durch einen Prospekt von Ihnen gehört, weiß aber sonst nichts von der ATM, außer er hat vielleicht dieses Buch gelesen.

Bei der ersten Besprechung mit dem Klienten, vielleicht sogar am Telefon, werden Sie vielleicht gefragt, was die ATM ist und ob Sie bei einem akuten Problem des Interessenten helfen können. Meist sind solche Probleme körperlicher („Niemand konnte mir bisher helfen ..."), mentaler/emotionaler („Irgendwie kriege ich bei diesem und jenem Alltags-, Berufs-, Beziehungsproblem nichts mehr auf die Reihe ..."), seelischer („Ich sehne mich so nach ...") oder spiritueller Art („Ich fühle mich so von mir, von Gott, von der Welt abgeschnitten ..."). Eventuell geht es um eine Vielzahl von verschiedenen, mehr oder weniger klar erkannten und definierten Problemen, die irgendwie zusammenhängen. Ihre Wurzel und ihr übergeordneter Zusammenhang ist aber den Klienten entweder gar nicht klar, oder er „weiß schon alles", meist durch andere Beratungen und Channelings, die nichts oder nur wenig genützt haben.

Wenn Sie selbst schon viel an sich gearbeitet und den Zyklus der ATM selbst erfahren haben, wird Ihnen bald deutlich, welche Lebens- und Seelenphase bei Ihrem Gesprächspartner einer Beachtung und Behandlung bedarf. Sie hören hinter den vielen Worten das Bitten der Seele, und dies führt Sie, wenn Sie sich mit Ihrem Mitgefühl darauf einlassen, zur richtigen Auswahl der Behandlung bzw. der Behandlungskombination.

Jedes Leiden, ob körperlich, seelisch oder spirituell, hat seine Ursache in einer gestörten, nicht beachteten Lebensphase - **vorwirkend und rückwirkend** (!).

Ein Beispiel: Es ist möglich und sogar wahrscheinlich, daß jemand, der die letzte Inkarnation mit einem plötzlichen Tod beschloß, in der jetzigen Inkarnation Probleme mit dem Loslassen, mit Veränderung hat. Auf der anderen Seite hat sich das Muster und die Angst vor einem plötzlichen „Aus" ebenfalls eingegraben. Wenn dieser Tod in der letzten Inkarnation z.B. ein Autounfall war, kann die Reaktion in diesem Leben entweder große Angst vor dem Autofahren und/oder eine Neigung zu Unfällen sein. Insofern kann die ATM der Phase 7 durchaus für einen 30-Jährigen angebracht sein, der oft in Autounfälle verwickelt ist.

Ich gehe in diesem Buch zwar nicht ausdrücklich auf Inkarnationseinflüsse ein, aber sie sind ganz bestimmt ein wichtiger Aspekt der ATM.

Diese Erlebnisse können denselben 30-Jährigen aber auch daran hindern, sich von der Mutter zu lösen - so einschränkend und quälend diese Beziehung auch sein mag. Oder er kann wegen der Angst vor dem „Aus" von der Beziehung zu einer verflossenen Liebe sehr schwer loslassen, obwohl dies jede neue Partnerschaft blockiert ...

Vergleichen Sie das, was der Klient im Vorgespräch sagt, mit den Beschreibungen zu den jeweiligen Lebensphasen und den dazugehörigen Mantras, um einen Hinweis auf die Seelenphase zu bekommen, die behandelt werden soll.

Lassen Sie sich nicht nur die körperlichen Leiden erzählen, fragen Sie weiter nach den Lebensumständen, nach Gedanken, nach Gefühlen, Erlebnissen, Träumen, Lieblingsfilmen und -büchern, Kindheitserlebnissen etc. Fragen Sie aber nur so viel, daß Sie sich ein Bild machen können - lassen Sie ein allgemeines Jammern nicht zu. Fragen Sie spezifisch ... haben Sie dabei immer die Eigenschaften der Lebens- und Seelenphasen, so wie sie in Lemuria verstanden wurden, vor Augen. So können Sie bald erkennen, wo es Not tut.

Nachdem Sie diese erste Besprechung am Telefon oder in Ihrer Praxis hatten, wissen Sie meist, mit welcher Behandlung Sie beginnen. Die wichtigsten Entscheidungskriterien sind in den folgenden Kapiteln im jeweiligen Abschnitt „das Vorgespräch“ genauer aufgeführt.

Wenn Sie sich immer noch nicht klar sind, weil die Auskünfte einfach zu verschwommen sind, ist eine ATM-1 immer richtig. Gerade bei unklaren Angaben liegt die Vermutung nahe, daß das Problem in der nonverbalen Phase liegt - und das ist die Phase 1. Viele Probleme, die oder deren Ursachen vom Klienten nicht genau beschrieben werden können, liegen in der frühen Kindheitsphase, in der es noch keine Worte gab, aber eine sehr präzise Empfindung.

Richtig liegen Sie auch immer, wenn Sie eine ATM in **der** Lebensphase geben, in der sich ihr Klient gerade befindet. Einem 55-Jährigen geben Sie z.B. die ATM-5, die **alles** in sich hat, was Ihr Klient und seine Seele **jetzt** brauchen. In der darauffolgenden Sitzung geben Sie dann eine ATM-1 und danach eine Kombination aus den anderen Phasen, je nachdem, welche Beschwerden vorliegen.

Hilfreich ist eine Behandlung oder eine Behandlungskombination auch aus einer aktuellen Lebenssituation heraus. Jemand hat z.B. große Angst, eine öffentliche Rede zu halten. Dann sind die ATM-5 (der Ausdruck) und die ATM-4 (Mut, Beherztheit) angebracht. Oder jemand hat große Angst vor einem bevorstehenden Umzug in eine andere Stadt. Hier kann die Behandlung mit der ATM-1 (Ich bin willkommen, wo immer ich bin) und mit der ATM-7 (Loslassen vom Alten, Vertrauen in das Neue) helfen.

Wenn Ihr Klient zur eigentlichen Behandlung kommt, sollte nicht mehr allzuviel (über Probleme) gesprochen werden.

Erzählen Sie ein wenig von den Grundlagen der ATM, vom Behandlungsablauf, von Lemuria und der Aluah-Ashamah, wenn Sie fühlen, daß das angebracht ist und die Nervosität mildert. Vermitteln Sie Vertrauen und Fürsorglichkeit.

Die Vorbereitung des Klienten, der Klientin

Sie wissen nun, mit welcher Seelen- und Lebensphase Sie beginnen wollen. Besonders wenn es sich um die ersten drei Phasen handelt, ist es nun wichtig zu ermessen und zu erfühlen, ob es besser ist, daß der Klient sich entkleidet oder nicht. Dies ist besonders wichtig, wenn es sich um die erste Sitzung handelt. Gerade bei der Phase 1 und auch 2 kann die Scham (z.B. wegen Mißbrauchs) ein Teil des Problems sein - und dann wäre es völlig falsch, darauf zu bestehen oder auch nur zu empfehlen, daß sich der Klient, die Klientin ganz oder teilweise ausziehen.

Sprechen Sie darüber mit den Klienten. Sagen Sie, daß diese bei Ihnen sicher sind, daß Sie aber die Massage genauso gut bei bekleidetem Körper tun können. Sie können sagen, daß der Klient während der Sitzung immer noch entscheiden kann, ob er die Kleidung ablegen will. Meistens wird es so sein, daß man die Unterwäsche anbehalten will und dann evtl. während der Sitzung, wenn man sich sicher fühlt, diese vollends ablegt. Bitte hier die Wünsche des Klienten absolut respektieren! Bitte fühlen Sie selbst nach, ob die Situation mit der Kleidung stimmig ist, ansonsten ist der Erfolg der ganzen ATM gefährdet, denn der Klient kann nicht loslassen und sich in die Trance begeben, weil er sich über Gebühr mit der Scham auseinandersetzen und dauernd „aufpassen“ muß. Dann haben Sie „Mr. Kontrolle“ im Raum, und der mag die ATM nicht.

In jedem Fall sollten Sie den Klienten, angezogen, halbangezogen oder nackt, am Anfang immer mit einem Leintuch bedecken. Unter einem Leintuch ist es

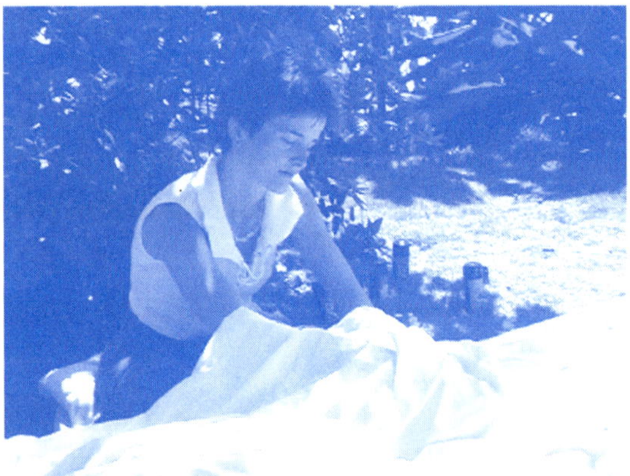

Mitunter ist es am Anfang so besser ...

oft leichter, sich von der Kleidung zu trennen. Wenn dann die Sitzung vorangeschritten und es auch (bitte!) gut warm im Raum ist, wenn der Klient sich sicher fühlt, kann man auch teilweise das Leintuch abdecken.

Die meisten Klienten, die von Ihnen eine ATM der ersten Phasen wollen und den Sinn dieser Phasen kennen oder erahnen, wollen sich sicher Ihrer Massage ganz hingeben, müssen aber zunächst meistens durch eine Hemmschwelle. Seien Sie kreativ und intuitiv, behutsam und verantwortlich, Ihrem Klienten dabei zu helfen, das Beste aus einer ATM zu machen. Er oder sie werden es Ihnen zutiefst danken.

Natürlich sollten Sie empfehlen, mit leichter, einfacher Kleidung zu kommen. Es ist außerdem durchaus sinnvoll, sich vorher bei Ihnen zu duschen oder bereits geduscht zu kommen (mit dem Fahrrad durch den Regen genügt heutzutage nicht mehr).

Frauen in der Menstruation? Es kann durchaus sinnvoll sein, gerade während dieser besonderen Zeit die ATM-1, ATM-2, ATM-3 oder gar die ATM-7 zu empfangen. Mehr dazu im Kapitel 3.

Der Ablauf der Behandlung

Der Klient/die Klientin liegt auf dem Massagebett, ist gut zugedeckt, fühlt sich sicher und geborgen, die Musik ist in angenehmer Lautstärke, das Licht ist sanft bis abgedunkelt. Manche Klienten fühlen sich am Anfang einer Sitzung besser und geschützter in der Bauchlage, andere möchten in der Rückenlage beginnen. Fragen Sie, was angenehmer ist. Sagen Sie ihm, daß er sich im Laufe der Massage umdrehen wird und daß Sie ihm andeuten werden, wenn es soweit ist.

Jetzt ermuntern Sie Ihren Schützling, sanft die Augen zu schließen. Sagen Sie

ihm, daß alles, was während der Sitzung an Bildern, an Worten und an Gefühlen hochkommt, o.k. ist und in das göttliche Licht gehen darf. Dazu soll er über sich eine Lichtsäule visualisieren, ein Licht der Wahrheit, der Heilung und der Transformation.

Nehmen Sie nun ein paar Tropfen Öl der entsprechenden Essenz, nachdem Sie die Flasche gut geschüttelt haben. Verreiben Sie das Öl zwischen Ihren Händen, riechen Sie selbst daran, und lassen Sie auch Ihren Klienten daran riechen.

Nehmen Sie nun eine Hand ihres Schützlings in Ihre beiden Hände und geben Sie Vertrauen. Dabei entspannen Sie sich und Ihr Klient. Währenddessen können Sie (innerlich) Ihre Gebete sprechen und in Trance gehen. Bitten Sie das Höhere Selbst Ihres Klienten und Ihr eigenes Höheres Selbst, Gott und Göttin und die ATM-Wissenden von Lemuria, bei der Sitzung zugegen zu sein und Sie sicher zu führen. Bitten Sie nun den lemurianischen ATM-Wissenden in Ihnen, Sie zu übernehmen, so daß Sie ganz zu diesem Wissenden, zu dieser Wissenden werden. Bitten Sie (innerlich) darum, daß Ihr Schützling ebenfalls in die Trance geht und sich mit seinem inneren Wissenden verbindet.

Wenn Sie spüren, daß diese Wandlung stattgefunden hat und daß auch Ihr Klient entspannt und in leichter Trance ist, beginnen Sie, mit seiner Seele Kontakt aufzunehmen. Ihre Seele bittet seine Seele um Vertrauen.

Sie haben inzwischen die Augen ebenfalls geschlossen und fühlen den gemeinsamen Seelenraum mit Ihrem Klienten. Dann können Sie mit der Massage beginnen. Manchmal werden Sie die Augen geöffnet haben, manchmal geschlossen. Wenn Sie das Gefühl haben, daß Sie aus der Trance herausgehen, bitten Sie das Wesen der Aluah-Ashamah, Sie wieder hineinzuführen. Riechen

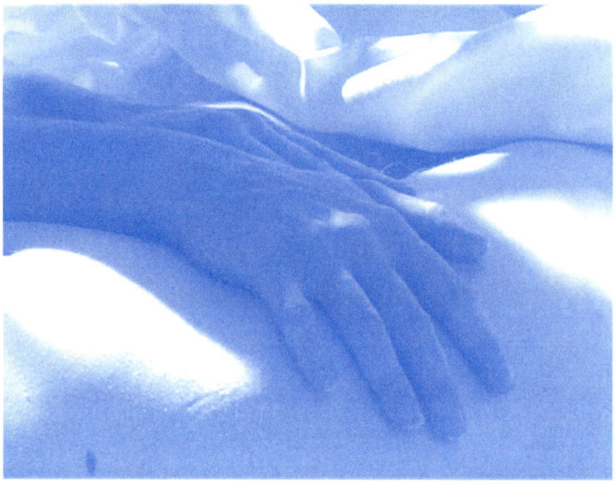

Gerade bei intimen Bereichen ist Fürsorglichkeit und Geduld so wichtig ...

Sie am Öl, halten Sie einen Moment inne, und fahren Sie dann in Vertrauen fort.

Wenn Ihr Klient die Augen öffnet, ermuntern Sie ihn sanft, sie wieder zu schließen. Wenn Ihr Klient etwas sagen will, lassen Sie es ihn sagen, aber ermuntern Sie ihn **nicht** weiterzusprechen. Wenn Ihr Klient in starke Gefühle kommt, sagen Sie: "Sei sanft, sei sanft zu dir, sanft ...". Ermuntern Sie Ihren Klienten, mit den Gefühlen und Emotionen **liebevoll** umzugehen.

Legen Sie bei sehr starken und plötzlich herausbrechenden Gefühlen die eine Hand auf das Herz und die andere Hand auf den Solarplexus des Klienten. Bitten Sie innerlich um Beistand und um Beruhigung.

Beginnen Sie die eigentliche Massage mit sanften, sehr ruhigen Bewegungen. **Weniger ist hier oft mehr**. Manchmal ist es angesagt, lange die Hände liegen und wirken zu lassen. Es geht um die **BOTSCHAFT** und nicht um **Weichkneten**. Die meisten ATM-Gebenden machen zu Anfang den Fehler, daß Sie in ein Massage-Muster verfallen, plötzlich eine Verspannung in der Schulter entdekken und diese dann „wegmassieren“ wollen. Darum geht es bei der ATM nicht. Vergessen Sie also bitte weitgehend Ihre sonstigen Massagekenntnisse, und lassen Sie das Wesen der Aluah-Ashamah die Führung übernehmen.

Wenn Sie jedoch spüren, daß eine Verspannung so stark ist, daß sie einer Aufmerksamkeit bedarf, dann wechseln Sie kurzzeitig in den „Massage-Modus“, um dann wieder in die ATM zurückzukehren.

Einzelheiten zum Ablauf der Massage der verschiedenen Lebens- und Seelenphasen und deren Thematiken entnehmen Sie bitte den entsprechenden Kapiteln.

Es kann durchaus sein, daß Sie während der Sitzung feststellen, daß Sie in eine andere ATM-Phase wechseln sollten. Daher sollten Sie immer alle Öle in der Nähe haben und auch die Fernbedienung der Musikanlage. Achten Sie aber bitte

Nach der Massage ...

darauf, wenn Sie die Musik wechseln: Zuerst die Lautstärke behutsam ganz herabfahren, dann erst die Spur wechseln und dann wieder **langsam** lauter stellen. Alles Plötzliche kann wie ein Schock wirken, denken Sie daran.

Nach einer bestimmten Zeit werden Sie ihrem Klienten sagen oder bedeuten, daß er sich „langsam“ umdrehen soll. Helfen sie ihm dabei. Bei manchen ist es gut, zuerst in eine Seitenlage und dann erst in die Bauchlage zu gehen. Lassen Sie ihn möglicherweise erst einmal eine Weile in dieser Seitenlage, massieren Sie ein wenig, und lassen Sie ihn dann in die Bauchlage gleiten.

Wann ist die Sitzung zu Ende? Das hören Sie, das spüren Sie. Es fühlt sich an wie eine Sättigung. Die Energie im Raum wird sehr still, es ist wie eine Windstille, eine Andacht. Sie spüren, wenn der Kreis sich geschlossen hat, wenn die Seele sagt, ich habe verstanden.

Sie können nun das Regenbogenöl nehmen, um wieder alle Energiezentren zu integrieren und die Aufmerksamkeit auf die behandelte Phase abzuschwächen. Fächeln Sie die Schwingung des Öles mit den eingeölten Händen behutsam in die Aura des Körpers ein, während Sie die Musik der Phase 8 auf der ATM-CD abspielen. Gehen Sie dabei ein- bis dreimal vom Kopf bis zu den Füßen, von den Füßen zum Kopf und wieder vom Kopf zu den Füßen.

Nehmen Sie dann wieder die Hand, am besten die linke oder beide Hände. Halten sie diese wieder eine Zeitlang, und danken Sie allen Beteiligten für den wunderbaren Beistand, den Schutz und die Unterstützung. Ihr Klient ist nun möglicherweise eingeschlafen oder kurz davor. Lassen Sie ihn eine Weile ruhen. Wenn Sie den Raum verlassen, sagen Sie das, und sagen Sie auch, daß Sie nach ein paar Minuten wieder zurückkommen. Nicht einfach wortlos hinausgehen.

Diese Ruhephase von mindestens 10 Minuten ist sehr wichtig. Lassen Sie dabei weiterhin die Regenbogenmusik laufen. Das Erlebte wird in dieser Zeit integriert.

Wenn Ihre Klient wieder wach ist, fragen Sie ihn, wie es ihm geht. Meist ist Ihr Klient noch „in einer anderen Welt“ und möchte vielleicht gerne etwas berichten. Hören Sie liebevoll lächelnd und aufmerksam zu. Viele haben den Wunsch, Ihnen zu danken und wollen Sie umarmen. Machen Sie Ihr Herz so weit wie möglich auf, und lassen Sie es zu. Dieser Augenblick ist sehr kostbar.

Auch Sie können etwas davon erzählen, was Sie selbst in der Behandlung erlebten. Seien Sie aber sehr, sehr behutsam dabei - nur Positives erzählen und anerkennen.

Achten Sie darauf, daß das Gespräch nicht in die Beschreibung von Dingen aus der Vergangenheit oder in Probleme zurückfällt. Anerkennen Sie die Schönheit des neuen Lebens, der neuen oder wieder erwachten Gefühle, der Liebe zu allem, zur Seele, zu Gott und zu sich selbst.

Eine ATM-Behandlung kann auch sehr segensreich in eine geführte Meditation nach Lemuria eingebettet sein. Im folgenden Kapitel mache ich dafür Vorschläge. Besonders schön ist, wenn diese Meditation mit der entsprechenden Lebensphase zu tun hat. Auch dies wird in den ATM-Ausbildungen erlernt.

Wie lange soll eine Behandlung sein? Mindestens eine bis eineinhalb Stunden. Bei Kombinationen kann es länger sein, aber sie sollte nicht mehr als zwei Stunden dauern. Wenn man die Vorbereitungs- und Nachbereitungszeit hinzunimmt, kann eine ATM-Sitzung insgesamt gut zwei bis drei Stunden in Anspruch nehmen. Wichtig ist, daß man für die Sitzung genug Zeit einräumt, daß man nicht hetzen muß.

Es gibt auch so etwas wie „kurze“ ATM‘s von fünf bis zwanzig Minuten, die man z.B. seinem Partner vor seinem Arbeitstag oder seinen Kindern vor der Schule, vor einer Prüfung oder vor dem Schlafengehen geben kann.

Jede Aluah-Trance Massage ist für jede Phase anders. Spezifische Hinweise habe ich in den Kapiteln zu den sieben Seelen- und Lebensphasen gegeben.

Außerdem ist die Massage ganz individuell darauf abzustimmen, mit welchen Themen Ihr Klient zu Ihnen kommt. Auch dazu gebe ich in den folgenden Kapiteln Hinweise.

Ausschlaggebend ist, sich vom inneren ATM-Wissenden und seiner Seele leiten zu lassen, die vielleicht in der Massage noch ganz andere Dinge tun wollen, weil sie in das Verborgene hineinblicken und hineinfühlen können. Sie sehen und fühlen, was sonst noch niemand gesehen und gefühlt hat. Das macht die Besonderheit der ATM aus.

Natürlich kann man die ATM auch am Krankenbett während einer akuten Krankheit segensreich ausführen. Sie ersetzt nicht den Arzt oder Heilpraktiker, aber sie unterstützt ganz gewiß die Selbstheilungskräfte und den Heilungswillen, ohne die die Medizin machtlos ist.

Manche ATM-Behandelnde sehen während der Behandlung selbst Bilder, ihre eigenen und mitunter auch die der Klienten. Möglicherweise kommen sie ebenfalls in Gefühle, respektive in solche, die mit der eben behandelten Phase zu tun haben. Auch hier gilt: Sanft und verständnisvoll damit umgehen, sie ins Licht gehen lassen. Falls man in die eigene Geschichte gerutscht ist, sollte man ganz bewußt wieder in die Rolle des Wissenden zurückkehren.

Erzählen Sie unmittelbar nach der Sitzung nichts oder nur wenig von Ihren eigenen Bildern und Gefühlen. Es sind IHRE Bilder und IHRE Gefühle - und nicht die des Klienten.

Berater machen mitunter den Fehler, dem Klienten ihre eigenen Bilder überzustülpen, die der Klient dann als die seinen annimmt und sich damit wieder von sich selbst wegbewegt.

Die Nachbereitung der Sitzung

Helfen Sie Ihrem Klienten beim Aufstehen, vielleicht sogar ein wenig beim Anziehen. Manche sind noch etwas benommen. Besonders ältere Klienten sollten sehr langsam aufstehen, weil der Kreislauf sich erst an die neue Lage gewöhnen muß.

Eventuell sollte der gerade Massierte noch ein wenig in einem Stuhl sitzen, um sich an die reale Welt zu gewöhnen. Bieten Sie ein Glas Wasser an, und weisen Sie darauf hin, auch weiterhin viel zu trinken.

Es kann noch einmal zu Gefühlsausbrüchen kommen, weil etwas aus der Massage, ein Bild oder ein Gefühl, hochkommt. Dann lassen Sie auch dieses wieder in die Lichtsäule gehen, die jetzt ihren Klienten für immer begleiten soll.

Ihr Schützling sagt jetzt vielleicht: „Ich fühle mich so offen, fast schutzlos, ich habe ein wenig Angst vor dieser lauten Welt da draußen ...“. Dann nehmen Sie seine Hand und beten für seinen Schutz und den Erhalt der Heilungen, die in der ATM geschehen sind. Solche Äußerungen haben nichts damit zu tun, daß die Sitzung falsch gelaufen ist, sondern das ist ganz natürlich. Die meisten, die aus einer ATM kommen, fühlen sich zunächst wie ein rohes Ei.

Beten Sie wie folgt mit ihm/mit ihr: „Lieber Gott/Göttin/Jashuah. Gehe nun mit ... in die Welt. Umgib ... mit deinem Licht der Wahrheit und des Schutzes, hülle sie ein in das goldene Licht von Lemuria, das Licht der Liebe und der Heiligkeit. Gib, daß die Heilung und Transformation, die heute und hier geschehen ist, bewahrt wird und sich fortsetzt und daß ... vollständig in deiner Liebe ruht. So sei es. Amen."

Sie können nun noch das **ATM-Öl-9**, das goldene Öl von Lemuria, das Vital- und Schutzöl, nehmen und davon etwas in die Aura einfächeln. Sie können auch etwas davon auf die Stirn und die beiden Handrücken geben. Geben Sie Ihrem Klienten vielleicht etwas von diesem Öl mit.

Sie können ihm auch einen kleinen Kristall von den Kristallen unter dem Massagebett mitgeben, am besten einen der Citrine. Dieser hat alle positiven Schwingungen der Sitzung, da ja alles „Negative" der Sitzung ins Licht gegangen ist. Außerdem wehrt ein Citrin grundsätzlich alle negativen Schwingungen ab, er kann sie nicht aufnehmen. Das macht ihn zu einem ganz besonderen Stein.

Wenn Ihr Klient dann wieder zu einer Sitzung kommt, kann er den Kristall wieder mitbringen, der dann die weitere Sitzung in sich aufnimmt und so weiter.

Besitzt Ihr Klient einen „Lebenskristall", d.h. einen ständigen Begleiter, dann soll er ihn zu jeder Sitzung mitbringen. Dieser sollte in der Nähe des Kopfes oder der Füße Ihres Klienten stehen. Er macht dann die ATM genauso mit, hält und schwingt danach zuverlässig das Heilergebnis der Sitzung. In manchen Fällen ist es sogar richtig, wenn der Lebenskristall während der Sitzung vom Klienten berührt wird oder gar in seinen Händen ruht. Näheres zum „Lebenskristall" im Abschnitt „ATM und Kristalle" im Kapitel 3.

Im folgenden Kapitel schreibe ich öfters von der Nachbereitung einer Sitzung in Form einer geführten Meditation (z.B. Reinigung des Heiligen Bezirks, Abschneiden von alten Abhängigkeiten), von der Arbeit an Visionen oder dem Aufbau eines neuen Lebensplanes. Dies sollte man in der Regel in einer gesonderten Sitzung tun.

Sie können auch die ATM-Musik mitgeben (bitte als Original, keine Kopie), die ebenfalls Bewahrungs- und Schutzfunktion hat, oder eine subliminale Schutzmusik wie z.B. die Kassette „White Light".

Denken Sie aber am Ende einer ATM-Sitzung auch an sich selbst!

ATM-Gebende gehen immer mit durch die Phase, die sie geben, und nehmen dann und wann auch etwas auf. Es kann schon sein, daß man nach einem „schweren Fall" erschöpft ist und eine Zeit zur Erholung braucht.

Sie sollten gleich nach der Sitzung die Hände mit kaltem Wasser waschen und das kalte Wasser längere Zeit auch über die Oberarme fließen lassen. Danach Gesicht und Nacken mit kaltem Wasser abreiben.

Währenddessen ist es auch gut, entweder mit **nackten** Füßen auf dem gekachelten Badezimmerboden zu stehen oder, noch besser, eine Weile barfuß im Garten spazierenzugehen. Danken Sie für die Sitzung, beten Sie für Ihren und des Klienten Schutz. Fächeln Sie sich das Shijallah-Öl ein (ATM-Öl-9), das gibt neue Kraft.

Eine Handvoll guter getrockneter Aprikosen mit ein paar Mandeln, Sonnenblumenkernen und Cashewnüssen tut immer gut.

Nach der Sitzung ist es wie gesagt für beide sehr wichtig, viel zu trinken! Reines, klares Wasser.

Kombinationen der Phasen

Dies ist ein weites Feld und könnte (und wird wohl) noch einmal ein Buch füllen. Die Erfahrungen zeigen, daß solche Kombinationen sehr wertvoll sein können. Zum Beispiel kann man in **einer** ATM-Sitzung die Phasen ATM-2, ATM-4 und ATM-5 kombinieren. Das Thema dieser Kombination könnte so lauten: „Ich möchte meine Kreativität, meine Sexualität (2) mit dem Herzen (4) verbinden und mich darin optimal ausdrücken (5)."

Während einer solchen Kombinationsbehandlung wechselt man das Öl, die Musik, die Mantras und die Behandlungsart. Diesen Wechsel bitte weich und fließend, nicht abrupt gestalten. Wenn man die Musik nicht verändern will, kann man entweder weiterhin die Musik des ersten Behandlungsteiles spielen lassen (in unserem Beispiel die Musik der Phase 2), oder man spielt die „Regenbogenmusik" durch die ganze Behandlung hindurch. Ganz Schlaue - mit dem entsprechenden Equipment - können sich auch Kombinationen der Musik zusammenstellen.

Ich empfehle eine solche Kombination in der Regel erst in einer zweiten oder dritten Behandlung. Die erste Behandlung ist meistens eine ATM-1 oder die ATM der aktuellen Lebensphase, und für diese sollte man sich wirklich die ganze Zeit nehmen.

Wie ermittelt man, ob eine solche Kombination empfehlenswert ist?

Zunächst erhält man Informationen dazu aus den Vorgesprächen. Siehe dazu die entsprechenden Abschnitte im folgenden Kapitel 2.

Dann kann es sein, daß man während einer Sitzung spürt, daß man ein neues Thema angehen sollte, das mit dem bisherigen irgendwie in Verbindung steht. Das sollte aber nie hektisch oder plötzlich geschehen. Bitte kein Hin- und

Herspringen zwischen den Phasen.

Ruhe und Geduld sind oberstes Gebot bei einer ATM-Sitzung. Weniger ist oft mehr.

Man sollte Kombinationen nur **dann** anwenden, wenn man in der ATM schon etwas Erfahrung hat. Besonders in der zweiten ATM-Ausbildungsstufe wird das Thema „Kombinationen" intensiv behandelt.

Behandlungszyklen und -häufigkeit

Jede ATM-Sitzung braucht „Verdauungszeit". Lassen Sie mindestens eine Woche zwischen Sitzungen verstreichen. Seien Sie in dieser Zeit für Ihre Klienten zugänglich, beantworten Sie Fragen etc. Es kann sein, daß ein Klient nach einer Behandlung kurzzeitig in ein Loch zu fallen scheint. Erinnern Sie ihn dann an die Erfolge, an die Schönheit und die wunderbare Erfahrung der Sitzung, und lassen Sie ihn selbst darüber berichten.

Ein kurzes Eintauchen in die Musik und sich mit „Aluah" Verbinden hilft immer. Manche Klienten wollen vielleicht alle Öle haben oder zumindest das Öl der gerade erlebten Sitzung kaufen. Durch die Benutzung des entsprechenden Öles kann man die Ergebnisse der Sitzung erhalten und verstärken.

Dieses „Ins Loch Fallen" ist meist ein Angriff des „negativen" Egos, das die positive Entwicklung nicht glauben kann oder will - auch deshalb, weil es ungern die Kontrolle aufgibt. Das negative Ego kontrolliert grundsätzlich mit „Zweifeln" und möchte damit seine Macht wiedergewinnen. Erklären Sie das Ihrem Klienten, und helfen Sie ihm wieder zu seinem wahren Sein. Sagen Sie ihm, daß dies auch bei anderen geschieht - damit er nicht denkt, daß dies nur ihm passiert.

Normalerweise ist es sinnvoll, alle 7 ATMs im Abstand von je zwei bis drei Wochen zu geben. Es bietet sich an, bei der ATM-1 zu beginnen und den Zyklus mit der ATM-7 zu beenden, so wie wir es in der Ausbildung tun.

Es kann aber manchmal besser sein, zunächst mit der Phase zu beginnen, in die das Lebensalter Ihres Patienten fällt.

Als Regel gilt hier:

• Wenn Ihr **Erstgespräch** sehr viel mit der Thematik der **Phase 1** zu tun hat, beginnen Sie mit **dieser**.

• Wenn **aktuelle,** mehr allgemeine, Lebensthemen angesprochen sind, beginnen Sie mit der Lebensphase, in der sich der Klient gerade befindet.

• Wenn Ihr Klient über etwas **ganz Bestimmtes** im körperlichen, seelischen oder spirituellen Bereich klagt, dann beginnen sie mit der Phase, auf die der **aktuelle Leidensdruck** hindeutet.

Manche Menschen brauchen für eine Phase **mehr** als nur **eine** ATM-

Behandlung. Dies ist oft so bei der **Phase 1**, die bei den meisten Menschen sehr verletzt ist und bei der man sich u.U. nur schrittweise öffnen kann. Hier gilt, daß man die Sitzung beendet, auch wenn man fühlt, daß die Phase noch nicht komplett behandelt ist, aber jetzt ein guter erster Abschluß erreicht ist. Die nächste Behandlung in derselben Phase kann sich dann schon nach einer Woche anschließen - und das kann so lange weitergehen, bis dann die „große Stille" erreicht ist und Sie beide wissen, daß man durch ist. „Zu viele" ATM-Behandlungen in einer Phase kann es nicht geben.

Das Bedürfnis nach der Sitzung in einer bestimmten Phase, in der man schon einmal behandelt wurde, kann auch nach Wochen, Monaten, sogar Jahren aufkommen. Das liegt daran, daß die durch die ATM ausgelösten Seelenbewegungen weiterwirken und immer tiefer gehen, auch außerhalb der Behandlung. Nach einiger Zeit werden möglicherweise Erlebnisse und Erinnerungen berührt, die bei der ersten Behandlung noch nicht aktuell waren, weil z.B. bestimmte äußere oder innere Voraussetzungen nicht da waren. Die Seele sorgt dafür, daß der einmal eingeschlagene Weg weitergeführt wird.

Die meisten Menschen brauchen für die Behandlung einer Phase zunächst einmal eine **ganze Sitzung**. In der nächsten Sitzung wird diese dann eventuell zur **Basis** von Kombinationen.

Je mehr Sie die ATM anwenden, desto mehr bekommen Sie ein Gefühl für Zyklen und Behandlungskombinationen. Fragen Sie den inneren ATM-Wissenden, Ihr Höheres Selbst, das Höhere Selbst Ihres Klienten, und vertrauen Sie dem, was Sie hören.

Sie können mit der richtigen Grundhaltung wenig falsch machen. Wissen Sie, warum?

Weil die ATM nicht eingreifend ist, sie verändert nicht, sie bringt eine Botschaft an die Seele, und diese Botschaft ist immer gut und nährend und freut die Seele, um welche Phase es sich auch handelt.

Was immer Sie im Geiste der Aluah-Ashamah einem anderen Menschen geben, ist gut.

Kapitel 2
Die genaue Beschreibung der einzelnen Seelen- und Lebensphasen und die dazugehörigen ATM-Behandlungsmethoden

Auf den folgenden Seiten finden Sie die genaue Beschreibung der einzelnen Seelen- und Lebensphasen, ihre Bedeutung in Lemuria und heute und die dazugehörige Aluah-Trance Massage.

Bei aller Sorgfalt, die ich bei der Beschreibung der einzelnen Phasen aufgewendet habe, sind sie sicher nicht erschöpfend behandelt. Es würde einfach den Umfang dieses Buches sprengen. Auch hier bitte ich wieder: Wenn es irgendwie geht, kommen Sie zu mir in die Ausbildung mit all den wertvollen **zusätzlichen Informationen** und der **Eigenerfahrung**. Es lohnt sich.

Am Anfang der jeweiligen Beschreibung einer Phase finden Sie eine Übersicht mit Merkmalen und Kurzhinweisen - auch für die schnelle Vorbereitung.

Dennoch ist es gut, zur Einstimmung auf eine der ATM-Massagen das jeweilige Kapitel **ganz** zu lesen und sich nicht nur anhand dieser Überblicksliste zu informieren.

Hinweise auf die körperlichen, mentalen, seelischen und spirituellen Fürsorgebereiche sind wirklich **nur** Hinweise . Manche Zuordnungen und Indizierungen sind in mehreren Phasen genannt. Das liegt daran, daß die meisten Körperbereiche mehrere Themen haben und damit auch eine Verknüpfung zu mehreren Lebensphasen. Hände zum Beispiel haben mit Urvertrauen (Phase 1), mit Selbstwert (Phase 2), mit der Balance von Geben und Nehmen (Phase 3), mit tatkräftigem Mitgefühl (Phase 4) und mit Loslassen (Phase 7) zu tun.

Als Einstimmung finden Sie am Anfang jeweils ein Zitat von Diana, Prinzessin von Wales, aus dem Buch „Green Hills - Gespräche mit der Königin der Herzen", erschienen im Ch. Falk-Verlag.

Auf den nächsten drei Seiten erkläre ich die Rubriken der Übersichten.

Erklärung der Übersichten zu den einzelnen Seelen- und Lebensphasen

Name in Lemuria:	So wurde die Seelenphase in Lemuria genannt.
Grundthemen:	Grundlegende Lebensthemen dieser Phase
Fähigkeiten:	Grundlegende allgemein menschliche Fähigkeiten oder Eigenschaften, die in dieser Lebensphase entwickelt werden sollten
Energie:	Ein Wort, das die archetypische Energie dieser Phase ausdrückt
Archetypen:	Figuren aus dem Bereich der Mythen und den mystischen Bereichen des Menschen, die dieser Phase zugeordnet werden können
Mythologische Wesen:	Zugeordnete Wesen aus der (nachlemurianischen) Mythologie
Verbündete Tiere:	Krafttiere, die die Energie dieser Phase repräsentieren
Blumen • Pflanzen:	Blumen und Pflanzen, die in ihrer Energie zur Phase passen
ATM-Öl-Essenz:	Die Nummer des dazugehörigen Öles und seine Bezeichnung
Essenz-Symbole:	Eine Kombination aus den Symbolen ▲ ☾ ● ■ - Dreieck, Halbmond, Kreis, Quadrat bzw. Tetraeder, Mond, Kugel und Kubus, die die thematische **Grundschwingung** und Wirkrichtung des Öles angeben. Zwei gleiche Symbole bedeutet: Hier wirkt das Öl in der reinen Bedeutung dieses einen Symbols. Eine Kombination aus zwei verschiedenen Symbolen bedeutet eine Kombination aus den beiden Symbolbedeutungen. Siehe dazu auch die Grafik auf der übernächsten Seite!
Hauptsymbole der Phase:	Lemurianische Symbole für die entsprechende Lebens- und Seelenphase, oft als Bild, Applikation, Schmuck, Mandala- und Bewegungsform etc. in dieser Phase verwendet
Elemente • Phänomene:	Die der Phase zugehörigen Elemente und Naturphänomene
Einweihungen und Feste:	Name und Kurzbeschreibung der persönlichen Feste und Einweihungen, wie sie auf Lemuria meist zu Anfang einer Lebensphase abgehalten wurden
Einweihungsvorbereitungen:	Persönliche, familiäre und dörfliche Vorbereitungen für die Einweihung
Chakra:	Das der Lebens- und Seelenphase entsprechende Energiezentrum

Farben:	Die der Lebens- und Seelenphase zugeordnete Farben
Basiston:	Der Grundton des entsprechenden Energiezentrums
Steine:	Steine und Kristalle, die in Lemuria wie heute die jeweilige Phase unterstützen.
Drüsen:	Die dem Chakra und der Lebensphase zugeordneten Drüsen. Drüsen waren für Lemurianer die Verbindung zur „Essenz".
Sekrete • Hormone:	Wichtige Körperflüssigkeiten für diese Phase . Nach lemurianischer Auffassung tragen sie mehrdimensionale Informationen über das Wesen und die Essenz des Menschen: persönlich und kollektiv.
Hauptorgane:	Organe, die im Energiebereich dieser Lebensphase und dieses Chakras stehen.
Neuralgische Bereiche:	Körperbereiche, die auf Mißbrauch oder Trauma in dieser Lebensphase ganz besonders reagieren und dies in irgendeiner Weise zeigen wollen (durch Farbe, Form, Schmerz, Jucken, Über- oder Unterfunktion, Verspannung, Allergien etc.). Meist chronische Beschwerden, deren körperliche Ursache kaum gefunden wird.
Kardinalfrage:	Die zentrale Frage dieser, aber auch NUR dieser, Lebensphase
Globales Mantra:	Das Mantra, das sich auf die Vision einer geheilten Welt bezieht
Zentrales Mantra:	Das grundlegende Mantra der ATM in dieser Lebensphase
Weitere Mantras:	Weitere Sprechgesänge und Gebete für diese Lebensphase
Massagebereiche:	Bereiche des Körpers, die vorwiegend massiert werden sollten
Massagetechnik:	Hinweise zur „Technik" der ATM dieser Lebensphase
Fürsorgebereiche:	Hinweise auf die jeweiligen körperlichen, mentalen, seelischen und spirituellen Bereiche, die von der dazugehörigen ATM besonders berührt werden und auf die Beschwerden, die gelindert werden können. Diese Angaben sind nicht umfassend - nur Hinweise!
Trauma-Muster:	Grundtraumata und Schmerzmuster, die durch die (mißbräuchliche, gewalttätige oder ignorante) Nichtbeachtung der jeweiligen Phase, ihrer Würde und Bedürfnisse entstanden sind und aktuelle Beschwerden zur Folge haben - auch bezogen auf Inkarnationen!
Grundaussagen:	Sätze, die Menschen auf diese Lebensphase bezogen sagen könnten im Hinblick auf ihr Lebensgefühl, ihre Lebensumstände, ihre Lebensqualität.

Negativ: Sätze, die Menschen auf Grund ihrer Verletzungen formulieren und auch durch ihre Haltung, durch ihre Lebensumstände ausdrücken. Sätze, die sie aber auch immer und immer wieder denken und in ihrer Haltung ausdrücken. Damit vertiefen sie ihre Probleme und halten Trauma-Muster am Leben und wirksam.

Positiv: Sätze, die Menschen denken und sprechen, deren Trauma-Muster der entsprechenden Lebensphase geheilt sind bzw. die diese Lebensphase optimal leben durften.

Meditationen: Mögliche bzw. empfohlene begleitende Meditationen vor, während oder nach den Sitzungen.

Einige dieser Meditationen sind vom Autor auf Kassette erhältlich.

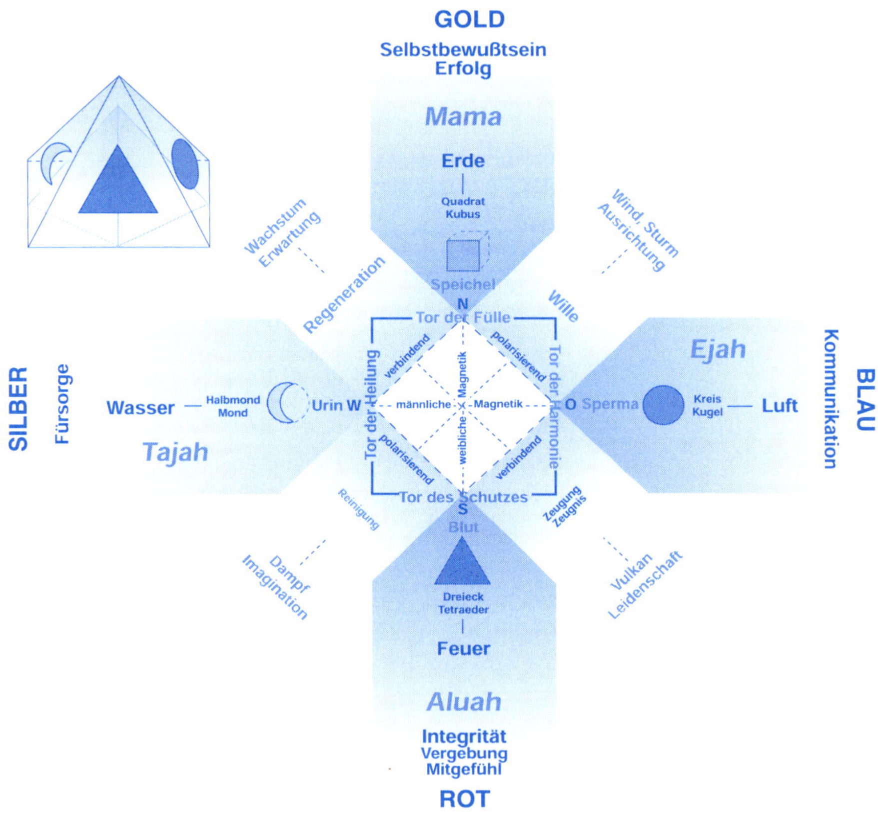

Die Bedeutung der Essenz-Symbole als lemurianische Grundsymbole.
Die Grafik ist genommen aus dem Buch „Die Kristallstädte von Lemuria" S. 128. Dort finden Sie im Kapitel „Ka-jiro, die Stadt der Heiligen Sekrete" weitere Hinweise zu den Symbolen und ihrem Bedeutungsgeflecht untereinander.

Die Lebens- und Seelenphase 1: Geburt bis 6 Jahre

„Es ist so ein Segen, wenn ein Baby in die Augen seiner Mutter schaut und dort sieht, daß sie gegenwärtig ist, daß sie lächelt, daß ihre Liebe wirklich ist - eine Mutter, die wirklich da ist, gleich nach der Geburt. Jede Mutter sollte um diesen ersten Blick in die Augen ihres Kindes kämpfen. Es ist so wichtig, dem Baby zu verstehen zu geben: Ich bin hier, ich bin hier."

Lady Di in „Green Hills", S. 26

Name in Lemuria:	Die erste Salbung
Grundthemen:	Gottvertrauen • Weltvertrauen • Urvertrauen
Fähigkeiten:	Authentizität • Mitgefühl • Verantwortung
Energie:	DIE ANKUNFT
Archetypen:	Das Sternenwesen
Mythol. Wesen:	Phoenix
Verbündete Tiere:	Tiger • Feuersalamander
Blumen • Pflanzen:	Rote Rose • Feuerlilie • Geranie
ATM-Öl-Essenz:	No. 1 • DAS EMPFANGEN: Ich bin willkommen.
Essenz-Symbole:	▲▲ FEUER/FEUER • SCHUTZ/SCHUTZ
Hauptsymbole der Phase:	Die Spirale
Elemente • Phänomene:	Feuer, Feuersturm • Lava
Einweihungen und Feste:	Die Geburt • die Namengebung • Besuch der drei Wissenden • die Übergabe des Lebenskristalls • die Weihe durch die Geburtsfee
Einweihungsvorbereitungen:	Öffnung des Sternenstrahls • der Geburtsraum • die Mantras
Chakra:	Wurzelchakra
Farben:	Rot
Basiston:	F
Steine:	Jaspis • Granat • Rubin • roter Chalcedon • Rubellit • Feueropal
Drüsen:	Prostata • Ovarien
Sekrete • Hormone:	Blut • Östrogen
Hauptorgane:	Dickdarm • Uterus • Rektum
Neuralgische Bereiche:	Steißbein • Sakrum • parasympathisches Nervensystem
Kardinalfrage:	Bekomme ich genug?

Globales Mantra: Die Welt ist ein freundlicher Ort.

Zentrales Mantra: Du bist willkommen.

Weitere Mantras: Ich empfange dich mit Freuden • Du bist geliebt • Du bist wirklich da und vollständig • Gott in mir liebt Gott in dir • Du bist eins mit deiner Seele und deinem Geist.

Massagebereiche: Der ganze Körper
Alle Bereiche des Körpers liebevoll mit Öl massieren.

Massagetechnik: Entweder schweben die Hände über dem (nackten oder bekleideten) Körper oder - wenn es der Klient zuläßt - direkt auf dem Körper.

Fürsorgebereiche:

Somatisch/Körperfunktionen und -fähigkeiten:
Becken • Unterleib • Steißbein • untere Lendenwirbel • analer Bereich • Hände • Hüfte • Beine • Füße • Prostata • Enddarm • Blut

Beschwerden: Verstopfung • Durchfall • Hämorrhoiden • Eßstörungen • Beinleiden • Fußleiden • Knieleiden • Bandscheibenprobleme im unteren Rückenbereich • Ischias • Prostatabeschwerden • Blutkrankheiten • kalte Hände und Füße • Unfälle

Mental/Beruf/Außenwelt:
Erfolg • Selbstbewußtsein • Wohlstand • Willenskraft und -stärke • existentielle Sicherheit • Selbstvertrauen

Beschwerden: Apathie • Antriebslosigkeit • Streß • Frustration • nagende Selbstzweifel • unsicheres Auftreten • mangelnde Erfolgserwartung • Existenzangst • Sauberkeitswahn • Selbstüber- oder unterschätzung.

Seelisch/Liebe/Innenwelt:
Urvertrauen • Vertrauen • Integrität • Erfüllung • Leidenschaft • Sinnhaftigkeit • Mitgefühl

Beschwerden: Verlustängste • Dunkelangst • Abhängigkeiten • Kälte • nicht „da" sein • Berührungsängste • Angst vor Nähe • Lebensangst • Todessehnsucht • Drogensucht • Scham • grundloses Erröten • Verlegenheit • Selbsthaß

Spirituell/Gottesbeziehung/Höhere Welten: Gottvertrauen • Gottesnähe • Vertrauen in das eigene spirituelle Wesen

Beschwerden: Fanatismus • Fundamentalismus • Guru- und Sektenabhängigkeit • Gottesferne • Abgeschnitten-heit • „Atheismus"

Trauma-Muster: Mißbräuche aller Art • Kindergarten- und Schulangst • extreme Sauberkeitserziehung • schwere Schläge auf den Hintern (1. Chakra) • schwere, lange Geburt •

Kaiserschnitt • Geburtseinleitung • Narkose der Mutter oder schwerwiegende Operationen • unsichere Geburtsumstände • Angst, Panik • Traumatisierung der Mutter während Schwangerschaft und Geburt • schwerwiegende Ablehnung von Vater oder Mutter • schwere Kinderkrankheiten • Lieblosigkeit und Auseinandersetzungen der Eltern während Schwangerschaft und danach • frühe Trennung von Bezugspersonen • lieblose und selbstsüchtige Abtreibungsabsichten bzw. -versuche • Drogen- und sonstige Abhängigkeiten von Mutter und Vater • unsichere Wohn- und Lebensumstände

Grundaussagen:

Negativ: Es ist alles sinnlos • Am besten, ich wäre gar nicht da • Ich schaffe es nicht • Ich bin hilflos • Ich kann nicht geliebt werden • Dies ist nicht meine Welt, nicht mein Land • Es ist nicht genug da für alle, insbesondere nicht für mich • Liebe tut weh • Ich darf nicht sein • Ich darf nicht leben • alle anderen, aber ich nicht • Am liebsten möchte ich nicht mehr sein.

Positiv: Ich liebe das Leben und die Welt • Das Leben und die Welt lieben mich • Gott liebt mich bedingungslos • Ich vertraue • Ich bin mit Freude verantwortlich für mein Leben • Ich darf ehrlich sein • Mir ist vergeben, und ich vergebe • Ich bin geliebt, und ich liebe • Ich bin ganz und heil • Ich darf sein.

Meditationen:

• Ich erlebe eine lemurianische Geburt.

• Ich erlebe meine lemurianische Mutter, die mich liebevoll massiert.

1A. Die erste Seelenphase in Lemuria

Die Lemurianer wußten, daß dem Ablauf der ersten sechs Jahre im Leben eines Kindes eine besonders große Bedeutung zukommt. Sie gingen davon aus, daß Körper, Geist und Seele nur dann in vollständiger Harmonie im Leben zusammenwirken, wenn der neue Mensch vor und nach der Geburt **feierlich** erfährt, daß er willkommen ist. Dieses Willkommen drückte sich in vielerlei Hinsicht aus: in der besonderen Fürsorge für die schwangere Mutter, den intensiven liebevollen Gesprächen zwischen den Eltern in ihrer Vorfreude auf das Kind, der frühzeitigen und liebevollen Vorbereitung des Ortes, wo geboren werden sollte, und dem so überaus feierlich begangenen Tag der Geburt, der ein großes Fest für das ganze Dorf war und viele dazu eingeladen wurden. Die Innigkeit zwischen Mann und Frau während der Geburt und danach, die besonderen Geschenke an das Kind durch die „Wissenden" (darunter: der Lebenskristall), all das erzeugte das tiefe Gefühl in dem neugeborenen Wesen, daß man es wollte, daß es auf der Erde willkommen war - nicht nur von Vater und Mutter, sondern auch von der ganzen Welt. „Die Welt freut sich auf mich, und so freue ich mich auf die Welt."

Dies ermutigte Körper, Geist und Seele, innig zu verschmelzen, in diesem Leben aus dem Vollen zu schöpfen und in dieser „Dreieinigkeit" gleichberechtigt in Synergie zusammenzuwirken - das ganze Leben lang.

Diese Vereinigung von Körper, Geist und Seele ist die Basis von Glück - und so waren die Kinder von Lemuria glücklich. Sie waren glücklich, daß sie so liebe Eltern und Nachbarn hatten - aber das besondere Glück war, daß sie „vollständig" waren und so die Welt sozusagen aus drei Paar Augen betrachteten und erlebten - den Augen des Körpers, der Seele und des Geistes - und sich auch gleichermaßen von allen drei Ebenen her ausdrückten und kreativ waren. Sie brachten damit die Einheit mit Gott in das Leben und ein tiefes Urvertrauen in die Schöpfung.

Die ersten Lebensjahre nach der Geburt waren die Jahre des „Empfangens" - von Nahrung, von Information, von Erfahrungen, von Liebe und Zuwendung, so daß der junge Mensch spielerisch und mit Vertrauen die Welt erkundete und sich im Zusammenwirken mit der Seele und dem Geist eine Welt schuf, die eine optimale Basis für das bildete, was er in dieser Welt tun und erleben wollte.

Die einleitende Einweihung dieser Phase war für die Lemurianer die Geburt des Kindes selbst. Bereits die schwangere Frau wurde äußerst zuvorkommend behandelt. Sie bekam eine besondere Diät, bei der Fenchel, Sesam, feinste Öle eine Rolle spielten. Außerdem trank sie das „lebendige und spritzige" Wasser vom Wasserfall, das heißt mit heutigen Worten: ein mit negativen Ionen angereichertes Wasser.

Zur ganz intuitiven Geburtsvorbereitung gehörte, daß die schwangere Frau sehr viel im Hocken tat, auch wenn sie einen Schwatz mit der Nachbarin hielt. Sie besuchte, so oft sie konnte, ihren persönlichen heiligen Platz - einen Wasserfall oder einen Felsen über dem Meer oder eine besonders schöne Lichtung. Dort, in dieser heiligen Zweisamkeit, sprach sie viel mit dem kommenden Kind. Manchmal nahm sie auch ihren Mann mit, und sie sprachen mit dem zukünftigen Erdenbürger.

Liebevolle Partnermassage mit aromatischen Ölen (insbesondere mit sensibilisierten Hanf- und Aprikosenölen), auch und insbesonders des intimen Bereiches, der Brüste, aller „lustvollen" Zonen, war Teil der Geburtsvorbereitung. Nicht selten durften aber auch Kinder die schwangere Frau massieren und einölen, insbesondere den schwangeren Bauch. Dadurch kamen sie in Kontakt mit dem zukünftigen Geschwisterchen.

Die Geburt selbst war ein großes Fest. Das ganze Dorf, die ganze Umgebung war eingeladen, und viele durften direkt bei der Geburt anwesend sein. Das Geburtshaus war voller Menschen, die rhythmisch tanzten und Lieder des Willkommens sangen. Gesang und Tanz hatten, neben dem Ausdruck von Freude, auch den Zweck, die Aluah-Energie zu steigern und es dadurch der Gebärenden, ihrem Mann, in dessen Schoß sie ruhte, und dem Kind leichter zu machen. Alle fielen allmählich in Trance, wodurch die Geburt ihre Schmerzen verlor und zu einem lustvollen, freudevollen Ereignis wurde.

Dann öffnete sich „der Sternenstrahl" des Kindes, und die Seele und der Geist des Kindes kamen auf diesem Strahl herab in den Mutterleib, um die Geburt selbst mitzuerleben und dann mit dem Körper zu verschmelzen.

Die Gesänge der anwesenden Menschen steigerten sich schließlich bis zur Ekstase, zu einem großen Jubel, wenn schließlich das Kind auf dem Bauch der Mutter lag, umfangen vom Vater. Alle empfanden es als einen unendlichen Segen, dies miterleben zu dürfen. Natürlich waren auch Kinder mit dabei - und sie waren auch, neben dem Vater, die ersten, die das Neugeborene auf dem Bauch ihrer Mutter berühren und streicheln durften.

Bei der Geburt waren immer auch Tiere anwesend, eine Ziege, ein Schaf oder ein anderes Tier, die dann als Geburtstiere galten und noch eine lange Zeit mit dem jungen Menschen verbunden waren.

Zu einer bestimmten Zeit kamen „Wissende" aus den Kristallstädten und brachten aromatisches Öl, Räucherwerk und den Lebenskristall, den sie - zusammen mit der Geburtsfee - für das Kind programmiert hatten. Dieser Lebenskristall blieb bei dem neuen Menschen sein ganzes Leben hindurch.

Er wurde über Inkarnationen hinweg immer wieder an den neu inkarnierten Lemurianer weitergegeben. In diesem Lebenskristall schwang die grundsätzliche Lebenswahrheit des Lemurianers. Außerdem war darin die spezielle Lebensaufgabe für das jetzige Leben und eine Reihe von Visionen, Symbolen und Mantras für dieses und die nachfolgenden Leben aufgenommen. Auf der „kausalen Ebene" hatte das Wesen, das geboren werden wollte, mit seinem Höheren Selbst diese Programme entworfen, und der Kristall wurde von den Wissenden, die diese Botschaften erhielten, programmiert.

Über die Geburt bei den Lemurianern habe ich ausführlich in meinem Buch „Lemuria - das Land des goldenen Lichts" berichtet.

1B. Die Aluah-Ashamah der ersten Seelenphase in Lemuria

Das geweihte Öl, das Geschenk der Wissenden zur Geburt, wurde als Grundessenz zur Herstellung von Massageölen über die ganze Zeit der ersten Lebensphase für das Kind verwendet.

Jeden Tag wurde das Neugeborene mit diesem Öl liebevoll und sanft massiert. Auch später, bis zum dritten Lebensjahr, bekam das Kind jeden Tag eine Ölmassage mit diesem speziellen persönlichen Öl.

Die Massage wurde begleitet von gesungenen Mantras, die die Massierenden und das Kind in Trance versetzten und die Botschaften an Seele und Geist des Neugeborenen gaben. Diese Botschaften waren Willkommensgrüße wie: „Sei willkommen auf dieser Erde, du bist geliebt. Wir haben dich so sehnlichst erwartet, nun bist du da. Du bist unser liebes Kind, du bist das Sternenwesen, auf das wir uns so gefreut haben. Dein Leben wird wunderbar. Die Welt liegt dir zu Füßen, alles ist dein. Dein Körper fühlt sich so wunderbar an, deine Seele ist so lieblich, dein Geist ist so strahlend."

Meist massierte und sang die Mutter, manchmal auch der Vater oder die Geschwister. Die Massagezeit war meist am späten Nachmittag bis in den Sonnenuntergang und die Dämmerung hinein - wenn es warm war, natürlich unter freiem Himmel.

Alle Bereiche des Körpers wurden mit derselben Liebe, Fürsorglichkeit und Achtung massiert - häufig im Anschluß an eine Reinigung, die vom kleinen Kind genauso lustvoll empfunden wurde. Es gab keine Sauberkeitserziehung wie bei uns und natürlich keinerlei Trennung zwischen „oben" und „unten".

Die Öle wurden mit den Händen kreisend aufgetragen und einmassiert, oft spiralförmig oder in anderen Mustern (z.B. den lemurianischen Grundsymbolen). Diese Muster waren intuitive Bewegungen, aber sie konnten auch bestimmte individuelle Lebens- und Liebessymbole des Kindes sein, die den Eltern von den Wissenden bekannt gegeben worden waren.

Der Lebenskristall stand meist in der Schale mit dem Öl und gab seine Schwingung an das Öl weiter (so wie der Lebenskristall auch zur Bereitung des persönlichen Trinkwassers benutzt wurde).

1C. Die erste Seelenphase in der heutigen Zeit

Immer wieder kommt es in meinen Seminaren zu herzzerreißenden Szenen, wenn es um die frühe Kindheit geht. „Ich war und bin nicht gewollt ...", „Ich wurde nicht gestillt ...", „Ich war tagelang von meiner Mutter getrennt...", ist nicht selten die Klage. Viele Kinder wurden und werden zu früh „entwöhnt", wurden zu früh und lieblos zur Sauberkeit „erzogen".

Es hat sich zwar bereits herumgesprochen, daß ein gewisses Maß an Vorbereitung für das Geburtsambiente wichtig ist - dennoch sind die meisten Geburten weit davon entfernt, für den Neuankömmling wirklich eine Atmosphäre des Willkommens zu erzeugen. Obwohl Forschungen das Gegenteil beweisen, glauben viele immer noch, daß die Erfahrungen vor, während und nach der Geburt für das spätere Leben kaum eine Rolle spielen.

Bei einer traumatischen, lieblosen, „technisch-klinischen" Geburt kann folgendes geschehen: Die sehr empfindliche Seele zieht sich zurück, der ebenfalls verletzliche Geist geht auf Distanz, und das Wichtigste, die innige Vereinigung von Körper, Geist und Seele, unterbleibt. Bei großem körperlichen wie seelischen Schmerz, wie er während und nach den meisten Geburten entsteht, hat die Seele die Tendenz, sich teilweise abzuspalten, und auch der „göttliche Geist" des Menschen fühlt sich nicht erwünscht, und die „Nabelschnur" zum Geist Gottes wird früher oder später gekappt.

Dies hat weitreichende Konsequenzen für das spätere Leben: Die Welterfahrung ist nicht mehr ganzheitlich, Frust und Unzufriedenheit sind ständige Begleiter. Der Mensch ist sein Leben lang unglücklich, da die Beziehung zur eigenen Seele und zu Gott fehlt oder nur sehr schwach ist.

Ein Mensch lebt nur dann voll und glücklich, wenn er in Einheit mit der vollständigen Seele lebt und sich in fließender Kommunikation mit seiner göttlichen Essenz, dem Geist, befindet. Dann erlebt er ein Ruhen in Gott, was die Grundvoraussetzung für ein erfülltes Leben ist.

Nicht immer ist es die Schuld des Geburtsambientes, daß sich ein neuer Mensch nicht willkommen fühlt. Es kann auch an der Situation des Geburtslandes liegen, an einer politisch, wirtschaftlich schwierigen Zeit, in der viel Angst, vielleicht Krieg, Hunger oder Katastrophen herrschen.

Schon im Mutterleib, wenn die Seele in den Fötus eintritt, werden Signale nicht nur von der Mutter, dem Vater und der Familie aufgenommen, sondern auch Atmosphärisches weit über den Geburtsort hinaus. Kinder, die z.B. 1945 geboren wurden und kurz vor Kriegsende im Mutterleib Bombennächte erlebten, haben möglicherweise eine extreme Furcht vor Lärm, vor Feuer und vor Flugzeugen. Sie nehmen über Hormone, über den Herzschlag und energetisch die Angst der Mutter auf.

Die Mutter hat Angst um das Baby, um das Leben in ihrem Bauch. Vielleicht hat sie unbewußt Gedanken wie: „Was wird nur werden, besser, du kommst gar nicht erst in diese Welt ... dennoch will ich dich, denn du bist das Leben." Die Folge solcher Erlebnisse und Botschaften können ein ambivalentes Gefühl zum Leben sein, eine übergroße Vorsicht, ein Hang zur Kontrolle, Angst vor Veränderungen (Angst vor der Geburt). Es kann auch ein Gefühl sein wie: „Alles bricht über mir zusammen, wenn mein Werk gelingt. Also darf ich nicht erfolgreich sein." Daher werden diese Kinder im späteren Leben, obwohl sie „das kreative Werk, den kreativen Durchbruch" wollen, alles mögliche tun und erleben, um diesen Durchbruch, diese Neugeburt zu verhindern - oder sie machen gar nicht erst den Versuch, es zu schaffen.

Wie immer der Empfang in der Welt erlebt wird, er ist zutiefst existentiell, er ist die Basis für das gesamte Leben und bestimmt alles. Man kann diese fundamentale Erfahrung nicht ohne weiteres auflösen oder wegtherapieren, schon gar nicht mit Worten, da es sich um nonverbale Erfahrungen handelt, die einfach nicht zu diskutieren sind.

Gute Ratschläge, Selbstbestrafung, Schuldgefühle, gute Vorsätze, Willensstärke etc. helfen nicht. Das Tragische ist: Viele dieser Menschen sind so bemüht, ihrem Leben einen Sinn zu geben, machen wunderbare Pläne für ihr „Lebenswerk" - und dennoch: Immer wieder kommt etwas Namenloses und scheint alles zu zerstören. Dieses Namenlose ist dieses Trauma um die Geburt herum, das nur über eine nonverbale neue positive Erfahrung durch die ATM-1 zu heilen ist.

Die Membranen, die Tore, durch die die heilenden Schwingungen der ATM weitergegeben werden, sind die Hände, die Haut, die Energiekörper, die Chakras - von dem, der die Massage gibt und dem, der die Massage aufnimmt. Was durch das Tor der Haut schreitet, sind die Schwingungen des Öls, die Liebe des Wissenden, die mit „Willkommen" durchsättigte Trance, die sichere, heile Atmosphäre des Raumes und die Gebete in Form der Mantras. Mantras sind viel mehr als die innerlich oder äußerlich gesungenen Worte. Mantras sind poetische Schwingungen, die die Seele erreichen. Denn die Sprache der Seele ist Poesie. Sie sind die Wegbereiter für die Einheit von Körper, Geist und Seele, die Einheit mit Gott. Ohne diese Einheit ist ein Lebenswerk, ist ein wirklich gutes und sattes Leben nicht möglich.

Drogen- und Alkoholabhängige sind solche Menschen, die versuchen, über chemische Stoffe, die das Traumamuster für eine kurze Zeit außer Kraft setzen, den Mangel am Gefühl des Einsseins wettzumachen. Die erste Erfahrung mit der Droge wird oft als „göttlich" erlebt - dann kommt aber die Abhängigkeit, weil nicht wirklich geschieht, was sich der Drogenabhängige wünscht, nämlich die Heimkehr zu sich selbst als seelenvolles und geistvolles Wesen, das das Leben in vollen Zügen genießen kann. Drogensucht und andere Abhängigkeiten können wirkungsvoll nur durch eine Heilung der Spaltung von Körper, Geist und Seele erreicht werden. Und das geht nur durch eine gestärkte und wiedergewonnene Seele. Sie ist die Verbindung, sie hält alle drei zusammen.

Besonders in unserer westlichen Welt werden Kinder sehr selten ausgiebig gestreichelt, geschweige denn liebevoll massiert. Die Eltern haben keine Zeit und/oder haben Berührungsängste, was auch wieder auf deren gestörte 1. Lebensphase hinweist. Und wenn gestreichelt und massiert wird, dann nur die **„sicheren“** Zonen des Körpers. So fühlt sich der Mensch schon ganz früh bewertet und aufgeteilt in die Zonen, die geliebt werden, und solche, die ignoriert bzw. sogar abgelehnt werden. Einmalwindeln kommen dieser Tendenz entgegen - schnell muß es gehen, weil es unangenehm ist und eine Zeitverschwendung. So empfindet das kleine Kind, daß es angenehme und unangenehme Körperbereiche hat, solche, die man lieben kann, und solche, die man nicht lieben darf, und es verhält sich in den späteren Jahren dementsprechend.

Eine weitere prägende Form des „Nicht-willkommen-Seins“ ist der körperliche und seelische Mißbrauch des Kindes im Verlauf der ersten sechs Jahre, in der eine Seelenabspaltung und das Einlagern von vernebelnder und trennender „Scham“ die Folge ist. Sexuelle, psychische und körperliche Störungen aller Art sind die Folge.

Eine Form des Mißbrauchs ist übrigens eine zu frühzeitige Einschulung. Vor dem achten Jahr dürfte kein Kind zur Schule gehen und auch dann erst, wenn es das wirklich will. Kinder lernen sehr gerne von Vater und Mutter in der Nachahmung, vom Zusehen, über das Spiel. Es gibt sicher Kinder, die vor dem neunten Lebensjahr noch gar nicht soweit sind, um lineare Informationen aufzunehmen. Durch zu frühe Einschulung in lineare Denkbetriebe nehmen viele Kinder Schaden, und der seelisch-geistige Entfremdungsprozeß geht weiter und vertieft sich.

Schlimm war und ist für einige das Umlernen von links nach rechts. Menschen, die als „Linkshänder“ auf die Welt kommen, haben diese Orientierung bewußt so gewählt. Es hat etwas mit der Art ihrer Lebensaufgabe zu tun.

In den ersten sechs Jahren erwartet unsere Seele dieselbe Beachtung wie in Lemuria. Mutter und Vater sollten DA sein, präsent sein. Wenn ein Neugeborenes der Mutter zum ersten Mal in die Augen schaut, erwartet es, in die Augen Gottes zu blicken. Wenn es in „leere“ Augen schaut oder in den ersten Tagen überhaupt keinen Blick „der erkennenden Liebe“ erhält, dann wird das Baby glauben, daß der geliebte Gott nicht in diese Welt mitgekommen ist oder es jetzt plötzlich nicht mehr liebt. Dies ist ein zutiefst traumatisches Erlebnis und führt möglicherweise zu einer schwerwiegenden Entscheidung: „Gott schaut mich nicht an, so liebt er mich nicht. So habe ich wahrscheinlich etwas falsch gemacht, aber ich weiß nicht, was ... und so kann ich es nicht ändern.“ Spätere Hilflosigkeit, Ohnmacht und Schuld im Bereich der spirituellen Kraft, im Bereich von Neuanfang, Veränderung und „Geburt“ (=Kreativität) können die Folge sein.

Eine noch schwerwiegendere Entscheidung könnte sein: „Gott ist nicht da, so will ich auch nicht da sein.“ Diese Menschen sind Zeit ihres Lebens suizidgefährdet, wenn diese Basisentscheidung nicht durch ein ähnlich tiefes Seelenerlebnis überschrieben wird: „Gott ist DA, Gott liebt mich.“ Während einer ATM-1, in der vorübergehenden Annahme der Rolle der Mutter und des Vaters durch den ATM-Wissenden, kann dieses Trauma geheilt werden.

Mutter und Vater spielen eminent wichtige Rollen: Die Mutter gibt das Gottvertrauen (das Vertrauen in die Fülle und die Liebe Gottes), der Vater gibt das Weltvertrauen (das Vertrauen in die Fülle und die Liebe der Welt). Beide zusammen bilden die Basis für ein erfolgreiches Leben.

Wenn beide dem kleinen Geschöpf die erwartete bedingungslose Liebe schenken, bleibt in ihm fürs ganze Leben das Urvertrauen in die Liebe Gottes und die Fülle des Lebens erhalten.

Ein solcher Mensch wird immer das Gelingen seiner Unternehmungen erwarten und Fehlschläge leicht verkraften. Nur ein solcher Mensch kann wirklich erwachsen werden und wirkliche Verantwortung übernehmen.

Die ATM der Lebens- und Seelenphase 1 kann dies nachträglich wiederherstellen.

1D. Die Aluah-Trance Massage der ersten Seelenphase heute

Häufig wird ein Behandlungszyklus mit der ATM-1 beginnen, da sie die Basis für alle weiteren ATM-Behandlungen darstellt. Die Wiederherstellung des Urvertrauens in Gott und in die Welt ist eben nun mal die Grundlage für alles andere.

Mitunter kann es aber sein, daß die ATM-1 als erste Sitzung zu stark ist, zu provozierend. Dann ist es vielleicht besser, mit einer anderen Stufe zu beginnen, einer, die sich im ersten Gespräch als mehr „an der Oberfläche liegend“ erweist.

Ein Beispiel: Wenn Sie im einleitenden Gespräch von ihrem Klienten erfahren, daß er - neben allem anderen - auch Angst vor einer mündlichen Prüfung hat und das ganz konkret seinen aktuellen Zustand belastet, sollte man zunächst einmal mit der ATM-5 beginnen. Dann können Sie noch während der Sitzung entscheiden, ob Sie in die ATM-1 übergehen wollen (denn der Grund von Prüfungsangst liegt letztendlich im gestörten Urvertrauen). Möglicherweise bleiben Sie aber die vollen eineinhalb Stunden der Massage-Zeit an diesem Thema und laden ihren Klienten dann zu einer neuen Sitzung ein, in der Sie ihm die ATM-1 geben.

Grundsätzlich kann es von Vorteil sein, mit **der** Stufe zu beginnen, in deren Zeitraum sich das Alter Ihres Klienten befindet. Wenn also ein 46-jähriger Mann zu Ihnen kommt und sich im Vorgespräch nichts Konkretes ergibt, beginnen Sie die Sitzung mit der ATM-4 und gehen dann im Verlauf der Sitzung in die ATM-1 über. Oder Sie bleiben die volle Zeit bei der Phase 4, und Ihr Klient kommt später zu einer vollen ATM-1 wieder. Der Vorteil dieses Einstieges ist, daß die Seele durch die Synchronizität Vertrauen gewinnt, weil sie im Grunde genau diese Massage und Botschaften zum jetzigen Zeitpunkt erwartet.

Wie immer erhalten wir wichtige Anhaltspunkte aus dem Vorgespräch. Wenn in diesem Gespräch wenig Konkretes gesagt wird, eher gestammelt wird, mehr etwas zum Ausdruck kommt wie: „Ich weiß nicht, was mir wirklich fehlt, ich fühle mich einfach nicht gut", wenn der Klient kein Vertrauen hat, ohne einen direkten Grund oder Bezug angeben zu können, wenn er über allgemeine „grundlose" Ängste spricht, dann handelt es sich fast immer um die gestörte Lebensphase 1, denn sie fällt in eine Zeit, wo Gefühle und der eigene Zustand noch nicht richtig in Worte gefaßt werden konnten.

Der Verlauf der ersten Behandlung mit der ATM-1 hat natürlich damit zu tun, wie offen oder wie schüchtern, wie ängstlich oder frei die oder der zu Behandelnde ist. Denn wenn das Urvertrauen fehlt, weil die Mißbräuche in der Zeit bis zum sechsten Lebensjahr so besonders gravierend sind, viele Kinder in dieser Zeit extrem traumatische körperlich-seelische Übergriffe erlitten haben und dadurch sehr schambesetzt sind, sind die wenigsten gleich bereit, sich auszuziehen. Sie sind vielleicht „vom Kopf her" bereit und drücken das auch aus, aber innerlich noch gar nicht.

Dennoch möchte ich hier noch einmal betonen: Wirklich segensreich in die Tiefe wirkt die ATM-1 erst, wenn sie an irgendeinem Punkt der Behandlungsfolge auf dem nackten Körper ausgeführt wird. Zusammen mit den Botschaften, die über die Hände, die Mantras, das Öl weitergegeben werden, wird ja auch weitergegeben, daß die direkte Haut-zu-Haut-Berührung o.k. ist, daß die einzelnen Körperteile und -bereiche alle liebenswert und angenommen sind und somit der **ganze** Mensch willkommen ist.

Wenn die Scham groß ist, kann man diesem Ziel nur Schritt für Schritt, von Sitzung zu Sitzung näher kommen. In der ersten Sitzung führt man die Behandlung mit „schwebenden" Händen über dem bekleideten Körper aus. In der nächsten Sitzung ist es dann möglich, mit den Händen unter dem Leintuch auf dem weniger bekleideten Körper zu massieren. In der Sitzung darauf zieht sich der Klient schließlich (evtl. unter dem Leintuch) ganz aus. Man legt die Hände zunächst auf das Leintuch, bis man dann - nach verbaler oder nonverbaler Zustimmung - direkt auf dem Körper massieren kann.

Diese Stufen können auch in **einer** Sitzung nach und nach erfolgen.

Am Schluß ist es dann vielleicht wichtig, daß der Klient sich auch wieder unter dem Leintuch ankleidet - obwohl am Ende der Sitzung das (negative, hindernde) Schamgefühl meist nicht mehr da ist.

Wie bei allen ATM-Sitzungen gilt hier natürlich auch: Während der Behandlung sind Sie ein lemurianischer Wissender, eine lemurianische Wissende, völlig eingehüllt in die Liebe Jashuahs, in die Liebe Gottes, in vollkommener Reinheit und Integrität, voller Respekt für die Würde und die Entscheidungsfreiheit eines menschlichen Wesens. Gerade bei der ATM-1 ist das extrem wichtig, damit während der Sitzung keine Projektionen entstehen - insbesondere wenn Sie einen Klienten des anderen Geschlechts behandeln. Das sollten Sie im Vorgespräch auch zum Ausdruck bringen.

Wenn Sie die ATM-1 Ihrem Liebespartner geben, was wundervoll und sehr effektiv ist, können Sie natürlich beide nackt sein, so wie die Mutter und ihr Kind auf dem Felsen über dem Meer.

Um dies jedoch in einer Partnerschaft zulassen zu können, brauchen manche vielleicht zuerst die ATM-1 durch einen „neutralen" ATM-Wissenden. Denn sie vertrauen vielleicht gerade **denen** nicht, die „vorgeben", sie zu lieben - aus den obengenannten Gründen. Menschen, deren 1. Lebens- und Seelenphase gestört ist, haben möglicherweise immer größere Berührungsängste, je näher ihnen ein Mensch kommt, und vertrauen immer weniger, je intimer die Beziehung wird. Die ATM-1 kann insbesondere **die** Partnerschaften heilen, in denen beide nicht wissen, warum gerade jetzt, wo es doch so besonders nahe und schön ist, so viel schief läuft und plötzlich so viel Mißtrauen entsteht.

Die Vorbereitung

Die Temperatur im Massageraum sollte warm und gemütlich sein. Die Vorhänge sind zugezogen, und im Raum herrscht ein warmes bis rötliches Licht. Genug Luftfeuchtigkeit durch Luftbefeuchter, ein Springbrunnen und/oder Pflanzen sind von Vorteil. Bilder von Tieren (insbesondere Haustieren), von Lemuria, von warmen Feuern, von singenden Menschen, von Sonnenunter- oder Sonnenaufgängen sind hilfreich.

Der Raum kann mit solchen Kristallen magnetisiert werden, die dem 1. Chakra zugeordnet sind. Man kann folgende Aufstellung wählen: In die Ecken des Raumes legt man diagonal je zwei Granate und zwei Rubine. Man kann auch vier rote Steine im Uhrzeigersinn legen: Jaspis, Granat, Rubin, Rubellit. Der vierte kann auch ein Hämatit sein. Hier genügen kleine Steine. Zusätzlich kann man in der Mitte des Raumes einen Rosenquarz aufstellen, umgeben von den „Negativitätsbearbeitern" Rauchquarz, Citrin, schwarzer Turmalin und den „Heilern" Rutilquarz, Bergkristall und Fluorit.

Kristallsensitive spüren genau, wenn der Raum richtig „magnetisiert" ist.

Bitte beachten Sie: Die Stärke der Kristallmagnetik im Raum sollte nach der Empfindlichkeit des Klienten eingestellt sein. Es reichen auch ein schöner Rosenquarz und ein paar Citrine.

Vor der Sitzung kann ein gutes subliminales Tape (z.B. „White Light“) mit schützenden und reinigenden Botschaften Wunder wirken. Falls der Raum von

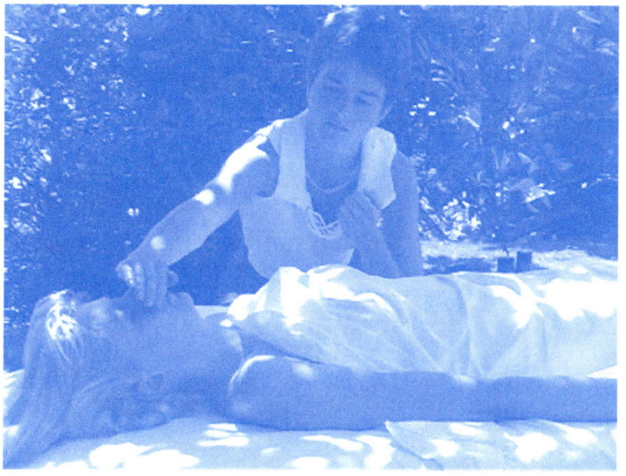

Dem Duft des Öles kommt eine große Bedeutung zu ...

der Sitzung vorher noch ein wenig belastet sein sollte, ist eine mögliche Räucherung mit Salbei oder Kohle anzuraten. Danach nochmal gut durchlüften. Bei Räucherstäbchen bitte sehr vorsichtig sein - es gibt wenige, die wirklich gut sind. Ich kann hier fast nichts empfehlen. Weniger ist immer mehr. Ein Strauß oder besser Topf mit roten Blumen hat genug Duft. Eine rote Kerze bietet sich an.

Das Vorgespräch

Siehe dazu auch die Erläuterungen in Kapitel 1.

Das Vorgespräch vor einer ATM-1 kann zunächst auf das jetzige Befinden eingehen. Dann kann man sich allmählich vortasten und fragen, ob irgendwelche Erinnerungen an die Kindheit und die Geburt vorhanden sind. Insbesondere die äußeren Umstände der Geburt sind wichtig: Waren die Eltern zusammen oder getrennt, war es eine sichere oder unsichere Zeit etc. Hier geht es nicht um ein psychologisches Gespräch, sondern um eine Art Einstimmung auf die Massage. Für die gesamte ATM gilt, daß man sich nicht zu sehr davon leiten lassen sollte, was ein Klient im Vorgespräch sagte.

Das Vorgespräch sollte ein Hinweis darauf sein, welche Phase man behandelt oder wie eine ATM-Kombination aussehen soll - aber es soll den Verlauf der ATM selbst nicht beeinflussen. Denn viele Fakten sind auf anderen Ebenen wieder ganz anders verknüpft.

Das Vorgespräch muß nicht lange dauern. An einem gewissen Punkt kann man sagen, daß man jetzt das Gespräch beendet und die Massage beginnen will. Zu viele Worte, gerade vor einer ATM-1, können das Ganze zu sehr in den Kopf treiben und/oder Vorsichtsmaßnahmen des Egos und Widerstände des Ichs hervorrufen. Ältere Menschen kann man danach fragen, ob sie damit zufrieden sind, was sie bis jetzt in ihrem Leben erreicht haben. Wenn sie traurig werden und dieses verneinen, ist auch dies ein Hinweis auf die ATM-1, insbesondere wenn sie davon erzählen, daß immer wieder etwas Unerwartetes dazwischen gekommen ist, etwas, das ihr Glück trübte, oft gerade dann, wenn sie „kurz vor dem Durchbruch" waren.

Im Vorgespräch sollte man dem Klienten in einer heiteren Weise ein wenig davon erzählen, was die ATM ist. Man kann davon sprechen, wie die erste Lebensphase in Lemuria ablief, ein entsprechendes Kapitel aus „Lemuria - das Land des goldenen Lichts" oder die Einleitungsgeschichte im vorliegenden Buch vorlesen.

Ich möchte es noch einmal betonen: Es geht bei der ATM nicht um die Technik, sondern um die Botschaft. Es geht um LIEBE, es geht um POESIE, es geht um SINNLICHKEIT, LEBENSLUST und GEBORGENHEIT, um ANGENOMMEN-SEIN, um VERGEBUNG und MITGEFÜHL, um HEILSEIN, HEILIGKEIT und INTEGRITÄT und darum, daß der Mensch ein GÖTTLICHER FUNKE ist, unendlich zauberhaft und wunderbar gebildet, zart und verletzlich, kraftvoll und majestätisch, voller Würde und Vision - auf seinem spirituellen Weg heim zum Herzen Gottes. Das sollten Sie im Vorgespräch ausdrücken.

Gerade bei der ATM-1 sollte sich der Klient **vollständig geborgen** und **angenommen** fühlen, schon im Vorgespräch. Somit ist **zu vieles Reden, Diskutieren oder gar Bewerten** von Problemen **nicht sinnvoll.**

Und wenn Sie einmal das Gefühl haben, solch ein Vertrauen nicht ausstrahlen zu können?

Gehen Sie, bevor Ihr Klient erscheint, im Behandlungsraum auf die Knie ... erklären Sie Ihrem Höheren Selbst, Gott, wie Sie sich fühlen und wie gerne Sie eine gute Massage geben würden. Bitten Sie darum, daß Ihnen dabei geholfen wird, dem Wissenden, der Wissenden in Ihnen Platz zu machen. Ich sage Ihnen: Sie werden, wenn Sie das mit aller Demut und Liebe tun, erhört werden ... dieser Segen und dieses Versprechen liegen auf der Aluah-Trance Massage.

Erklären Sie Ihrem Klienten, warum es wichtig ist, die ATM-1 am ganzen Körper auszuführen, und warum es gut wäre, wenn der Körper dabei nackt ist - vielleicht zu einem späteren Zeitpunkt.

Männern sollte man erklären, daß sie möglicherweise eine Erektion bekommen und daß das völlig o.k. ist. Säuglinge haben ständig Erektionen, wenn sie sich gut und liebevoll behandelt fühlen - und daher ist es besonders für diese Phase wichtig, dies zuzulassen, um das Gefühl des Vollständig-angenommen-Seins wiederherzustellen.

Die Massage

Ihr Klient liegt auf dem Bauch oder Rücken oder in einer Seitenlage. Fragen Sie, welche Lage sich am besten anfühlt, während er es ausprobiert. Lassen Sie sich dafür Zeit, denn der Anfang ist sehr wichtig. Es muß die bequemste Stellung eingenommen werden, weil dies die Stellung ist, die die Seele will. Es kann durchaus sein, daß am Anfang die Seitenlage bevorzugt wird, insbesondere bei der ATM-1 (Embryonen-Stellung).

Sie haben ihn mit einem leichten Leintuch sanft zugedeckt. Er ist nackt darunter oder (teilweise) bekleidet. Sprechen Sie nun noch einmal von der Lichtsäule in der Mitte des Raumes bzw. über dem Klienten, in die alles hineingehen darf, was bei der Massage hochkommt - und daß alles o.k. ist, was geschieht, weil Sie beide Wissende sind. Sagen Sie noch einmal, daß sich der Klient im Laufe der Massage umdrehen wird. Sagen Sie ihm auch, daß Sie ihn immer wieder am Öl riechen lassen werden.

Nun lassen Sie Ihren Klienten die Augen schließen. Stellen Sie die Musik an, aber bitte sanft und leise. Am besten die originale ATM-Musik. Reiben Sie nun Ihre Hände mit dem **ATM-Öl-1** ein, nachdem Sie die Flasche etwas geschüttelt haben. Riechen Sie selbst am Öl an Ihren Händen, lassen Sie dann Ihren Klienten daran riechen.

Bitten Sie in einem inneren Gebet das Höhere Selbst Ihres Klienten, mit Ihnen Kontakt aufzunehmen und Sie zu leiten. Bitten Sie Ihr eigenes Höheres Selbst, Sie in Reinheit und Integrität zu halten. Bitten Sie Gott, Göttin, Jashuah, mit ihrer Liebe ganz da zu sein. Sie können sich nach Lemuria visualisieren und dort Ihren Klienten wie ein Baby auf Ihrem Schoß fühlen.

Beginnen Sie nun innerlich mit den Mantras, den Botschaften an die Seele.

Nehmen Sie die Hände Ihres Klienten in Ihre Hände. Wenn dies schwierig ist - weil er in der Embryonenstellung liegt - dann legen Sie Ihre Hände **auf** die Hände Ihres Schützlings, oder legen Sie beide Arme um das „Embryo". Verharren Sie eine gute Zeit lang so, bis Aluah voll da ist und sich die Trance eingestellt hat.

Visualisieren Sie den Sternenstrahl, der sich über Ihrem Klienten öffnet und ihn mit seiner Sternenheimat verbindet.

Beginnen Sie dann sehr behutsam. Legen Sie zunächst die (warmen!!) Hände auf die Körperstelle, von der sie meinen, daß sie ein guter Beginn ist. Fühlen Sie mit Ihren Händen, lassen Sie sich leiten.

Sich leiten lassen, nicht massieren! Viele machen hier den Fehler, daß sie anfangen, mit bekannten Massagetechniken zu arbeiten und richtig loszulegen, um etwas zu erreichen.

Darum geht es nicht. Sie geben eine **Botschaft**, mit den Händen schwebend über dem Körper oder direkt auf dem Körper. Und diese Botschaft, durch Ihre Hände, durch Ihre Ausstrahlung, durch die Schwingung des Öls ist: „Du bist geliebt, du bist willkommen." Dann lassen Sie die Hände machen - und lieben Sie ihre Hände, während sie das tun.

Wenn es der Klient erlaubt hat, ölen Sie streichelnd und massierend, in kreisenden, liebevollen Bewegungen den ganzen Körper ein. Dabei beginnen Sie

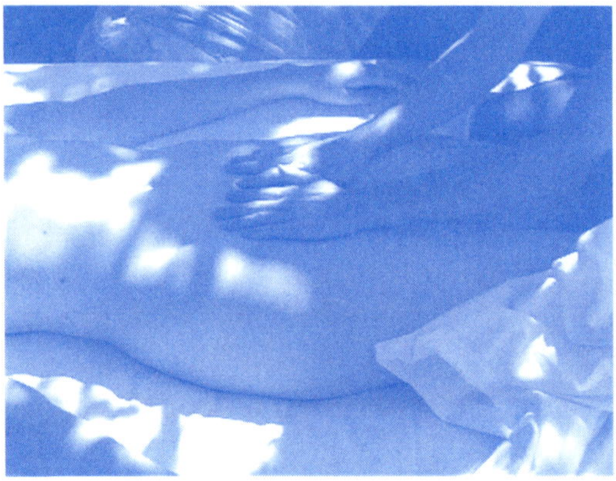

Hände liegen lassen, bis das Vetrauen da ist ...

bei den Stellen des Körpers, die „freier" sind, wie Kopf, Hände und Füße. Nehmen Sie sich gut Zeit für alles - es kann und darf durchaus lustvoll sein (aber nicht sexuell im Sinne der Erwachsenensexualität!). Ölen Sie, salben Sie ruhig, liebevoll, entspannt **und** detailliert wirklich alle Stellen des Körpers ein, einschließlich Anus und Genitalbereich. Geben Sie auch diesen durchaus viel liebevolle Aufmerksamkeit. Bei der ATM-1 geht es darum, daß diese Bereiche wieder zurückkehren in die allgemeine ganzkörperliche Lebenslust. Die ATM-1 ist eine sinnliche Massage und soll die körperlich-seelische Sinnlichkeit wiederherstellen. Dadurch wird vieles geheilt.

Wenn es geht, sollte auch der ganze Kopf mit den Haaren mit Öl massiert werden - also wirklich ALLES.

Fühlen Sie sich wie ein Künstler, der liebevoll eine Figur, ein Original formt bzw. erschafft, jedes Detail herausmodelliert - sozusagen zu seiner ursprünglichen Form befreit.

Wenn der Klient an einer bestimmten Stelle zurückzuckt oder Sie merken, daß er sich verkrampft, lassen Sie die Hände einfach dort liegen, bewegen Sie sie eine Zeitlang nicht - aber gehen Sie nicht weg von dieser Stelle. Bleiben Sie da, bis das Vertrauen wieder zurückgekehrt ist, indem Sie weiterhin innerlich die

Mantras sprechen oder singen.

Die meisten Klienten werden diese vollständige „Salbung" gerne annehmen, da sie den Schutz des Raumes spüren, Ihrer Integrität vertrauen, wissen, daß sie von einem göttlichen Wesen berührt werden und sich so ganz fallen lassen können.

Die Mantras, die Sie (meist wohl innerlich) singen oder sprechen, können folgende sein: „Du bist willkommen ...", „Du bist wunderbar ...", „Willkommen auf der Erde, mein geliebtes Kind ..." usw. Denken Sie daran, Sie sprechen zur Seele. Sagen sie diese Dinge also „poetisch", haben Sie Bilder dazu. Visualisieren

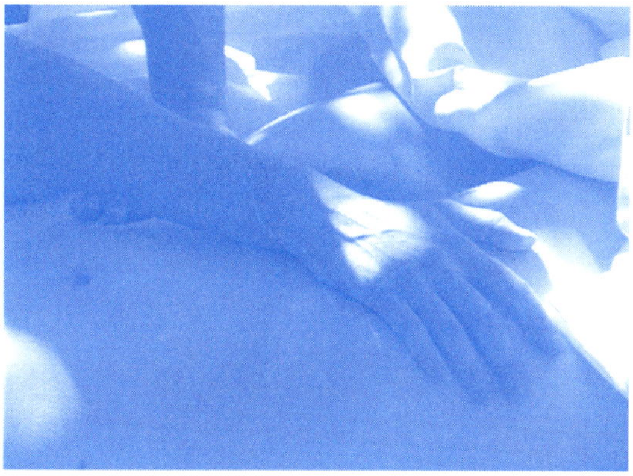

Bei vielen ist der Unterleibsbereich sehr verletzt ..., also behutsam sein!

Sie den Sternenstrahl, die lemurianische Geburt. Haben Sie das Gefühl, daß die Worte in Schwingungen durch die Hände über die Haut in das Kind vor Ihnen hineingleiten und sich dort in wunderbaren sanften Wogen ausbreiten und alles zum Singen und Klingen bringen.

Natürlich, und das ist sogar besonders wirksam, können Sie bildhaft-poetische Mantras singen wie zum Beispiel:

„Lieber Schmetterling, fliege hinaus in die Blütenpracht und genieße dein Leben ...", „Wie ein Delphin gleitest du sanft durch die Wellen der Liebe ins Leben ...", „Die Welt ist ein wunderschöner, magischer Garten, seine Tore sind weit für dich geöffnet ...".

Auch vielleicht etwas „umgeschriebene" Gedichte passen hier:

„Durch dich, mein geliebtes Wesen, küßt der Himmel die Erde ... so daß sie im Blütenschimmer von dir nun träumt ...". „Du Seele, spanne weit deine Flügel aus und fliege hinaus in dieses Leben ... so, als flögest du nach Haus ...". „Du bist die Ruh, der Friede mild, die Sehnsucht du, und was sie stillt ...". „Dein Herz geht aus in dieser schönen Sommerzeit und erfreut sich an den Gaben Gottes ...". „Schau an der Gärten schöne Zier und siehe, wie sie mir und dir sich ausgeschmücket haben ...".

Die Seele genießt diese Poesie. Es kann auch sein, daß Ihnen in der lemurianischen Trance, in der Sie sich befinden, lemurianische Worte kommen. Lassen Sie diese ruhig einfließen ...

Suchen Sie nicht krampfhaft nach immer neuen Mantras (also keine Kopfarbeit!). Ein Mantra kann ruhig lange wiederholt werden.

Es ist besser, entspannt immer dasselbe Mantra zu singen, als hier „besonders vielseitig" oder „perfekt" sein zu wollen.

Bitte, bitte, es geht bei der ganzen ATM **NICHT UM PERFEKTION**, es geht NICHT darum, EIN ZIEL ZU ERREICHEN, noch weniger geht es darum, jemandem zu seinem Glück zu verhelfen. Lassen Sie diesen Anspruch draußen vor der Tür wie einen alten Regenschirm. Wenn Sie versuchen, es RICHTIG (das heißt nach Ihren Vorstellungen) zu machen, sind Sie schon aus der Trance gefallen. Wenn Sie sich dabei ertappen, halten Sie einen Moment inne, und gleiten Sie selbst wieder in die sanft nach ihren eigenen Mustern und Gesetzen schwingende Trance zurück. Die Trance ist nämlich der Raum der Seele und nicht der Raum des Kopfes.

Der Klient und Sie sind auf **derselben** Ebene. Ihr Klient ist kein Patient, er steht nicht unter Ihnen, er ist **nicht** „das kleine geschundene Kind", das Ihr

Urvertrauen und Ausdruck - eine Verbindung von 1 und 5

Mitleid verdient. Er hat teil am selben Wissen wie Sie auch. Spüren Sie das Gefühl von Liebe und Barmherzigkeit, aber lassen Sie „Mitleid" ins Licht gehen, denn letzteres setzt den anderen herab.

Bei einer guten ATM erzeugen Sie mit dem Klienten ein magnetisches, schwingendes Feld, das Sie beide führt und immer auf Kurs hält. Die Seele und das Höhere Selbst Ihres Klienten, Ihrer Klientin führen die Sitzung - nicht Sie. Dennoch haben Sie die Verantwortung.

Es ist ein Paradox: Sie lassen, gestaltend, geschehen. Das macht die ATM zu einem solchen Segen.

Es kann zu jeder Zeit der Massage zu Gefühlsausbrüchen kommen. Hier ist es wichtig, es einfach geschehen zu lassen, aber es nicht „anzuheizen". Wenn jemand ins Weinen kommt, weinen lassen. Wenn negative Bilder und Gefühle aufkommen, bei Ihnen oder dem Klienten, dann diese „ins Licht" geben. Bei anderen starken Gefühlsausbrüchen sagen Sie einfach „sanft", „sei sanft mit dir", und lassen Sie die Hände eine Zeitlang ruhen.

Die Einölung, diese erste Ölung, können Sie unter dem Leintuch vornehmen oder, wenn sich der Klient sicher genug fühlt, offen. Dazu sollte es gut warm sein.

Irgendwann bedeuten Sie dem Klienten, sich auf die andere Seite zu drehen. Wiederum ist es aber empfehlenswert, vom Rücken oder Bauch her zunächst eine Seitenlage einnehmen zu lassen und in dieser weiterzumassieren, insbesondere die Bereiche, die nun gut erreichbar sind. Der Klient legt sich **jetzt** möglicherweise in eine Embryostellung. Wenn das so ist, umarmen Sie den Körper eine Zeitlang mit beiden Armen und Ihrem Körper, und achten Sie darauf, daß Sie so viel wie möglich berühren. Das Mantra heißt hier: „Du bist beschützt in meinem Schoß, du bist geliebt, du wirst erwartet in einer sicheren und freundlichen Welt."

Nach Abschluß der Salbungsphase decken Sie den Klienten wieder mit dem Leintuch zu und nehmen seine oder ihre Hand. Lassen Sie sich wieder Zeit, denn jetzt wird das auf vielen verschiedenen Ebenen Erlebte integriert. Der Klient soll Schritt für Schritt aus der Trance erwachen, Hände, Füße bewegen, sich strecken.

Wenn der Klient die Augen öffnet, schauen Sie ihn liebevoll an, halten Sie Augenkontakt. Empfangen Sie Dankbarkeit, und drücken Sie auch Ihre Dankbarkeit aus. Vielleicht werden Sie umarmt - lassen Sie es zu.

Nun sollte nicht gleich geduscht werden, damit das Öl, insbesondere aber das ganze Massagegefühl noch eine Zeitlang auf der Haut bleiben und wirken kann.

Zur Nachbereitung ist es gut, mit dem Regenbogenöl (ATM-Öl-8) leicht über den ganzen Körper von oben nach unten und von unten nach oben zu streichen bzw. das Öl in die Aura einzufächeln. Dasselbe kann man auch mit dem goldenen Öl (ATM-Öl-9) tun.

Jetzt kann der Klient, nach einer Ruhephase, (bitte langsam) aufstehen und sich ankleiden.

Eine ATM-1-Sitzung kann natürlich noch wunderbar erweitert oder abgerundet werden: zum Beispiel mit einer Meditation, in der man den Klienten eine Geburt in Lemuria mit der lemurianischen Mutter und dem lemurianischen Vater erleben läßt - oder eine Massage von der lemurianischen Mutter, wie in der Eingangsgeschichte erzählt. Der Autor plant, geführte Meditationen dieser Art auf Kassette herauszubringen.

Abgerundet kann so eine Sitzung auch dadurch werden, daß man mit dem Klienten, der Klientin in leichter, heiterer Form über ihre Ziele spricht, über die positiven Aspekte ihres Lebens, über die Zukunft, über Visionen. Aber bitte so etwas nicht aufdrängen und nicht zu tiefgründig.

Manche werden jetzt auch Lust haben, an ihrer Lebensausrichtung, an neuen Lebensplänen zu arbeiten. Dies können Sie einige Tage später in einer weiteren Sitzung anschließen. Hier empfiehlt sich auch mein Kurs „Reality-Creating".

Manche möchten aber jetzt nur still nach Hause gehen, vielleicht unterwegs durch einen Park schlendern, mit sich und der Natur allein sein und die neue Freiheit und das neue Lebensgefühl genießen. Manche wollen vielleicht gar nicht gleich nach Hause ...

Achten Sie darauf, daß Ihr Klient auch wirklich wieder „da" ist, bevor er oder sie den Heimweg antritt. Bei den tiefen ATM-Sitzungen ist es empfehlenswert, sich nach Hause fahren zu lassen und nicht selbst zu fahren.

Sagen Sie dem Klienten, daß er das Erlebte eine Zeitlang für sich behalten soll, damit es sich integrieren kann. Geben Sie dem Klienten ein wenig Öl zum Schutz mit, eine Schutzkassette (z.B. „White Light") oder einen Schutzkristall.

Die Lebens- und Seelenphase 2: 7 bis 13 Jahre

„Von hier aus betrachte ich eure Seele, erkenne ich das Licht eures Geistes, sehe ich die Schönheit des goldenen Kerns, der ihr alle seid - die Menschen erforschen ihre Schönheit - darum sind sie auf der Erde -, um ihre Schönheit zu erforschen, ihre Talente, ihre Genialität, Arten und Weisen zu lieben und zu erschaffen — alles andere ist Ego, fehlgeleiteter Geist, falsche Erziehung und Machtspiele. Es ist Zeitverschwendung! Und Zeit ist kostbar! Sie ist ein solcher Schatz! Zeit ist wundervoll. Es ist wundervoll, Zeit zu haben, Raum zu haben, zu atmen, zu gehen, zu sprechen, sich auszutauschen und zu berühren, zu lieben, Schönheit zu erleben. Wenn ihr euch alle nur darauf ausrichten würdet, nur für einen Tag, wäre euer Leben verändert, und die Erde wäre verändert, in einem Augenblick.“
Lady Di in „Green Hills“, S. 97

Name in Lemuria:	Die Reinheit, die Ästhetik und die Werte
Grundthemen:	Unschuld • Schönheit • Selbstvertrauen
Fähigkeiten:	Kreativität • Imagination • positive Magie • Vision
Energie:	DIE HEILIGKEIT
Archetypen:	Der Magier
Mythologische Wesen:	Delphin
Verbündete Tiere:	Delphin
Blumen • Pflanzen:	Orangene Lilie, Orchidee • Weide, Birke
ATM-Öl-Essenz:	No. 2 • DAS ENTDECKEN: Ich bin heilig, rein und geliebt.
Essenz-Symbole:	▲ (FEUER/WASSER • SCHUTZ/HEILUNG
Hauptsymbole der Phase:	Das Pentagramm
Elemente • Phänomene:	Feuer, Wasser • Dampf, Nebel
Einweihungen und Feste:	Die heilige Waschung • das Eintauchen • das Geschenke-Mandala • das Besingen der 12 Grundwerte • Aufnahme in die Gemeinschaft • die segnende Rede • das Öffnen des „Tores“ zur Lebensaufgabe
Chakra:	Milz-, Nabelchakra
Farben:	Leuchtend Orange
Basiston:	C
Steine:	Carneol
Drüsen:	Hoden • Ovarien • Bauchspeicheldrüse • Nebenniere
Sekrete • Hormone:	Blut, Urin • Adrenalin, Geschlechtshormone
Hauptorgane:	Geschlechtsorgane • Milz • Nieren • Haut
Neuralgische Bereiche:	Dünn- und Dickdarm • Blase • Lendenwirbel • Hüften • enterisches Nervensystem • Knie
Kardinalfrage:	Habe ich genug?
Zentrales Mantra:	Du bist wertvoll.

Weitere Mantras: Ich entdecke deine Schönheit, deinen Wert • Du bist rein • Du bist heilig • Du bist im Einklang mit der Schöpfung • Du bist ein Strom von Kreativität • Du bist ein heiliges magisches Wesen.

Massagebereiche: Der ganze Körper

Massagetechnik: Alle Bereiche des Körpers liebevoll und „entdeckerisch" mit Öl massieren, entweder schweben die Hände über dem Körper oder - wenn es der Klient zuläßt - bewegen sich auf dem Körper.

Fürsorgebereiche:

Somatisch/Körperfunktionen und -fähigkeiten:
Magen-Darmbereich • mittlere und untere Lendenwirbel • Nieren • Blase • Genitalien • Beine • Füße

Beschwerden: Allergien • chronische Krankheiten • Immunschwäche • Sehstörungen • Bein-, Knie- und Fußprobleme bzw. Unfälle • Autoimmunkrankheiten • Menstruationsbeschwerden

Mental/Beruf/Außenwelt:
Kreativität • Innovation • Veränderung • Lust an Neuem • Flexibilität • Visionen

Beschwerden: Vernebelter Kopf • Gedächtnisprobleme • Ideenlosigkeit • ungefragte Anpassung an Systeme und Übernahme vorgefertigter Konzepte • mangelndes Verantwortungsgefühl („Das geht mich alles nichts an.") • Zukunftsängste und mangelnder Zukunftsglaube

Seelisch/Liebe/Innenwelt:
Selbstwert • Selbstliebe

Beschwerden: Selbsthaß • Minderwertigkeit • Süchte • Nägelbeißen • Kratzsucht • Waschzwang • Angst vor „Schmutz" • Konzentrationsmangel • körperlicher, aktiver und passiver seelischer Mißbrauch

Spirituell/Gottesbeziehung/Höhere Welten:
Der Heilige Bezirk • die Heilige Flamme • die Reinheit • die Unversehrtheit • Integrität

Beschwerden: Gottesleugnung aus Selbstablehnung („Ich bin zu unrein, als daß Gott mich lieben könnte ...") • Werkgerechtigkeit • dogmatisches Auftreten ohne Herz • Selbstverdammung • passiver oder aktiver Atheismus bzw. deren Kehrseite: religiöser Fanatismus und Sektentum

Trauma-Muster: Selbstablehnung • Mißbrauch • Wertlosigkeit • Zynismus • Sarkasmus • von allem Schöpferischen abgeschnitten sein • „Ich schäme mich, daß ich einen Körper habe.“ • Angst vor und Widerstand gegen die eigene Kreativität • Perversionen • Sadismus • Masochismus • Gewaltphantasien • Märtyrertum • Selbstmitleid • Verurteilung anderer und seiner selbst • keine reale Selbsteinschätzung, sondern ein Hin und Her zwischen: „Ich bin der Größte.“ und: „Ich bin nichts wert.“ (ähnlich wie in Phase 1 - aber jetzt zum Muster geworden).

Grundaussagen:

Negativ: Ich bin nichts wert • Mir fällt nichts ein • Ich kann nichts • Ich fühle mich schmutzig, wehr- und wertlos • Ich bin ein kleines Nichts unter so vielen • Ich habe Angst vor der Zukunft • Ich habe überhaupt Angst zu leben • Ich weiß nicht wirklich, wer ich bin • Ich weiß nicht, wozu ich hier auf Erden bin • Ich weiß nicht, wie es weitergehen soll • Niemand versteht mich wirklich • Ich verstehe mich ja selbst nicht • Ich will nichts mehr wissen • Ich will nur noch meine Ruhe, denn ich schaffe es ja doch nicht mehr • Sex? Nein danke!

Positiv: Ich liebe mich und meine Ideen • Ich habe Lust, etwas zu machen • Ich bin neugierig • Das Leben und die Welt lieben mich • Ich liebe mich bedingungslos • Ich vertraue meinen Fähigkeiten • Ich vertraue mir, ich bin mir ein Freund • Ich habe eine Zukunft und bin verantwortlich für sie.

Meditation:

• Lemurianisches Kind liebt und streichelt das jetzige Kind - liebevoll, entdeckerisch, annehmend, heilend.

• Das Erleben einer der Einweihungen auf Lemuria - z.B. die heilige Waschung oder das Öffnen des Tores zur Lebensaufgabe

• Kassetten-Meditationen: „Der Heilige Bezirk“, „Image“ oder „Vision“

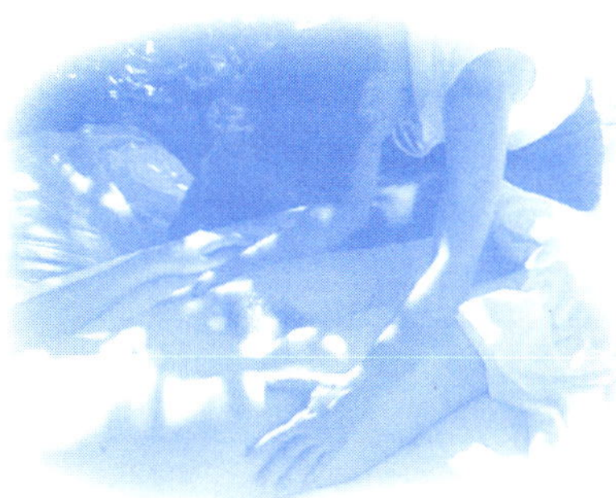

2A. Die zweite Seelenphase in Lemuria

Die zweite Seelen- und Lebensphase begann in Lemuria mit dem Einweihungsfest der „Reinheit, der Ästhetik und der Werte“ zu Beginn des achten Lebensjahres. Für dieses Fest wurde von den Weisen und Ältesten des Dorfes ein Tag mit einer speziellen Schwingung ausgesucht, mit einer speziellen Sternenkonstellation, die einen ganz direkten Bezug zum Einweihungskind hatte. Ich habe eine solche Einweihung im Kapitel 9 meines Buches „Die Kristallstädte von Lemuria“ ausführlich beschrieben.

Die zentrale Festlichkeit der Einweihung der zweiten Phase war eine feierliche Waschung des Kindes im See unterhalb der heiligen Wasserfälle mit einem heiligen Eintauchen in das Wasser „33 Herzschläge lang“. Ausführende waren die Freunde der Familie, aber insbesondere ein Ältester oder eine Älteste, die diese „Taufe“ vornahmen. Dann wurde von diesem Ältesten ein heiliges Gebet gesprochen - in diesem Fall für das siebenjährige Kind Tramin. Ich zitiere das Gebet aus dem Buch (S.73):

„Tramin, du unsere Liebste, du Geliebte der Göttin und Gottes, du Geweihte von Mama-Ahanah, sei nun ganz geweiht in allem Guten und der Reinheit deines und Jashuahs Herzens. Laß das Licht deines Kristalles niemals erlöschen, deines Wissens darum, daß du ein Funke Gottes bist. Tauche nun ein in dein Leben als die, die du bist, die Selige, die viele segnet, und empfange das Geheimnis deines Lebens.“

Ein zweiter sehr feierlicher Akt war das Besingen der zwölf Grundwerte von Lemuria, denn mit dem Einweihungsfest dieser zweiten Lebensphase wurde das Kind auch in die Werte der Gemeinschaft eingeführt.

Weiter ging es um das Finden und Öffnen „des Tores“ in die eigene spätere Lebensaufgabe. Es ging also nicht darum, daß man in diesem Alter die eigene Lebensaufgabe bereits kannte, sondern daß man sich dahin auf den Weg machte. Das „Tor“ konnte für jeden Einzuweihenden verschieden sein. Für die junge Lemurianerin Tramin war es die riesige Kristallorgel von Lemuria und in ihr eine bestimmte Kristallsäule. Ich zitiere noch einmal eine Stelle (S.80), wo der Älteste, der das Ritual vornimmt, folgendes spricht:

„Ihr wißt, daß jetzt die Zeit gekommen ist, wo wir dem geweihten Kind helfen, sein Tor in die eigene spätere Lebensaufgabe zu öffnen. Oft ist das Tor ein Stern oder ein Baum, es ist ein Fels, oder es ist eine besondere Bewegung. Ich glaube aber, für Tramin ist es diese Orgel. Ich bitte euch alle mitzuhelfen, daß Tramin ihr Tor findet.“

Die zweite Lebensphase war die Zeit, in der die lemurianischen Kinder heraustraten aus der „unbewußt magischen“ ersten Phase und nun die Welt mit den blitzblanken Augen eines neugierigen Kindes sahen. Man entdeckte, daß man selbst und auch andere eine eigene Persönlichkeit hatten. Man sah andere

Kinder nun auch als körperliche Wesen, so wie man sich selbst als ein körperliches Wesen empfand. Die Sinnlichkeit wurde aktiv, Nacktheit wurde als Feld der Entdeckung aufregend, man wollte anfassen, sehen und spüren, wie und was das alles ist. Konkrete Magie.

Das, was heute als „Doktorspiele" mehr oder weniger belächelt oder abgetan, zum Teil aber auch hart bestraft wird, war auf Lemuria wichtiger Bestandteil der Erfahrung der Körperlichkeit - jetzt nicht nur der eigenen, sondern auch der eines anderen Menschenwesens. Hier ging es nicht um Sexualität im Sinne der Erwachsenen. Es war eine lustvoll-sinnliche Entdeckungsreise, die sich völlig integrierte in das Entdecken von „all dem, was ist", also der gesamten Umwelt. Da in dieser Zeit die Kinder noch nackt herumtollen und spielen durften, war diese Entdeckung oft Teil eines Spieles, sei es im Regen oder in der behaglichen Sonne. Man kitzelte sich, berührte sich, spürte, wie es sich anfühlte ... alles unter den wohlwollenden Augen der Erwachsenen. Diese Phase umfaßte den Zeitraum zwischen dem siebten und neunten Lebensjahr, danach wurde die Nacktheit mehr und mehr auch in Lemuria als etwas Privates entdeckt und geschützt.

Diese Entdeckungsreisen mit dem Körper waren wohlgemerkt nur den gleichaltrigen Kindern vorbehalten. Obwohl die Lemurianer nicht „verschämt" waren, waren die Erwachsenen doch darauf bedacht, ihren körperlichen Bereich zu wahren. Das lag auch daran, daß die Lemurianer danach lebten, was „stimmig" war. Auch darüber habe ich ausführlich in meinen Büchern über Lemuria geschrieben.

Die zweite Seelenphase war in einem tiefen Sinne die Entwicklung der eigenen Ästhetik. Da diese körperlichen Spiele untereinander sehr rein und unschuldig waren, gaben sie Berührungen einen reinen Wert und verbanden Reinheit mit Lust, Lust mit Kreativität und Schöpfertum. Es war die Bildung des „Sacrums", des heiligen Tempels.

In dieser Zeit verband sich die spätere Sexualität mit Reinheit und Heiligkeit.

Es war natürlich auch eine Phase des Lernens. Man interessierte sich nun dafür, was Papa und Mama machten. Man schaute den erwachsenen Familienmitgliedern bei der Gartenarbeit, im Feld, im Wald, im Haus, bei der Essenzubereitung, beim Kristalle Aufstellen usw. zu und durfte gelegentlich freiwillig mithelfen. Die Kinder erforschten nun intensiv ihr Dorf und nahmen zunehmend an dörflichen Aktivitäten teil.

Ganze Gruppen von Kindern legten zusammen Mandalas, bauten Hütten, Baumhäuser und lebten dort spielerisch als „Vater, Mutter und Kinder".

Über dieses Beobachten, Teilnehmen und bewußte Spielen, über die Erforschung des eigenen und des Körpers der anderen erfuhr man etwas über die Gefühle, Schönheit, Besonderheit und die Werte von anderen, der Gemeinschaft. Die Kinder begannen herauszufinden, was sie selbst als wertvoll und wichtig erachteten. Lieblingstiere, Lieblingsspiele, Lieblingsplätze und andere Lieblingsdinge bekamen Gestalt und Namen. So wurde die eigene Ästhetik und Ethik im Zusammenklang mit der gesellschaftlichen Ethik entwickelt. Und da immer alles stimmig war, blieb die magische Reinheit und Unschuld gewahrt.

2B. Die Aluah-Ashamah der zweiten Seelenphase in Lemuria

Natürlich wurden Kinder auch in diesem zweiten Lebensabschnitt weiterhin von den Eltern massiert, aber sie begannen jetzt auch, sich gegenseitig zu streicheln und zu massieren. Immer geschah dies im Zusammenhang mit der Entdeckerfreude, wie ich es oben beschrieben habe.

Stundenlang konnten Mädchen sich gegenseitig die Haare flechten, und ich sah oft Jungen, die sich gegenseitig den Rücken kraulten. Aber man streichelte und entdeckte sich auch gegenseitig, und der Junge zeigte dem Mädchen, und das Mädchen zeigte dem Jungen, „wo sie es gerne hatten“. Die Kinder erforschten sich, streichelten und massierten sich gegenseitig dort, wo es besonders gut tat. Nicht selten geschah das an einem versteckten Platz oder auf einem besonderen Felsen, einem Platz, der „unser“ Platz war, einem Baumhaus, einer Waldhütte oder einer ausgeschmückten Höhle.

Das geschah immer sehr liebevoll und zärtlich, mit der entsprechenden Neugier. Begleitet war das mit glucksendem Lachen und Kichern - aber nie aus Scham, sondern immer aus Freude am Entdecken - am Entdecken der Körperteile, aber auch am Entdecken der Gefühle, die entstanden, wenn man diese berührte und streichelte.

Die Kinder schauten sich zu beim Urinieren und beim „großen Geschäft“, sie schauten, wie es herauskam und fanden all diese körperlichen Abläufe sehr faszinierend. Alles wurde als schön und erstaunlich bewertet - und so waren und blieben die Kinder auch in dieser zweiten Phase in vollkommenem Einklang mit ihrem Körper, mit sich selbst und der Schöpfung.

Stundenlang konnten sich Kinder unter großem Gelächter gegenseitig anspucken oder in den Mund spucken. Letzteres war in Lemuria eine Art, sich gegenseitig kennenzulernen, was ich in meinem zweiten Buch „Die Kristallstädte von Lemuria“ näher beschrieben habe (Kapitel 19: „Lachen und Spukken“).

2C. Die zweite Seelenphase in der heutigen Zeit

Die Zeit zwischen 7 und 13 Jahren ist heutzutage durch ein entscheidendes „Ritual“ geprägt, das der Einschulung. Schon das Wort spricht Bände. Es bedeutet, daß das Kind aus dem eigenen geschützten Umfeld in eine höchst bedrohliche Welt hineingeworfen wird. Nachdem es zu Hause eine Rolle als einzelne beachtete Person gespielt hat, ist es plötzlich eines unter vielen und soll sich den (vielfach schwer durchschaubaren) Regeln der Gemeinschaft unterwerfen. Das Kind wird versuchen, der Verwirrung und dem Schmerz durch schnellstmögliche Anpassung an Gefordertes zu begegnen.

Wenn es dann gute Noten nach Hause bringt, ist scheinbar alles in Ordnung. Wenn aber ein „Schulversagen" vorliegt, kann aus einem ursprünglich fröhlichen Kind ein Kind werden, das entweder verstummt und depressiv oder überaktiv oder gar aggressiv wird.

Von mir selbst weiß ich, daß ich nach der Einschulung wie benommen war, alles nur noch durch eine Art Nebel sah und empfand. Ich hatte das Gefühl, daß mein bisheriges beschütztes Leben aufgehört hatte und ich mich nun in einer Situation befand, die unwirklich, nicht real erschien. Meine Seele weigerte sich, die Schule, die Schläge, die Härten, die Zwänge, das laute zynische Lachen, den Lärm, die gegenseitige Verurteilung und Unterdrückung als zu meinem Leben zugehörig anzuerkennen. Meine Seele weigerte sich, die neuen Richtlinien, nach denen ich nun von meinen Eltern, von Lehrern, von der Umwelt und von mir selbst beurteilt wurde, anzunehmen (denn jetzt war ich ein „Schulkind"). Meine Seele schloß ganz einfach die Augen und Ohren - damit war der unmittelbare Kontakt zur Welt (und zu mir!) zuende, und sie (und ich!) wurde unwirklich. Ich befand mich in einem schlimmen Traum, aus dem ich hoffentlich einmal aufwachen würde. Ich erlebte plötzlich ganz neue körperliche Phänomene wie ein seltsames Zeitlupengefühl, eine Dumpfheit in meinem Gehirn, Sehstörungen, starke Kopfschmerzen, Magen- und Darmprobleme, Bettnässen, Erröten und natürlich Alpträume, Gewaltphantasien (passiv und aktiv), Stürze (insbesondere auf den Kopf).

Mein Verhältnis insbesondere zu meinem Vater hatte sich geändert - eine gewisse Spaltung trat ein und das Gefühl, es ihm nicht und wahrscheinlich nie recht machen zu können. Seine Versagensangst aus seiner eigenen Kindheit und Jugend übertrug sich auf mich, und ich nahm sie an. Ich begann bald, mit ihm zu kämpfen, Dinge anzustellen, die ihn tief erschütterten, bis dann zu meinem vierzehnten Lebensjahr die Verbindung zu ihm ganz abgerissen war.

Viele Kinder verlieren in diesen Jahren entweder Vater oder Mutter oder beide Eltern - auch wenn die Familie nach außen intakt ist.

Um im schulischen Umfeld nicht völlig unterzugehen, versuchte ich, mich anzupassen, „mitzumachen" wie alle anderen auch. Aber ich hatte in dieser Zeit wieder das Bettnässen angefangen - unter großer Scham. Das Bettnässen als Hinweis auf die gestreßten und unterdrückten Gefühle, die heraus müssen - aber auch als Hinweis der Seele, die in Todesangst schrie: „Ich bin doch noch ein Kind!!"

An der Stelle, wo die Seele eine Einweihung in die persönliche Schönheit, in die persönlichen Werte und Kreativität erwartet, wurden und werden die meisten von uns genau in das Gegenteil gestoßen: in eine häßliche, lärmende Welt, in der man selbst wenig gilt, und wo „Werte“ als Anpassung definiert werden. Die Konsequenzen daraus sind verheerend und begleiten einen, wenn nicht geheilt, ein Leben lang. Inzwischen hat man herausgefunden, daß „Schulstreß“ (und das ist nicht nur der Kampf um gute Noten) krankhafte Veränderungen im Gehirn hervorruft - z.B. ein Nachlassen der Gedächtnisleistung und des Erinnerungsvermögens. Ich glaube, daß Teile des Gehirns fehlverknüpft und sogar zerstört werden.

Das Verprügeln von Jungen, insbesondere im Bereich des ersten Chakras, was im männlichen Bereich ebenfalls der Sitz der Sexualität ist, kann im Gehirn die Verbindung von Sexualität und Gewalt erzeugen und später dazu führen, daß „befriedigende Sexualität“ nur in passiver oder aktiver Gewalt erfahren werden kann.

Damit sind nicht Klapse gemeint. Ein „spanky“ von Vater oder Mutter in Liebe wirkt nach wie vor Wunder. Es stoppt einen Kreislauf, es bringt das Kind wieder zu sich, und falsche, negative Energien lösen sich auf. Es gibt nichts Schöneres, als ein bereuendes Kind liebevoll in den Armen zu halten, das wieder zu sich und zu seinen Eltern zurückgefunden hat. Alles ist wieder sauber und klar. Kinder lieben das. Die Tragödie unserer Zeit ist, daß man dies mit „Verprügeln“ in einen Topf wirft und damit Eltern eine der letzten natürlichen und tiefgreifenden Erziehungsmaßnahmen nimmt und auch die Möglichkeit, Friede und Liebe in der Familie wiederherzustellen. Ich weiß, daß meine Auffassung nicht von vielen geteilt wird, bin aber auf Anfragen hin gerne bereit, meinen Standpunkt zu erläutern. Nur soviel noch: Es hat mit der ***Präsenz*** *der Eltern zu tun!*

Je nachdem, wie traumatisch die Erlebnisse in diesem Altersabschnitt zwischen 7 und 13 Jahren waren, so traumatisch und dramatisch war auch die innere Abspaltung, das wachsende Gefühl der Wertlosigkeit, des nicht wirklich „hier Seins“, „hier sein Wollens“ und überhaupt „hier sein Sollens“.

Ich hatte sehr gelitten unter körperlichen Übergriffen von Mitschülern, ich kann mich erinnern an spöttisches, „dreckiges“ Lachen. Irgendwann habe ich auch mitgemacht oder mitmachen müssen, um nicht völlig unterzugehen. Ich habe schon da meine Unschuld verloren, von Ästhetik ganz zu schweigen. Als Werte galten, wer der Stärkste war und am besten boxte oder schlug oder die zynischsten oder dreckigsten Witze machen konnte oder damit prahlte, den Lehrern eins ausgewischt zu haben. (Ich wollte Lehrer eigentlich lieben ...)

Möglichst bis zum 13. Lebensjahr, aber wenigstens bis zum 9. Lebensjahr sollten meines Erachtens Kinder nur in sehr überschaubaren „Home Classes“, also im eigenen Heim oder bei guten Freunden, unter dem (gelegentlichen) Beisein der Eltern unterrichtet werden. Ein großer Teil dieses Unterrichtens kann darin bestehen, daß die Kinder viel den Eltern bei der Arbeit zuschauen und gelegentlich daran teilnehmen. Das geht besonders gut bei Selbständigen. Die übrige Zeit lernen sie Lesen und Schreiben durch Nachahmen im täglichen Prozeß, wie Einkaufszettel, Beobachtungen, Geschichten, kleine Gedichte schreiben, Briefe an die Verwandten verfassen usw. Alles sollte ganz praktisch erlernt werden, spielerisch, nachahmend, entdeckend. Spiele, die die Neugierde befriedigen und bei denen man nur deshalb Lesen und Schreiben lernen **muß**, um sie besser spielen zu können, würden diese Lebensphase seelengerechter gestalten. Denn es ist eigentlich eine Zeit des **Entdeckens** - in körperlicher, mentaler, seelischer und spiritueller Hinsicht - und nicht eine Zeit des mit Wissensstoff Abgefülltwerdens. Kinder und Jugendliche in diesem Alter sollten das, was sie lernen wollen, in ihre Welt hereinholen, und es sollte ihnen in die Welt nicht hineingedrückt werden. Letzteres erzeugt Abwehr bis hin zu der so viel beklagten Aggression und Gewalt an Schulen. Heutzutage lernen die meisten Schüler mit einer inneren Abwehr - und daher braucht es auch diese vielen Schuljahre und diesen Druck.

Wie gesagt: Die Zeit zwischen 7 und 13 Jahren ist eine Zeit des **Entdeckens**, des **lustvollen ENTDECKENS**, um eine freie und kreative Persönlichkeit bilden zu können. Ein Entdecken im mentalen, seelischen, spirituellen - und auch, ganz wichtig, im körperlichen Bereich.

Es sollte daher Zeiten geben, in denen Kinder ohne Aufsicht spielen - und in dieser Zeit könnten dann auch die körperlichen Entdeckerspiele im **behüteten** häuslichen Bereich wieder möglich sein.

Wenn diese Entdeckerspiele sein können, wenn die Wonne erlebt werden darf, wenn dies in einem wohlwollenden und geschützten Ambiente geschieht, hat das ungemein positive Auswirkungen. Neugierde, Entdecken, Wonne und „ich fühle mich gut an" und „du fühlst dich gut an" kommen hier zusammen und ergeben einen Lebensklang, der durch das ganze Leben hindurch klingt: „Ich bin schön, ich werde so empfunden, ich empfinde es so, ich liebe mich." Dies ist der Beginn der Selbstliebe in ihrer gesunden Art, die man gerne mit anderen teilt, in der man auch gerne den anderen Spielgenossen Genuß gönnt. Eine Ethik und eine Ästhetik, die auf Schönheit, Empfinden und Wert gegründet ist - und daher das Körperliche, die Körperfunktionen, alles Körperlich-Seelische als wunderbar erlebt. Das erhält das Immunsystem, das ist die beste Gesundheitsfürsorge, die man sich denken kann.

Fundamentalistische Ideologien und sonstige aufgeprägten „fremden" Werte werden hier nicht mehr angenommen. Man könnte einmal darüber nachdenken, ob nicht aller Fanatismus auf eine gestörte zweite Lebensphase zurückzuführen ist. Politisch-gesellschaftlicher Fanatismus geht meistens einher mit einer emotionalen und psychischen bis sogar physischen Verstümmelung (Beschneidung von Jungen und Mädchen) und einer Rekrutierung von Jungen und Mädchen in das „System" in genau dieser Lebensphase.

Hier sind die Jugendlichen am ehesten bereit und offen, entweder mit sich und den eigenen Werten im Einklang zu sein oder für immer von sich selbst abgeschnitten zu werden (Beschneidung). Fundamentalistischer politischer bis religiöser Fanatismus, der so viel Leid auf diese Erde bringt, ist ein Ausdruck der Abgeschnittenheit der Menschen von ihrer persönlichen Ästhetik, ihrer selbstentdeckten Ethik und ihren geschützten persönlichen Werten.

Die meisten chronischen Krankheiten, die meisten **Allergien** nehmen in dieser Zeit ihren Anfang und lassen den Menschen oft das ganze Leben nicht mehr los. Allergie ist eine Form von Körper- und Lebensfeindlichkeit. Die weitverbreitete Heuschnupfenallergie gegen Pollenflug ist eine Reaktion auf eine körperfeindliche, lebensfeindliche Kinder-„Erziehung" (Übrigens: Wenn Kinder „frei" erzogen werden und zum Beispiel mit zum FKK oder in die Sauna gehen, ist das noch längst keine körperfreundliche Erziehung!). Der Pollenflug erinnert den Körper an etwas, was er nie haben durfte: intensive Kommunikation, intensives Leben, intensive Kreativität. Manche sehr schwere Allergien entstehen auch durch Gewalt und Mißbrauch. Eine Form der Gewalt ist zum Beispiel mütterliche oder väterliche Übermacht, die gerne **chronisches Asthma** auslöst („Sie und/oder er drücken mir die Luft ab ..."). Eine weitere schwere (psychische) Allergie ist die sogenannte „**Lichtallergie**", wie sie z.B. Hannelore Kohl in den letzten Jahren vor ihrem Tod durchlitt. In ihrem Fall ist sie wohl zurückzuführen auf schwerwiegende Gewalterfahrungen mit zwölf Jahren durch russische Soldaten. Das Thema dieser Allergie ist eigentlich: „Ich will nicht mehr am Leben (Licht=Leben) teilnehmen." Die ATM-2 in Verbindung mit der ATM-6, wo dieses Thema wieder auftaucht, hätte Frau Kohl helfen können.

Auch wenn die den Erwachsenen vorbehaltene Sexualität in dieser Lebensphase nicht gelebt werden sollte, ist diese Zeit die vielleicht „sexuellste" Phase des ganzen Lebens. Es ist die Phase einer geradezu stürmischen, leidenschaftlichen Kreativität und dem zweiten Chakra zugeordnet. Es sollte die Zeit der Wonne sein, des bewußten Genießens von allem, was der Körper als Genuß hergibt.

In dieser Phase werden ganz bestimmt das Verhältnis zur späteren Sexualität, das Verhältnis zum eigenen Körper und dem Körper anderer und das Gesundheitsmuster festgelegt. Festgelegt wird auch das Verhältnis zur eigenen Kreativität, zu den eigenen Gaben und Talenten und die Erfinder- und Entdeckerfreude. Es wird die Blaupause für Berufswahl und Berufserfolg und das Selbstvertrauen in die eigene Gestaltungs- und Schöpferkraft geschrieben. Visionäre Kräfte werden aktiviert und die Grundlagen des inneren Magiers und des inneren Genius gelegt. Spirituelle Qualitäten wie Hellsichtigkeit, Channelfähigkeiten, Umgang mit Naturwesen, Kommunikation mit Tieren und Pflanzen, all das tritt in das persönliche Bewußtseinsfeld des Kindes und wird entwickelt. Das „magische innere Kind" wendet sich nach außen und entdeckt seine Kommunikationsfähigkeiten. Magie wird aktiv, insbesondere in der Pubertätsphase, die die nächste Lebensphase einleitet.

Ich überlasse es dem Leser zu ermessen, was eine Heilung und Wiederherstellung dieser Phase für das weitere Leben global und personal bedeutet - gleichgültig, in welchem Lebensalter die Heilung erfolgt.

Was sich in dieser zweiten Lebens- und Seelenphase ebenfalls entwickeln sollte, ist eine neue, tiefe und bewußte Beziehung zu Gott. Auch Gott wird neu entdeckt. Im Zusammenwirken mit der Ästhetik und den Werten wird in dieser Zeit, wenn sie denn richtig gelebt werden darf, die persönliche Beziehung zu Gott nachhaltig geprägt.

Um das 12. Lebensjahr herum kann diese Zeit einen spirituellen Höhepunkt mit tiefen Gotteserfahrungen und großer magischer Kreativität haben.

Aus den oben genannten Gründen geschieht in der heutigen Zeit aber gerade in diesem Lebensabschnitt die endgültige Abspaltung von Gott - da in diesem Nebel auch Gott nicht mehr gefunden und erfahren werden kann. Und da die meisten Religionslehrer an den Schulen und die Pfarrer im Jugendgottesdienst ebenfalls nicht an Gott als Erfahrung glauben, gibt es auch hier keine Hilfe mehr.

Heute, an dem Tag, an dem ich dieses Kapitel schreibe, wird der Kernreaktor von Tschernobyl abgeschaltet - endlich! In der Ukraine wird dieser Tag gefeiert: mit Gottesdiensten, mit Musik und Chören, mit Reden - also eine feierliche Abschaltung. Ein Symbol, hoffentlich, für die Abschaltung und das Ende des **Prinzips Spaltung** als Energiegewinnung. Das meine ich durchaus im übertragenen Sinne. Nirgends wird die innere Spaltung, die vielleicht in der Seelenphase 1 schon elementar vorbereitet wurde, so nachhaltig zur Vollendung geführt wie in der zweiten Phase. Anstatt daß Werte entstehen, spielerische Kreativität und erfüllende Neugierde sich bilden, entwickelt sich bei vielen Kindern in dieser Zeit das **negative Ego**, das von da an das Leben und alle Kreativität (natürlich auch die Sexualität) beherrscht. Das negative Ego betritt die Kommandobrücke des Lebens, es wird dahin gerufen, weil das noch zarte Ich das Lebensschiff wegen Überbelastung nicht mehr steuern kann. Das Ich versteckt sich zusammen mit der Seele im Schiffsbauch, und das Ego herrscht oben in der Kommandozentrale nach dem Prinzip: Divide et impera, teile (spalte) und herrsche. Eine geheilte zweite Phase kann also dazu beitragen, daß wir endlich verstehen, daß sich lebensbejahende Energie, Lebensenergie, nie durch Spaltung, sondern immer nur durch Vereinigung einstellt.

2D. Die Aluah-Trance Massage der zweiten Seelenphase heute

Natürlich kann das Szenario der sich entdeckenden Kinder in der ATM-2 nicht so einfach nachgespielt werden und soll es auch nicht. Es ist aber möglich in der ATM zwischen Partnern. Falls in einer Partnerschaft Themen aufkommen wie z.B. Berührungsängste und Abwehr, Langeweile im erotischen Bereich, mangelnde Kreativität in der Beziehung und im Leben miteinander, dann kann so ein Entdeckerspiel sehr wunderbar und heilsam wirken. Partner-ATM ist nach wie vor ein wundervolles Szenario der ATM, und die Leser dieses Buches werden dazu ermutigt.

Die ATM-2 mit einem Klienten verlangt dieselbe Sorgfalt wie die ATM der Stufe 1. Auch die ATM-2 kann schwebend über dem Körper ausgeführt werden. Der Körper kann nackt sein oder auch bekleidet. Dennoch gilt auch für die Stufe 2, daß der nackte Körper die Botschaft am besten an die Seele durch die Hautberührung weitergeben kann. Auch bei der ATM-2, weil sie auch eine so traumatisch besetzte Zeit umfaßt, kann es sein, daß man mehrere Sitzungen braucht. Insbesondere Mädchen, aber auch Jungen, haben in dieser Phase sexuellen Mißbrauch von Erwachsenen, aber auch von Gleichaltrigen oder etwas größeren Kindern erlebt. Dies kommt viel häufiger vor, als man annimmt. Auch Spott und Erniedrigung sind Mißbrauch, insbesondere bei sogenannten körperlichen Mängeln (zu klein, zu groß, Pickel, nicht voll entwickelt etc.). Gerade dann wäre ein liebevolles Entdecken der Besonderheiten so wichtig. Lächerlich-Machen produziert negative, selbstwertzerstörende Scham, insbesondere wenn außergewöhnliche Kinder in diesem Alter auch noch körperliche oder seelische Gewalt erleben (von Gleichaltrigen oder Älteren) wegen ihrer besonderen Gaben, einer besonderen von der Norm abweichenden Ausdrucks- und Verhaltensweise oder auch besonderen körperlichen Merkmalen. Selbst Lehrer (aus ihrem eigenen Kreativfrust heraus) schrecken vor Spott und sarkastischen Bemerkungen nicht zurück, was auf Kreativität und Selbstbewußtsein der Schüler nachgerade tödlich wirken kann und nicht selten die schlechte Stimmung in der Klasse gegen diesen und andere Lehrer erklärt.

In dieser Zeit einen phantasie- und seelenvollen Aufsatz mit einer schlechten Note und dem Kommentar „Thema verfehlt“ zurückzubekommen, ist eine Katastrophe - mit Folgen. Da ich selbst Lehrer am Gymnasium für alle Klassenstufen war, habe ich hier authentische Beobachtungen gemacht und Erfahrungen gesammelt. Ein Lehrer, der sich mit Herz und Verstand, leidenschaftlich und mit Anteilnahme für die Klasse und in der Klasse einsetzt, wird mit den Schülern keine Probleme haben.

Sich seiner Kleider zu entledigen, insbesondere in dieser Phase, kann beträchtliche Schamgefühle hervorrufen, und daher bitte äußerste Behutsamkeit.

Das SEHEN des nackten Körpers kann mehr Scham hervorrufen als das BERÜHREN. Daher wirklich die Methode mit dem Leintuch beachten, wie im vorherigen Kapitel (ATM-1) beschrieben.

Die ganze Massage steht unter dem Motiv der Wonne und der Schönheit des Entdeckens. Nur so stellt sich ein Gefühl für die wahre eigene Ästhetik, für die eigene Reinheit, Unschuld und die selbstentdeckten Werte ein.

Der ATM-Wissende, der so eine Behandlung gibt, sollte sich klar sein, daß in der heutigen Zeit sehr oft die Lust zum Entdecken mit Übergriffen aller Art, mit Eindringen in den Heiligen Bezirk usw. beantwortet oder gar ersetzt wird.

Gerade durch diese Übergriffe können Berührungen an bestimmten Körperbereichen, selbst wenn sie behutsam und liebevoll streichelnd ausgeführt werden, als Schmerz oder als unerträglicher Reiz erlebt werden - unter Umständen steigert sich der Schmerz, je LIEBEVOLLER diese Berührung ausgeführt wird. Das kann sich durch ein Zurückzucken, durch ein Einstellen der Atmung, durch einen Laut, durch eine Veränderung der Gesichtsfarbe, durch ein Verziehen der Mimik, durch ein Ballen der Fäuste oder eine andere Verkrampfung äußern. Man kann es deutlich durch die Hände spüren - irgendwie wird es kalt (sogar die ganze Raumatmosphäre kann sich plötzlich verändern), und man spürt die Verkrampfung und Ablehnung auf vielen Ebenen.

Dies deutet darauf hin, daß in den **Themen**, die diesen Körperteilen zugeordnet sind, die Mißbräuche und Übergriffe stattgefunden haben. Wenn es zum Beispiel jemand absolut nicht vertragen kann, wenn ihm oder ihr die Ellenbogen berührt oder gestreichelt werden, heißt das, daß der Übergriff oder Mißbrauch, die Gewaltanwendung oder Ablehnung geschah, als er sich in der Kindheit einmal durchsetzen wollte.

Dies kann besonders während der ATM dieser Entdeckerepoche passieren - und daher ist es wichtig, das zu respektieren und diesen Bereich sehr behutsam anzugehen, die Hände ohne Bewegung dort liegen zu lassen oder nur schwebend darüber zu arbeiten.

Man kann dann wieder auf diesen Bereich zurückkommen, bis sich das Thema gelöst hat und die Wonne einkehrt. Ein entsprechendes Mantra an die Seele ermuntert sie, dabei mitzuhelfen.

Die Vorbereitung

Die Magnetik des Raumes kann mit orangenen Steinen (Carneolen), orangenem Licht, rot-orangenen Blumen (z.B. Astern, Lilien, Orchideen) oder weißen Lilien erhöht werden. Das Bild eines Pentagramms an der Wand (Spitze nach oben) oder auf dem Boden (Spitze nach Norden), mit einem Carneol in der Mitte, erzeugt noch mehr hilfreiche Schwingung.

Da das zweite Chakra wasserorientiert ist, ist ein plätschernder Springbrunnen gut - einer, dessen Wasser über weiße, rosa, orangene Kristalle läuft.

Das Vorgespräch

Auch diesmal ist das Vorgespräch mehr eine Einstimmung als eine Befragung oder gar eine Analyse dessen, „was nicht stimmt". Hinweise auf die gestörte oder nicht positiv erlebte Phase 2 sind chronische Krankheiten und immer wiederkehrende unerklärliche Schmerzen, Allergien (insbesondere auch Neurodermitis und Hautprobleme, die in dieser Zeit begannen), Magen- und Darmprobleme, alle Arten von Sucht (von Nägelbeißen, Waschzwang über Rauchen bis Drogensucht). Im seelischen Bereich ist es die Sehnsucht nach Reinheit, nach Vergebung, nach Schuldlosigkeit, nach Absolution, nach freier, liebevoller Sexualität und nach dem Angenommensein. Konzentrationsmängel, auch Sehstörungen aller Art können mit der Phase 2 zu tun haben. Abhängigkeiten von der Familie, von Vater und Mutter und deren Lebenskonzepten, selbst wenn verstorben, hängen mit der Phase 2 zusammen. Übermäßige Anpassung, Ideenlosigkeit, Langeweile und nicht selten Fluchtgedanken und Todessehnsucht entstehen in dieser Phase. Das Gefühl, etwas (die Kindheit) verpaßt zu haben und den Anforderungen des Lebens nicht gewachsen zu sein, zieht sich von da an durch das Leben hindurch wie ein roter Faden.

Viele, die eine schwierige Phase 2 erlebt haben, hören in ihrem Inneren die Stimme der Eltern und andere kritische und abwertende innere Stimmen, die ihnen Befehle erteilen, sie demütigen, sie nicht ein eigenes Leben führen lassen. Heutzutage gibt es, besonders am Ende dieser Phase, enorme Machtkämpfe mit den Eltern, die meistens damit enden, daß das Kind sich unterwirft, weil es ja noch die Beine unter den häuslichen Tisch streckt. Diese Beine sind aber voller Wut. Daher sind auch Knie-, Bein- und Fußprobleme ein Hinweis auf die gestörte Phase 2 (Schmerzen an der Achillesferse).

Wie war die Pubertät? Sie sollte eigentlich die Krönung des sich selbst Entdeckens sein, sollte die magischen und genialen Tore aufstoßen. Aber sehr häufig fallen gerade in dieser Zeit alle Türen zu. Ganz abgesehen von den oben beschriebenen Mißbräuchen, die gerade in dieser Zeit gehäuft vorkommen und die eigene Wertlosigkeit und Schmutzigkeit, die Schuld und Scham noch verstärken.

Schlafstörungen, Nägelbeißen, Unruhe, nervöses Gestikulieren, unkontrollierbares Zucken bis zum Parkinson gehen wahrscheinlich auf das Konto einer gestörten, ungelebten und ungeliebten Phase 2.

In dieser Phase entwickelt sich ja auch das **EGO** (das Gefäß zur Außenwelt) und, wenn diese Phase Verletzungen enthält, das **negative Ego** (das Gefäß, das plötzlich anfängt, die Innen- und Außenrealität zu interpretieren und zu dominieren, den Geist und die Seele aus der Führungsposition verdrängt und selbst herrschsüchtige und enorm einschränkende Kontrollfunktionen übernimmt).

Die Massage

Auch hier sind die Botschaften wieder das Wichtigste: „Ich entdecke dich ...", „Ich entdecke deine Schönheit ... deinen Wert ...". Weitere Mantras sind: „Du bist kreativ ... du bist im Vollbesitz deiner Talente und Fähigkeiten und darfst sie voll ausleben." Wieder gilt auch hier: Je poetischer, bildhafter, umso besser. Nachdem die Trance voll eingesetzt hat, wenn die Musik läuft (bitte nie zu laut), wenn Vertrauen hergestellt ist, die Hände leicht eingeölt sind, und wenn der oder die Behandelnde sich wieder eins fühlt mit dem oder der Wissenden auf Lemuria, kann die Massage beginnen - zunächst wieder mit dem Ruhenlassen der Hände. Wichtig dabei, wenn man mit den beiden Händen massiert: Nie beide Hände zur gleichen Zeit vom Körper nehmen, sondern immer abwechselnd mit der einen Hand noch auf der alten Stelle ruhen und mit der anderen Hand zu einer neuen Stelle gehen. Das fördert, insbesondere bei der Phase 2, die Integration und hält das Vertrauen.

Die Hand, die Hände immer so lange liegen lassen, bis man weiß, daß die Botschaft angekommen ist.

Bitte nicht gleich ins „Massieren" gehen.

Wenn es sich anbietet, mit Bewegungen zu massieren, dann in einer entdekkerischen Weise. Es geht jetzt nicht um das komplette Einölen des Körpers wie bei der ATM-1, sondern um das tastende Entdecken, was insbesondere an den empfindlicheren Körperbereichen sehr lustvoll sein kann. Hier kann man dem Klienten, der Klientin durchaus ganz leise bedeuten, die Lust - das Blut, die Bewegung der Säfte - zuzulassen, zu genießen. Sozusagen sich über die lustvolle Berührung SELBST zu entdecken.

Immer sollten der Klient und Sie sich daran erinnern, daß Sie eine lemurianische Wissende, ein lemurianischer Wissender sind, die keine Urteile haben über das, was geschieht, noch irgendwelche Projektionen oder Absichten. Falls Sie als Behandelnde, Behandelnder dennoch in solche Gefühle oder Gedanken kommen, bedanken Sie sich innerlich dafür, und schicken Sie diese ins Licht bzw. in die heilige Flamme, und kehren Sie zurück in die Heiligkeit des lemurianischen Wissenden, der sich diesen schöpferischen, heilsamen und befreienden Vorgängen in seiner ganzen Integrität zuwendet.

Es ist zwar wenig wahrscheinlich, aber falls es zu einer wie auch immer gearteten energetischen Entladung kommen sollte, ist es sehr wichtig, dann sanft zu sagen, daß alles o.k. ist, schön ist, zugelassen werden kann. Keinesfalls dann die Sitzung unterbrechen, sondern weitermachen, in aller reinen Liebe. Ein solches Erlebnis kann das Tor zur persönlichen Magie in ganz einmaliger und befreiender Weise aufstoßen, wenn er sich im Umfeld der Musik, des Öles und der Kristalle durch die Präsenz und Liebe des Wissenden und die göttliche Präsenz im Raum in einer reinen Schwingung entlädt.

Denken Sie daran, die wundervollste Manifestation der menschlichen Kreativität - das Entstehen eines Kindes - wird durch eine solche energetische Entladung begleitet. Alles Schöpferische sollte mit orgastischen Gefühlen verbunden sein, alle Lebensfreude (s. der Reiter von Mario Marini!) sollte eine lustvolle Erektion sein (das Gegenteil von einem zusammengesackten, apathischen Körper!). Ich behaupte, daß der Urknall ein Orgasmus war und ist. Menschen in allen Lebensphasen können Orgasmen erleben

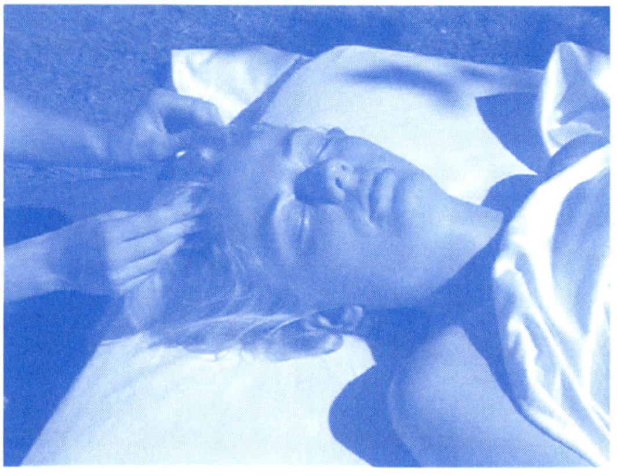

Die Haare entdecken - kann man das ...?

... und oft sind die Genitalbereiche mit ihrer großen Sensibilität für Energien dabei beteiligt, da sie unmittelbar in der Umgebung der schöpferischen Chakras liegen, dem ersten und zweiten.

Es geht um Orgasmus ohne Scham und Schuld. Ein seltenes Phänomen in unseren Zeiten. Auch im Bereich von Kreativität oder gar im spirituellen Bereich sitzen häufig Scham und Schuld und verhindern die Ekstase, den Orgasmus, den wir in diesen Bereichen erleben sollten und der uns in immer kreativere Höhen führt.

Wenn bei der Behandlung negative und einschränkende Gefühle und Gedanken aufkommen, bitte auch diese ins Licht, in die heilige Flamme schicken.

Der ganze Körper soll entdeckt werden, die Haare, die Ohren, die Lippen, die einzelnen Finger - auch ins Detail gehen! Detailarbeit ist mit Sicherheit genußvoller und heilsamer als großflächiges Durchwalken und entspricht dem Thema dieser Sitzung viel mehr.

Nach Lazaris ist wahre Liebe detailliert - sie nimmt sich liebevoll den sogenannten kleinen Dingen an ... Übrigens, als Hinweis in dem Zusammenhang: Sich gegenseitig „untersuchen" ist ein herrliches Liebesspiel und macht die Partnerschaft mit Sicherheit faszinierender und auch lustvoller. Außerdem heilt es Scham ...

An die Massage kann eine Meditation angeschlossen werden - z.B. zwei lemurianische Kinder, die sich massieren. Oder ein lemurianisches Kind besucht das Kind von heute, liebt, streichelt und heilt es. In manchen Fällen kann man eine Sitzung auch mit einer solchen Meditation beginnen.

Sehr hilfreich ist natürlich auch die Meditation der Reinigung des „Heiligen Bezirks", die ich Ihnen für solche Zwecke zur Verfügung stellen kann. Wie schon erwähnt, geht es hier um die Reinigung des Sacrums, des Allerheiligsten, und die Erneuerung der heiligen Flamme, die Erneuerung und den Wiederaufbau des heiligen Tempels und Bezirkes, in dessen Mitte sich der Lebenskristall befindet und der von einem Schutzwall aus heiligem Feuer umgeben sein sollte. Besonders Menschen, die viel Mißbrauch erlebt haben oder destruktiven Menschen und Wesen erlaubt haben, in ihr Innerstes (körperlich, seelisch, geistig) vorzudringen, sollten diese Meditation mehrmals machen.

Eine weitere Meditation ist die Meditation des Zurückholens der eigenen Kraft und des Abschneidens von parasitären, energiefressenden und absaugenden aktuellen oder ehemaligen Verbindungen. Damit sind Menschen, Wesenheiten, Konzepte, negative Paradigmen und Glaubenssätze, Ideologien, Institutionen und falsche Idole gemeint. Viele Menschen haben gerade in dieser Zeit der zweiten Phase dergleichen an sich andocken lassen zum Schaden der eigenen Kreativität, Selbstfindung und Lebenslust. An solche Energiefresser kann man sich sogar in einer seltsamen Symbiose gewöhnen und sie daher nicht mehr erkennen bzw. gar keinen Grund finden, sich von ihnen zu lösen. Aber der Preis, den man für eine derartige Symbiose zahlt, ist hoch.

Selbst wohlmeinend erscheinende Familienmitglieder, Lehrer, sogar spirituelle Begleiter, sogenannte Freunde mit den Beinamen „Schleim", „Vampir" und „Leere", können sich mit dem Klienten in einer sehr unheiligen kräftezehrenden Ko-Abhängigkeit befinden. Madonna beschreibt in „The Power of Good-Bye" die richtige Medizin: sich verabschieden und neue Kraft schöpfen.

Was sich am Ende einer ATM-2 oft einstellt, ist ein tiefer Frieden, ein Behagen, eine nie vorher erlebte Freude an sich selbst, eine neue allgemeine Lebensfreude und Lebenszuwendung. Vielleicht ist es sogar so etwas wie eine Gotteserfahrung und das Erlebnis einer lang ersehnten Befreiung von unnötigen Schranken und Fesseln.

Dies sind wichtige Minuten - bitte geben Sie genug Raum, daß sich dies entfalten kann und darf. Geben Sie Ihrem Klienten auch die Möglichkeit, darüber zu sprechen - bewerten Sie es nicht, hören Sie zu und freuen sich daran. Es kann schon sein, daß Ihr Klient etwas erlebt, was Sie selbst so noch nie erlebt haben. Seien Sie daher auch ein wenig demütig und hingegeben an den Augenblick, an etwas, was Sie vielleicht nicht erklären, aber durchaus miterleben und genießen können.

Die Lebens- und Seelenphase 3: 14 bis 20 Jahre

„Wenn man in einen Ozean springt, dann springt man nicht nur ein bißchen hinein, man wird nicht nur ein bißchen naß, man wird ganz und gar naß, ist das nicht so? Wer in aller Welt liebt total? Wer in aller Welt ist das 100%ige menschliche Wesen? Wenn du tanzt, mußt du es ganz tun, wenn du die Geige spielst, mußt du es mit deinem ganzen Herzen und Können tun, sonst sieht es schrecklich aus und hört sich auch so an. So viele von euch lieben nur ein bißchen, gerade mal so viel, daß es noch sicher ist. Liebe IST verrückt, weil LIEBE mehr ist als eure vernünftigen Gedanken."

Lady Di in „Green Hills", S. 142

Name in Lemuria:	Das erwachende Ich
Grundthemen:	Sicherheit • Lebenssinn • positive Verletzlichkeit • Gefühlsbildung • Lebensphilosophie • Entwicklung von Idealen • Selbstliebe
Fähigkeiten:	Manifestationsbereitschaft und -fähigkeit • positive Demut • Anteilnahme • positiver Einsatz von Gefühlen und Emotionen • Durchhaltevermögen und Konzentration auf das Wesentliche
Energie:	DAS IDEAL
Archetypen:	Ikarus
Mythologische Wesen:	Sphinx
Verbündete Tiere:	Löwe
Blumen • Pflanzen:	Sonnenblume, Margarite, Löwenzahn • Kiefer
ATM-Öl-Essenz:	No. 3 • DAS ERWECKEN: Ich bin, und du bist
Essenz-Symbole:	((WASSER/WASSER • HEILUNG/HEILUNG
Hauptsymbole der Phase:	Die Sonne
Elemente • Phänomene:	Wasser • Fluten, Überschwemmungen
Einweihungen und Feste:	Die Initiation der Pubertät • die leichte Verwundung • das Sonnenmandala • die zweite Geburt
Einweihungsvorbereitungen:	Das heilige Fasten • die Reinigung • die Anerkenung
Chakra:	Solarplexus
Farben:	Leuchtendes Gelb
Basiston:	G
Steine:	Citrin • Calzit • Goldtopas
Drüsen:	Pankreas
Sekrete • Hormone:	Urin, Verdauungssäfte • Adrenalin, Insulin, Glukagon
Hauptorgane:	Leber • Galle • Magen • Darm • Pankreas
Neuralgische Bereiche:	Oberbauch • Sonnengeflecht • sympathisches Nerven-

system • Haut • Gelenke • Rückgrat • Zwerchfell

Kardinalfrage: Bin ich gut genug?

Globales Mantra: Die Welt ist eins mit ihrer göttlichen Essenz.

Zentrales Mantra: Du erwachst zur wahren Liebe.

Weitere Mantras: Ich erwecke dich • Du erwachst zu dir selbst • Du bist • Du bist du selbst • Du liebst dich • Du bist gut genug • Dein Leben hat einen tiefen Sinn • Du bist von Herz zu Herz geliebt • Du verbindest Kraft (Macht) mit Liebe.

Massagebereiche: Obere Körperhälfte • Arme • Hände • Füße • vorsichtig: Solarplexus • Schultern • Kopf

Massagetechnik: Detaillierte Berührungen mit Sicherheit und Autorität • langes Verweilen • fokussierte, „machtvolle“ Massage

Fürsorgebereiche: **Somatisch/Körperfunktionen und -fähigkeiten:**

Oberer Bauchbereich • Dünndarm • Leber • Galle • Magen • Solarplexus (Sonnengeflecht) • Nerven • Haut • Knochen und Knochenhaut • Ellenbogen • Schienbein

Beschwerden: Permanenter Druck im Oberbauch • Leberprobleme • Gallenprobleme, -steine, -schmerzen • Durchfall oder Gegenteil • Magenprobleme • Übersäuerung • unbestimmte Schmerzen über den ganzen Körper hinweg • Rheuma • Arthritis • Akne • Haltungsschäden • Diabetes • offene, juckende, nicht heilen wollende Wunden (Das Jucken und Kratzen ist Ausdruck für die verzweifelte Frage: Bin ich gut genug? Bin ich gut genug für meine Eltern, für meine Lehrer, die Gesellschaft, für Gott, für mich selbst?)

Mental/Beruf/Außenwelt:

Wissen, was man will • Durchsetzungsvermögen • Umsetzungskraft • Erfolgserwartung

Beschwerden: Leere im Kopf • Antriebslosigkeit • Ideen nicht umsetzen können • Ohnmacht • sich nichts zutrauen • kein eigenes „Rückgrat“ haben • Mobbingopfer

Seelisch/Liebe/Innenwelt:

Gefühlsreichtum • Schöpfungsbezug • Sozialer Bezug • Selbstbezug • Liebe als romantisches Erleben • Sprache der Seele verstehen und in ihr sprechen lernen • persönliche Lebensphilosophie

Beschwerden: Bitterkeit • Verlorenheit • tiefe Traurigkeit • Todessehnsucht • Unfähigkeit, von Herzen zu lieben • Angst, nicht fühlen können • Abhängigkeit von falschen Idolen und Idealen • himmelhochjauchzend - zu Tode betrübt • Abspaltung von Seelenteilen

Spirituell/Gottesbeziehung/Höhere Welten:
Himmel-Erde-Verbindung • Herz-zu-Herz-Verbindung mit „All dem, was ist" • Glaube an die Liebe • Liebe zur Schöpfung

Beschwerden: Abgeschnittenheit vom eigenen göttlichen Funken • verlorener Glaube an Gottes Liebe • Kälte und Unverständnis allem Spirituellen gegenüber • purer Dogmatismus

Trauma-Muster:
(Vermeintliche) Gefühlskälte • Antriebsarmut • Lebensangst • Sarkasmus und Zynismus • Depression und Traurigkeit • Sinn- und Wertlosigkeit • nicht gut genug sein • nicht o.k. sein • nicht liebenswert sein • kein eigenes Ziel haben (dürfen)

Grundaussagen:
Negativ: Ich kann nichts fühlen - oder - ich bin immer in Gefühlen aufgelöst • Ich kann meine Gefühle nicht kontrollieren • Ich habe Angst vor ihrer Kraft • Ich bin nicht liebenswert • Keiner mag mich • Ich bin nur etwas wert, wenn ich mich etwas hingebe, was ich eigentlich nicht will • Ich kann nichts richtig umsetzen • Ich scheitere an Fakten • Ich habe durch den, die, diese Situation eine voll in den Bauch, voll gegens Schienbein gekriegt • Ich habe Liebeskummer, seitdem bin ich depressiv • Ich traue der Liebe nicht mehr, ich traue mir nicht mehr zu, lieben zu können • Ich verstehe die Welt nicht mehr • Ich zähle doch nicht, ich habe doch keine Bedeutung.

Positiv: Ich bin verliebt, in dich, in die Welt • Mein Leben macht einen Sinn • Ich liebe meine Gefühle • Ich liebe mich, ich liebe dich, ich liebe das Leben • Die Welt ist ein freundlicher Ort.

Meditation:
• Mit dem lemurianischen Geliebten an einem romantischen Platz Liebe und Zärtlichkeit austauschen
• Von einem lemurianischen Wissenden in die Kristallstadt der Schöpfung mitgenommen werden, der einem dort das Leben und die Welt erklärt
• Kassetten: „Heiliger Bezirk", „Vision" und „Image"

3A. Die dritte Seelenphase in Lemuria

Diese Seelenphase habe ich in meinem Buch „Lemuria-das Land des goldenen Lichts" sehr ausführlich beschrieben (Kapitel 32 „Die Einweihungen", S. 202 ff.)

Ich zitiere einige Abschnitte daraus:

„Die dritte Seelenphase wurde eingeleitet durch die Pubertät, die als der gewaltigste Einschnitt im Leben eines Lemurianers oder einer Lemurianerin galt. Diese Zeit wurde genannt „Die zweite Geburt" und war Anlaß großer Einweihungsfeste. Man ging davon aus, daß sich der Sternenstrahl für diesen Jungen oder dieses Mädchen noch einmal weit öffnet und sich danach aber wesentlich mehr schließt als nach der Geburt. Deshalb wurde diese Einweihung auch die „Initiation der leichten Verwundung" genannt.

In dieser Zeit, im Alter zwischen zwölf und vierzehn Jahren, wurden die Kinder von den Eltern und Ältesten intensiv beobachtet. Man schenkte ihnen eine erhöhte Aufmerksamkeit, ließ sich Zeit, ihre Fragen zu beantworten, die sich häufig um das Mann- oder Frauwerden drehten.

In dieser Zeit begannen die Jugendlichen auch, über ihren Lebensweg nachzudenken. Nicht selten wurden sie in ihren Träumen von Feen besucht, die mit ihnen darüber sprachen.

In Träumen und Gesichten erschien ihnen ihr Sternenwesen, um Geschenke und Symbole zu bringen, die auf den zu beschreitenden Lebensweg und die Lebensaufgabe hinwiesen.

Mitunter wurden sie von einem Wissenden besucht, der das Kind auf seinen Weg in die Kristallstädte vorbereitete, wenn es dazu ausersehen war.

Es war auch eine Zeit, wo sich bestimmte geistige - man würde heute sagen: Psi-Kräfte - und „übersinnliche" Talente zeigten und offenbarten.

Die Pubertät war eine der verwundbarsten Zeiten des jungen Lemurianers und der jungen Lemurianerin. Nicht selten brachen sie in Tränen aus über Kleinigkeiten. Manche kamen durch Träume in Kontakt mit fernen Zeiten, die ihnen Angst machten und die den Lemurianer nur in dieser Phase heimsuchten. Die Pubertät war dieser kleine Austernschnitt, der die Perle des Erwachsenseins hervorbrachte.

Die Erwachsenen wußten um die Kraft und Verwundbarkeit dieser Zeit und gaben sich alle Mühe, um den Jugendlichen hier mit jeder erdenklichen Fürsorge hindurchzuführen.

Die Initiation der Pubertät selbst war ein großes Familienfest, bei dem das ganze Dorf eingeladen war. Meistens wurden mehrere junge Menschen eingeweiht. Es war ein großes, sich über mehrere Tage hinziehendes Dorffest.

Diese Initiation ging im Wesentlichen so vor sich:

Einen Tag vor der eigentlichen Einweihung fasteten Probanden und mit ihnen die ganze Familie außer den kleinen Kindern. An diesem Tag tranken sie Wasser, das im Vollmond aufgeladen war. Es wurde gemischt mit reinigenden Elixieren und Substanzen von den Pflanzen mit dem Symbol der ausdrehenden Spirale.

Der Tag galt insgesamt der inneren und äußeren Reinigung mit Baden unter bestimmten Wasserfällen und in bestimmten Seen oder Meeresbuchten. Dieses Baden und Waschen war verbunden mit einer Reihe von Ritualen, jedes mit bestimmten Bewegungen und Symbolen ausgeführt.

In manchen Gegenden wurde noch ein Schwitzhüttenritual angeschlossen.

Am Abend dieses Reinigungstages gingen die Eltern des Kindes allein mit ihm hinaus in eine Lichtung oder einen Felsen über dem Meer. Es war immer Vollmond, da die Einweihungen immer bei Vollmond abgehalten wurden.

In diesen Abendstunden allein mit den Eltern, sprachen die Eltern mit dem Kind darüber, was sie alles an ihm schätzten und liebten: seine Talente, seine Fähigkeiten, aber auch seine äußere Erscheinung, wie seine Haar - und Augenfarbe, seine Fähigkeiten, etwa die besten Pilze zu sammeln, schön zu singen und so weiter - also allgemeine und konkrete Anerkennung.

Das Kind hörte währenddessen nur zu, während es in den Mond schaute. Es hatte auf dem Schoß seinen Kristall, den Begleiter, der dies alles aufzeichnete.

Danach sprachen die Eltern mit dem Kind darüber, was sie dachten und spürten, was Jashuah mit ihm vorhatte. Sie erzählten von den Beobachtungen, die sie über die Zeiten hinweg gemacht hatten, erzählten von der Geburt, von den Weisen, die kamen, von der Zeit des Kleinkindalters und der Kindheit. So lebhaft und auch so humorvoll wie möglich stellten sie die Biographie des Kindes bis zum jetzigen Zeitpunkt dar. Der Fokus dabei war, eine gemeinsame Linie im Leben des Kindes herauszufinden, die auf die Lebensaufgabe hindeutete.

Dann begann das Kind zu sprechen. Es bedankte sich bei den Eltern für die bisherige Kinderzeit, für all die schönen Jahre in der Familie, für die anderen Geschwister, die Feste und was dem Kind sonst noch einfiel.

Danach sangen sie zusammen ein Lied und gingen nach Hause.

Der nächste Tag, der eigentliche Tag der Einweihung, begann mit einem reichhaltigen Frühstück aus Früchten. Der Proband machte, jetzt alleine und selbständig, für die ganze Familie die heiligen Symbole des Dankes und des Segens über das Essen.

Im Anschluß daran wurde das Kind ganz besonders schick herausgeputzt. Extra für diesen Tag war ein Gewand mit den Lieblingsfarben des Kindes gewebt und genäht worden. Meist waren dies die Farben, die auch zur Aura des Kindes am besten passten.

...

So geschmückt zogen das Kind oder die einzuweihenden Kinder an der Spitze eines Festzuges, vorneweg mit den Eltern und der ganzen Familie, zu einem heiligen Platz, der ausschließlich für diese Initiation geweiht war. Dies konnte eine Lichtung, ein Hügel, eine Hochebene, sogar eine Grotte oder ein Felsen über dem Meer sein. Wichtig war, daß Wasser in der Form eines Sees, eines Wasserfalles oder der Meeresbrandung in der Nähe war.

Alle hatten etwas mitgebracht, um den Probanden zu ehren und zu weihen. Das geschah so:

Am heiligen Platz wurde der energetisch stärkste Bereich ausgemacht und das Kind dorthin geleitet. Dann begannen alle um das Kind lange Linien zu ziehen, so daß es wie eine große Sonne aussah, in deren Mittelpunkt das Kind stand oder - wenn es müde wurde - saß.

Dann begannen alle, unter Singen, Wiegen, Tanzen und rhythmischem Klatschen ein großes Sonnenmandala um das Kind aufzubauen. Die Dinge, die sie legten, waren die schönsten Gegenstände aus dem Leben des Kindes, Blumen und Zweige aus seinem Lieblingsgarten, spezielle Kristalle, die auf das Kind paßten und auch solche, die ihm die Zukunft wiesen. Weiterhin legten sie Gegenstände, die die Stationen des Lebens bisher symbolisierten. Dann Geschenke, manche sehr wertvolle Goldschmiedearbeiten, Kleider, kostbar gestickte Mützen und Sandalen aus vielen bunten Schnüren und vieles mehr.

Die Dinge wurden in magisch-ästhetischen Beziehungen so zueinander gelegt, daß die Liebe, die Energie und Resonanz in der Mitte immer mehr an Intensität gewann. Nicht selten begann das Kind in der Mitte zu schwitzen, und einige fächerten ihm dann Kühlung zu. Manchmal verfiel das Kind hier schon in Trance und „spürte" die Kraft des Mandalas, die Richtkraft der Magnetik, die Schönheit und den Reichtum, die Liebe der Menschen in seinem Leben. Es sah Visionen über sein zukünftiges Leben und begegnete seiner Seele, die mit großem Wohlgefallen das Fest genoß, sich mitwiegte zu den Gesängen und ihre eigenen Lieder mitsang.

Dieses Mandala symbolisierte die zweite Geburt.

Wenn das Mandala zu Ende gelegt war, begannen die Festgäste, das Mandala zu besingen. Sie besangen jedes Detail des Mandalas, brachten Mandalateile zum Klingen. Sie riefen Jashuah, das Sternenwesen und die unsichtbaren Freunde und Freundinnen des Kindes an.

Dann wurde es für einige Minuten völlig still. Jeder ließ das Gesehene, Gehörte, Gefühlte in sich nachklingen, und alle schauten gebannt auf das Kind.

Dieses erhob sich langsam und feierlich. Noch immer in Trance und verbunden mit seinen Wesenheiten, beschrieb es eine würdevoll segnende Gebärde in die Runde.

Dann begann es zu singen und zu sprechen. Ein Entzücken überkam es, ein Jubel, eine Ekstase. Dies war seine zweite Geburt. Lachen und Weinen waren eins, Singen, Stammeln, Tanzen in dem Lichtschein einer veränderten, neuen, aufstrahlenden, aufblitzenden, funkelnden Aura.

Dies war die Geburt in den nächsten Zyklus des Lebens.

Dann fielen die Festgäste ein in den Jubel, in die Ekstase. Keiner konnte sich mehr halten, und alle rannten zu dem Kind hin, es wurde von Umarmung zu Umarmung weitergegeben, und jeder fühlte die tiefe Liebe zu dem neuen Menschen in seinem Herzen. Dies war ein sehr bewegender Augenblick.

...

Auch die Elfen, Zwerge und Feen hatten Geschenke gebracht, die sie jetzt oder schon vorher in das Mandala einbrachten. Die Elfen schenkten kostbare Essenzen aus Blütenblättern, die in kleinen schillernden kristallinen Krügchen aufbewahrt waren. Die Zwerge brachten oft ganz seltene Mineralien an, einen ganz speziellen Kristall - aber auch Körbe von den süßesten Waldbeeren und die köstlichen Trüffel (über die sich Mutter auch sehr freute), entweder frisch, wenn Saison war, oder als konzentrierte Paste oder beides.

Selbst Tiere, die Lieblingstiere, durften bei dem Fest nicht fehlen und standen und saßen auf Ehrenplätzen. Auch sie sangen auf ihre Weise mit und gaben ihre Geschenke durch ihre Liebe.

Die Feen brachten Geschenke in Form von gestalteten Resonanzen...

Manchmal besuchten auch Wissende eine Einweihung, besonders wenn das Kind später einmal zu den Lichtstädten aufbrechen sollte. Sie heiligten, segneten und energetisierten das Mandala durch ihre Kraft und ihr Wissen.

Danach stieg das Kind, aus der Trance wachgeküßt, aus dem Mandala, und ein Picknick allerfeinster Sorte begann. Es fing ausnahmweise schon am späten Nachmittag an und dauerte bis spät in die Nacht.

Da wurde gefeiert, gelacht, getanzt. In dieser Zeit wurde auch das Mandala „ausgetanzt" und mit viel Freude auseinandergenommen, und jeder brachte aus dem Mandala dem Kind seine Geschenke und sagte ein paar Segensworte dazu."

Die weiteren Jahre bis zum 20. Lebensjahr waren die „philosophische Zeit", mitunter auch der Beginn der Lehrjahre für die Jugendlichen, die von ihren Lehrern, den Wissenden aus dem magischen Tal, auf den Weg in die Kristallstädte abgeholt wurden.

Es war die Zeit der romantischen Liebe, mit vielen oft heftigen Liebesbeziehungen, in denen aber die Sexualität noch keine Rolle spielte. Es war die Zeit der Entwicklung des Herzens, eine romantische Zeit. Es war die Zeit der Vorbereitung auf die nächste Phase, in der dann Lebenspartnerschaften eingegangen wurden und die Sexualität eine tiefe umfassende Bedeutung erhielt. Eine Sexualität, die dadurch so besonders und tief war, weil das Herz entwickelt war.

3B. Die Aluah-Ashamah der dritten Seelenphase in Lemuria

Die lemurianischen Jugendlichen hatten in dieser Zeit eine Reihe von stürmischen, tiefen, leidenschaftlichen Liebesbeziehungen.

Stundenlang konnten sie mit ihrem Liebespartner Arm in Arm durch den Wald oder die Wiesen schlendern, zutiefst Herz zu Herz fühlen, während sie über Gott und die Welt und alles sprachen, was sie bewegte.

Lange Zeit saßen sie im Sonnenuntergang und in der Dämmerung auf einem Lieblingsfelsen, streichelten und küßten sich, während ihr Herz klopfte und sie den Schauer der romantischen Verliebtheit bis in die tiefsten Herzenswinkel spürten.

Doch nie war Sexualität im Spiel, sie hätte zu dieser Zeit eher gestört, hätte nicht gestimmt. Sie wäre nicht einmal wichtig gewesen, da man sie als bloße körperliche Reaktion empfunden hätte, für die einfach noch kein Raum vorhanden war. Unbewußt, aber mit klarem Gefühl, verstanden die Jugendlichen, daß sie diesen Bereich für später aufbewahren wollten, für eine Zeit, in der sie dazu reif sein würden.

Dennoch wurde ausgiebig, leidenschaftlich und innigst geküßt. Den Speichel des anderen zu schmecken, hieß ja auch, die Wesenheit des anderen zu erfahren.

Freund und Freundin massierten sich ausgiebig mit duftenden Ölen, schmückten sich, gingen aus im Dorf und besuchten andere Jugendliche.

Dort konnte es dann sein, daß sie sich in einen anderen Partner verliebten, während des Tanzes oder einem anderen geselligen Zusammensein. Dann gab es zwar möglicherweise Tränen, die aber bald vergessen waren, und neue Liebe wurde gefunden, genauso schnell und stürmisch wie die vorhergehende. Es war also ein Wechselbad der Gefühle, eine Zeit der romantischen Herzenserfahrungen, die sich wie Blumengirlanden durch diese Jahre rankten und zu Früchten heranreiften.

So war auch die Massage zwischen Liebenden dazu da, eher seelische als körperliche Gefühle hervorzurufen.

Die Entdeckerneugierde der Phase 2, die sich dort im Wesentlichen auf den Körper bezog, bezog sich in dieser Phase 3 nahezu ausschließlich auf den Gefühlsbereich. Die Jugendlichen entdeckten bei sich und den anderen die Seele und das Herz. Der Körper war nun eine seelische Ausdrucksform, ein Instrument des Herzens. Die Verbindung von Körper und Seele wurde hier noch einmal erneuert und bereitete die nächste Lebensphase, die Hochzeit mit dem Geist, vor, die Phase des erwachten Herzens. Die Hochzeit von Körper und Seele mit dem Geist - so sahen es die Lemurianer - ist die wahre Sexualität und die optimale Basis für ein kreatives Leben.

Die Ältesten eines Dorfes, die Weisen, aber auch die Eltern und die erwachsenen Geschwister hatten in dieser Zeit viel damit zu tun, die Jugendlichen in dieser Phase zu ermuntern, zu trösten, sie immer wieder auf ihr liebendes Herz und die tiefen Gefühle hinzuweisen. Das ganze Seelenspektrum von himmelhochjauchzend bis zu Tode betrübt, das ganze poetische Spektrum der Seele im

Zusammenhang mit Liebe wurde in dieser Zeit ausgelebt. Sonnenschein und Regen, Gewitter und Sturm, alles war da. Die absoluten Werte der Jugend DURFTEN ohne Abstriche ausgedrückt, die extremen Hochs und Tiefs und die dazugehörigen Gefühle gelebt werden. So konnte sich der Herzensraum für die spätere tiefe Seelenbeziehung zu EINEM Partner vorbereiten und für diese Lebensbeziehung eine ausgeglichene, sichere Basis bieten. Gerade weil sich die Jugendlichen so voll dem Ausleben dieser Sturm- und Drangzeit hingaben, waren ihre späteren Lebenspartnerschaften so stabil.

Wenn - wie es heute meist der Fall ist - Sexualität zu früh ins Spiel kommt, verbindet sie sich mit diesem Sturm- und Dranggefühl. Dadurch bleibt Sexualität immer auf der Suche und findet keine Erfüllung.

So bleiben die meisten Menschen ihr ganzes Leben lang in dieser nachpubertären Zeit stecken, da sie nie ***als Romantik ohne Sexualität*** *ausgelebt wurde. Kaum finden sie einen Partner, haben sie gleich wieder den Wunsch, ihn zu wechseln, weil sie keine Erfüllung finden, denn sie bringen Sexualität und Liebe nicht zusammen. Um das Elend zu beenden, um endlich vernünftig zu werden, etablieren sie und gewöhnen sich an eine Partnerschaft als sozial stabile Form - genannt Ehe mit all den gesellschaftlichen Vorzügen und Standards - und verlegen die ungelebte Sturm- und Drangzeit ihres Herzens in Seitensprünge. Was auch keine Erfüllung bringt, sondern meist noch größere Schmerzen.*

Andere wiederum verzichten ganz und gar auf die Erfüllung in diesem Bereich und legen die ganze Energie in andere Gebiete, wie zum Beispiel in die Karriere.

Immer und überall schreit die Seele: ICH WILL LIEBEN!

Dazu noch mehr im folgenden Abschnitt.

3C. Die dritte Seelenphase in der heutigen Zeit

Die meisten Jugendlichen, die sich heutzutage in dieser Phase befinden, leben in einer Welt, die ihnen nicht das Seelisch-Herzensorientierte, sondern das Körperlich-Mentale anbietet.

Zum einen sind die schulischen und sozialen Anforderungen in dieser Zeit schon so hoch, daß zu wirklich tiefen Herzenslieben gar keine Zeit bleibt und wenn, dann zwischen Hausaufgaben, sportlichen Ereignissen, Arbeitsgemeinschaften usw.

Zum anderen werden Jugendliche schon früh nachdrücklich ermuntert, doch möglichst bald die Sexualität auszuprobieren. Man braucht nur in diesen sogenannten Jugendzeitschriften zu blättern, bestimmte Nachmittagsserien im Fernsehen anzuschauen oder die Statistiken zu lesen. Der Druck von Gleichaltrigen spielt ebenfalls eine Rolle.

Ich bin der Überzeugung, daß auch die Jugendlichen von heute sich viel lieber seelisch verlieben und gerne Zeit von Herz zu Herz verbringen würden. Ich glaube und beobachte, daß es die „Erwachsenen" mit ihren eigenen ungeheilten Lebensphasen sind, die den Jugendlichen gerade diesen so notwendigen und empfindlichen Erlebensraum mit ihren eigenen frustrierten Erfahrungen „vollmüllen" und ihnen diese wichtigen Herz-zu-Herz-Erfahrungen verbauen. Dadurch stellen sie sicher, daß auch ihre Kinder Sehnsucht nach dem Unerfüllbaren haben.

Die jungen Erwachsenen bleiben so auf ewig bedürftig und auf der Suche. Sie glauben nun, daß die Erfüllung ihrer (seelischen) Bedürfnisse im Körperlichen, im Dinglichen und im Mentalen liegt.

Da seelische Bedürfnisse eine sehr große Kraft haben, ist dadurch auch der Absatz von eigentlich sinnlosen Produkten gesichert.

Meine Leser mögen nur einmal die Angebote in den heutigen Supermärkten danach untersuchen, wie viele davon „Frustprodukte" sind, die von „herzgesättigten" Menschen nicht gebraucht werden. Dazu gehören auch alle diese Klatsch- und Tratschzeitschriften, Liebesschnulzen in allen möglichen Formen (Romanheftchen, die einen unglaublichen Markt haben), aber auch Suchtprodukte wie Süßigkeiten, Tabak und Alkohol in den verschiedenen Darreichungsformen. Man schaue sich auch die entsprechenden Werbungen an ...

Autorennen, Fußball, exzessive Sportarten (wie Skirennen, Galopprennen etc.) sind Sturm-und-Drang-Phänomene, genauso wie Mißwahlen mit Mädchen, die auf jeden Fall unter 20 sein müssen.

Menschen, die die 2. und 3. Phase voll ausgelebt haben, sind in den späteren Lebensabschnitten wenig manipulierbar, denn sie sind seelisch gesättigt und können die Einheit von Körper, Seele und Geist voll genießen. Nur Menschen, die künstlich hungrig gehalten werden, müssen konsumieren ... das gilt für jede Ebene.

Sich wie in Lemuria mehrfach zu verlieben, hat auch noch einen anderen wichtigen Aspekt: Es repräsentiert die Feier der Liebe in ihren verschiedenen weltlichen Formen und stärkt die Liebe zu Gott. Jugendliche, die die Herzensliebe wirklich voll entfalten, werden Gott in einer ganz neuen Weise erleben und in ihr Leben einlassen. Gott über die Seelenbeziehung zu einem anderen Menschen zu erleben, ist ein Thema dieser Lebensphase.

„Mit 17 hat man noch Träume ... da wachsen noch alle Bäume in den Himmel der Liebe" hat Peggy March einmal sehr treffend gesungen. Denn die Bäume wachsen tatsächlich dem Himmel zu, und durch sie berühren sich Himmel und Erde. Das geschieht in dieser Lebensphase 3 - im Gefühlszentrum des Solarplexus berühren sich das Herz und die Kreativität, das 4. und das 2. bzw. 1. Chakra. Wenn diese vier Chakras frei miteinander fließen, wenn sich die Energie des dritten Chakras in beiden Richtungen frei bewegen kann, dann kann die nächste Seelen- und Lebensphase beginnen.

Bei dem Lied bin ich nur mit dem „noch" nicht zufrieden. Ein geheilter Mensch hat IMMER Träume und Visionen, denn Träumen ist eine der wundervollsten Fähigkeiten des Menschen in jedem Lebensalter.

Das Grundmotiv der 3. Phase ist: „Ich bin zu meinem Ich erwacht." Das Ich ist die Synergie von Körper und Seele und deren Zusammenspiel. Fragen der Seele, Sinnfragen des Lebens werden gestellt und hoffentlich beantwortet. Nun weiß der Mensch, warum er hier ist, und die Seele ist beruhigt, daß sie gehört und verstanden wird und daß sie sich äußern und ausdrücken darf.

Wie gesagt: Die Seele hat ihre ganz eigenen Ansichten über das Leben und reagiert auf das, was sie empfindet, auf ihre ganz spezielle eigene Art. In chaotischen Situationen kann sie ruhig sein wie die stille Oberfläche eines Bergsees. In scheinbar belanglosen Situationen kann sie dagegen zutiefst aufgewühlt sein. Sie ist Kanal, sie ist die Trägerin von Empathie und Anteilnahme nach ihren eigenen Richtlinien. Von ihr geht der Drang nach Fragen und nach Antworten aus, insbesondere Fragen, die den Sinn und die Mysterien des Lebens betreffen. Die Seele lacht, und wenig später weint sie, sie fühlt sich in alles hinein, sieht in allem ihr eigenes Wesen. Sie ist zutiefst mit den Elementen verbunden und ist eine äußerst begabte Träumerin und Visionärin. Ihre Liebe, ihre Verliebtheit in Gott ist romantisch, und sie besingt diese Liebe mit höchster Leidenschaft.

Alles, was sie bewegt, möchte sie durch die „Membran" des Ichs in die Welt hinausgeben, hinaussingen, hinausschreien, hinauslieben. Und sie braucht ein adäquates Feedback - von liebenden Menschen, von Geliebten. Wenn sie das nicht bekommt, insbesondere in den Jahren zwischen 14 und 20, den Jahren der Verwundung, kann sie zutiefst unglücklich werden, sich zurückziehen, sich teilweise abspalten und in das Tal der verlorenen Seelen gehen. Abspaltungen können in jeder Phase eintreten, aber die dritte Phase ist hier besonders empfindlich. Die Seele tritt in ihrer ganzen Verwundbarkeit nach außen und braucht einen gewissen Schutz und viel Respekt und Fürsorge.

Es ist die Zeit, in der Jugendliche von einem Gefühlsextrem in das andere fallen - und das muß so sein. Wenn dies nicht in einem von den Eltern und der Gesellschaft gestellten Schonraum geschehen darf, wenn es nicht seelengerecht, d.h. in einer gewissen Reinheit und Integrität abläuft, kann das Tor zwischen Ich und Seele mit einem gewaltigen Knall zufallen. Dies ist der Beginn von großer Traurigkeit, aber auch der Beginn, wo das **Ego** die Regie übernimmt, weil sich das **Ich** so geschwächt fühlt. Aus diesem (überforderten) Ego wird jetzt das lügnerische, sarkastisch-zynische oder apathisch-defensive **negative Ego**, das stolz darauf ist, mit Seelendingen nichts mehr zu tun haben zu müssen. Das sind dann die Jugendlichen, die sich nach außen hin so selbstbewußt geben, aber voller innerer Angst und Panik sind und diese damit wettmachen, daß sie alles wahrhaftig Seelenvolle aus ihrem Leben verbannen. Techno gibt dem Ganzen den Rest. Es gibt kaum etwas Gegensätzlicheres zur lebendigen Musik und Poesie der Seele als die monotonen Rhythmen des Techno.

Ich glaube, es gibt viele Mädchen und auch Jungen in diesem Alter, die es zutiefst bedauern, wenn sie schon mit 14 oder 15 Sex haben. Ein Gefühl der Verlorenheit stellt sich ein, der Leere, die dann mit allem möglichen Pseudo-Seelischen gefüllt wird. Viele Angebote im Bereich von Rock und Pop, Soaps und Clips sind so ein pseudo-seelischer Zeitvertreib, der die Seele nur weiter in den Bunker treibt, aber dem Ich vorgaukelt, daß man sich um die Belange der Seele kümmert. Dazu braucht man dann noch allerlei chemische Unterstützung in Form von Pillen, was folgerichtig ist, denn die wahre Seelenekstase, die in der Phase drei eine so tragende Resonanz ist, ist ja verloren und muß irgendwie ersetzt werden - durch Drogen oder durch noch mehr Sex und Selbstaufgabe. Nicht selten erlischt die Flamme des „Heiligen Bezirks“ in dieser Zeit vollends, und der (gegenseitige) seelische und körperliche Mißbrauch ist auf dem Höhepunkt, so daß selbst der Lebenskristall im heiligen Tempel der Seele seine Schwingung verliert und der magische Garten der Lebensgestaltung verwüstet ist.

Um auf dieser Basis das weitere Leben aufbauen zu können, muß man notgedrungen die fehlende innere Sicherheit durch äußere (materielle) Sicherheit ersetzen. Das nennt man das „künstliche Rückgrat“. Doch diese äußere Sicherheit ist trügerisch und wird auch so empfunden, was wiederum zu Problemen führt.

Viele Jugendliche gehen daher durch eine depressive Phase, die meist im Alter ab 20 Jahren beginnt und die, wenn man sich dann richtig auf die Alltagsmühle eingelassen hat, allmählich einer Routine weicht.

Das Ganze fliegt dann spätestens in der Zeit um die 49 Jahre auf - in der sogenannten Midlife-Krise. Denn die Seele gibt nie auf ...

Dies alles ist aber nicht erst heute so. Ich kann mich sehr gut erinnern, wie ich in diesem Alter verzweifelt nach Menschen gesucht habe, die mir den Sinn des Lebens erklären. Ich fühlte mich verwundet, herausgerissen aus einer halbwegs beschützten Kindheit. Ich weiß noch, wie sehr ich von tiefer, romantischer Liebe träumte, aber so häufig Spott und Ablehnung erntete - besonders von denen, denen meine Liebe galt, oder von denen, denen ich davon zu erzählen versuchte. Ich schrieb Gedichte, die nirgends ankamen. Ich machte Musik, die kein Herz zu berühren schien. Auch in dem Internat, in dem ich ganztägig lebte, war Leistung, das Mentale, das Allerwichtigste, und ich kann mich gut erinnern, daß ich irgendwann selbst den Lebensfaden zu meiner Seele zerriß und sogar froh darüber war, daß ich dieses ewig Unruhige und Drängende in mir für alle Zeiten zum Verstummen gebracht hatte. Ich kann mich gut erinnern, daß ich eines Tages aufwachte und ein anderer war. Ich war stolz, endlich klar „denken" zu können und meine innere Welt unter Kontrolle zu haben - auch um endlich ein besserer Sohn meines Vaters zu sein, der es selbst so schwer mit seinen Gefühlen hatte. Säckeweise habe ich Gedichte zum Shredder gebracht. Ich sehe noch heute, wie sie auf das Laufband der Entsorgungsanlage fielen. Es hat mich danach Jahrzehnte gekostet, um die Türen, die damals ins Schloß fielen, wieder zu öffnen.

Nun, das ist die Geschichte des Autors - aber ich habe von vielen Ähnliches gehört.

Heutzutage sollen junge Menschen schon oft mit 16 wissen, was sie im Leben wollen, und stehen oft bereits ab dem 19. Lebensjahr im Beruf. Dabei ist es in diesem Alter so wichtig, sich Zeit zu lassen - eben nicht so genau zu wissen, was man will, und Dinge auszuprobieren - nicht nur in Sachen Liebe. Meinem Lehrer *Lazaris* zufolge muß man eigentlich erst mit 35 wissen, was man aus seinem Leben machen will.

Die Seele ist unsterblich. Sie läßt sich zwar verbunkern, sie läßt sich abspalten, aber sie liebt dich unermeßlich. Sie kommt zurück, spätestens dann, wenn das einschränkende, gestörte, verletzte, kontrollierende (negative) Ego gestorben ist. Daher haben viele Jugendliche Todessehnsucht - und in diesen Jahren zwischen 15 und 25 kommen die meisten Freitode vor.

Die Sehnsucht nach dem Sinn, die Sehnsucht nach der Seele ist so groß. Die Sehnsucht nach der seelenvollen Zwiesprache zwischen Ich und Du ist das tiefste Bedürfnis. Manche glauben, sie können es in dieser Welt nicht erreichen.

Auch die Sehnsucht nach der seelenvollen Zwiesprache mit Vater und Mutter, mit Verwandten, mit Geschwistern, mit Lehrern, mit Bezugspersonen ist groß - auch wenn es so scheint, als wäre das nicht gefragt. Jugendliche zeigen ihre Sehnsucht nach dem DU nicht so offensichtlich ... aber sie ist so tief. Sie kommt zum Ausdruck in der Hinwendung zu denen, die zu verstehen scheinen. Die geliebten und verehrten Rock- und Popsänger sind die, die ausdrücken, was man fühlt, und die Antworten geben - seelenvoll. Aber auch sie sind meist unerreichbar ...

Idole werden gesucht, natürlich! Die Idole in Lemuria waren die Ältesten, waren Wissende aus den Kristallstädten, waren Mentoren wie Morjuk-Shaman, die Mirjas Lehrerin war, eines Mädchens aus Lemuria, dessen Weg ich im Buch „Die Kristallstädte von Lemuria" beschrieb. Dieser Weg, den sie mit knapp siebzehn Jahren begann, führte sie auch zu Shan-Sherah, einem Mann in ihren Träumen, der mit ihr über den Sinn des Lebens sprach.

Persönliche Ideale werden entwickelt, die den Weg in das Leben des Erwachsenen ebnen sollen. Die in der Phase 2 entwickelten Werte werden nun zu wertvollen Prinzipien. Prinzipien sind die einzige Alternative zu Blockaden. Daher ist diese Lebensphase die Grundlage für Erfolgserwartung und das

Vertrauen, Träume manifestieren zu dürfen und zu können.

Diese Zeit, ich sagte es schon, beginnt mit einer Verwundung, einem Absturz, einem „Austernschnitt" - meist in der Hochphase der Pubertät.

Was ist die Pubertät eigentlich?

Es ist die Zeit, in der sich das körperliche Ich nach dem Seelen-Ich ausstreckt und sich mit diesem zu vereinigen sucht - und das geht einher mit einer Verwundung. Die „Verwundung" ist das Öffnen einer Schale, eines Kokons und ist zugleich der Beginn der Verletzlichkeit, die für das Leben so wichtig ist.

Die „Verwundung" beendet die Unverletzlichkeitsphase der Kindheit und bringt ein Element hinein: das der Verantwortung und das der Demut. Nun ist man ein fehlbarer Mensch und eben nicht mehr unbesiegbar. Die archetypische Figur dazu ist Ikarus, der in einem Rausch der Unbesiegbarkeit der Sonne entgegenflog und abstürzte, weil es zu heiß wurde - seine mit Wachs zusammengehaltenen Flügel schmolzen. Er schlug hart auf dem „Boden der Tatsachen" auf.

In dieser Zeit kommt man auch mit dem sogenannten Karma in Verbindung - in Träumen, in Tagträumen, in Gedanken, durch Bücher, die man liest, und durch Situationen, in die man sich bringt. Karma ist die Summe der nicht abgeschlossenen und nicht versöhnten Erfahrungen aus anderen Leben. Karma ist nicht etwas Schlechtes, es ist die persönliche **Lebensdisposition**, die eng mit persönlichen Lebensmotiven, der Lebenslektion, den Lebensthemen und dem wichtigen Lebenspurpose (der Lebensaufgabe) verbunden ist. Daher wollen und müssen Jugendliche in dieser Zeit über so vieles reden und brauchen dazu Geliebte, aber auch Erwachsene, die sie lieben und die diese Phase hoffentlich selbst einigermaßen leben durften. Nur solche Erwachsene und solche, die diese Phase heilen konnten, haben ein Ohr für diese lebenswichtigen Gespräche und können eine Hilfe sein.

In dieser Verwundungsphase öffnet sich der junge Mensch auch für die Belange der Welt. Die Liebe zur Schöpfung wird bewußt und tiefer. Regionale und globale Probleme werden hautnah. Die Anteilnahme am Schicksal anderer wächst. Dies ist eine sehr, sehr wichtige Phase für den späteren Erwachsenen, damit er in seiner Berufsausübung und Lebensführung diese Empathie, dieses Mitgefühl behält.

Die Pubertät ist eine Zeit der Irritationen - an den Eltern, an ihrer Unfehlbarkeit, und die Irritation in der Beziehung zu Gott, an seiner Allmacht und Unfehlbarkeit. Das ist ein Aspekt dieser Verwundung. Das ursprünglich sichere Netz bekommt Löcher, die Engelsflügel fallen ab.

Gerade jetzt ist es so wichtig, Herz und Seele Raum zu geben - denn die Seele heilt diese Irritationen und Abstürze mit dem Mitgefühl, mit der Philosophie, mit der Anteilnahme, mit Verständnis, mit dem Erkennen des Lebenssinns und eben ganz besonders wichtig: mit der Liebe von Seele zu Seele und Herz zu Herz.

Aus der Irritation und Unsicherheit, aus der bebenden Verletzlichkeit, aus der Blamage des Absturzes wird die Gewißheit, daß alles einen guten Sinn hat, daß man mit der Seele verbunden bleibt und so auch eins bleibt mit Gott und der gesamten Schöpfung.

Viele Jugendliche schreiben in dieser Zeit - meist heimlich - Gedichte, Liebesbriefe und beunruhigende Geschichten. Sie vertrauen sich Tagebüchern an (oft der einzige Vertraute), suchen (oft verzweifelt) nach einer „romantischen" Kommunikation und erfinden nicht selten Personen, mit denen sie in einsamen Stunden sprechen, weil sonst niemand da ist.

Konfirmation und Kommunion, Bar Mitzva und Jugendweihe sind Rudimente der Einweihung zu Beginn der Phase 3. Sie sollen den jungen Menschen im Glauben an Gott bzw. an ein Lebensideal bestärken und diese Zeit der Verwundung mit heilsamem Sinn erfüllen. Leider sind diese ursprünglich durchaus sinnvollen Feste inzwischen zu Familienfeten verkommen, in denen es hauptsächlich um Prestige und Geschenke geht. Dennoch steht ein junger Mensch wenigstens einmal im Mittelpunkt der Aufmerksamkeit im Zusammenhang mit seiner Entwicklung zum Erwachsensein.

Katastrophal ist, wenn man die jungen Männer um diese Zeit herum zum Wehrdienst einzieht. Für mich war dies wie ein Keulenhieb in die eh verwundete Seele hinein. Was es für die Seele bedeutet zu lernen, wie man andere tötet und verletzt, wo es doch in dieser Phase um die Entwicklung der Seelenliebe, der Liebe zum Leben und die Heilung der eigenen Verletzungen geht - ist schrecklich.

Die Seele schaut ja immer zu, bei allem. Die Augen sind die Fenster der Seele. Es sind die Augen, die über Kimme und Korn auf das Abbild eines Menschen zielen. Der Zynismus, wie beim Wehrdienst über Menschenleben und deren Zerstörung gesprochen wird, ist seelentötend.

Nach zwei Jahren harten Drills ist es gut möglich, daß wesentliche Teile der Seele für immer gegangen sind. Was dann noch übrig ist, ist eine Maschine ohne jegliches Mitgefühl. Besonders diejenigen, die man zwischen 14 und 21 Jahren drillt, können wie Roboter werden, da sie diese lebensfeindlichen Ideale als ihre **Philosophie** so tief in sich aufnehmen - insbesondere, wenn man ihnen noch die entsprechenden Ideologien mitgibt. Ob sie Generäle oder Kampfflieger sind oder an Computern sitzen, die automatisch Bombenschächte öffnen - sie fühlen nichts mehr und tun, was man ihnen sagt.

Aufgetragenes ohne Hinterfragen auszuführen, ist eines der Hauptübel unserer modernen Welt - und das kann es nur unter Menschen geben, die niemals eine eigene Philosophie entwickelt haben, und die für ihre ganz persönlichen Fragen nie ein kompetentes, liebevolles Du gefunden hatten. Die Basis für die Schönheit, verantwortlich sein zu dürfen, ist zerstört und wird ersetzt durch „Das geht mich nichts an ...“. Tests, die hinsichtlich Zivilcourage gemacht wurden, beweisen das - aber kaum jemand macht sich die Mühe herauszufinden, warum das so ist ...

Die ATM, insbesondere die ATM-3, heilt und schließt diese Lücke.

Das zentrale Fest in Lemuria, das Sonnenmandala, diese energetische Aufmerksamkeit auf das einzuweihende Kind, die Anerkennungen, Geschenke und Gebete, all das waren die Anstrengungen der Gemeinschaft, um den sich ins Leben bewegenden Jugendlichen Kraft, Mut und Selbstvertrauen zu geben, ihnen die **Sonne** mitzugeben. Ikarus stürzte zwar auf die Erde, aber er hat die Sonne nicht verloren.

Eine erfolgreich angewandte ATM-3 hat Auswirkungen nicht nur auf das Liebesleben der Klienten, sondern auf die gesamte Haltung zum Leben. In das Liebesleben fließt mehr Romantik, Zärtlichkeit und Herz ein. Das Leben wird philosophischer, es hat mehr Sinn und Richtung, mehr Zukunft.

Mitgefühl und Anteilnahme wachen auf, man hat wieder mehr Herz für andere Menschen, für Tiere, für die Natur. Die romantischen Seiten des Lebens, die Elemente der Natur werden wieder wach, Sonne, Wind, Regen und Sturm werden wieder genossen, man fühlt sich in allem wieder mehr zu Hause.

Das Schmusen kehrt zurück, nicht nur in der Partnerschaft, sondern auch mit Kindern, Haustieren, Pflanzen. Es ist ein Schmusen mit der Welt - und die Welt wird es dankbar annehmen.

Der Wert des Lebens wird zur tiefen Überzeugung.

3D. Die Aluah-Trance Massage der dritten Seelenphase heute

Obig Dargelegtes enthält genug Information, damit die ATM-3 gut gelingen kann. Bitte lesen Sie nicht nur das Folgende, um zu wissen, „wie die Massage geht“. Es ist wichtig, sich immer wieder **die Bedeutung** der Phasen in Lemuria und heute klar zu machen. Dann ist man schon in der entsprechenden Schwingung, und man kann sich getrost dem eigenen inneren Wissenden anvertrauen.

Gut für die Vorbereitung ist auch, vor der Sitzung einige der poetischen Kapitel und Gedichte in den Lemuria-Büchern zu lesen, insbesondere solche, die mit den Lebensphasen zu tun haben. Auch in den Büchern von Diana steht für manche dieser Lebensphasen Wichtiges. Die wundervolle Sprache von Lady Di, ihre tiefe Ausdrucksfähigkeit, ihre Musik, gibt Ihnen die sanfte und schöne Schwingung, die Sie brauchen. Auch wenn Sie selbst eine Behandlung bekommen, kann das eine gute Vorbereitung sein. („Diana-Ich möchte euch so gerne noch etwas sagen“ und die „Diana-2000-Edition“, beide erschienen im Ch. Falk-Verlag, siehe dazu Teil IV).

Die Vorbereitung

Das Licht im Raum sollte nicht zu grell sein, sanftes Tageslicht ist optimal. Sonnenblumen, Margariten können den Raum schmücken. Bilder und Symbole der Sonne, Ansichten von sonnendurchfluteten Landschaften sind eine gute Unterstützung. Auch Bilder von romantischer Liebe erhöhen die Schwingung für eine ATM-3.

Die Luft sollte zitronig riechen, frisch. Also bitte keine schweren Räucherstäbchen. Gerade weil die Massage sehr tief ist und möglicherweise tiefe Gefühle hervorbringt, sollte die Atmosphäre im Raum eher leicht und duftig sein.

Magnetisiert werden sollte der Raum durch diagonal gelegte Citrine und Bergkristalle. Unter dem Massagebett könnten nebeneinander oder sogar aufeinander ein Goldtopas und ein Citrin liegen, in der Höhe des Solarplexus. Dieser Citrin ist dann der Stein, den man dem Klienten am Schluß mitgeben kann - nicht einen Citrin aus den Ecken. Wenn man keinen der teuren Goldtopase hat, kann man auch einen Citrin allein in die Mitte legen und daneben evtl. einen Rutilquarz. An den Wänden können gegenüberliegend Rauchquarze und Rosenquarze aufgestellt sein. Der Rauchquarz baut Schicht für Schicht negative Energien ab und holt Menschen dort ab, wo sie sind. Der Rosenquarz achtet auf eine konstante Herzenswärme im Raum.

Das Vorgespräch

Häufige Übelkeit, Koliken von Galle und Leber, Schmerzen über den ganzen Körper hinweg, Dauerdruck im Solarplexusbereich haben mit der Phase 3 zu tun. Außerdem unbestimmte Angstanfälle und Panikattacken. Suchende, fragende (mitunter „leere") Augen, unsichere, vorsichtige, „lahme" Bewegungen und eine etwas eingefallene Körperhaltung deuten auf eine geschädigte dritte Seelenphase hin.

Gefühle sind zum Teil sogar übermächtig da, können aber nicht heraus - Körper und Seele schreien nach Zärtlichkeit, können dies aber nicht zum Ausdruck bringen. Häufig ist die unbewußte Angst, Gefühle zu zeigen, weil sie sonst zu stark werden könnten und alles durcheinanderbringen.

Aussagen wie: „Ich stehe oft neben mir..." und „Ich fühle gar nichts ..." sind häufig. Typisch ist ein unerfülltes Liebesleben ohne jede Romantik, aber möglicherweise mit sehr unschönen Praktiken und Verhaltensweisen auf beiden Seiten, das aber aus Gewohnheit nicht beendet wird.

Eine Klage kann sein: „Ich suche jemanden, ich finde jemanden und dann kommt diese Angst, verlassen zu werden ... und weil diese Angst so groß ist, schaffe ich mir ganz sicher dann auch das Ende der Beziehung."

Menschen mit einer gestörten, unerfüllt gebliebenen Phase 3 sprechen oft von Sinnlosigkeit, daß ihnen irgendwie die Lebensfreude abhanden gekommen ist, daß ihnen etwas Unbestimmtes fehlt, das irgendwie mit mehr Gefühl und sinnvollem Leben zu tun hat.

„Ich bin einfach enttäuscht vom Leben ... ich bin enttäuscht von Menschen ... ich bin enttäuscht darüber, was Menschen Tieren, Kindern etc. antun ... ." Solche Aussagen können einher gehen mit: „Ich weiß gar nicht genau, wer ich eigentlich bin und was ich hier auf der Welt soll ...", „Ich fühle mich diesen Dingen gegenüber oft so hilflos ...", „Ich kann nicht wirklich fühlen, was ich fühle ...", „Ich fühle mich oft wie ein rohes Ei ...", „Ich kann mit meinen Gefühlen nicht umgehen ... ich breche manchmal einfach gefühlsmäßig aus, später tut es mir dann leid, aber dann ist es schon passiert, und ich habe schon wieder jemand verletzt, etwas kaputtgemacht ..."

Es kann in solchen Fällen wichtig sein, sich erzählen zu lassen, in welchen Umständen und Situationen der Klient zwischen dem 14. und 20. Lebensjahr war. Es geht nicht um alle Einzelheiten, sondern eher um das Umfeld, um Bilder und Gefühle, nicht so sehr um die Fakten.

Starke Bilder und Gefühle können auch noch während der Massage angesprochen werden, wenn dies der Klient von sich aus tut. Nach der Anerkennung und Würdigung sollten sie ins Licht geschickt werden.

Trotz oder gerade wegen der schwerwiegenden Themen sollte im Vorgespräch der ATM-3 eine gewisse Leichtigkeit und Heiterkeit herrschen.

Die Massage

Stundenlang saßen die Jugendlichen auf diesem warmen Felsen über dem Meer zusammen, lagen sich lange im Arm, küßten und streichelten sich gegenseitig ausgiebig. Sie hatten nur Augen füreinander, versanken darin. Dann drehten sie sich, umschlungen, der untergehenden Sonne zu und sprachen über so vieles. Vergessen war das Abendessen, vergessen die eigene Familie - nur sie beide zählten und ihre Liebe. Ein Schauer floß hin und her zwischen ihren Körpern, aber noch mehr zwischen ihren Herzen und Seelen. „Schau mal die Delphine!" Sie lachten zusammen wie EINE Seele, und die Delphine orchestrierten ihre Liebe mit ihren Saltos und Kapriolen.

Die Dämmerung kam auf, und sie begann, sein Haar zu flechten, während er ihren Rücken kraulte. Sie flocht ihm Blumen und kleine Muscheln ins Haar, mit jeder fertigen Strähne gab sie ihm einen Kuß.

Sie gab ihm immer neue Kosenamen, und sie lachten ausgelassen. Dann saßen sie unter den Sternen, und ihre Liebe flog in den Himmel hinauf.

Wenn Sie dieses ausdrücken können in der Massage, wird sie tief und wundervoll. Sie haben nun genug Bilder, um die Botschaften, die Mantras, poetisch zu gestalten, Mantras wie:

„Du erwachst zu dem zauberhaften, liebevollen Herzen, das du bist ... du erwachst zu deiner Seele, du erwachst zu deinem Ich ... dein Leben hat einen zauberhaften Sinn ... dein Herz findet zu anderen Herzen ... deine Seele ist gesättigt von der Liebe zum Geliebten und zu Gott ... dein Sonnenmandala ist voll des Segens ... deine Seele singt, und deine Liebe schwingt sich hinauf in die Sterne ... ."

Die Massage selbst soll eben dieses ausdrücken. Die Hände können mit sanftem, anerkennendem Druck aufgelegt werden, insbesondere im Bereich des Kopfes, der Haare (flechten andeuten) und der Schultern. Viel Zeit kann man mit der Massage der Hände verbringen. Es geht um Romantik, um Herz zu Herz, um Seelenbewegungen, um Herzens- und Seelenlust.

Die Massagebewegungen sollten sicher, bestärkend, bestätigend, unterstützend sein - ausgeführt in einer gewissen Autorität und Intensität. Sie sollen dem Klienten Sicherheit und Selbstvertrauen geben.

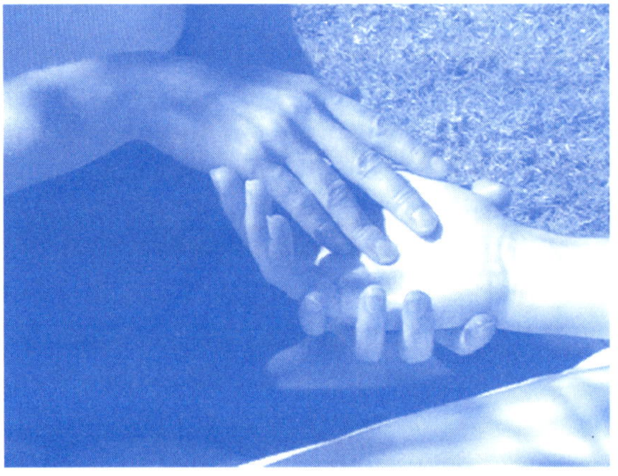

Eine Handmassage mit Seelen-Romantik ... das tut uns allen gut.

Bitte daher nicht zuviel auf dem Körper herumwandern, sondern ruhig lange und mit Hingabe bei einem Bereich bleiben. In dieser Massage sollte man auf die Berührung der sogenannten intimen Bereiche verzichten. Ausziehen ist hier natürlich auch gar nicht nötig, allenfalls den Oberkörper.

Es ist in Ordnung, den Solarplexus so gegen die Mitte der Massage hin mit dem Öl der Phase 3 sanft zu massieren, auch um das Gefühlszentrum zu lockern.

Manchmal ist es aber noch besser, zunächst lange die Hand dort liegen zu lassen, da eine tiefer gehende Massage zu provozierend sein kann und das Gegenteil bewirkt. Bitte stellen Sie sich auf den Rhythmus des Klienten ein, seien Sie behutsam, langsam! Ich sehe immer wieder, daß Menschen, die mit der ATM behandeln, zu schnell in ihre Massageroutinen verfallen.

Sie als ATM-Wissender gehen bei der Massage in die Rolle des „Idols", dessen, der Ideale verkörpert und sie weitergibt. Sie geben der Seele der Klientin zu verstehen, daß es jemanden gibt, der versteht - sowohl den Absturz als auch die Gnade des Aufgefangen- und Angenommen werdens. Es ist eine Massage des Willens zum Leben und der Philosophie von Menschlichkeit, Würde und Freiheit.

Da dies auch die Phase ist, in der Menschen zum ersten Mal aus Liebe weinen, ist es sehr gut, wenn dies geschieht. Dieses aus Liebe **Weinen** hat oft auch mit der Verwundung, der „Demütigung" des Absturzes und der Gnade des Angenommenwerdens zu tun. Die liebevolle, zärtliche Hand auf dem Solarplexus und die andere Hand auf dem Herzen kann ganz tiefe heilsame innere Bewegung erzeugen. Lange dort liegen lassen und erst dann massieren.

Die Tränen, die geweint werden, sollen natürlich auch den Schmerz aus der Seele mit auswaschen, und daher ist es gut, dies sanft zu unterstützen. Tränen sollten grundsätzlich auch rollen, also nicht gleich ein Taschentuch zücken! Tränen, die über die Wangen rollen, haben eine tröstliche Funktion. Die Tränen werden von Haut und Sinnen wahrgenommen und die Botschaft an das Höhere Selbst weitergegeben, das jede Träne zählt und versteht.

Dieses Weinen ist sehr wertvoll, weil es auch das Herz öffnet und die Gnade und das Verständnis alles Menschlichen herbeiruft, die Basis von Empathie und Mitgefühl. Weinen - kein lautes Heulen! Beim Letzteren gehen die Menschen meist in ihren Kopf oder mischen es mit etwas anderem - nein, sanftes Weinen. Falls dieses Heulen kommt, es nur kurz zulassen und dann liebevoll sagen: „Sei sanft mit dir ... laß es sanft fließen."

Bitte aber keine Zischlaute wie „psssst" oder ähnliches! Dies **niemals** bei einer Massage!!

Es ist sehr gut möglich, daß in einer solchen Phase auch Bilder aufkommen, die nichts oder nicht unmittelbar mit der jetzigen Biographie zu tun haben: Bilder von gequälten Tieren, geschundener Natur, von Kriegen, vergessenen Kindern, aber auch Bilder aus anderen Inkarnationen. Diese Bilder bitte nicht weiter kommentieren, einfach da sein lassen und dann ins Licht schicken. Den weiteren Umgang mit solchen Bildern, insbesondere mit Bildern aus anderen Inkarnationen, sollten Sie erst erlernen.

Auch diese Sitzung bitte wieder mit dem Regenbogenöl, zusammen mit der Regenbogenmusik, abschließen, damit das Erlebte gut integriert werden kann.

Am Ende der Massage sagt der Klient vielleicht einige tiefe und liebevolle Dinge - voll des Mitgefühls und voller Herz. In diesem Falle ist es sehr, sehr wichtig, so anteilnehmend wie möglich zuzuhören. Hier redet das Herz und nicht der Kopf ... im Vorgespräch ist es oft umgekehrt. Daher ist es manchmal besser, erst NACH der Massage zu reden. Natürlich auch hier nur so lange, wie es aus dem Herzen kommt.

Nachbereitend kann man wieder einen Kristall mitgeben. Es bietet sich ein kleiner Citrin-Trommelstein an, der die ganze Zeit mit dabei war und die Resonanz der Sitzung hält. Natürlich ist es auch immer gut, ein Öl mitzugeben, vielleicht etwas aus der angebrochenen Flasche. Dieses Öl kann der Klient zu Hause auf den Solarplexus und andere Körperzonen geben, die ihm gut tun, um das Erfahrene zu schützen, zu erhalten und weiterzuführen.

Nach dieser Sitzung fühlt sich der Klient sehr weich und verletzlich. Es kann gut sein, daß er erst einmal einen Spaziergang macht, bevor er nach Hause fährt.

Eine nachbereitende oder vorbereitende Meditation kann z.B. eine geführte Meditation nach Lemuria sein. Dort erlebt der Klient eine Einweihung, wie oben beschrieben, oder eine Liebeszene mit einem lemurianischen Geliebten.

Nicht direkt im Anschluß an diese Sitzung, aber einige Tage später kann man sicher auch die Meditation der Reinigung des „Heiligen Bezirks" machen, um die heilige Flamme zu erneuern, den Seelentempel von alten Verunreinigungen (z.B. ungelöste Abhängigkeiten, Enttäuschungen, Mißbräuche etc.) zu säubern und den Lebenskristall wieder in seine Kraft zu bringen.

Die plätschernden liebevollen Melodien aus der Diana-Musik „How much I love you" sind bestimmt auch ein guter Ausklang und unterstützen die Wiederkehr von Leichtigkeit, Freude und Unbeschwertheit.

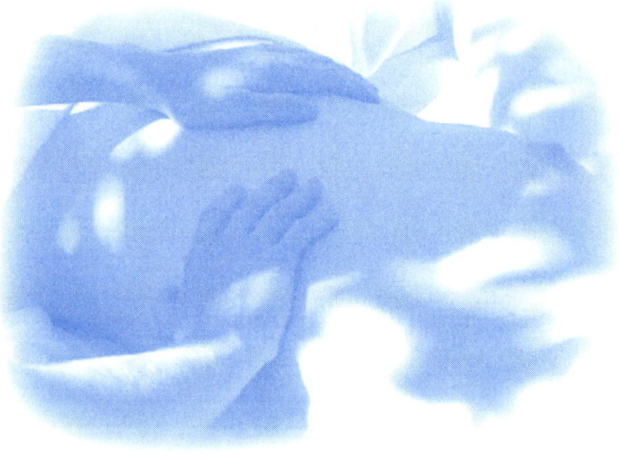

Die Lebens- und Seelenphase 4: 21 bis 48 Jahre

„LIEBE *öffnet ein Feld der Träume, der Inspiration, von Freude, Vision und Wundern, wie ihr es euch noch gar nicht vorstellen könnt. Viele Einsichten, die ihr sucht, viel „gechannelte" Inspiration, erfolgreiche Visionen, glückliche Manifestationen kommen ganz natürlich aus* LIEBE, *wenn sie so rein und heilig bewahrt und gelebt wird, wie sie ist. Daher ist die Beziehung zwischen Mann und Frau so ausschlaggebend für die kommenden Zeiten. Und wenn es nur eine Handvoll Menschen sind, die zusammenkommen können und um die Natur und den Wert der* LIEBE *wissen, Menschen, die diesen heiligen und majestätischen Bereich sauber halten und die Ekstase dieses Allerheiligsten erfahren - sie können viel tun - für sich selbst und für die Welt."*
Lady Di in „Green Hills", S. 84 f.

Name in Lemuria:	Das erwachende Herz
Grundthemen:	Erwachsen werden • Vereinigung von Anima und Animus • Liebe und Wahrheit • tiefe Herzensliebe • die persönliche Kraft und Tiefe
Fähigkeiten:	Verantwortung • tatkräftiges Mitgefühl • Umsetzung von Visionen • positive Spontaneität • Verständnis und Bewahrung der Schöpfung und ihrer Integrität • Mut und Beherztheit • öffentliche Präsenz
Energie:	DIE WAHRHEIT
Archetypen:	Der Heiler
Mythologische Wesen:	Einhorn
Verbündete Tiere:	Panther
Blumen • Pflanzen:	Flieder, rosa Rosen, Bergrosen • Efeu, Mistel, Pappel
ATM-Öl-Essenz:	No. 4 • DAS ERWACHEN: Der Liebe voll bewußt sein
Essenz-Symbole:	(● WASSER/LUFT • HEILUNG/HARMONIE
Hauptsymbole der Phase:	Zwei ineinanderliegende Ringe
Elemente • Phänomene:	Wasser, Luft • Regen, Hagel, Schnee und ihre Stürme
Einweihungen und Feste:	1. Die Initiation der Reife • die Aufnahme in den Kreis der Erwachsenen • das Fest der Heimkehr 2. Die Verschmelzung der Herzen
Einweihungsvorbereitungen:	Die heilige Einsamkeit • die Reise
Chakras:	Das Herz-Chakra, das Anahata-Chakra
Farben:	Grün • rosa • türkis
Basiston:	D
Steine:	Smaragd • Chrysopras • Rosenquarz • Türkis • Rauchquarz • Heliotrop • Olivin • Chrysokoll
Drüsen:	Thymus

Sekrete • Hormone:	Lymphe, Urin, Sperma • Hormone von Herz und Thymus
Hauptorgane:	Herz • Lunge
Neuralgische Bereiche:	Herz • Kreislauf • Immunsystem • Gelenke
Kardinalfrage:	Liebe ich genug?
Globales Mantra:	Die Welt ist ein Heiliger Bezirk.
Zentrales Mantra:	Ich lote dich aus und energetisiere dich • Du bist mutig.
Weitere Mantras:	Ich erfahre dich • Ich liebe und respektiere deine Wahrheit • Ich bin bei dir zuhause, du bist bei mir zuhause • Zusammen erfahren wir Gott und Göttin • Ich spüre dein wunderbares Herz • Mein Herz erwacht zu dir, dein Herz erwacht zu mir • Unsere Liebe währt ewig • Du stehst zu dir und deinen Fähigkeiten • Du stehst für dich ein • Du bist im fließenden Rhythmus und in der Balance von Geben und Nehmen • Entschlossen wendest du dich der Welt zu • Dein Herz und dein Verstand arbeiten wundervoll zusammen • Mutig und entschlossen inspirierst du viele Menschen auf ihrem Weg zu Gott, auf ihrem Weg nach Hause.
Massagebereiche:	Ganzer Körper
Massagetechnik:	Stimulierende, erweckende Massage, auch mit Kristallen • Massieren in bestimmten symbolischen Mustern • Lange Berührung in die Tiefe hinein als „Ausloten“, Stimulieren, Energetisieren • Verbindungen schaffen zwischen Herz und anderen Körperbereichen
Fürsorgebereiche:	**Somatisch/Körperfunktionen und -fähigkeiten:** Herz • Lunge • Thymusdrüse • Immunsystem • Gelenke • Hände **Beschwerden:** Herzrhythmusstörungen • Herzenge (Angina) • Gefäßverengungen • Gelenkschmerzen • Immunerkrankungen bis hin zu Aids • Unfälle • Atemwegserkrankungen • Asthma • Verstauchungen • Knochenbrüche **Mental/Beruf/Außenwelt:** Prinzipientreue (mentale Immunität) • Klarheit des Verstandes • Prioritäten und Ziele • beruflicher Aufbau • Mut und Selbständigkeit • Vernunft und Herz verbunden • Mut, vor vielen zu sprechen **Beschwerden:** Angst vor Verantwortung und Entscheidungen • Ziellosigkeit in Beruf und Partnerschaft • blinder Gehorsam • blindes Vertrauen • Konflikte zwischen Herz und Kopf • Angst vor Bindungen und Absprachen • Angst vor öffentlichen Auftritten **Seelisch/Liebe/Innenwelt:** Vereinigung von Anima-Animus • Bindung von Herz zu Herz • Sexualität und Herz verbunden • wahres Erwachsensein • Werte anwenden •

die innere Wahrheit leben • Großzügigkeit • seelische Immunität

Beschwerden: Lebensangst • Geiz • Kleinmut • Kleinlichkeit • Herzlosigkeit • Trauer und Ohnmacht • unerfüllte Sehnsucht • Perversionen • Sadismus, Masochismus zwischen Partnern im seelischen Bereich • Untreue • Angst vor Freiheit • Angst vor Bindung • Angst vor dem Alleinsein • Klaustrophobie und Platzangst

Spirituell/Gottesbeziehung/Höhere Welten: Co-Creation mit Gott/Göttin • kosmische Liebe • geistige Immunität • Heiliger Bezirk • Integrität der Liebe • **Beschwerden:** Nur noch der Verstand gilt • Ich bin das Zentrum der Welt und das Maß aller Dinge • Gott ist tot.

Trauma-Muster: Tiefe Einsamkeit • Verlorenheit • Verlassenheit • Isolation • eingesperrt und abgeschnitten sein

Grundaussagen: **Negativ:** Niemand will wirklich wissen, wer ich bin, nicht einmal mein Partner • Ich bin nur zum ... da • Es gibt keine wirkliche Liebe und Treue in der Welt • Was Partner zusammenhält, ist eigentlich nur Egoismus • Was Partnerschaft und Liebe angeht, habe ich aufgegeben.

Positiv: Ich liebe und werde geliebt • Ich umarme meine Realität.

Meditation: Den lemurianischen Partner treffen und umfassende Liebe mit ihr, mit ihm spüren

- Das tiefe Einlassen, das Ausloten erfahren
- Die Verbindung von Sexualität und Herzensliebe erfahren

4A. Die vierte Seelenphase in Lemuria

Zwei große Feste und Einweihungen zeichneten diese Phase aus. Zuerst einmal war es die Initiation der Reife mit etwa 21 Jahren („Das erwachende Herz") und - meist später - die Einweihung „Die Verschmelzung der Herzen", wenn zwei Lemurianer wählten, eine Familie zu gründen. Hinweise zu dieser Seelenphase habe ich auch im Buch „Lemuria - das Land des goldenen Lichts" im Kapitel 12 „Sexualität und Partnerschaft" und im Buch „Die Kristallstädte von Lemuria" im Kapitel 6 „Der Sprung ins Herz" gegeben.

Die „Initiation der Reife: Das erwachende Herz" war für die Lemurianer in diesem Alter ein außerordentlich wichtiger Lebenseinschnitt. Die lemurianischen Werte und die lemurianische Lebens-Ethik, für die in der zweiten Lebensphase Raum geschaffen wurde, bekamen nun Gestalt.

Die Lemurianer und Lemurianerinnen, die bereits zu diesem Zeitpunkt von Lehrern in die Kristallstädte geholt worden waren, kehrten für die Zeit der Einweihung noch einmal in ihr Heimatdorf zurück, um das Dorf und die Familie damit zu ehren. Auch das Dorf legte sehr viel Wert darauf, ihren „Sohn" oder ihre „Tochter" nun in den Kreis der Erwachsenen aufzunehmen.

Die Einweihung „Das erwachende Herz" wurde in den verschiedenen Gegenden von Lemuria etwas unterschiedlich gefeiert.

Im wesentlichen bestand die Initiation aus fünf Teilen: „Die heilige Einsamkeit " (40 Tage), „Die Prüfung" und „Die Aufnahme in den Kreis der Erwachsenen" (1 Tag), „Die Reise" (7 Tage) und „Das Fest der Heimkehr" (1 Tag). Die Dauer dieser Einweihung betrug in der Regel 49 Tage, also 7 Wochen.

Sorgfältig wurde der Beginn der Einweihungszeit festgelegt. Sie wurde nach der Sternenkonstellation, der besten persönlichen Jahreszeit und anderen Komponenten ausgewählt.

Am Abend vor dem Beginn der Einweihungszeit veranstaltete die Familie des Probanden ein großes Fest, zu dem das ganze Dorf eingeladen war. Die Stimmung war ausgelassen, es wurde getanzt, gesungen, und alle freuten sich mit dem jungen Mann, der jungen Frau. Meist waren sie noch nicht in fester Partnerschaft. Wenn sie aber einen festen Partner hatten, war es ein gemeinsames Einweihungsfest für beide. Sie erlebten einige Teile der Einweihungszeit gemeinsam.

Am Tag nach dem Fest wurden der junge Mann, die junge Frau, und wenn es ein Paar war, das Paar aus dem Dorf hinaus ein Stück weit in den Wald oder auf die Hochebene geleitet. Dort trennten sie sich dann von der Familie und den Freunden und gingen allein weiter. Auch das Paar trennte sich schließlich, so daß beide allein weitergingen, nicht ohne einen Treffpunkt auszumachen, wo sie sich nach 40 Tagen wiederfinden wollten.

Es begann die feierliche Zeit der heiligen Einsamkeit, der Solitude. 40 Tage lang sollten die Probanden nun völlig für sich sein, in der Natur, möglichst viel fasten, nur von Beeren und Wasser leben. Der Sinn war, sich selbst „auszuloten", in sich hineinzuschauen und die Welt um sich herum „auszuloten", sie von allen Aspekten aus anzuschauen und tief in das Herz aufzunehmen. Es ging darum, sich selbst zu erfahren, ein klares Gefühl dafür zu bekommen, wer man war - ein Gefühl für die eigene Wahrheit zu entwickeln.

Viele Seiten könnten über den Sinn und die möglichen Erfahrungen dieser Zeit geschrieben werden. Sie war von außerordentlichen Begegnungen und Erlebnissen geprägt. Die jungen Erwachsenen öffneten ihr Herz für die Geheimnisse und Botschaften der Natur, der Tiere, der Pflanzen, für das Mysterium der gesamten Schöpfung und für das Mysterium der eigenen Seele, der eigenen Existenz. Es ging darum, sich klar zu werden, was die eigene Richtung ist, was man Lemuria, was man den Menschen um sich herum und in einer Liebesbeziehung geben wollte. Es war eine Zeit der Vision, der Contemplation, des tiefen Einlassens auf die Einheit Körper, Geist und Seele, auf das eigene „Selbst".

Natürlich ging es einher mit tiefen mystischen Erfahrungen. Darunter fielen Begegnungen mit dem zukünftigen Selbst, mit unsichtbaren Helfern und Verbündeten, mit der Geburtsfee, mit Zwergen, Elfen und Krafttieren, mit Kristallwesen. Gewaltige Visionen, in denen die Kristallstädte, Akshah und die Begegnung mit Gott und Göttin eine große Rolle spielten, wurden erlebt. Es war eine großartige, mystische, wundervolle Zeit der Neuausrichtung und Transformation. Ein Höhepunkt war die Begegnung mit Wissenden, die mit dem Einzuweihenden drei Tage lang über die tiefen Themen des Seins, über Zukunft und Inkarnationen, Aufgaben und die Lebensmission sprachen.

Wenn die Probanden zurückkamen, waren sie vollständig verändert. Ein Leuchten lag auf ihnen, und eine ehrfurchtgebietende Aura von Würde und Klarheit umgab sie.

So wurden sie auch nach vierzig Tagen mit Achtsamkeit und Ehrerbietung von Dorfbewohnern und der Familie am Waldesrand abgeholt und in die Mitte des Dorfes geleitet - schweigend und unter großer innerer Bewegung der Familienmitglieder, die sie küßten und herzten.

Dort bildeten sie alle einen großen Kreis um den zentralen Punkt im Dorf, den riesigen Beraterkristall. Die Eltern führten den Probanden, die Probandin bzw. das Paar, das sich wiedergefunden hatte, ein Stück weit auf den Kristall zu. Sie verabschiedeten sich dann symbolisch von ihren ehemaligen Kindern, die dann alleine und beherzt auf den Kristall zugingen, um ihn mit dem ganzen Körper zu umarmen. Dies war einer der tiefsten Momente der Initiation, es war die direkte Kontaktaufnahme mit Akshah, dem Meisterkristall von Lemuria, die Verschmelzung mit seinem tiefsten Wissen und seiner Liebe - und durch ihn das

Einswerden mit Gott und Göttin, Jashuah.

Dann lösten sich das Paar, der junge Mann, die junge Frau vom Kristall. Endlich durften alle in Jubel ausbrechen, stürmten auf die jungen Leute zu, umarmten und küßten sie in unbeschreiblicher Freude.

Um den Kristall herum wurde dann am gleichen Abend noch gegessen und getrunken, wieder wurden Reden gehalten - auch die Zwerge kamen zu Wort -, und die Probanden waren der absolute Mittelpunkt. Sie trugen ganz besondere Gewänder, die extra für diesen Abend und die weiteren Tage geschneidert wurden. Paare, die nach diesem „Vision-Quest" weiterhin zusammenbleiben wollten, verlobten sich meist an diesem Abend.

Die aus der Einsamkeit Zurückgekehrten hatten für jeden etwas mitgebracht, einen kleinen Stein, ein Blatt, eine Muschel ... Diese Geschenke wurden als heilig und besonders magisch erachtet, trugen sie doch die Schwingungen der mystischen Erfahrungen mit sich.

Dann erzählten sie das eine oder andere Erlebnis - doch das meiste behielt man noch lange für sich.

Der nächste Tag war der Tag der Prüfung und der Aufnahme in den Kreis der Erwachsenen. Nach dem Frühstück begab sich der junge Mann, die junge Frau wieder zum Platz des Kristalls, wo schon die Ältesten und Weisen des Dorfes auf sie warteten. Auch die Eltern der Probanden waren hierzu eingeladen.

Alle waren in sehr feierlicher Stimmung. Sie legten sich auf Matten oder Liegen um den Kristall herum und berührten ihn mit ihren Fußsohlen, um mit Akshah und seiner Weisheit und Liebe in Kontakt zu kommen. Die Ältesten und die weisen Frauen und Männer fragten dann die Probanden nach ihren Einsichten, die sie in den 40 Tagen gewonnen und was sie über ihre Lebensmission herausgefunden hatten. Es wurde noch nicht erwartet, daß sie es schon im Detail genau wußten, sondern daß sie eine Richtung angeben konnten und bereit waren, für das eigene Leben Verantwortung zu übernehmen.

Danach sprachen die Eltern, dankten ihrem bisherigen Kind für die schöne gemeinsame Zeit und machten deutlich, daß sie das Kind nun mit Freuden in die Zeit des Erwachsenseins losließen. Danach sprach der Proband zu seinen Eltern, dankte ihnen für die Kindheit, für die Fürsorge und Liebe und entließ sie aus der elterlichen Rolle.

Dann sprach der oder die Älteste des Rates eine feierliche Formel, in der der Proband, die Probandin endgültig in die Zeit und in den Raum der Erwachsenen aufgenommen wurde.

Nachmittags begann das eigentliche Fest mit der feierlichen Landübergabe an den Probanden, die Probandin oder das Paar. Es war ein Stück Land aus dem Besitz der Eltern oder des Dorfes oder ein neues vorbereitetes Stück Land, auf dem sich meist eine Quelle befand, manchmal sogar ein Haus. Das Fest fand dann auf diesem Land statt und dauerte ein bis drei Tage. Mitunter fiel es mit dem Hochzeitsfest und der Einweihung „Die Verschmelzung der Herzen" zusammen.

Die anschließende Reise war meist eine Reise zum persönlichen Träumer. Der persönliche Träumer war ein Wissender, der in einer Kristallhöhle die Lebensträume von seinen Schützlingen in einer ganz besonders wirkungsvollen Weise träumen konnte.

Darüber habe ich auch im Buch „Die Kristallstädte von Lemuria" in der Beschreibung der Reise von Norja und Tramin zu Morshan, dem Träumer, ausführlich berichtet (im Kapitel 12).

Der fünfte Teil der Einweihung war entweder die Heimkehr in das Heimatdorf oder das Weiterreisen zu einem Ort der Bestimmung. Diejenigen, die schon vorher ihre Lehrzeit in den Kristallstädten begonnen hatten, kehrten wieder dorthin zurück (außer sie wurden sich während der 40 Tage darüber klar, daß sie lieber wieder in die Dorfgemeinschaft zurückkehren wollten), andere kehrten wieder in ihr Dorf heim, andere blieben aber möglicherweise in einem anderen Gebiet Lemurias oder reisten, nicht selten mit der Hilfe des Träumers, zu den Kristallstädten, um dort eine Lehrzeit zu beginnen. Entweder sie blieben dann dort und wurden Wissende, oder sie kehrten nach einer Art Volontariat wieder in ihre Heimat zurück.

In die Heimat zurückgekehrt oder in einem anderen Dorf aufgenommen, ging es meist darum, eine Familie zu gründen und mit den anderen Familien eine lebendige Gemeinschaft zu pflegen.

Ein Dorf fühlte sich sehr bereichert und geehrt, wenn Wissende aus den Kristallstädten zu ihnen kamen, und sie wurden bald zu Ältesten. Manche Wissende bereisten Lemuria zu festgelegten Zeiten, blieben eine Zeitlang an verschiedenen Orten, heilten, lehrten, berieten und kehrten dann wieder in die Kristallstädte zurück. Solche reisenden Wissenden waren ebenfalls hochgeehrt und berühmt.

Die zweite große Einweihung in dieser Zeit, so man eine Familie gründen wollte, war „die Verschmelzung der Herzen", die manchmal auch Bestandteil der ersten Einweihung war. Natürlich war das auch ein großes Ereignis, ein großes Fest, in dessen Mittelpunkt die „heilige Vereinigung" stand, eine symbolische Handlung, die von einem Ältesten und einer Ältesten vollzogen wurde.

Soviel an dieser Stelle: es ging um einen Austausch und Verschmelzung der heiligen Muster der Sekrete, so daß sie beide symbolisch zu EINEM Körper und einer Seele, zu einem Herzen wurden. Das hieß nicht, daß sie ihre Individualität verloren, aber sie vereinigten sich zu einem gemeinsamen höheren Wesen, zu einer Synergie, die alle Elemente, den Erdkreis, die Sternenheimat mit einschlossen.

4B. Die Aluah-Ashamah der vierten Seelenphase in Lemuria

Die Massage der Lebens- und Seelenphase 4 war natürlich hauptsächlich die Partnermassage. Die Lemurianer, die Wissenden, die nicht mit einem Partner in dieser Zeit zusammen waren, konnten zu Ashamah-Massagewissenden gehen, die es in Lemuria gab, so wie es die ATM-Praktizierenden heute gibt. Diese Massagewissenden, die ebenfalls mit Ölen arbeiteten und sich in Trance versetzten, massierten in der Regel Erwachsene bis ins hohe Alter hinein. Massiert wurde im allgemeinen nur der jeweiligen Lebensphase entsprechend, was die damaligen ATM-Wissenden von den heutigen unterscheidet.

Die Massage in dieser vierten Phase war sehr vielseitig und umfaßte warme bis heiße Ölmassagen mit Kräuterauflagen, die Massage mit Kristallen, Wassermassagen mit warmem und kühlem Wasser und dergleichen mehr. Natürlich wurde auch ganz einfach mit den Händen ohne jegliches Beiwerk, manchmal auch mit den Füßen, massiert.

Grundsätzlich ging es dabei um die Stimulans der „mentalen" Muster, wobei mental nicht nur Kopf bedeutete, sondern die ganze Ebene der Innen-Außen-Beziehung zwischen dem inneren und dem äußeren Menschen. Es ging um die Anrufung des inneren Magiers, des inneren Genius und - ganz besonders - des inneren Heilers. Es ging um die Aktivierung der Lebenssymbole im Bereich des persönlichen Lebens- und Schöpfungsmandalas, um die Öffnung und Ausweitung des Raumes des Erfolges, der Fülle, der Harmonie, der Lebensleidenschaft und des Bereiches der Selbstheilung, des inneren Originals. Es ging darum, die stellare Verbindung, die Verbindung zum Höheren Selbst offen und stabil zu halten, um stets der höheren Inspiration teilhaftig zu sein und damit optimal Gärten und Felder anzulegen, die Natur richtig zu pflegen, heilsam zu kochen, ein „stimmiges" Haus zu bauen, Kristalle richtig einzusetzen und um eins zu bleiben mit der Schöpfung und all ihren Wesen - und um die tiefste Liebe, die tiefste, die befriedigendste Sexualität, die tiefste Aluah-Ashanah zu erleben.

Die Massage bewegte sich oft in Spiralen, von außen nach innen und von innen nach außen, um das Tor zwischen innen und außen sozusagen geschmeidig zu halten. Es war ähnlich, wie es einige von Ihnen aus meinen Kristallseminaren kennen, wie wenn man einen Kristall programmiert. Und in der Tat wurde der Körper jetzt mehr und mehr, besonders auch in der nächsten Phase, als Kristall angesehen, als ein Raum von Bewußtsein mit ureigenen Strukturen, den eigenen Bewußtseinsmustern, die immer persönlicher und aktiver wurden und die eigentliche Persönlichkeit bildeten. So war diese Massage auch eine persönlichkeitsfördernde Massage, um das Beste hervorzubringen, die ureigene Wahrheit.

Andere Symbole, die einmassiert wurden, waren die Grundsymbole Lemurias, wie der Kreis (Harmonie), das Dreieck (Schutz), der Halbmond (Gesundheit) und das Quadrat (Fülle), außerdem ganz persönliche Symbole, die Partner voneinander kannten oder auch intuitiv erhielten, Symbole, die wiederum Muster der Sternenwesen anerkannten und aktivierten.

Die Massage zwischen Liebenden stand im Zusammenhang mit den Fragen: „Wer bist du ...? Wie kann ich dich noch tiefer erfahren ...? Wer bist du als Sternenwesen, wer bist du in deinen magischen Bereichen?“ Daher wurde sie auch die Massage des „Auslotens“ genannt. Eine solche Massage war häufig zugleich das Vorspiel für den Liebesakt. Die Liebenden öffneten sich auf diese Weise gegenseitig ihre Herzens- und Bewußtseinsräume, vertieften und erweiterten sie, um dann allmählich die primären Lustzonen des Körpers mit einzubeziehen, um sich vorzubereiten auf den „Himmelsflug“ in die Gärten der Göttin, wo man das eigene Kind abholen konnte (beschrieben am Ende des Kapitels 12 „Tramins Tanz“ im Buch „Die Kristallstädte von Lemuria“).

4C. Die vierte Seelenphase in der heutigen Zeit

Diese 40 Tage der feierlichen Einsamkeit in der 4. Lebensphase kennen wir von Jesus Christus aus der Bibel, als er etwa 30 Jahre alt war. Bei den Lemurianern war dies im allgemeinen etwas früher, aber auch bei Jesus waren diese 40 Tage eine Zeit der Begegnung mit dem Tiefsten in sich selbst und dem Höchsten, mit Gott. Es war eine Zeit, in der er seine Lebensmission vorbereitete.

Wir alle haben eine Lebensmission, die weit über unseren Beruf und unseren Alltag hinausgeht. Es ist wunderbar, wenn der Beruf ein Bestandteil dieser Lebensmission oder Lebensaufgabe ist. Leider nehmen sich die wenigsten Menschen in diesem Alter die Zeit für eine feierliche Einsamkeit, um sich selbst zu erforschen.

Heutzutage werden die jungen Menschen in dieser Lebensphase in einen Beruf oder in eine berufsorientierte weiterführende Ausbildung geradezu hineingetrieben. Wo früher noch ein wenig „Bummeln = Experimentieren“ erlaubt war, müssen die meisten heute im Geschwindschritt Studium und Ausbildung durchlaufen. Die früheren Möglichkeiten eines Studium Generale oder der mehrfache Wechsel des Studienfaches sind kaum mehr möglich. Wenn jemand häufig wechselt oder sich mit der Ausbildung Zeit läßt, wird er schief angesehen und muß mit Nachteilen rechnen.

So bleibt diese so ungeheuer wichtige Initiationsstufe der Solitude im Zusammenhang mit dem Erforschen: „Was will ich wirklich ...?“ auf der Strecke.

Das Erwachsenwerden als eine bewußte Entwicklungsstufe im Lebenszyklus wird in unserer Gesellschaft weder erkannt noch anerkannt. Bei uns ist man automatisch erwachsen, wenn man 18 ist. Möglicherweise erhält man eine

Glückwunschkarte vom Bürgermeister, günstige Kontoeröffnungsangebote von Banken, und vielleicht gibt es eine kleine Gemeindefeier - aber das war es dann auch. Meist ist es eben nur ein Geburtstag wie jeder andere, nach dem einem ein paar mehr gesellschaftliche Rechte zugestanden werden. Die Mißachtung bzw. Unterschätzung dieses bedeutsamen Schrittes, insbesondere in seelischer Hinsicht, hat Konsequenzen für das ganze Leben.

Nach Maslow und anderen Anthropologen sind die wenigsten Menschen erwachsen. Sie sind heran-gewachsen, aber nicht ER-wach-sen, was sehr nahe am ER-wachen liegt.

Die wenigsten Menschen haben sich jemals einer Selbstfindung unterzogen, die unbedingte Voraussetzung für das Erwachsenwerden ist.

Erst dann kann man wirklich authentisch Verantwortung übernehmen, ist man wirklich klar über die eigene Rolle im Gefüge der Schöpfung.

*Für **erwachsene** Menschen sind gewalttätige Auseinandersetzungen oder terroristische Anschläge unmöglich. Es ist ihnen unmöglich, verrostete Tanker auf die Meere zu schicken oder Legebatterien zu halten. Der Präsident des großen Kontinents ist genauso wenig erwachsen wie der Regierende in Michels Land, genauso wenig erwachsen wie die Gentechniker in ihren Laboratorien oder die Erfinder von immer neuen giftigen Sodapops (Cola enthält ein Nervengift) und Süßigkeiten (Schokolade enthält Alkohol und Theobromin), die sie ihren Kindern einflößen oder ihnen in den Mund stopfen (und damit den Mund stopfen).*

Der erste Mensch, der einen Zoo errichten ließ, war eine Mißbildung - ein Kind, das einen Erwachsenen spielte. Es war ein König, aber kein Regent. Wahre Erwachsene respektieren Originalität, den Schutz der Arten und Unterschiede, lassen Dinge, Kulturen und Kreaturen dort, wo sie hingehören.

Pele, die Göttin von Hawaii, macht das eindrücklich klar. Niemandem ist es erlaubt, vulkanische Steine von dort mitzunehmen. Das beachten sogar „ungläubige" Touristen. Manche, die dieses Gebot übertreten haben, haben die Steine auf die Insel zurückgebracht. Darüber gibt es viele Geschichten, die die Urbevölkerung sich verschmitzt erzählt. Die Seele kennt dieses natürliche „Tabu". Es zu übertreten, kann die Hölle sein oder bringen.

Die wenigsten Menschen hatten wirklich erwachsene Eltern, die es ihnen zeigen und beibringen konnten - und so geht die Kette weiter.

Nur Erwachsene können und werden WIRKLICH Verantwortung übernehmen. Wer nicht erwachsen ist, wird Verantwortung vortäuschen und, wenn sie dann wirklich gefragt ist, enttäuschen.

Was um alles in der Welt sollen Kinder von „Erwachsenen" denken und lernen? Man denke an Spendenskandale und Korruption und die generelle Ablehnung der Beteiligten, Verantwortung zu übernehmen - das heißt, mutig aufzudecken, klar Schiff zu machen und den Schaden zu beheben.

Dazu kommt der Wahn-Sinn, das Jahr des Eintritts in die Erwachsenenwelt auf das 18. Lebensjahr zu legen - mitten in die Entwicklung des Ichs hinein, die dadurch abgebrochen wird. Es wird ihm gesagt: „Jetzt bist du fertig und erwachsen. Verhalte dich dementsprechend ..."

Aus diesem allem entsteht - zumindest in der Anlage - eine massive Desorientiertheit, eine tiefgehende Frustration, eine Lebensverunsicherung und möglicherweise tiefe Depressionen, weil man nicht weiß, wo man steht und dort, wo man steht, nicht wirklich weiß, was es bedeutet. „Sei erwachsen, und übernimm Verantwortung ..." ist für einen Heranwachsenden in dem Alter so viel, wie ein Auto zu fahren, ohne es jemals gelernt zu haben. Und so kommt es zu seelischen, geistigen, mentalen und auch körperlichen Unfällen aller Art ...

Unterstützt wird das Durcheinander dann möglicherweise noch durch eine frühe Ehe ... auch deren Sinn und Bedeutung im Zusammenhang mit dem Erwachsenwerden wird nicht verstanden. Am Schluß versucht man, die unverbundenen Puzzleteile irgendwie zu einem Leben zusammenzubasteln, das weder Halt noch Richtung hat.

„Halt" wird einem dann durch die gesellschaftlichen Strukturen, zum Beispiel in betrieblichen Karrieren, gegeben, was bedeutet, daß viele junge Leute sehr viel arbeiten und ganz und gar in den meist sehr jungen Firmen aufgehen - ohne eine Chance der Arbeit an sich selbst zu haben. Oder sie geraten ins Abseits der Arbeits- und Beschäftigungslosigkeit, wo Hoffnungslosigkeit und Apathie herrschen.

Ohne Obiges zu verurteilen, ist es doch wichtig, die Konsequenzen aufzuzeigen und zu zeigen, wo die heutige ATM ansetzen kann. Die Klienten, die eine ATM der vierten Stufe erhalten, werden dadurch nicht alle Einweihungen nachholen - es sei denn, sie tun es tatsächlich in der einen oder anderen „äußeren" Form (z.B. durch ein „Vision-Quest", einen Rückzug in die Einsamkeit, um sich und seine Ziele zu überprüfen und zu erneuern). Während der ATM-Sitzung werden sie aber in Kontakt mit ihren grundlegenden Lebensmustern, mit der inneren Wahrheit, mit dem inneren Magier und Genius kommen, die das Durcheinander ein wenig aufräumen können. Es ist wie das Hineinsenken eines Magneten, der die Puzzleteile um das Grundmuster der Lebensaufgabe herum anordnet und so, auch im nachhinein, dem Leben einen neuen Sinn gibt. Vielleicht werden dadurch Berufs- und Lebensänderungen in die Wege geleitet oder auch nicht, jedenfalls bekommen alle Lebensaspekte eine neue Magnetik und Ausrichtung, verbinden sich mit der inneren Wahrheit und vermitteln das Gefühl, für etwas Sinnvolles auf der Welt zu sein, etwas, für das es sich lohnt zu leben und die Verantwortung zu übernehmen.

Wie bei allen anderen ATM-Behandlungen, so gilt auch hier: Die Seele erkennt, daß man verstanden hat und sich bemüht. Das ist schon eine große

Beruhigung für die Seele, ein Beitrag zu Lebensfreude und innerer und äußerer Gesundheit.

Wenn also ein Klient Sie nach einer ATM-4-Behandlung fragt: „Was soll ich jetzt machen mit meinem neuen Leben ...?", können Sie sagen, daß er alles erst mal wirken lassen und noch nicht viel verändern soll. Die Lebensmuster und -motive sind neu ausgerichtet, neu magnetisiert, und sie ziehen nach und nach auch die nötigen Veränderungen herbei.

Auch Liebe und Partnerschaft werden nach der ATM-4 wieder einfacher, befriedigender und seelenvoller. Die Liebe, in der nun das Herz mit Sexualität verbunden ist, hat damit eine große neue Dimension hinzugewonnen. Nun kann eine Liebe in einer Tiefe erfahren werden, die man kosmisch nennen darf. Dies ist die Bestimmung der Liebe zwischen Liebespartnern.

Die Liebe umfaßt nun alle Energiezentren, sie umfaßt alle Aspekte, die eigenen und die des anderen, und ist nun wahrlich ein Tanz durch alle Ebenen und Dimensionen.

Das ist unser Erbe: Genius trifft Genius, Magier trifft Magier, Heiler trifft Heiler. Im Verlauf weiterer Jahre wird diese Synergie immer tiefer, abenteuerlicher, kosmischer, magischer. Und so ist die Sexualität, die Aluah, eine Energie, die diese eröffneten Räume erfaßt und aus ihnen das kreative Potential befreit, das man für die LEBENSMISSION braucht, das man braucht für den wahren Dienst an Gott und der Schöpfung, das man braucht, um für eine neue Seele den Eintritt ins Leben vorzubereiten.

Kinder von solchen Eltern werden wieder Eltern von solchen Kindern - freie, lachende, lebendige, gesunde und magische Wesen, die den Traum der Schöpfung bis zur Neige auskosten. Dann ist das Leben ein einziger Rausch - so wie es gemeint ist. Dann ist das Leben ein Geschenk, das nicht eine Pralinenschachtel ist, von der man nicht weiß, was drin ist (Forrest Gump), sondern eine einzige Ekstase, in der Gott, Göttin und Mensch das Leben feiern. Das Geschenk, das wir, gefüllt mit unseren Anlagen und Fähigkeiten, mit so viel Liebe erhalten haben und in Liebe als das zurückgeben, was wir daraus gemacht haben.

Die in dieser Phase hauptsächlich angesprochenen Energiezentren sind das Herz-Chakra und das nicht unwichtige Anahata-Chakra, das Chakra der Thymusdrüse. Die Thymusdrüse sitzt oberhalb des Herzens hinter dem Brustbein. In der heutigen Chakralehre werden diese beiden Energiezentren in der Brust unterschieden, sie waren aber in Lemuria eins.

Das Chakra der Thymusdrüse steht für Mut und Entschlossenheit, insbesondere auch für das Einstehen für das, was man ist und kann. Es steht auch für das Herzens-Charisma, für die Fähigkeit, viele Menschen zu erreichen und zu inspirieren. Es ist das Chakra der Massenkommunikation, wenn man so will. Interessanterweise verkümmert die Thymusdrüse beim heutigen Menschen nach einer bestimmten Zeit, wenn sie ihre Aufgabe, das Immunsystem einzurichten, abgeschlossen hat. Das sagt jedenfalls die heutige Medizin.

So ist die **körperliche** Thymusdrüse verantwortlich für ein gutes körperliches Abwehrsystem. Die **geistige** Thymusdrüse steht für eine bestimmte Immunität gegenüber Angriffen auf die eigenen Überzeugungen, Haltungen und Fähigkeiten, damit man den Mut hat zu vertreten, was man denkt, und sich von nichts kleinkriegen läßt. Die geistige Thymusdrüse steht aber auch für das geistige Immunsystem, das wiederum mit der Integrität der Liebe, auch der geschlechtlichen Liebe, zu tun hat. **Aids** ist ein Hilferuf der Seele nach der Integrität der Liebe. Dieser Hilferuf ist so stark, daß er sowohl das geistige wie das körperliche Immunsystem erschüttert. Diese Erschütterung muß noch keine Krankheit hervorbringen, sie ist eine Botschaft an das Ich und an die Welt. Es geht um Liebe, Mitgefühl, die Integrität des „Blutes" und die Bewahrung des Heiligen Bezirks - sei dies persönlich, ethnisch oder kulturell. Nur wenn diese Botschaft nicht gehört, nicht verstanden wird, manifestiert sich das „Muster" von Aids in den bekannten Krankheitsbildern. Deshalb ist es so sinnlos, **gegen** Aids zu demonstrieren. Es ist so wichtig, die Botschaft von Aids zu verstehen und dafür einzustehen. Die ersten Aids-Botschaften entstanden dort, wo die meisten Verletzungen der ethnischen Integrität geschahen - in Afrika.

Die Farbe des Anahata-Chakras, des Chakras der Integrität, liegt zwischen grün und blau, hat also die Farbe Türkis. Der Türkis, der Stein der Schamanen, ist daher der Stein, der die Schwingung der Kommunikation mit den Höheren Welten, mit dem Göttlichen stabilisiert und zur Kommunikation mit anderen Menschen transformiert. Er ist der Stein der Höheren Wahrheit, der Stein der Inspiration und des Channelns. Das Mantra dieses Chakras ist: „Ich stehe zu mir und zu meinen Fähigkeiten ... mutig und entschlossen inspiriere ich viele Menschen auf ihrem Weg zu Gott ... ich stehe zu meiner Integrität."

Die meisten von uns können die Einweihungen nicht mehr nachholen - dafür gibt es die ATM, die dies über die Botschaften an die Seele tut, damit sich ein ähnlich ekstatisches Lebensgefühl und ein tiefes Gefühl des Menschseins einstellen kann - mit dem ganzen Segen, den dies für die Welt bedeutet. Damit wieder etwas in Ordnung kommt, was in Unordnung war. Echte Erwachsene sind rar, es sind die, „who never fail ..." (*Lazaris*), weil sie wissen, daß man alles wieder korrigieren und heilen kann. Sie sind nicht perfekt und machen auch Fehler, aber sie versagen nicht, weil sie Zugang haben zu dem Gottesfunken in sich und bewußt um Co-Creation bitten, Mitschöpfertum mit ihrem Höheren Selbst und mit Gott/Göttin/All das, was ist, Ja-shu-ah.

4D. Die Aluah-Trance Massage der vierten Seelenphase heute

Wir haben oben gesehen, daß der Herz-Aspekt der 4. Phase mehr ist als die Herzensliebe. Es geht um das „erwachende Herz", d.h. um den Raum des Herzens, der sich öffnet, damit alle Aspekte des eigenen Seins und des Seins der Welt darin Platz haben und von der Herzensenergie erfüllt werden. Die vorherigen Phasen waren alle 7 Jahre lang, diese Phase ist jetzt viermal so lang. Das ist der Zeitraum, den man dieser Entwicklung des Herzens gibt. In der heutigen ATM wird also dieser Phase 4 ein wichtiger Stellenwert zukommen, und jede ATM-Kombination sollte die Phase 4 beinhalten.

Das Herz ist im körperlichen Bereich ein sehr autonomes Organ - es schlägt in seinem eigenen Rhythmus. Wenn das Herz nicht mehr schlägt, ist es mit dem übrigen Körper schnell vorbei. Ein Herz kann dagegen sogar losgelöst vom Körper noch eine Zeitlang schlagen. So steht das Herz also auch stellvertretend für die Autonomie und Authentizität unserer eigenen Persönlichkeit, unserer Individualität, die es im Laufe dieser Jahre auszubilden gilt.

Die ATM-4 gibt dem Menschen seine Authentizität und Autonomie wieder. Sie gibt ihm einen klaren Rhythmus von Geben und Empfangen. Ein starkes Herz ist der Garant für einen starken Geist, den der Erwachsene von heute braucht.

Die ATM der Phase 4 sollte auch das unterstützen, auf das mich *Lazaris* gebracht hat: das „standing in love", das „Stehen in der Liebe", was die Liebe zwischen Erwachsenen charakterisiert. Die unterscheidet sich von „falling in love", was die Liebe zwischen Jugendlichen beschreibt, und der „instinctive love", der Liebe eines Kleinkindes zu seiner Mutter.

„Standing in love" ist die einzige Form der Liebe, die ein klares „commitment", eine bewußte Vereinbarung, beinhaltet und eine Verantwortung füreinander.

Die Vorbereitung

Der Raum sollte von hellem aber gedämpftem Außenlicht erfüllt sein. Rosa Vorhänge wären jetzt gut, durch die das Licht von außen dringt und den Raum in ein leicht rosa Licht taucht. Wenn es Frühling ist, sind rosa Fliedersträuße angebracht, aber auch die kleinen rosa Rosen oder auch Bergrosen. Leichter Rosenduft sollte den Raum erfüllen, evtl. auch durch ein Aroma. Grünpflanzen im Raum heben die Grünschwingung des Herzens.

So kann der Raum übrigens für **alle** ATM-Massagen eingerichtet sein, wenn man z.B. nicht genau weiß, welche ATM-Stufen ein Klient bekommt. Der Herzensraum stimmt immer, auch für die ATM-Kombinationen, außer es gibt ein anderes Schwergewicht, das durch die Raumgestaltung unterstützt werden sollte.

Wie üblich steht ein Krug mit Wasser da, für den Klienten und für Sie. Besonders bei der ATM-4 ist es wichtig, viel davor und danach zu trinken. Das Beste ist natürlich Rosenquarzwasser, dessen Rezept Sie im Buch „Lemuria - das Land des goldenen Lichts“ im Anhang finden. Streuen Sie ein paar Blütenblätter der Bergrose auf das Wasser.

Die Elemente der Phase sind Wasser und Luft, so ist auch hier ein kleiner Brunnen, wo Wasser über einen Rosenquarz fließt, sehr wirkungsvoll.

Folgende Dekorationen sind hilfreich, um die Schwingung zu erhöhen: das Bild eines Panthers oder von Delphinen, Bilder von weiten Räumen wie Berglandschaften oder weite Täler, über die ein Adler fliegt und „sein Land einnimmt“.

Das Grundsymbol dieser Phase sind zwei miteinander vereinigte Ringe. Man kann Ringe so auslegen oder ein Bild davon aufhängen (z.B. das entsprechende ATM-Symbolbild).

Für den Aspekt des Anahata-Chakras, des Chakras der Thymusdrüse, kann man ein türkisfarbenes Tuch auflegen. Man kann auch Türkise um die beiden goldenen, übereinandergelegten Ringe legen, bzw. jeweils einen Türkis in die drei Bereiche: in den linken Ring, in die Überlappung und in den rechten Ring.

Das Vorgespräch

Die obige ausführliche Beschreibung dieser Phase ergibt sicher genug Anhaltspunkte, um zu ermitteln, ob dies für Ihren Klienten die richtige Massage ist. Wenn der Klient im Alter zwischen 21 und 48 Jahren ist, ist es sowieso richtig und gut, einen ATM-Zyklus (eine Reihe mehrerer ATM-Sitzungen) mit dieser ATM zu beginnen.

Das Thema dieser Phase ist: „Dem erwachenden Herzen Raum geben“. Das können alle Altersstufen brauchen. Sicherlich baut es auch der Todesursache Nummer 1, dem Herzinfarkt, vor. Jede Art von Ängstlichkeit - dem Namen nach auf **Enge** beruhend - weist auf diese Phase hin: Angst ums Geld, Angst, Liebe anzunehmen oder zu geben, Angst, nicht genug geben zu können oder nicht genug zu bekommen. Alle Ängste und sich aus Ängsten ableitenden Verhaltensweisen haben damit zu tun: Geiz und Neid, Mißgunst und Eifersucht, Habgier und Verlustangst.

Menschen, die schwer Fülle und Erfolg zulassen können, sind Kandidaten für diese ATM, solche, die sich schwer einlassen können auf die Verbindung von Sexualität und Herzensliebe, ebenfalls. Lampenfieber, Angst, vor vielen zu sprechen, Prüfungsängste haben mit diesem Bereich zu tun, natürlich auch mit der Phase 5. Hier würde man die ATM-4 mit der ATM-5 kombinieren.

„Ich bekomme oft keine Luft ... mir ist oft so eng in der Brust ... ich fühle mich wie eingeschnürt ...“ sind Aussagen, die auf eine gestörte Phase 4 hindeuten.

Herzrhythmusstörungen haben mit dem rechten Rhythmus von Geben und Empfangen zu tun. Diese Menschen geben meist zu viel und erlauben sich zu wenig Fülle. (Damit meine ich natürlich nicht Körperfülle - die hat nichts damit zu tun. Sie ist allenfalls ein Zeichen dafür, daß wahre Fülle nicht angenommen wird.)

Streß, Streß, Streß beruht meist auf Enge, Enge hinsichtlich Zeit. Das Gegenmittel ist, großzügiger zu sein mit sich und anderen. Die ATM-4 steigert die Großzügigkeit.

Wenn wir Raum haben, können wir uns besser bewegen. So hat die Phase 4 sehr wohl auch mit den Gelenken, dem Bewegungsapparat zu tun, auch mit den Händen, mit dem Empfangen, mit dem Begreifen. Menschen, die von sich behaupten, begriffsstutzig zu sein, brauchen eine ATM-4, die auch das Gehirn ganz wunderbar stimuliert, weil sie den Raum des Denkens öffnet. Die ATM-4 verbindet Herz und Verstand, sie verbindet Herz mit allem, auch mit allen Chakras.

Die Massage

Besonders in der ATM-4, und da besonders, wenn es die erste Sitzung ist, geht es darum, sich bei der Vertrauensbildung viel Zeit zu lassen, lange die Hand zu halten. Der Klient, die Klientin kann sich entscheiden, angezogen zu bleiben, sich halb oder ganz auszuziehen.

Hände liegen lassen - bis der Herzensraum weit ist ...

Die Massage hat im Grunde drei Aspekte, die miteinander kombiniert werden. Einmal den Aspekt der Öffnung des Herzensraumes für die vielen Aspekte des Seins und die Stimulation der Lebensmuster (die persönliche Lebenswahrheit), den Aspekt der Verbindung von Sexualität und Herz in der „Auslotung" durch den Partner und den Aspekt der Stimulierung des Anahata-Chakras, des Mutes und der Entschlossenheit, sich der Welt zuzuwenden.

Zunächst kann man damit beginnen, die Hände im Bereich des Herzens aufzulegen mit den **Mantras**: „Der Raum deines Herzens öffnet sich ... du wirst weit wie das weite Land ... du läßt deinen Panther frei und deinen Adler fliegen." Man kann auch mit den Händen beginnen, zunächst mit der rechten und dann mit der linken Hand. Hier können die Mantras heißen: „Du öffnest dich für das Empfangen ... du gibst und empfängst in der Balance ..." usw. Dann kann man die Füße massieren mit den Mantras „Du verstehst die Tiefe deines Seins ... dein Herz und dein Verstand arbeiten wundervoll zusammen ... ." Schließlich kann man in eine allgemeine Massage übergehen und z.B. auf dem Rücken in der Höhe des Herzens sanft Symbole einmassieren, von denen wir oben schon gesprochen haben. Dazu gehört auch die Doppelspirale, von innen nach außen und wieder von außen nach innen, um das Tor zwischen innerer und äußerer Realität beweglich und flexibel zu halten. Als ATM-Wissende können Sie dann in die Rolle eines Partners, einer Partnerin schlüpfen. Hier können Sie ebenfalls wieder die Hände auflegen oder sanft massieren mit den Mantras: „Ich lote dich aus ... ich erfahre die Tiefen deines wunderbaren Seins ... ."

Wenn es der Klient, die Klientin zuläßt und es stimmig ist, können sie im Verlauf der Massage die eine Hand an den Genitalbereich legen und die andere auf das Herz und einen Verbindungsstrom erzeugen zusammen mit dem Mantra: „Deine Aluah-Energie fließt zwischen deinem Herzen und deinem Schoß ..." usw. Lassen Sie sich ruhig wieder schöne, poetische Mantras einfallen. Die Seele hört zu!

Liebespartner können sich in dieser Position bis zum Orgasmus streicheln. Ein Orgasmus mit dieser Verbindung zum Herzen kann viel heilen. Lassen Sie auch nach der Entladung noch einige Zeit die Hände so liegen, und unterstützen Sie den Kraftstrom zwischen den beiden Zentren. Nicht selten kommt es zu einem „Herz-Orgasmus", einem Lustgefühl genau hinter dem Brustbein, das sich allmählich über den ganzen Körper ausbreitet. Es ist eines der Lieblingsgefühle der Lemurianer. Sie nennen es das „kein-Hunger-kein-Durst-Gefühl". Es ist das Gefühl einer Weite, in der Geist und Seele miteinander immer höher fliegen.

Das Anahata-Chakra erwartet die Mantras: „Du stehst zu dir und zu deinen Fähigkeiten ... du inspirierst die Menschen auf ihrem göttlichen Weg ... ." Die Massage kann eine Handmassage sein, besonders im Bereich des Daumenballens oder sogar direkt auf dem Brustbein mit ganz leichtem, sanftem Klopfen mit den Fingerspitzen. Es ist überhaupt gut, von Zeit zu Zeit die Thymusdrüse aufzuwekken mit einem klopfenden Dreierrhythmus: Tam-Tam-Taaam, auch außerhalb der Massage.

Eine unterstützende oder abschließende Meditation kann die folgende sein: „Den lemurianischen Partner treffen und die umfassende Liebe mit ihm erleben".

Die Lebens- und Seelenphase 5: 49 bis 76 Jahre

„Du kannst Musik hören als Ausdruck deiner Seele, dann hörst du diese Musik auch ganz anders als sonst. Du kannst tanzen zu dieser Musik als Ausdruck deiner Seele. Du kannst ein Buch lesen als Ausdruck deiner Seele, Du kannst durch einen Wald gehen als Ausdruck deiner Seele - und natürlich, du kannst LIEBEN als Ausdruck deiner Seele.

Wichtig ist: Lade deine Seele ein teilzunehmen. Es ist nicht leicht manchmal - weil deine Seele ihre eigenen Wege hat - sie möchte nicht kontrolliert oder überprüft werden - du mußt dich von ihr führen lassen - wie in einem Tanz. Deine Seele bewegt deinen Körper, nicht du."

Lady Di in „Green Hills", S. 59

Name in Lemuria:	Das gereifte Ich
Grundthemen:	**Transformation:** Die Seele durchdringt den Körper, kommt nach außen und findet ihren Ausdruck • Körper und Seele werden zu einem neuen Wesen • Entwicklung hin zum Urbild, zum Original, zum Kristall, zum Höheren Selbst • Vollkommenes Selbst-Bewußtsein • Einklang mit der Lebenswahrheit und -meisterschaft • gemeinsame Präsenz von Anima und Animus
Fähigkeiten:	Präsenz und Ausdruck • Charisma • Motivation • Kommunikation • Einfühlungsvermögen • Stärke aus der Kompetenz heraus • Werte setzen, vertreten und voll leben • Zugang zum inneren Genius • Super-vison und Führung
Energie:	DIE STIMME
Archetypen:	Der Redner • der Genius • der Rufer
Mythologische Wesen:	Drache • Adler
Verbündete Tiere:	Adler • Wal
Blumen • Pflanzen:	Akelei, Kornblume, Glockenblume, Glyzinie
ATM-Öl-Essenz:	No. 5 • DAS ERLEBEN: Sich selbst voll bewußt sein
Essenz-Symbole:	● ● LUFT/LUFT • HARMONIE/HARMONIE
Hauptsymbole der Phase:	Der Kristall • der Adler
Elemente • Phänomene:	Luft • Wolken, Regen
Einweihungen und Feste:	Die große Stimme • der große Gesang • die Prüfung und der Segen der Ältesten • die Aufnahme in den Kreis der Ältesten
Einweihungsvorbereitungen:	3 Tage heilige Einsamkeit • das Lebensmandala • mystische Begegnungen • Gespräche mit der Seele

Chakra:	Das Halschakra
Farben:	Himmelblau • hellblau • silber
Basiston:	A
Steine:	Aquamarin • heller Sodalith • blauer Coelestin • blauer Topas • Saphir • Blauquarz • Cyanith • Chalzedon
Drüsen:	Schilddrüse • Nebenschilddrüse
Sekrete • Hormone:	Sperma • Stoffwechselhormone
Hauptorgane:	Stimmbildende Organe • Hörorgane
Neuralgische Bereiche:	Atemwege • Hals-, Nasen-, Ohrenbereich • Nacken • Schultern • Kiefer- und Gesichtsmuskeln • Mandeln (Tonsillen)
Kardinalfrage:	Bringe ich genug zum Ausdruck?
Globales Mantra:	Die Welt ist ein Ausdruck der geheilten Menschenseele.
Zentrales Mantra:	Du bist Ausdruck und Selbst-Bewußtsein.
Weitere Mantras:	Du erwachst zu deinem Kristall • Du erschaffst deine Welt und bist dir dessen voll bewußt • Du gibst deiner Seele Ausdruck • Du transformierst dich zu deinem Kristall, zu deinem Original • Du vergibst dir und anderen • Du bist selbstbewußt, reif und mutig • Du bist präsent und authentisch • Du bist eins mit deinem Höheren Selbst • Dein Lichtkörper ist geheilt.
Massagebereiche:	Hände • Füße • Schultern • Nacken- und Hals- und unterer Gesichtsbereich • Ohren • bestimmte ausgewählte „tote" oder schwache Bereiche - jeweils mit den zugeordneten Themen
Massagetechnik:	Schwebend oder mit sanftem Druck • Lichtfaserregeneration mit Kristallen • Energiearbeit: Übertragen von „Originalen" • anblasen
Fürsorgebereiche:	<u>**Somatisch/Körperfunktionen und -fähigkeiten:**</u> Hals und Kehle • Nacken • Halswirbelsäule • Atmung • Schilddrüse • Gelenke • Stoffwechsel • Zellstoffwechsel • Gehirnfunktionen • Sprechen und Hören • Zähne • Kreislauf **Beschwerden:** Steifheit • Gelenkschmerzen • Rheuma • Arthritis • chronischer Husten • Halsschmerzen • Angina • Schluckbeschwerden • Übelkeit • Schilddrüsenprobleme • Probleme mit Gehirnfunktionen • Sprechstörungen • Asthma • Hörprobleme • kalte Füße und Hände • Krebsleiden <u>**Mental/Beruf/Außenwelt:**</u> Manifestation • Lebensgestaltung • Selbstausdruck • Entscheidungsfreude • Stimme • Vortrag • Kommunikation **Beschwerden:** Erregungszustände oder Apathie • Angst hauptsächlich in Hinsicht auf Kommunikation (Hals wie

zugeschnürt) • keinen klaren Gedanken mehr fassen können • alles hinschmeißen wollen, „Schluß machen mit allem" • übermäßige Gier (den Hals nicht voll kriegen) • Magersucht • Freßsucht • Angst vor Entscheidungen • Aufschieben

Seelisch/Liebe/Innenwelt: Lebensmut • Lebenswahrheit • Zukunftsvertrauen • Selbstvertrauen • Vertrauen zur eigenen Seele • das Mystische • Vergebung • Gerechtigkeit • Inkarnationen

Beschwerden: Sinnlosigkeit des Lebens • negative Krisen • völlige Verunsicherung darüber, „was innerlich passiert" • Festhalten an Schuld • nicht vergeben können oder wollen • Inkarnationstraumata • Depressionen • Festhalten an patriarchalischen Prinzipien

Spirituell/Gottesbeziehung/Höhere Welten: Einssein und sich eins fühlen mit dem Höheren Selbst • **Beschwerden:** Nichts mehr mit all dem Spirituellen zu tun haben wollen • Trennungsschmerz von Gott • Verdammtheitsgefühle • Gott und sich selbst nicht vergeben können

Traumamuster: Wahrheits-, Ausdrucks- und Redeverbot • Overprotection und Kontrolle • **Inkarnation:** Strangulierung • Einmauern • Parolen und Mitläufertum • blinder Gehorsam • für die Wahrheit bestraft werden • der einsame Rufer in der Wüste

Grundaussagen: **Negativ:** Ich habe keine Stimme, muß mich unterordnen, kann nichts manifestieren • Ideen bleiben leider nur Ideen • Ich möchte mich am liebsten verstecken • Ich kann und will das nicht mehr hören • Ich kann mich so schlecht entscheiden • Mir ist immer kalt.

Positiv: Mein Leben macht einen Sinn, mehr als je zuvor • Ich fühle mich eins mit meiner Seele und meinem Höheren Selbst • Ich vertraue meinem Lebensweg • Ich drücke mich aus • Ich zeige mich.

Meditationen:
- Vereinigung mit dem Höheren Selbst
- „Giving voice to your soul" von *Lazaris*
- „Forgiving" (Vergebung)

5A. Die fünfte Seelenphase in Lemuria

Der Körper war für Lemurianer ein Tor, ein Zugang zu anderen Realitäten, wie die Seele und der Geist, wie alles, was ist. Zum Ende der 4. Phase war er in all seinen Fähigkeiten zu seiner Reife gelangt, und auch die Fähigkeit des Menschen, den eigenen Körper als Tor, als Membran, als „Werkzeug" der Kommunikation zwischen innen und außen zu benutzen, war zur Vollendung gekommen.

Jetzt, in der 5. Phase, begann für die Lemurianer die eigentliche Zeit der Seele, die den Körper durchdrang, durch dieses Tor schritt und nach außen kam. Dadurch geschah eine ganz neue Einheit von Körper und Seele, eine Durchdringung von beiden, eine vollkommene Synergie.

In der **dritten** Phase hatten sich Körper und Seele miteinander verbunden, nun aber, in der **fünften** Phase, wurde aus Seele und Körper etwas Neues - ein eigenes Wesen. Dieses Wesen nannten die Lemurianer auch „den Kristall", der wiederum ein Tor war zum Urbild, zur geistigen Entsprechung im Himmel, zum Sternenwesen. Nach lemurianischer Auffassung entwickelt sich der Mensch durch die Lebensphasen hindurch immer mehr zu seinem Urbild, zu seinem Höheren Selbst, zum „Original" hin und wird dadurch immer weiser und verständiger, immer offener für die höheren Welten und Wahrheiten und dadurch ein immer besserer Ratgeber.

Die Frucht ist reif und fällt vom Baum. Das Innere kommt nach außen, die Samen beginnen zu keimen, und ein neuer Baum wächst. Dieser neue Baum ist die Seele, die schon immer in dem Apfel war und jetzt nach außen kommt und ihren ureigenen Ausdruck findet.

Mit 49 Jahren also begann dieses Wachstum des neuen Baumes, eingeleitet durch die Einweihung der Reife. Auch dies war in Lemuria ein großes, mehrtägiges Fest, an dem wieder das ganze Dorf teilnahm. Wieder begannen diese Tage mit einer Phase der heiligen Einsamkeit, diesmal aber nur drei Tage. Das waren die Tage der „heraustretenden" oder auch der „ausdrucksuchenden" Seele. Der Mann, die Frau verließen für diese Tage ihre Familie und zogen sich auf ihren heiligen Platz zurück. Dort wurde meist eine eigens dafür errichtete Hütte, eine eingerichtete Grotte oder eine Art Zelt bezogen, je nach Jahreszeit und Gegend. In Küstennähe Lebende fuhren mit einer Art Floß für 3 Tage hinaus auf die See oder kampierten auf ihrem Lieblingsfelsen am Meer.

Zunächst legten sich die Initianden ein **Mandala**, einen Altar. In der Mitte stand der Lebenskristall. Um diesen legten sie wichtige persönliche Dinge, Erinnerungen an Stationen ihres Lebens, Geschenke, Hinweise und Unterstützungen von besonderen Menschen und Wesenheiten, alles, was eine bestimmte Bedeutung hatte, eine bedeutsame Schwingung und Energie ausstrahlte. Beim

Legen erinnerten sie sich dankbar an das Bisherige und brachten noch einmal alles in einen Zusammenhang und Zusammenklang mit der eigenen Lebensmission. Für manche Ereignisse nahmen sie auch symbolische Gegenstände. Sie arbeiteten so lange daran, bis das Mandala die höchste Kraft und Magnetik hatte, bis alles „stimmte“. Lange betrachteten sie das Ganze, bis sie erkannten, wie perfekt alles zusammen harmonierte, bis es EIN KLANG war. In diesem Augenblick sahen sie vor sich ihre Lebenswahrheit.

Das Legen des Mandalas ging einher mit der Befragung der Seele, wie sie das bisherige Leben empfinde. Es war ein Tag mit vielen Gefühlen, tiefen Einsichten - und am Abend mit großer Freude. Das war der **erste** Tag.

Der **zweite** Tag war der Tag des **großen Gebetes**, eine Zwiesprache mit Gott und Göttin. Das Mandala und damit das ganze bisherige Leben wurde vor ihnen ausgebreitet. Dann bat man Gott und Göttin, alles mit ihrer Liebe und Kraft zu erfüllen, zu reinigen und zu heiligen. Der Proband schaute nun mit den Augen Gottes auf sein Leben und auf das Mandala, rückte Dinge noch einmal neu zusammen, legte um - bis alles eine noch größere Strahlkraft hatte, die jetzt auch in die Zukunft wirkte. Am Abend wurde das Lebensmandala sinnbildlich für das eigene Leben Gott und Göttin zum Geschenk gemacht.

Der **dritte** Tag war der Tag der **Vision**, an dem eine spirituelle Versammlung abgehalten wurde. Es war eine Entrückung auf eine andere (die kausale) Ebene, in der man mit den Helfern aus der geistigen Welt, mit dem Höheren Selbst über das vor einem liegende Leben zu Rate saß. Auch zukünftige Inkarnationen spielten hier eine Rolle. Am Ende des Tages, am Abend „des Entzückens“, erhielt der Lemurianer, die Lemurianerin in einer tiefen Versenkung den „großen Segen“, der die eigentliche Durchdringung von Seele und Körper und die Transformation zum Kristall vollzog.

Dies waren die Tage der Einweihung, während derer die Probanden ganz für sich waren.

Am Morgen des **vierten** Tages kehrte der Eingeweihte in seine gewohnte Umgebung zurück. Jetzt sah er alles mit neuen Augen. Er zog mit der ganzen Familie durch Haus und Garten, Felder und Wälder, erklärte und zeigte, schlug Neuerungen und Verbesserungen vor, die in den folgenden Tagen und Wochen von allen mit Freuden vollzogen wurden. Der ganze Tag gehörte der **Familie**, die den weisen Worten des Eingeweihten, der Eingeweihten lauschte.

Am Abend war der Abend „**der großen Rede**“, in der die Probanden aus ihrer Seele heraus zum ganzen Dorf sprachen. Alle waren versammelt, sogar die Kinder waren dabei und schliefen vielleicht irgendwann ein. Es war keine gewöhnliche Rede. Sie war begleitet von ausdrucksstarken, fast tänzerischen Bewegungen, Singen, Schreien, Rufen, allen möglichen Lauten - eine richtige „Performance“, würde man heute sagen.

Während der Rede kam über die Gemeinschaft eine Ekstase oder Verklärung, so daß sich die Zuhörer mit einschwangen, mitredeten, mitjubelten, mitsangen, bis die Ekstase alle erfaßte. Es hörte sich an wie ein Chor, der die Seelenrede begleitete, bis alle sich in EINEM gemeinsamen Bewußtsein zusammenfanden. Dies war ein grandioses Erlebnis und ein besonderer Segen, da sich ein „Raum" von Synergie öffnete, die das Dorf noch tiefer vereinte. Dieser „Raum" wurde das „Entzücken der Seelen" genannt.

Mitunter wurden diese Einweihungstage auch auf die Sonnenwendfestivals verlegt, um ihnen eine besondere Kraft zu verleihen. Der vierte Tag fiel dann zusammen mit dem heiligsten Tag der Sonnenwende. Am festlichen Abend hielt dann der Eingeweihte vor Tausenden von Menschen seine Rede. Diese Ehre wurde insbesondere Wissenden und Lernenden aus den Kristallstädten zuteil.

Am **fünften** Tag war dann die Aufnahme in den Rat der Ältesten, wieder am Gemeinde-Kristall. Dort fand ein großes Einweihungsfest statt, zu dem nicht selten Wissende aus den Kristallstädten kamen, um den „neuen Menschen" zu begrüßen und zu segnen. Wieder gab es ein großes Festessen und viele Geschenke.

Am Abend, bevor alle heimkehrten, segnete der Eingeweihte alle Festgäste, indem er jedem die Hand auflegte. Dann machte er oder sie eine Runde im ganzen Dorf, um auch die zu besuchen und zu segnen, die nicht kommen konnten, und um Häuser, Gärten, Tiere und Pflanzen zu berühren und zu heiligen.

5B. Die Aluah-Ashamah der fünften Seelenphase in Lemuria

Sie war meist eine Fuß- oder eine Handmassage, mitunter auch eine Teilkörper- und auch Ganzkörpermassage. Es ging um die transformatorische Erweckung des Körpers zu seinem Kristall. Es ging um die Transformation des Menschen zu seinem Original, zu seiner göttlichen Präsenz, zu seiner Ausdruckskraft und zu seiner Lebensmission.

Es ging darum, die Botschaft der Verschmelzung von Körper und Seele in der Einheit mit dem Höheren Selbst und Jashuah in den Körper mit dem heiligen Öl einzumassieren, damit die Seele noch mehr bestärkt wurde, mit ihrer Schönheit, Liebe und Weisheit herauszutreten und zum Ausdruck der Lebenswahrheit zu werden. Ausgeführt wurde diese Massage durchaus von Partnern, aber auch von Massagewissenden. Ich sah aber auch, daß kleine Kinder die Hände oder gar die Füße ihrer Eltern oder von Onkel oder Tante, Großmutter oder Großvater massierten und dabei ihre intuitiv empfangenen Mantras sangen. Dabei waren sie ganz und gar mit Gott und Göttin verbunden und deren Kanal - die beste und reinste Art, Botschaften zu empfangen und weiterzugeben.

Solche Massagen wurden auch mit Kristallen ausgeführt, mit warmen oder heißen Steinen - und mit Luft. Ich sah, wie die Massierenden auf die Hände und Füße bliesen, bestimmte Partien dort anbliesen. Bei Partnermassagen legten sie manchmal die Lippen auf den Bauch und bliesen, so daß die Lippen und die Bauchdecke vibrierten. Das gab zwar ein sehr merkwürdiges Geräusch, schien aber gut zu tun.

Die Atemluft war in Lemuria ein Symbol von Mama-Ahanah, dem „Heiligen Geist" von Lemuria (Aluah ist ein Aspekt von Mama-Ahanah). So ist dieses Anblasen ein symbolisches zum Leben Erwecken. Lemurianische Heiler haben generell viel mit dem Atem und mit dem Speichel behandelt. Die auf dem Bauch in der Nabelgegend aufgelegten vibrierenden Lippen bringen zusätzlich die rote und orangene Aluah-Kraft des 1. und 2. Chakras (die Farbenkomplentäre zum 5. Chakra) in Bewegung und auf dem 3. Chakra, dem Bedeutungskomplementär des 5. Chakras, die Lebenskraft der Sonne und die Manifestationskraft des Gefühls (die Erweckung des „sympathischen Systems").

Die Massage war auch eine Regenerations- und Heilmassage. Die „kranken" Muster des Körpers wurden „angesteuert" und die gesunden originalen Muster einmassiert. Dazu wurde zuvor Kontakt mit dem Sternenstrahl des Behandelten hergestellt, und aus diesem Sternenstrahl wurden dann die Originalmuster der entsprechenden Organe, der entsprechende Aspekt empfangen. Bei den meisten Lemurianern war dies der Sirius-Strahl. Während die eine Hand auf dem entsprechenden Körperbereich ruhte oder ein entsprechender Bereich in der Hand oder am Fuß massiert wurde, suchte die andere Hand sozusagen den Himmel nach dem Sternenstrahl ab und empfing die Originale.

5C. Die fünfte Seelenphase in der heutigen Zeit

Etwa mit dem 49. Lebensjahr, so haben wir erfahren, will die Seele nach außen treten, will die Seele sich mit dem Körper zu einer neuen Person vereinigen, dem eigentlichen, dem WAHREN Ich. Die Seele will sich Gehör und Ausdruck verschaffen. *Lazaris* spricht vom „Double", einem kraftvollen Aspekt des Ichs, das sich mit der Seele vereint und in dieser Einheit Großes zu vollbringen vermag.

Aus der Versöhnung und Vereinigung von Anima und Animus in der 4. Phase sollte nun allmählich eine Verschmelzung werden. Man könnte die 5. Phase die „androgyne" Phase nennen, hauptsächlich bezogen auf den seelisch-geistigen Raum, mitunter aber auch mit körperlichen Symptomen und Veränderungen („Wechseljahre").

Viele Menschen verpassen diesen recht radikalen Wandel oder interpretieren die in dieser Zeit auftretenden inneren und äußeren Krisen und (auch körperlichen) Veränderungen falsch. Sie lassen sich behandeln, therapieren, nehmen Antidepressiva und Sedativa, um die „unruhige“ Seele, die „alles durcheinanderbringt“, zu beruhigen und sie wieder in die linearen Schranken zu verweisen. Vergebene Liebesmüh‘. Das funktioniert nicht. Die Seele läßt sich nicht wirklich beruhigen oder gar abweisen. Möglicherweise greift sie zu „bewährten“ Mitteln, d.h. sie arrangiert etwas, damit sie Gehör findet: Das kann eine Krankheit sein, ein Unfall, aber auch das Ende einer Partnerschaft, die zuviel Energie verschlang, oder eine sonstige Beendigung eines Zyklus, sogar das Ende des Lebens. Die Seele hängt nicht so sehr am physischen Leben wie wir, denn sie weiß, daß es nur **eine** Form des Lebens ist und daß sie unsterblich ist.

Wenn dem Anspruch der Seele nachgegeben wird und die oben beschriebene Verschmelzung tatsächlich geschehen darf, bekommt das Leben eine ganz neue Richtung, eine ganz neue Ebene. Diese Ebene ist vielleicht mit „transzendental“ oder „metaphysisch“ zu benennen. Metaphysik, die Ebene jenseits der Physis, ist das eigentliche Tor der Seele, um in die Außenwelt zu treten. Damit ist nicht „Religion“ gemeint, obwohl viele Menschen in dieser Zeit sich wieder Religiösem zuwenden - gemeint ist die Erweiterung des Bewußtseinsraumes und des Verständnisses, was „real“ ist. Metaphysik fragt nach dem, was sich hinter den Dingen verbirgt, was die Grundmuster des Seienden sind, was für kosmische Gesetze herrschen, welche Mysterien, Archetypen, welche Rätsel und Urfragen zugrunde liegen. Körper und Seele bilden eine neue Einheit und Präsenz des Bewußtseins, das die Welt noch umfassender verstehen will, um weise, bewußt, schöpfungsgerecht und segensreich handeln zu können.

Gerade deshalb können Menschen in diesem Lebensalter, wenn es denn halbwegs phasengerecht gelebt wird, noch einmal so unerhört kreativ sein und mit genialen Lösungen zu Problemen aufwarten. Es ist eine intuitive, inspirierte und inspirierende Genialität, die in die Zukunft sieht. So haben wir die Werkzeuge der Realitätsschöpfung in der Hand und können in und für die Welt Dinge tun, die vorher so nicht möglich erschienen, weder für andere noch für einen selbst.

Einschneidende Veränderungen stellen sich während dieser Lebensphase ein. Nicht selten wird der Beruf gewechselt, oder man steigt aus dem bisherigen Beruf aus. Manchmal geht eine Firma bankrott, damit der ehemalige Geschäftsführer ganz neue Wege in seinem Leben gehen kann - Wege, die zu seiner wahren Lebensaufgabe, zu seinem Lebenspurpose, vielleicht sogar zu seinem göttlichen Auftrag passen. Daher soll man solche Menschen nicht verurteilen. Es kann durchaus sein, daß eine **Seele** eine Firma zumacht und nicht der **Banker**!

Wer in dieser Zeit nicht (auf die Seele) hören will, <u>muß</u> fühlen!

Auch wird in dieser Phase die Frage nach dem WAHREN Partner, dem „Seelenpartner“, noch einmal sehr aktuell. Die bisherige(n) Partnerschaft(en) werden geprüft: Wieviel Seele haben wir in unserer Partnerschaft, wieviel seelisch-geistige Befriedigung erleben wir, wie stimmig ist unsere Liebe, wie ist die körperliche Liebe auch Ausdruck von Geist und Seele. Auch hier kann es zu „Ausbruchsversuchen“ kommen.

Wenn also Klienten zu Ihnen kommen, die mit ihrem bisherigen Beruf bzw. Partnerschaft ganz plötzlich nichts mehr anfangen können, sich nach etwas sehnen, das sie gar nicht so genau definieren können und deshalb möglicherweise unglücklich oder verunsichert sind, dann können Sie die frohe Botschaft von der Seele bringen. Allein das Verständnis dieser Phase kann dem Klienten wieder Mut machen - und vielleicht kann er sogar den Beruf unter den neuen Vorzeichen weiterführen und seine Partnerschaft erhalten.

Die Frage an einen solchen Menschen ist: „Wie könntest du in deinem Beruf, deiner Partnerschaft mehr deine Seele zum Ausdruck bringen?“ Der Betreffende könnte in seinem Betrieb z.B. eine Sprechstunde oder Lebenshilfe einrichten. Dies wird der Seele sehr gefallen, da eine ihrer Eigenschaften, ihr Mitgefühl, zum Ausdruck kommt. Gesprächskreise, Seminare, Vorträge, in denen es um Philosophisches, um Poesie, um Lebensthemen geht, helfen der Seele im Verlangen nach Ausdruck. Auch die Gründung und Unterstützung von karitativen Einrichtungen, die Übernahme einer Patenschaft, das Engagement für Tiere etc., sogar Blutspenden geben der Seele eine Plattform für Ausdruck.

In der Partnerschaft könnte man sich bewußt den seelischen Aspekten zuwenden, zusammen Dinge tun und erleben, die der Seele Freude machen: ein längerer Urlaub an einem schönen Ort, Konzerte, Theater, aber auch gemeinsame Engagements im karitativen Bereich.

Obdachlose z.B. sind ein Ausdruck der Heimatlosigkeit der Seele - und so ist eine für Obdachlose veranstaltete Weihnachtsfeier sicher etwas Wunderbares für die Seele. Auch ein Besuch im Krankenhaus, das Gespräch mit Todkranken, mit alten Menschen tut der Seele gut. Alles Kreative, das sich mit der Zukunft beschäftigt, mit neuen Erfindungen und Lösungen zu weltweiten Problemen beiträgt, Mitgefühl für Mensch und Natur ausdrückt, ist wundervoll für die Seele. Globale Meditationen, Gebetskreise, innerliches oder sogar äußerliches Reisen zu Krisengebieten, um dort zu helfen und zu segnen, sind Reisen der Seele.

In dieser Seelenphase erwachen die spirituellen Ressourcen und blühen auf wie nie zuvor. Wissen von anderen Seinsebenen wird wach und will sich äußern. Die Seele erhebt ihre Sinne und schaut weit hinaus in andere Inkarnationen, ob sie etwas finden kann, was in der jetzigen Zeit anwendbar ist. So sind Reisen zu heiligen Plätzen durchaus förderlich.

In allen Bereichen sollte man sich um „Führung“ bemühen. Das heißt, daß man die eigenen Führungsqualitäten ausbauen und dabei für höhere Inspiration offen sein sollte.

Ein weiteres Thema dieser Lebensphase ist das Entwickeln einer persönlichen Lebensmeisterschaft.

Alles, was wir tun, sollte mit der eigenen Lebensmission im Zusammenhang stehen und sich darauf fokussieren. Es ist auch die Zeit des Erfolges „ohne Kompromiß", des wahren Erfolges, in dem das „Wie" und das „Warum" genauso wichtig sind wie das „Was". Motiv, Mittel und Ergebnis sind nun stimmig und in Balance. Das ist wahrer Erfolg und wahre Lebensfreude.

Die Schwierigkeiten im Beruf oder auch privat entstehen nicht, weil die Seele lieblos ist, sondern im Gegenteil: Sie liebt so immens, so leidenschaftlich, daß sie zu diesen Mitteln greift, falls sie keine anderen vorfindet. Unser Glaubenssystem ist bislang so ausgerichtet, daß wir **glauben**, daß sich die Seele **durch Krisen** äußert. Das ist aber nicht ihre Präferenz.

Die tiefsten seelischen Begegnungen - so können wir aus den großen Filmen und Romanen erfahren - geschehen inmitten von Katastrophen. Man könnte es das Doktor-Schiwago-Syndrom nennen. In diesem Film/Roman ist fast alles enthalten, was man über die Beziehung zwischen Mensch und Seele aus heutiger Sicht erfahren kann. Viele der alten Hollywood-Filme („Vom Winde verweht", „Wem die Stunde schlägt", „Casablanca") sind noch rechte Seelenfilme, meist eingebettet in Katastrophen oder schwierige Zeiten oder Umstände. Heute gibt es in Filmen fast ***nur*** *noch Katastrophen und schwierige Zeiten, und die „Seelenfilme" sind auf die Ebene von Seifenopern gesunken (z.B. „Gute Zeiten, schlechte Zeiten" - man beachte den lapidaren Titel!).*

Der Autor hofft zutiefst, daß wir nicht wieder große Katastrophen brauchen, um der Seele Raum zu geben. Die kleineren, meist ziemlich weit weg von uns stattfindenden, sind Hinweise und Ermahnungen an uns, der Seele Raum und Ausdruck zu geben.

(Obiges habe ich im August 2001 geschrieben. Inzwischen wissen wir, daß es leider anders kam und die Menschenseele eine neuerliche große Erschütterung inszenierte, um uns endlich zum Umdenken und Umlenken zu bewegen - oder auch einfach dazu, endlich einmal innezuhalten und die Gemeinsamkeiten und die Liebe zwischen den Menschen, Völkern, Religionen und Nationen zu bedenken.)

Wirkliche spirituelle Intelligenz und spirituelle Kompetenz können sich nur auf der Ebene der Einheit von Körper und Seele entwickeln. Spirituelle Kompetenz und Intelligenz sind aber unabdingbar für ein rundes und sattes Leben, ein Leben, in dem die Lebensmission erfüllt wird und wir gelernt haben, wahren Erfolg zu manifestieren. Das ist, was wir alle im Grunde wollen - das ist, was uns „nach Hause" bringt, das ist, was wir Gott zum Geschenk machen wollen.

Die **Sprache** der Seele ist Poesie. Die **Aktivitäten** der Seele sind aktive Liebe, aktives Mitgefühl, aktive Anteilnahme am Geschehen um uns herum und in der

Welt.

Der Seele **Stimme** geben - „giving voice to your soul" - ist das Thema dieser Zeit.

In Lemuria gab es für die Seelenerforschung die oben beschriebene 3-Tage-Reise in die Einsamkeit, in der das bisherige Leben bewertet und danach die festlichen zwei Tage der Neuorientierung, des Ausdrucks und der Visionen begangen wurden.

Auch in der heutigen Zeit sind eine oder mehrere solche Zeiten der Selbsterforschung und Visionssuche im Verlauf der fünften Phase äußerst segensreich und verstärken die Erfolge der ATM.

Was sich in dieser Phase ebenfalls ändert, ist das Körpergefühl. In vieler Weise wird der Körper und sein empfindlichstes Organ, die Haut, sensibler und mehr und mehr als „Bewußtsein" erfahren. Die Körpersinne können sich ebenfalls verändern. Dinge, die wir früher mochten, können wir mit einmal nicht mehr essen oder trinken. Plötzlich tut einem gut, was man vorher verschmähte. Bestimmte Gerüche sind auf einmal lästig. Manche Geräusche werden als zu heftig erlebt, manche Musik kann man nicht mehr hören. Viele empfinden die Stille jetzt als sehr wohltuend. Der Sinn und das Motiv von Berührungen werden so viel deutlicher gespürt (daher ist der lieblose Umgang mit dem Körper eines älteren Menschen für diesen die Hölle). In dem Maße, wie wir der inneren Realität erlauben, nach außen zu treten, werden Körper und Umwelt mehr und mehr als „Illusion" erfahren. Dies setzt sich in den folgenden Jahren und in der nächsten Phase noch fort. Dagegen zu kämpfen, ist vergebene Liebesmüh', aber unter Umständen die Ursache mancherlei Beschwerden.

Die fünfte Phase ist auch eine Zeit der „Vergebung". Sich selbst vergeben, dem Partner vergeben, vielleicht sogar Gott vergeben. Vergebung ist mehr als einfach nur vergessen, was geschah. Es ist eine Möglichkeit, der Seele Tore zu öffnen, die vorher wegen des Festhaltens an alten Wunden und Geschehnissen verschlossen blieben. Menschen, die sich selbst oder anderen nicht vergeben können, können auch ihrer Seele keinen Ausdruck verleihen.

Vergebung ist ein Aspekt von Mitgefühl und Würde. Sie anerkennt und bereitet den Weg von der Trennung nach Hause, zur Vereinigung, zum Einssein - den Weg der Seele ...

5D. Die Aluah-Trance Massage der fünften Seelenphase heute

Die Massage der 5. Stufe ist die Massage der **Transformation**. Sie berührt alle Gebiete des Lebens, in denen Transformation angesagt ist. „Transformation" ist etwas anderes als „Veränderung". Transformation geht sehr viel tiefer und ist von Natur aus heilend und hilft, die Vergangenheit loszulassen. Insofern ist sie auch eine Massage der Vergebung. Sie unterstützt darin, schlechte Erlebnisse und Erfahrungen auch positiv zu bewerten und das „Juwel“ darin zu finden.

Des Weiteren ist sie die Massage der Vervollkommnung. Eine neue Art von Selbst-Bewußtsein wird erlangt, indem wir uns mehr mit Seele und Geist verbunden fühlen und das Körperliche an Dichte abnimmt. Materielle Bedürfnisse werden zugunsten von seelisch-geistigen Bedürfnissen aufgegeben. Es ist eine Zeit der Regeneration des inneren Lichtkörpers, der „Lichtfasern“, die durch traumatische Erlebnisse, durch Erlebnisse der Verletzung von Integrität und Würde, gebrochen sind.

Weil sie dem 5. Chakra zugeordnet ist, ist die ATM der Lebensphase 5 auch eine Massage der Unterstützung des Ausdrucks. Das Selbst als Einheit von Geist, Seele und Körper drückt sich in der Welt als das „gereifte Ich“ aus. Dieser Selbstausdruck kann durchaus charismatische Züge haben und das in der 4. Phase sensibilisierte Anahata-Chakra noch verstärken und klären. Es ist die Zeit der klaren Worte, der Wahrheit und der Liebe zur Welt, die das widerspiegelt, was man selbst erreicht hat und noch erreichen will.

Die Vorbereitung

Da eine Handmassage durchaus ausreicht, kann der Klient auch in einem bequemen Sessel oder in halbsitzender Position auf einer Liege ruhen.

Der Raum sollte gut durchlüftet sein. Der Blick in den blauen Himmel ist förderlich, sowie das Aufhängen von leichten hellblauen Tüchern, die sich sanft im Wind bewegen. Bilder von Vögeln (z.B. Möwen) gegen den blauen Himmel über einer Meeresküste mit Blick über das weite Meer oder Adler über tiefen Tälern sind gute Schwingungsverstärker. Man kann die Massage auch unter freiem Himmel geben, an einem geschützten Ort.

Falls eine Kristallmassage bzw. eine Kristallakupunktur vorgesehen ist, sollte der Kristall fertig präpariert auf einem Tischchen liegen. Der Kristall sollte „heiß“ sein, sozusagen auch in Vorfreude auf das Kommende. Er sollte in lemurianischer Weise gereinigt, auf die zu behandelnde Person programmiert und um Einverständnis gefragt worden sein.

Der Hauptstein der ATM-5 ist der Aquamarin und alle anderen mittel- bis hellblauen Steine: blauer Coelestin, blauer Topas, Saphir (als Korund mit der Verbindung zur 1), Blauquarz, hellerer Sodalith, Cyanith. Mit dem Aquamarin läßt sich wunderbares Wasser herstellen, insbesondere mit einem kleinen **geschliffenen** Aquamarin, der im Wasser liegend eine Zeitlang der Sonne ausgesetzt war. Davon sollten die Klienten reichlich trinken, aber erst ganz kurz vor Massagebeginn, damit sie während der Massage nicht austreten müssen.

Der ATM-Gebende sollte sich auf die Massage der Phase 5 besonders im Hinblick auf das Thema „Ausdruck“ vorbereiten. Wie bei allen anderen Phasen ist es hier besonders wichtig, sich vorher kurz (15 Minuten) hinzusetzen und mit der eigenen Seele Verbindung aufzunehmen. Dabei hilft es, laut etwas Schönes zu lesen oder mit Ausdruck zu singen.

Auch eine Übung zur Verstärkung der Selbstliebe ist angebracht. Sieh dich einige Minuten im Spiegel an, und räume innerlich alles aus, was dich an dir selbst stört. Sprich dann ein paar liebe Worte zu dir. Viele, selbst spirituell hochstehende Menschen lieben sich nicht. Die Gründe dafür können hier nicht alle genannt werden, aber einer ist sicher, es ist der Mangel an Selbstvergebung. Gerade sirianisch geprägte Menschen können sehr hart mit sich selbst sein, insbesondere wenn ein Elternteil hart war, und er dies in der Kindheit zu spüren bekam.

Die Zeit ab 49 Jahre ist ganz sicher auch eine Zeit des Übergangs zu einer gewissen Sanftheit und Hingabe an das Göttliche. Dies sollte der ATM-5-Gebende ausstrahlen.

Der Raum kann mit blauen, weißen und rosa Steinen magnetisiert werden. Eine Anordnung kann folgendermaßen aussehen: Unter dem Massagesessel bzw. der Liege liegt ein Aquamarin. Diagonal im Raum ein blauer oder klarer Quarz, jeweils gegenüber Rosenquarz. Der Rosenquarz bringt die Sanftheit, der blaue oder weiße Quarz die Reinheit. Der Aquamarin fördert die Ausdruckskraft und die liebevolle und klare Kommunikation. Er ist der Verbinder zum Herzen und dem Anahata-Chakra. Der blaue Topas ist insbesondere förderlich für die Tiefe der Transformation. Der blaue Coelestin fördert die Einheit mit dem Höheren Selbst, der Sodalith verbindet den Ausdruck mit der Erkenntnis (dem 6. Chakra), der Chalzedon sorgt für Stabilität und Sicherheit, wenn man dem Ausdruck Form gibt.

Das Vorgespräch

Das Vorgespräch sollte, wie immer, in einer liebevollen Atmosphäre stattfinden - ohne jede Interpretation oder Bewertung. Einfach zuhören. Wenn Menschen dieser Lebens- und Seelenphase, also im Alter zwischen 49 und 76 Jahren, zu Ihnen kommen, werden sie möglicherweise von seltsamen, vielleicht auch schmerzhaften inneren und äußeren Veränderungen und Befindlichkeiten berichten. Meist haben diese mit dem eigenen Selbst-Bewußtsein und mit dem Thema „Wer bin ich eigentlich wirklich?“ zu tun. Die Frage nach dem Lebenssinn stellt sich in diesem Alter noch einmal sehr vehement. Mitunter ist dies mit Scham verbunden: „Eigentlich müßte ich ja wissen, wer und was ich bin, müßte mein Leben im Griff haben ...“, oder: „Ich habe doch so viel an mir schon gearbeitet und jetzt das ...“, oder: „Ich dachte, ich hätte alles erreicht, und jetzt erscheint es mir so bedeutungslos ...“ Oft sehen sie sich dem Paradox gegenüber, daß sie durchaus erfolgreich sind, sich aber nicht darüber freuen können. „Da ist noch etwas, was ich tun oder erleben will, und ich weiß nicht einmal genau, was das ist ..." Eine neue Art von Sehnsucht und Unbefriedigtsein taucht auf. „Alle sagen, ich sollte doch mit dem zufrieden sein, was ich erreicht habe - aber ich bin es einfach nicht! Soll denn das alles gewesen sein?" Was auftaucht, sind vergessene oder unterdrückte Sehnsüchte: „Eigentlich wollte ich schon immer am Meer wohnen, am Strand, in einem kleinen Haus unter Palmen - und nur malen und Musik machen ... und lieben ..."

Bitte denken Sie daran, besonders wenn Sie als ATM-Gebende jünger sind: Diese Menschen haben schon viel erfahren, möglicherweise sind sie im letzten Weltkrieg als Kinder und Jugendliche aufgewachsen und haben noch immer tiefe Wunden, kaum bewußt, aber trotzdem schmerzhaft. Diese können in dieser Phase wieder aufbrechen.

Hier ist es wichtig, genau zuzuhören, wann diese Erlebnisse waren und wie alt die Person damals war. Die Phase, in die das damalige Alter fällt, kann im Anschluß an die ATM-5 in einer weiteren Sitzung oder in einer Kombinationssitzung angeschlossen werden. **Ein Beispiel:** Ist Ihr Klient zur Zeit der Behandlung 57 Jahre alt, können Sie mit Sicherheit von einer verwundeten Phase 1 ausgehen. Es gibt kaum einen unsichereren, traumatischeren Geburtsort als einen Kriegsschauplatz, und das war zu dieser Zeit **ganz** Europa, insbesondere aber Deutschland.

Die Phase 1 schließt das Erleben im Mutterleib mit ein. Hatte die Mutter während der Schwangerschaft Todesangst (wegen Bombardierungen, Angst vor Übergriffen), dann kann man von großen unbewußten und unerklärlichen Ängsten und tiefen Erschütterungen im Bereich von Sicherheit und Vertrauen ausgehen, die sich durch das ganze Leben ziehen. Nur eine an die ATM-5 anschließende oder die ATM-5 vorbereitende ATM-1, evtl. mehrmals wiederholt, kann dies erreichen und heilen.

Klienten, die jünger sind als die Phase der ATM-5, können die ATM-5 dennoch gut gebrauchen, wenn es um Probleme der Kommunikation, des Selbstbewußtseins und des Ausdrucks geht. Stottern ist ganz bestimmt eine gestörte 5, meist in Kombination mit 1 oder 2. „Mein Hals ist manchmal wie zugeschnürt ..." ist natürlich ein Hinweis auf die ATM-5.

Die ATM-5 heilt auch traumatische Inkarnationserlebnisse, die den Halsbereich betreffen, wie Galgen, Schafott, Pranger oder Garotte, mit denen „Aufrührer", also solche, die ihre Wahrheit zum Ausdruck brachten, bestraft wurden. Ein starker Sinn für Gerechtigkeit und das Leiden an Ungerechtigkeit sind Aspekte der Phase 5.

Depressive Menschen allen Alters haben oft eine Angst vor dem Selbstausdruck. Sie müssen aus irgendwelchen Gründen ihre Gefühle, ihre Wahrheit unterdrücken, was immer eine Depression zur Folge hat - früher oder später.

Hier ist auch eine Kombination mit der ATM-3 (Gefühle) und ATM-6 (Wahrheit) angesagt. Eventuell beginnt man sogar mit der 3 (um die Gefühle zu lösen) oder 6 (um mit Erkenntnis zu verbinden) und geht dann über in die 5 (die gelösten Gefühle, die Erkenntnis drücken sich jetzt aus). Bei solchen Massagen kann es dann auch zu „dramatischen" Ereignissen kommen wie lautes Weinen, Hustenanfälle etc. Diese 3-6-5-Kombination ist SEHR kraftvoll und sollte mit einer 7 enden, d.h. mit dem Loslassen und Eingehen in das Licht. Man könnte diese Kombination von 3-6-5-7 eine „deutsche Nachkriegsmassage" nennen. Sie ist ein Segen für viele der älteren Generation, die bis 1950 geboren sind.

Klienten aller Alterstufen, die über „Sinnlosigkeit" ihres Lebens klagen, kann mit der ATM-5 geholfen werden. Es geht um Fragen der Lebensausrichtung und der kreativen Lebensgestaltung. Hier ist eine Kombination von 5 und 2 angemessen - mit einer anschließenden 4.

Da die ATM-5 auch eine Regenerationsmassage ist, in der mit „Originalen" gearbeitet wird, wirkt sie insbesondere Degenerationskrankheiten aller Art entgegen, wenn Organe, Gelenke etc. nicht mehr voll arbeiten wollen.

Die Steifheit und Schmerzen in Gelenken können manifestierte Ausdrucksangst sein („Ich will mich nicht mehr bewegen, ich will nicht auffallen, ich will nicht extrem wirken, und daher ‚friere' ich meine Extremitäten ein."). Durchblutungsstörungen aller Art, chronisch kalte Hände und Füße sind Hinweise auf die 5.

Nackenprobleme (Probleme der Halswirbelsäule) gehen einher mit Entscheidungsangst, die wiederum einhergeht mit mangelndem Zukunftsvertrauen - Themen der Phase 5.

Entstehungsursache von Krebs ist, neben den ganz persönlichen Themen, eine Störung des Zellstoffwechsels und der Zellenkommunikation. Daher sollte hierbei immer ein Schwergewicht auf der ATM-5 liegen - in Kombination mit anderen Phasen, die mit der spezifischen Krebsart zu tun haben (sehr häufig die Phase 4).

Auch mangelnde Fruchtbarkeit des Mannes (z.B. Spermienprobleme) deuten auf die Phase 5 hin.

Die Massage

Aus dem Vorgespräch ergibt sich meist der Ablauf der Massage, dennoch sollten wir natürlich dem inneren Heiler nachgeben und uns von seiner Intuition leiten lassen. Eine ATM-5 kann aus einer Hand- bzw. Fußmassage, einer Massage des Hals- und unteren Gesichtsbereiches und der Ohren bestehen. Sie kann aber auch den ganzen Körper mit einbeziehen, insbesondere dann, wenn man mit einer anderen Phase kombinieren will. Das Thema ist: „Die Erweckung und Transformation des Körpers zu seinem Original".

Wenn man den Bereich des fünften Chakras, also den Halsbereich, direkt massiert, bitte Vorsicht! Dort können sehr starke Traumata verborgen liegen, die mit Erlebnissen verknüpft sind, die bis in andere Inkarnationen hineinreichen. Also sollte man sehr behutsam vorgehen, eher die Schultern und den Nacken massieren und nicht das Chakra im Kehlkopf direkt. Wenn überhaupt, dann sollte man den Hals nur sehr sanft einölen, lange die Hände dort liegen lassen und Vertrauen geben oder nur darüber schweben und innerlich die Mantras sprechen.

Um das Vertrauen zu erhöhen, kann man den Klienten blaue Kristalle in die Hand geben, die man auf Selbstvertrauen programmiert hat. Während man die Hände auf verschiedene Körperbereiche auflegt, sollte man visualisieren, daß man die tiefen Muster des Körpers und seiner Organe erreicht. Zugleich sollte man visualisieren, daß diese sich zu ihren Originalen hin transformieren, d.h. zu

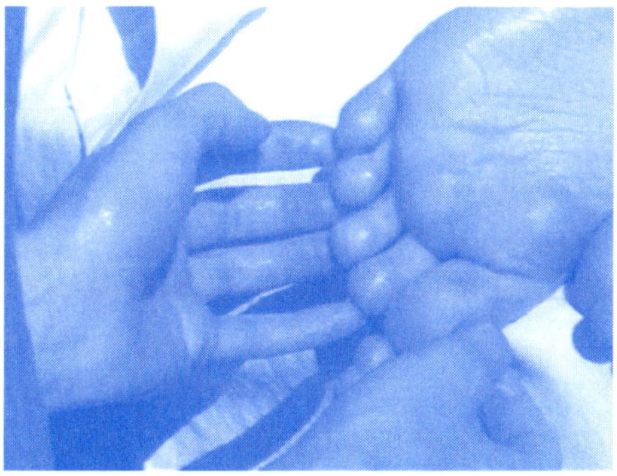

Die Zehen tragen den Streß, „Verstehen" nicht zum „Ausdruck" zu bringen

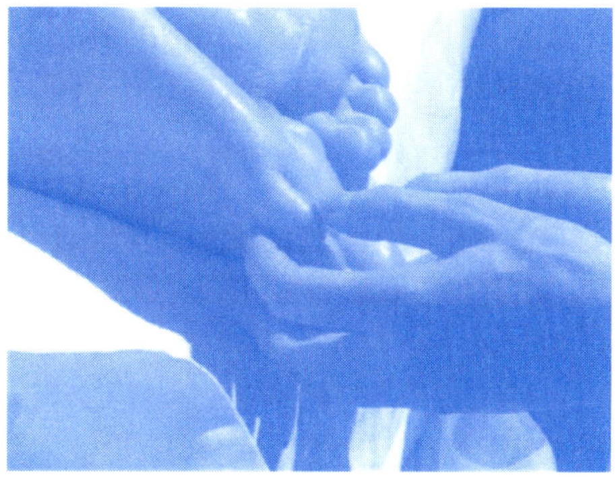

Sanfter, aber klarer Druck, zusammen mit den Mantras, öffnet auch hier der Seele Raum

ihrer ursprünglichen Funktion. Das Mantra heißt dann: „Du transformierst dich zu deinem Original. Du bist dein Original. Du bist eins mit deinem Höheren Selbst, eins mit der Quelle allen Lebens. Ich erwecke und transformiere dich zu deinem Kristall, zu deinem Urbild." Dies kann man allgemein zum Körper sagen oder zu ganz bestimmten Körperteilen, die Beschwerden verursachen.

Durchaus ausreichend in der ATM-5 ist eine Kombination aus Fuß- und Handmassage und evtl. einer Massage von Schultern und Nacken, Kinn- und Kieferpartie und den Ohren.

Die **ATM-5 als Fußmassage** ist KEINE Reflexzonenmassage, wirkt aber auch auf die Körperbereiche über die Zonen am Fuß. Zuerst die Füße einölen mit dem ATM-5-Öl, dann sanft mit einem Massagekristall oder den Händen massieren. Dabei weniger streichen als sanften Druck ausüben. Es soll nicht kitzeln! Wichtig ist, alle Zehen und sonstigen Fußbereiche inklusive Knöchel sanft zu drücken und überall die Mantras einzugeben. Die Fußmassage hat insbesondere mit Vergeben (sich selbst und anderen) zu tun, aber auch damit, dem eigenen Lebensweg zu vertrauen. Sie hat zu tun mit dem Vertrauen in den Selbstausdruck, mit beiden Beinen im Leben stehen zu können und mit der Erde verbunden zu sein. Die ATM-5-Fußmassage setzt man also bei Menschen ein, die als „abgehoben" erscheinen oder sich so empfinden.

Die Fußmassage bringt den Selbstausdruck **auf die Erde**, d.h. Visonen, Träume, Projekte werden endlich manifestiert und setzen sich auch in finanziellen Erfolg um. Die Mantras hier sind: „Du erschaffst deine eigene Realität und bist dir dessen bewußt. Dein Ausdruck ist mit der Erde verbunden. Du vergibst anderen und dir und öffnest dadurch die Türen zu neuem Vertrauen und Selbstvertrauen. Du erlebst dich in neuer Harmonie mit dir selbst und bist präsent und authentisch. Du gehst selbstbewußt deinen Lebensweg. Du liebst dich und du vertraust dir."

Zuerst wird man den linken, dann den rechten Fuß massieren und dann - ganz wichtig - die beiden Füße synchron, damit eine Balance zwischen rechts und links entsteht.

Die **ATM-5 als Handmassage** ist mehr eine Regenerations- und Transformationsmassage, die sich wieder auf den ganzen Körper und seine Lichtmuster bezieht. Wir gehen von einem Lichtkörper aus, der, ähnlich dem Geflecht aus Nerven und Blutbahnen, aus Millionen von feinen Lichtfasern besteht. Durch traumatische Ereignisse, Erinnerungen (auch aus anderen Inkarnationen), Integritätsverletzungen etc. sind Lichtfasern geknickt, gebrochen oder ganze Bereiche des Lichtgeflechtes ausgefallen (die sogenannten Löcher in der Aura, die dann Krankheiten hervorrufen bzw. anziehen können). Mit einiger Übung kann man diese gebrochenen Fasern bzw. Lücken auf den Handflächen erkennen. Sie können die Hand mit Öl massieren und den Lichtmustern durch Streichen und sanftes Drücken Gutes tun, sie zum Leuchten bringen und zur „Selbstreparatur" anregen. Wieder geht es um Transformation des gesamten Menschen zu seinem Kristall, zu seinem Original.

Da die Hand mit dem „Begreifen" zu tun hat, geht es hier um das Verständnis des Lebens als eine Ausdrucksform des göttlichen Seins. Ein tiefes Mitgefühl mit den vielen Inkarnationen, in denen das göttliche Sein gar nicht oder nur unter großer Bedrohung gelebt und ausgedrückt werden konnte, stellt sich ein. Eventuell dringen die klagenden Gesänge und Worte der Seele herauf mit ihrem unendlichen Wunsch, sich endlich in ihrer Wahrheit ausdrücken zu dürfen. Zugleich ist die Handmassage eine Botschaft an den gesamten Lichtkörper, sich wieder mit seinem intakten Original zu vereinen.

Die Mantras sind hier: „Deine Lichtfasern sind geheilt, dein Lichtkörper ist regeneriert. Du bist zu deinem Kristall erwacht. Deine Hände sind der Ausdruck deiner wunderbaren Seele. Du erschaffst deine Welt und begreifst dich als göttliches Wesen."

Die **ATM-5 als Kinn- und Kiefermassage** löst und lockert zunächst diese Partien. Im Kinn steckt viel Enttäuschung und Unvergebenes, in den Kiefermuskeln speichert sich die Energie der zusammengebissenen Zähne mit dem Satz „Jetzt erst recht!". Meist ist dieser Satz eben gegen diese „unruhige Seele" gemeint.

Die Lebensphase 5 muß nicht, aber kann durchaus zu einem Kampf mit der Seele werden, wenn sie die Aufmerksamkeit und Beachtung nicht bekommt, die sie in dieser Phase unbedingt will. Die Seele ist nicht lauwarm - sie kennt nur alles oder nichts - und in der Phase 5 will sie ALLES. Das gilt für die Phase 5 der persönlichen Menschenseele genauso wie für die Seele der Menschheit, die sich zur Zeit in dieser Phase befindet. In dieser Zeit wird das negative EGO zum größten Feind der Seele.

„Originale" empfangen und geben ...

Wenn das negative Ego in der fünften Phase nicht abgelegt bzw. (z.B. mit Hilfe der ATM) zu einem positiven Ego transformiert wird, wird das Ego die Seele zum Kampf herausfordern. So sind die gegenwärtigen Polarisierungen und Auseinandersetzungen in der Welt zu erklären.

Schadhafte Zähne können mit der 5 und der 1 zu tun haben: mit dem Basisvertrauen (1) und dem Biss des Lebens (5). Anfällige Zähne haben generell mit Angst vor dem „Zubeißen" zu tun, also mit Durchsetzungsvermögen und der Erlaubnis, auch einmal mit Schärfe und Resolutheit zum Ausdruck zu bringen, was man will.

Die Mantras sind hier: „Lasse los, und lasse deine Seele sprechen und handeln, vertraue deinem Höheren Selbst, vertraue deiner Intuition, vertraue deinem Kristall, der du bist ..." und: „Du bist kraftvoll, und du darfst es sein. Du darfst klar zum Ausdruck bringen, wer du bist und was du willst."

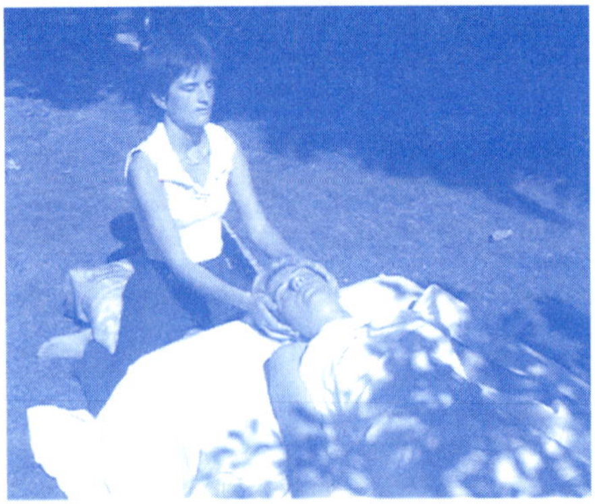

Eine besondere Bedeutung kommt der **ATM-5 als Ohrmassage** zu in Verbindung mit dem inneren Hören. Beide Ohren zuerst vorsichtig massieren und dann mit der hohlen Hand bedecken. Die Mantras sind: „Du hörst deine innere Stimme, die Stimme deines Höheren Selbstes und die deiner Seele klar und deutlich ... du vertraust dem, was du hörst, und drückst es vertrauensvoll aus." Die Massage des ganzen Ohres ist wiederum eine Massage des ganzen Körpers.

Ohne es weiter belegen oder ausführen zu können (das ist dem ATM-Nachfolgeband vorbehalten), ist Ohrmassage aber noch viel mehr:

- Sie führt zurück bis weit in das embryonale Stadium
- Sie berührt planetarische Inkarnationen und heilt dortige Traumata

Bei allen Massagen der ATM-5 sollte sich der ATM-Wissende mit der Quelle, mit der Sternenherkunft seines Klienten verbinden. In der Regel tut man das, indem man die linke Hand nach oben ausstreckt und mit der Handfläche nach oben sozusagen den Himmel nach der entsprechenden Energie „absucht". Dann läßt man, wenn gefunden, diese Energie zur anderen Hand wandern. Dabei öffnet sich der Sternenstrahl des Klienten und versorgt den ATM-Gebenden mit der Quelle zu den „Originalen" der Inspiration, das Richtige zu tun (s. dazu auch die Beschreibung in Phase 6).

Auf diese Weise werden „Originale" empfangen und können in die Aura und die Lichtmuster des Klienten gegeben werden.

Auch dies wird in der ATM-Ausbildung gelernt und gehört zu den kraftvollsten und effektivsten „Techniken" der ATM.

An die ATM-5 kann eine geführte Meditation angeschlossen werden, in der du deinem Höheren Selbst begegnest und mit ihm eins wird. Eine andere ist das Erleben der Einweihungen auf Lemuria.

Ermuntern Sie Ihre Klienten nach der Massage, alles zu tun, was der Seele gut tut und sie unterstützt, mit dem Körper eins zu werden. Der Eintritt in einen Chor, das Beitreten zu einer karitativen Vereinigung, Lesen von Büchern über die Mysterien und Wunder dieser Welt, das Schreiben von Artikeln und Leserbriefen zu „Seelenthemen", tanzen, Musik machen, bewußt in der Natur spazieren gehen, sich positiv mit der Zukunft und den eigenen Lebensthemen beschäftigen ... all das unterstützt das Gelingen der ATM-5.

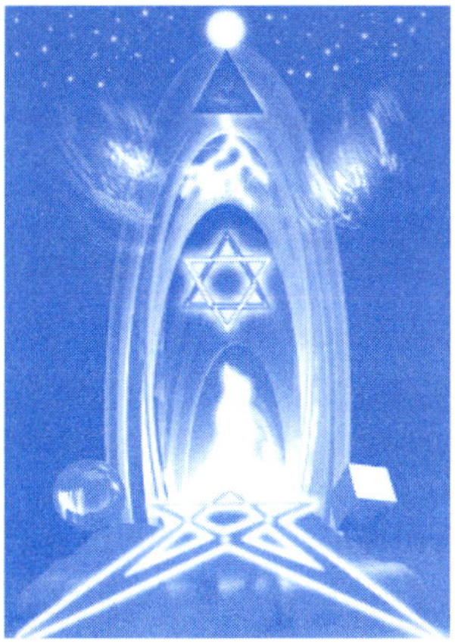

Die Lebens- und Seelenphase 6: 77 bis ... Jahre

„Die neue LIEBE, diese LIEBE der fünften Dimension, ist kein Gefühl, keine Haltung - sie ist ein Raum, ein neuer Raum. Ein Raum, wo die Paradoxe, wie beweisbare Wissenschaft und Wunder, Intuition und Tatsache, Sicherheit und Unsicherheit, Bekanntes und Unbekanntes eins sind. Der Raum der LIEBE und des VERTRAUENS als eine fünfte Dimension entfaltet sich, wenn Bekanntes und Unbekanntes eins werden, wenn die Paradoxe verschmelzen, wenn Kreis und Quadrat, wenn Pyramide und Tetraeder, der Becher und der Trank, vertikal und horizontal, Mann und Frau, Anima und Animus eins sind.

Das ist die Ebene, wo wahre Wunder geschehen..."
Lady Di in „Green Hills", S. 105

Name in Lemuria:	Das gereifte Herz
Grundthemen:	Die Transformation des Kristalls • die Verschmelzung mit dem Geist (spirit) • die Entwicklung des universalen „Gehirns" • die Vereinigung von Paradoxen
Fähigkeiten:	Zugang zu allen Realitäten und Ebenen • Ratgeber für das Sichtbare und Unsichtbare • Erkenntnis der Essenz, des Wesens von allem, was ist • zugleich in der fünften und sechsten Dimension sein • Kanal und Inspiration • Intuition • Imagination • Hellsichtigkeit
Energie:	DIE VISION
Archetypen:	Der Seher • der Prophet • der Weise • der Visionär
Mythologische Wesen:	Der Greif
Verbündete Tiere:	Der Elefant
Blumen • Pflanzen:	Schwertlilie • Hanf
ATM-Öl-Essenz:	No. 6 • DAS ERKENNEN: In Weisheit handeln und sein ● ■ LUFT/ERDE • HARMONIE/FÜLLE
Essenz-Symbole:	Das Hexagramm
Hauptsymbole der Phase:	Äther • Blitz, Sturm
Elemente • Phänomene:	**Das Empfangen der Weisheit**
Einweihungen und Feste:	Der Reigen der Kinder • das Mandala des Dankes • die heilige Fußwaschung • die Ehrung • die Aufnahme in den Kreis der Weisen • die prophetische Rede
Chakra:	Das Stirnchakra, das Dritte Auge
Farben:	Indigoblau, warmes Dunkelblau
Basiston:	E
Steine:	Lapislazuli • Indigolith (blauer Turmalin) • Azurith • Sodalith
Drüsen:	Hypophyse
Sekrete • Hormone:	Sperma, Speichel, Tränen • Steuerhormone
Hauptorgane:	Sehorgane • Geschmacksorgan • Schläfen • Thalamus

(zentrale Schaltstation sensibler Nervenbahnen, „Tor zum Geist") • Hypothalamus (Gefühlsleben, „Tor zur Seele")

Neuralgische Bereiche: Schläfen • Augen • Stirn

Kardinalfrage: Erkenne, sehe ich genug?

Globales Mantra: Ich erschaffe die Realität der Welt in Weisheit.

Zentrales Mantra: Du bist weise.

Weitere Mantras: Ich ehre deine Weisheit • Du bist eins mit deinem Geist (spirit) • Du handelst und entscheidest in Weisheit • Dein Drittes Auge ist geöffnet und aktiv • Du lebst deine höchste Wahrheit • Du bist verbunden mit deiner Sternenheimat • Dein Lichtkörper ist vollständig • Du entscheidest aus göttlicher Einsicht • Du bist erlöst.

Massagebereiche: Nur Füße oder Hände, Gesicht oder auch der ganze Körper

Massagetechnik: Massage des Lösens und Transformierens • Massage des Verbindens • Mit sanftem anerkennendem Druck • Tupfen mit Kristallen oder Fingern

Fürsorgebereiche:

Somatisch/Körperfunktionen und -fähigkeiten:
Augen • alle Sinneswahrnehmungen • Schläfen • Nervensystem
Beschwerden: Sehstörungen • Tränenfluß • Migräne • Kopfschmerzen • Ekzeme • Juckreiz • Gicht • Rheuma • hoher Blutdruck • Schlafstörungen • Störungen der Sinneswahrnehmungen allgemein

Mental/Beruf/Außenwelt:
Weise Entscheidungen • Beratung der Jüngeren • Innovation • Zukunftslösungen • Inspiration • große Projekte
Beschwerden: Alzheimer • Parkinson • Gedächtnis- und Denkstörungen • motorische Störungen • Koordinationsstörungen • Müdigkeit • schwache Vision

Seelisch/Liebe/Innenwelt:
Stellung in der Familie • Achtung des Alters • Transformation in den Kristall
Beschwerden: Einsamkeit • Sinnlosigkeitsgefühl • Apathie • Festhalten an der Vergangenheit und am Körperlichen • Depression

Spirituell/Gottesbeziehung/Höhere Welten:
Verbindung zur Höheren Wahrheit • Sehen mit den drei Augen • Co-Creation mit dem Höheren Selbst • direkter Zugang zu Gott
Beschwerden: Gefühl der Mißachtung seitens anderer • Gefühl, den Zugang zum Höheren verpaßt zu haben • tiefe spirituelle Traurigkeit • Ich darf nicht sehen, was ich sehe

• Meine Erkenntnis ist nichts wert • Ich bin auf dem Abstellgleis

Grundaussagen:

Negativ: Ich kann nicht mehr klar denken • Ich klammere mich an meine Erinnerung • Mir fehlt jede Vision und Führung • Ich bin so enttäuscht vom Leben • Ich sehe keinen Ausweg • Mir fehlt die rechte Erleuchtung • Ich brauche dringend eine Idee, einen Geistesblitz • Ich bin so müde vom vielen Wandern und Warten.

Positiv: Ich erkenne klar und denke klar • Ich habe eine klare Vision für meine Zukunft • Ich bin voll von Ideen und weiß genau, welche ich davon umsetze.

Meditationen:

• Im Tempel des Kristallheilers.
• Die Vereinigung der Seelenteile.

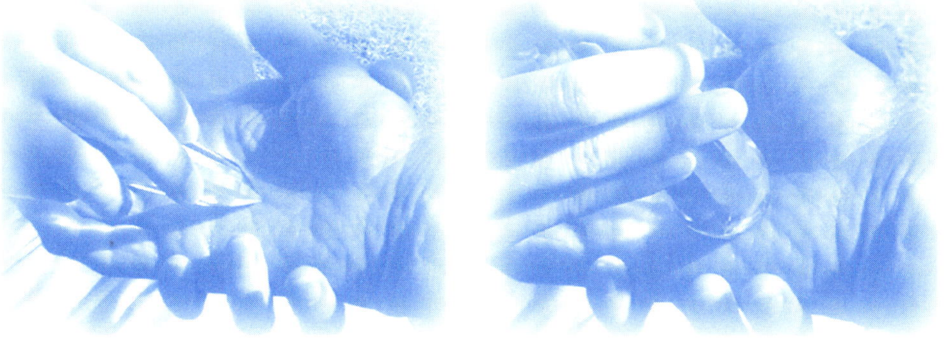

Die „Wiederherstellung der Lichtfasern", eine in Lemuria übliche Technik der „Kristallakupunktur", die hauptsächlich für die Lebensphasen 5,6 und 7 angewendet wurde. Sie wird in der ATM-Ausbildung und - noch gründlicher - in der Ausbildung „lemurianische Kristallanwendungen" gelernt.

6A. Die sechste Seelenphase in Lemuria

Mit dem Ende der 5. Lebensphase war also aus Körper und Seele „der Kristall" geworden. Die Seele hat den Körper durchdrungen, und aus beiden ist ein neues Wesen entstanden, das sich nun nach dem dritten Aspekt des menschlichen Seins zur tiefsten Vereinigung ausstreckt, dem „Geist". Dann sind alle drei miteinander verschmolzen: Körper (mind), Seele und Geist.

Dies heißt nicht, daß diese drei nicht immer schon verbunden waren, dennoch gilt auch hier das Paradox: Wir sind schon vereinigt, und zugleich sind wir auf dem Weg zur Vereinigung. Dieser Lebensweg der bewußten Verschmelzung von Körper, Seele und Geist beinhaltet auch die Änderung von Prioritäten. Das Schreiten von Lebensphase zu Lebensphase war nicht eigentlich ein „Wachstum", sondern eher eine andauernde Transformation. Keine Phase war besser als die andere. Jede war gleichberechtigt. Der 77-jährige Weise fühlte sich nicht „besser" oder „höherstehend" als der 13-Jährige in seiner Pubertät. Er hatte eine andere Lebenspriorität, andere Aufgaben, einen anderen Fokus. Insofern gab es weder eine Arroganz der Jüngeren über die Älteren noch der Älteren über die Jüngeren.

Die sechste Lebensphase, die Phase des „gereiften Herzens", der „Weisheit" wurde durch das Einweihungsfest „Das Empfangen der Weisheit" eingeleitet. Dieses Fest bestand hauptsächlich aus einer Ehrung des Weisen seitens der Gemeinschaft und einer Ehrung der Gemeinschaft seitens des Weisen.

Singend zogen Kinder am Morgen des ersten Tages des Einweihungsfestes mit Blumensträußen zum Haus der/des zu ehrenden Weisen. Sie stellten sich um das Haus, die Hütte herum auf und faßten sich, nachdem sie die Blumen an der Türschwelle niedergelegt hatten, an den Händen. Dann tanzten sie einen Reigen um das Haus, sangen Lieder, hüpften und lachten und riefen Glückwünsche.

Der Jubilant trat dann vor die Hütte, nahm die Blumen bewegt auf und begrüßte die Kinder. Seine Familie hatte bereits alles vorbereitet, und so wurden die Kinder in den Garten hinter dem Haus zu einem üppigen Frühstück eingeladen. Während die Kinder schmausten, erzählte ihnen der Weise, die Weise von ihrem Leben, von lustigen Begebenheiten, von ihren Erlebnissen mit Feen, Elfen und Zwergen.

Der Weise mußte so lustig wie möglich erzählen, so daß die Kinder vor lauter Lachen kaum etwas essen konnten. Das hatte eine kleine symbolische Bedeutung, da die Lemurianer vom 77. Lebensjahr an ihre Essensgewohnheiten nach und nach vollkommen umstellten. Sie lebten mehr „vom Geist", und der Geist war in Lemuria der „lachende", der „humorvolle", der „esprit". Demnach waren die Falten der alten Menschen in Lemuria hauptsächlich Lachfalten - und die Kinder liebten die Weisen wegen ihrer lustigen und zärtlich-liebevollen Geschichten und Gesten.

Der Witz der Alten - „Witz" und „Wissen" sind ja im Wortstamm verwandt - war ein Ausdruck ihres gereiften Wissens, des Herzenswissens, der Weisheit. Es war Ausdruck der Heiterkeit des Geistes in der Leichtigkeit des zur Vollendung reifenden Lebens. Dieser Witz war aber nie sarkastisch, sondern immer liebevoll, mitfühlend und aufbauend, mitunter tiefgründiger Humor. Wenn man traurig war, ging man zur Weisen, die einen wieder aufheiterte. Wenn man verbissen an einem Problem arbeitete und nicht weiterwußte, ging man zum Weisen, der einem half, das Ganze von einer anderen Seite aus zu betrachten.

Der Weise hatte Raum. Sein Symbol war das mehrdimensionale Hexagramm - das Symbol für den magischen Raum, der alle Ebenen umfaßt. Der vollendete Kristall transformierte sich nun in den unendlichen Lebensraum, durch die Verschmelzung mit dem Geist, der keine Grenzen kennt. Ein Raum, in dem Körper und Seele sich mit Leichtigkeit und Heiterkeit auf den Übergang, auf das Loslassen zu einem neuen Leben, vorbereiteten. Die Vorfreude darauf war den weisen Alten durchaus anzusehen.

Aber zurück zum Festtag. Irgendwie wurden die Kinder dann doch satt, hielten sich aber immer noch die Bäuche. Dann kamen die Erwachsenen, und man führte den Weisen in einem Triumphzug durch das Dorf zu einem heiligen Platz. Dort setzte sich der Weise nieder, und wieder wurde ein Mandala von Geschenken um ihn, um sie herum aufgebaut. Diese Geschenke waren Dankesgeschenke und hatten meist mit einem bestimmten Ereignis zu tun, in dem sich der zu Ehrende besonders hilfreich oder segensreich erwiesen hatte. Hatte er jemandem beim Anlegen eines Gartens geholfen, so brachte man Früchte und Kräuter aus diesem Garten. Hatte die Weise für andere Dorfbewohner schöne Kleidung angefertigt, so webten und schneiderten diese Dorfbewohner ihr ein wunderschönes Gewand. Jeder brachte seinen Dank zum Ausdruck, insbesondere die eigenen Kinder, Enkel und Verwandten.

Mit jedem Geschenk, das niedergelegt wurde, ehrte der oder die Schenkende den Gratulanten, indem sie die Geschichten erzählten, die mit dem Geschenk zu tun hatten. Auch dies lief mit viel Humor und Gelächter ab und konnte sich über Stunden hinziehen. Zwischendurch wurden immer wieder Erfrischungen gereicht, hauptsächlich von den Kindern, die emsig zwischen den Erwachsenen hin- und herliefen.

Natürlich kamen auch die Feen, Elfen und Zwerge zu Wort. Letztere deklamierten mit ihrem liebevollen Pathos endlose ehrende Oden, nur unterbrochen vom Ziehen der Schnupftücher und dem bewegten Hineinschneuzen in dieselben. Es war schwierig für die Gemeinde, dabei ernst zu bleiben, und nur der Hinweis darauf, daß es doch wichtig sei, die mitgebrachten Trüffel verspeisenderweise einem guten Zweck zuzuführen, bevor sie nachgerade das Aroma verlören, konnte eine solche Rede abkürzen.

Es war ein Fest der Liebe, nicht nur dem Einzuweihenden, sondern der ganzen Schöpfung gegenüber, ein Dank an Gott und Göttin, „Jashuah", das Leben des Menschen so wunderbar ausgedacht zu haben. Und so war die Rede des Weisen aus dem Mandala heraus eine Dankesrede an Freunde und Verwandte, aber auch eine Rede der tiefen Dankbarkeit der Schöpfung und Gott/Göttin/All das, was ist, Jashuah, gegenüber. Diese Rede war der eigentliche Höhepunkt des Festes, und es war mehr als eine Rede. Sie wurde mehr und mehr zu einer Ekstase, die den Redner und alle Zuhörer ergriff.

Man konnte es miterleben: Die Verwandlung des Kristalls, die Verschmelzung mit dem Geist, die Entstehung des unendlichen Raumes von Wahrheit in diesen ekstatischen Worten - sie klangen hinein in die tiefsten Seelenräume, in die tiefsten Räume des Bewußtseins. Nicht selten ging die Rede in Worte der Prophetie über, denen die Anwesenden atemlos lauschten, ohne sie zu verstehen.

Die Weisen sahen weit in ferne Zeiten hinaus, sahen ihre eigenen Inkarnationen, machtvolle Erfahrungen und Missionen, sahen weit hinaus in den Kosmos, in ihre planetarische Herkunft und Sternenheimat hinein.

Atemlos erblickten die Festgäste dann ein grandioses Schauspiel. Der Weise verwandelte sich in gleißendes Licht, in eine silberhelle Flamme. Alle standen nun auf, manche fielen auf die Knie - ein riesiger Jubel brandete hoch. Nun war der Weise verbunden mit seinem Höchsten Selbst und mit Jashuah und empfing höchste Weisheit und Inspiration. Mit weit ausgebreiteten Armen, lodernd vor Liebe und der Ekstase des Augenblicks, rief der Weise Worte der tiefsten Liebe und der Barmherzigkeit, inbrünstige Worte der Liebe zu Jashuah. Und Jashuah erhob seine Stimme der Liebe für den Weisen - und der Sturm brauste, die Wellen brandeten hoch, schäumend und tosend, und Lichter tanzten über den Himmel, die großen Worte aus Licht, die großen drehenden Gebilde, die Feuerräder, die Lichtglocken, der unendliche Raum der glitzernden Wahrheit.

Danach vollzog sich ein heiliger Akt, eine rituelle Fußwaschung. Diese wurde vom ältesten Weisen der Gemeinschaft an dem Initianden vorgenommen. Sie begann mit einer rituellen Fußmassage, die dann in eine Waschung mit heiligem Wasser überging. Dieses Wasser war lange vorbereitet und mit Bergkristallen, Lapislazuli und Onyx auf hohe Schwingung gebracht worden. Es bestand zum Teil aus Tauwasser, das sich in den sieben Nächten vor der Einweihung auf dem Gemeinschaftskristall der Gemeinde gebildet hatte. Sieben Tage hatten Älteste und Weise an diesem mit Akshah verbundenen Kristall jeden Tag für einige Stunden für den Einzuweihenden gebetet. Diese Gebete waren tiefe gemeinsame Meditationen, in denen man das Einweihungs-Anliegen vor Jashuah brachte und Akshah dabei um Unterstützung bat.

Die Lemurianer nach der „Initiation der Weisheit" waren hochgeehrt. Sie sahen hinter die Dinge, sie erfaßten ihr Wesen. Ihre Erkenntnisfähigkeit war die

Erkenntnis der Essenz, des Wesens von Erscheinungen.

Sie waren die gefragtesten Ratgeber bei Liebesproblemen, bei dörflichen Schlichtungsanliegen, ob eine Partnerschaft vollendet war oder nicht, bei persönlichen Auseinandersetzungen, die eines göttlichen Rates bedurften, aber auch bei Fragen um die beste Gegend für ein neues Haus, einen Kräutergarten usw.

Natürlich auch bei allen spirituellen Fragen, Fragen, die sich auf Lebensphasen und deren Einweihungen bezogen, auf Inkarnationen, auf Geburt und Tod. Fragen, die mit der Begegnung mit Elfen, Feen und Zwergen und anderen Naturgeistern zu tun hatten. Fragen im Hinblick auf die planetarische Wanderschaft und die Sternenherkunft, die Lebensmission, Sternenkonstellationen, die göttliche Wahrheit und Inspiration.

Die Weisen konnten sich innerlich mit allem verbinden - sie waren dort, wo sie sich hindachten bzw. hinfühlten. Sie wußten zu jeder Zeit, wie es um jedes Dorfmitglied bestellt war. Sie erkannten die tiefen Muster des Körpers und der Seele, wußten genau, ob jemand gemäß seiner Lebensausrichtung lebte oder nicht. So waren sie optimale Ratgeber für alles Energetische, für alles Unsichtbare und nicht direkt Offensichtliche. Sie fühlten aber auch die Magnetik der Natur und der Erde im Zusammenspiel mit den kosmischen Schwingungen. Sie hatten Zugang zu allen Realitätsebenen, und ihre Sensitivität und Durchlässigkeit wurde mit zunehmendem Alter immer größer.

Diese Zeit ab 77 war auch eine Zeit des Sattseins am Leben, die Zeit der Vollendung. Es war wie ein Aufstieg auf einen hohen Berg, auf dessen Gipfel man dann alles überblicken konnte und reif war für eine andere Dimension. Es war eine Vorbereitung auf den Tod, neben der Geburt die grandioseste Einweihung. So wurden die Jahre ab 77 als Jahre der Vorbereitung angesehen, an deren Ende die ganz individuelle, bewußte Entscheidung des Sterbens stand. Lemurianer sind „nach Plan" gestorben. Der Tod war wie eine tiefe Meditation, aus der man nicht mehr zurückkehrte. Und er war leicht wie das Fliegen, nachdem man den Gipfel des Lebens erreicht hatte.

Die 6. Lebens- und Seelenphase war auch die Phase des „Sehers", des Propheten. Das Dritte Auge spielte nun eine große Rolle, es war voll erwacht und aktiv und erlaubte das Sehen in den mehrdimensionalen Raum hinein. Die Magie der Ästhetik und der Kreativität, des **Physischen** (das Pentagramm) der zweiten Phase wurde nun zur Magie des **Metaphysischen** (das Hexagramm), mit den beiden ineinandergeschobenen Symbolen von Luft (blaues Dreieck nach unten) und Erde (goldenes Dreieck nach oben). Die Lebensphase **zwei** wurde in der Lebensphase **sechs** vollendet. Das Pentagramm war nun „sphärisch", unterstützte die Öffnung des Raumes und den Zugang zur Ursternenheimat, zu „Sirius".

Die drei Augen zusammen sahen nun die Essenz, die Schöpfungsmuster in allem, im Kleinsten wie im Größten, mikro- und makrokosmisch.

So entwickelte sich ein Bewußtseins- und Gedankenraum jenseits des körperlichen Gehirns - das „Gehirn“ des Kristalls, das immer seltener auf die Informationen, Erinnerungen und Muster des körperlichen Gehirns zurückgriff. Dieses Gehirn war das universale, ätherische Wissen, das immer mehr eins wurde mit dem Wissen des Höheren Selbstes und dem göttlichen Wissen.

So hatten die Weisen von Lemuria immer das gesamte Bild. Wenn sie einen Menschen betrachteten, sahen sie alles - Zukunft, Gegenwart und die Muster der „Vergangenheit“. Sie erkannten das Wesen, das Urbild des Menschen und konnten daher auch so gute, oft sehr überraschende Ratschläge erteilen. Oft waren diese Ratschläge aber keine Worte, sondern die Ratsuchenden kamen in der Gegenwart der Weisen meist selbst auf die Lösung ihrer Probleme.

„Das Lächeln eines Weisen reicht, so weit der Himmel ist ...“, sagten die Lemurianer.

Kein Muster, kein Paradigma, keine Blockade oder Mauer hielt einen Weisen auf. Er ging durch alles hindurch, transzendierte alles. So war diese Phase auch die Phase der Transzendenz, jenseits aller Erinnerungen und Erfahrungen, jenseits des irdischen Bewußtseins.

An dieser Stelle möchte ich einen Philosophen zitieren, der es in seiner Weise so ausdrückt:

Die Aktivität des Geistes überragt unendlich weit die Masse der angehäuften Erinnerungen ... . Man werfe nur einen Blick auf die feine Struktur des Nervensystems, wie es sich uns durch die letzten Entdeckungen darstellt. Man glaubt überall nur Leiter, nirgends Zentren zu sehen. Aneinandergefügte Fäden, deren Enden sich zweifellos nähern, wenn der Strom hindurchgeht ... (Aus „Materie und Gedächtnis“) Henry Bergson, franz. Philosoph (1849-1941)

6B. Die Aluah-Ashamah der sechsten Seelenphase in Lemuria

Es war eine sehr delikate Folge von Berührungen. Ich habe sie meist zwischen den Weisen selbst gesehen. Sie faßten sich zunächst an den Händen und unternahmen irgendwelche inneren Spaziergänge. Dann massierten sie sich gegenseitig Gesicht und Nacken, dabei tupften sie eher als zu streichen. Sie tupften auf die Haut und dann in die Aura hinein, also in den Energiekörper, als ob bestimmte Stellen auf der Haut mit etwas in der Aura verbunden würden. Beide hatten dabei ihre Augen geschlossen.

Sie erläuterten mir, daß sie bestimmte Energieinseln bzw. Meridianknotenpunkte auf der Haut mit bestimmten Energietoren in der Aura verbänden, Energietore, die in die inneren und die kosmischen Welten führten. Dadurch würde der Körper noch durchlässiger, die Seele könne sich noch mehr entfalten und der Geist habe noch mehr Raum „zwischen den Realitäten". Dadurch würden Erkenntnisfähigkeit, Inspiration und Gottesverbundenheit erhöht.

Gelegentlich massierten sie sich gegenseitig das Dritte Auge mit Öl, sehr sanft und vorsichtig, sehr sensibel.

Mitunter kamen auch Massagewissende von den Kristallstädten zu den Weisen. Diese legten ihre Fingerspitzen auf bestimmte Körperpartien und suchten mit der anderen Handfläche nach der Sternenheimat des Weisen. Sie zogen sozusagen den Sternenstrahl heran, um ihn mit dem Körper, der Aura, den inneren Welten zu verbinden. Wenn die Sternenenergie durch ihre Arme und Hände floß, pulsierten ihre Fingerspitzen so sehr, daß die Massage einem feinen Trommeln glich.

Die Kristallakupunktur wurde ebenfalls angewandt wie in Phase 5, dieses Mal aber auch an den Füßen. Hierbei wurden Punkte direkt auf der Haut und in der Aura berührt, also auch mit der Spitze des Laserkristalls Verbindungen vom Lichtkörper zu den inneren und den kosmischen Welten geschaffen.

Dann sah ich Massagen, die schwebend über dem liegenden Körper ausgeführt wurden, z. T. auch mit Kristallen. Die Bewegungen folgten unsichtbaren Symbolen oder Linien, sie schienen bestimmten Mustern zu folgen, die der Massagewissende mit geschlossenen Augen sah und durch die Bewegung verstärkte. Darunter waren die Formen der lemurianischen Grundsymbole, Spiralformen und persönliche Symbole.

6C. Die sechste Seelenphase in der heutigen Zeit

Wir träumen den Traum vom Seher in seiner heiligen Einsamkeit. Er steht auf einem hohen Berg über den Wolken und erkennt den Tanz der Sonne, des Mondes und den Tanz der Welten - und er weiß: Ich tanze mit ihnen, und sie tanzen mit mir.

Die Lemurianer sahen also das Alter als Vervollkommnung an, als Aufstieg auf einen hohen Berg, um dort ihr Leben zu überblicken und darüber hinaus zu sehen. Sie sahen das Altwerden ganz und gar nicht als Verfall wie wir.

In unserer Gesellschaft sind ältere und alte Menschen eben nur alt, und sie gelten nur in seltenen Fällen als weise und schon gar nicht auf dem Höhepunkt ihres Lebens. Das Tragische ist: Sie verstehen sich selbst nicht so. Und so ist der Tod oft nur der ruhmlose und traurige Endpunkt eines körperlichen, seelischen und geistigen Verfallsprozesses.

Dies ist ein wirklich schrecklich tiefsitzendes Paradigma, und es hat in vieler Weise mit „Gottesferne" zu tun. Ich meine damit nicht die Ferne zu einem Gott da draußen (viele glauben ja irgendwie an Gott), sondern die Ferne zu Gott da drinnen, in uns.

Die 77-jährigen und älteren Frauen und Männer in Lemuria waren im Vollbesitz ihrer geistigen Kräfte, sie empfingen hohe Inspiration, sie waren die Träger und Bringer göttlicher Wahrheit, gereinigt durch Erfahrung, Vergebung und Transformation. Und sie hatten eine klare, eindeutige, bewußte Beziehung zum inneren Gottesfunken.

Eine Verklärtheit und Schönheit lag auf den Gesichtern der alten Menschen, ihre Augen waren voller Leben. Sie waren voller geistiger Vitalität und Güte, durchlässig, offen und vibrierend vom Heiligen Geist. Sie waren an Körperkraft mitunter sogar stärker als die Jüngeren. Die Ursache dafür waren nicht die stärkeren Muskeln, sondern die Stärke des Geistes und des Glaubens.

Sie waren im Zenit ihres Selbst-Bewußtseins. Sie brachten die göttlichen Lösungen, wenn die weltlichen versagten. Heute gibt es kaum mehr selbstbewußte alte Menschen. Noch seltener gelten sie als die Träger von Inspiration, Wahrheit und Weisheit. Diese Mißachtung ist eine der größten Tragödien unserer Zeit, denn es bedeutet, daß wir keine göttlichen Lösungen in Bereichen empfangen, wo sie absolut notwendig sind, z.B. in der Politik, Wirtschaft, „Verteidigung", Erziehung und anderen Ressorts. Besonders in der westlichen Welt, der Welt, die nichts oder nur wenig von der Seele weiß, werden die Alten als rückständig, starr und überkonservativ angesehen. Sie haben mangels göttlicher Verbindung ihre persönliche Macht verloren und sind in die Ecken der Gesellschaft getrieben.

Die großen Alten unserer Zeit lassen sich an zwei Händen abzählen. Häufig sind aber auch sie - ohne daß sie es bemerken - auf dem Abstellgleis. Sie, wie zum Beispiel der Bundespräsident, der schon mal über 77 sein kann, repräsentieren, aber sie bewegen nichts, haben keine politische (exekutive) Kraft. Die anderen großen Alten unserer Zeit, die Päpste, repräsentieren und erhalten - auch sie bewegen nichts wirklich, bringen keine Lösungen. Der jetzige Papst bemüht sich sehr, einen Unterschied zu machen - aber letztendlich ist er machtlos.

Ein Grund, warum die Alten nicht mehr diese leitende und führende Position haben, liegt auch darin, daß nur wirklich ERWACHSENE auch wirklich WEISE ALTE sein können. Lazaris spricht darüber, daß Menschen, die nicht erwachsen werden, sondern eben nur „automatisch" heranwachsen, im Alter in den Status des „Infants", des Kleinkindes, „automatisch" zurückfallen (Tape: „Discovering the adult"). In unseren Worten ausgedrückt: Wer die Phase 4 und 5 nicht wirklich lebt, sich nicht bewußt entscheidet, im Sinne dieser Lebens- und Seelenphasen erwachsen zu sein, wird auch die Phase 6 nicht phasengerecht leben. Er wird die Weisheit nicht erlangen, die nur dem wahren Erwachsenen zuteil wird.

Die Länder dieser Welt müßten von Regierungen geführt werden, die

SEHEN und ERKENNEN können, die WEISE sind und in göttlicher INSPIRATION handeln. So war es auch in Atlantis in den guten Zeiten. Diejenigen, **die eins waren mit Gott**, waren die, **die das Volk führten**. Und das ist auch logisch! Es waren die alten und weisen Priester und Priesterinnen, die **wußten**, was die Grundlagen des Lebens sind. Sie waren die, die dank ihrer Durchlässigkeit am besten in die höheren Welten hineinhören konnten.

Die Tatsache, daß wir nicht von weisen gottverbundenen Menschen geleitet werden, kostet Millionen Menschen das Leben bzw. die Lebensqualität, es kostet Milliarden an gutem wunderbarem und segensreichem Geld und Gut. So viele Fehlentscheidungen gehen auf das Konto mangelnder Weisheit und „Einsicht", das singuläre klare Sehen und Erkennen mit allen drei Augen, die zu dem wahren Auge werden, das nicht getäuscht werden kann und hinter alles sieht.

So vieles Probieren, bei uns stolz „Forschung" genannt, das so vielen Menschen und insbesondere den Tieren qualvolle Krankheiten und Tode beschert, könnte wegfallen. Ein wirklich Weiser im lemurianischen Sinn, der das Wesen von etwas erkennen und erfühlen kann, erkennt mit einem Blick, ob etwas gut ist oder nicht. Er sieht und spürt zum Beispiel die Wirkungen und Nebenwirkungen von chemischen Stoffen auf Anhieb, er fühlt, was ein Tier, was eine Pflanze, ein Mensch braucht. Nichts bleibt ihm verborgen.

Wir bezahlen einen hohen Preis für die Mißachtung bzw. das Ignorieren der sechsten Lebensphase. Aber vor allem bezahlen wir einen furchtbaren Preis in den Familien, da uns diese Köstlichkeit, über einen älteren und weisen Menschen direkten Zugang zu Gott zu erleben und damit Schutz, Frieden und Wahrheit im eigenen Heim zu haben, abgeht. Es könnten besonders diese mit Gott in Einheit lebenden alten Menschen sein, die den desorientierten jungen Menschen eine (spirituelle) Heimat bieten und ihre Zukunft mit Vertrauen füllen.

Großeltern als weise Ratgeber, als Gottwissende sind für Heranwachsende so wichtig. Die Großmutter repräsentiert dabei die Weisheit des Geistes in der Verbindung zur Göttin (Vertrauen in die Liebe zum Himmel) und der Großvater die Weisheit des Geistes in der Verbindung zu Gott (Vertrauen in die Liebe zur Welt).

Ich hatte Gott sei Dank eine hochspirituelle Großmutter. Aber auch sie mußte am Ende ihrer Tage ein Altersheim beziehen, was ich leider nicht verhindert habe noch konnte. Immerhin lebte sie doch lange mit uns zusammen und war mir ein so unendlich wichtiger Begleiter durch meine nicht ganz leichten Kindheitsjahre. Ich wurde durch sie immer bestärkt, daß ich eine spirituelle Heimat habe, daß Gott mich liebt. Ihr verdanke ich, daß ich heute so vielen Menschen das geben kann, was sie mir gab: den unerschütterlichen Glauben, das Wissen um den göttlichen Funken in mir und allen Menschen und um einen liebenden Gott der Wahrheit, Güte und

Gerechtigkeit.

Ich bin sicher, daß ich nicht mehr da wäre, wenn sie nicht gewesen wäre.

Wieviele Selbstmorde, besonders auch von Jugendlichen, gehen auf das Konto der spirituellen Heimatlosigkeit, niemanden zu haben, der wirklich versteht, das Wesentliche des Lebens begreift und ein Kanal der göttlichen Liebe ist!

Ich bitte den Leser und die Leserin, nur einmal kurz die Augen zu schließen und sich vorzustellen, was es bedeuten würde, solche weisen Menschen, Kanäle von göttlicher Inspiration, in der Regierung und den öffentlichen Ämtern, in den Medien und Publikationen, in den Gemeinden und Familien zu haben. Was

Meine Großmutter Aenne Winter, 1884-1965
Seherin und Heilerin

dies für Ehen und Partnerschaften bedeuten würde, für die Jugend, für so viele Bereiche unseres sozialen Miteinanders!

Vielleicht wären wir dann auch bereit, das Steuersystem zum System des Zehnten zu verändern. Ich bin sicher, daß, wenn jeder mit Freude und Dankbarkeit den Zehnten des Bruttoeinkommens an den Staat gäbe (JEDER!), der Staat mehr Einnahmen hätte als jetzt, wo dieser aufreibende Kampf zwischen den Finanzämtern und den Steuerpflichtigen besteht. Ein Kampf, bei dem es darum geht, so wenig

Steuern wie möglich zu bezahlen und möglichst einiges vorbeizumogeln. Enorme Kosten könnten gespart werden, Finanzämter fielen weg, weil dieser Zehnte direkt an die Staatskasse überwiesen und von da aus verteilt würde. Ganz abgesehen von dem Segen, der auf einem freudigen Geben des Zehnten liegt. Meiner Ansicht nach sollte man einen Zehnten an den Staat und einen Zehnten an seine spirituelle Führung geben. In Atlantis waren die Banken die Vorratshäuser der Priester und Priesterinnen. Sie zogen den Zehnten für sie ein, so daß sie ohne materielle Sorgen und ohne Ablenkung für die Menschen da sein konnten.

Durch meine Großmutter habe ich zumindest im Ansatz erfahren, daß das Alter schön und erstrebenswert sein kann, daß es etwas Köstliches ist, wenn man den jungen Leuten zeigt, daß es immer schöner wird, je älter man wird, und daß der Tod ein freudevoller Höhepunkt und ein Heimkommen ist.

Der Weise in der sechsten Lebensphase ist auch der „Seher", der „Prophet", so haben wir gehört. Es ist der, der ein Gehirn besitzt, das so viel mehr leistet als das körperliche Gehirn, das ja auch schon Beachtliches tut und von uns meist nicht voll ausgelastet ist. Bislang ging man davon aus und beobachtete auch, daß das Gehirn mit zunehmendem Alter Probleme bekommt - das Erinnerungsvermögen läßt nach, die Gedanken und das Sprechen werden langsam, es hapert mit logischen Vorgängen und Koordinierungen.

Der Grund dafür ist, daß sich in dieser Zeit der sechsten Phase das kosmische „Kristallgehirn" entwickeln will, das über die Aktivierung des Dritten Auges zugänglich wird. Dieses „Gehirn" oder eher diese „Bewußtseinszentrale" ist der Gedankenraum von Seele und Geist - viel weiter und umgreifender als das physische Gehirn. Es sind die „höheren Gedanken" Gottes, die nicht an menschliche Muster und Paradigmen gebunden sind.

Auch wenn das physische Gehirn verkümmern würde, wären die wahren Weisen, sofern sie Zugang zu diesem übergeordneten Gehirn hätten, in keiner Weise beeinträchtigt.

Die Klarheit und Wahrheit von Weisen fordert Respekt. Viele Menschen in diesem Alter haben Angst vor ihrer eigenen Klarheit und flüchten in die Krankheit, in Tabletten und in Abhängigkeiten von solchen, die sie pflegen. Sie haben Angst vor der kosmischen Wahrheit, die sie verkörpern könnten, und ziehen Jammern und Selbstmitleid und Regression ins Kindliche vor. Das kann so weit gehen, daß sie andere, z.B. Familienmitglieder, mit ihrer Krankheit und Schwäche regelrecht erpressen und dabei enormen Erfindungsreichtum an den Tag legen. Dies geschieht aber nur dann, wenn sie keine andere Möglichkeit haben, für die Familie wichtig zu sein - eben als Weise, die wirklich etwas zu sagen und zu geben haben.

Die wahrhaft Weisen der sechsten Phase sind die, die Ausgänge aus der Konsensus-Matrix, den vorgefertigten, nach Erneuerung schreienden

Gesellschaftsnormen, finden und sie anderen zeigen können. Sie können nicht getäuscht werden, da sie alles, was sie sehen, hören, fühlen, schmecken in ihrem Wesen erfassen und sofort wissen, was wahr, gerecht, zuträglich und zukunftsorientiert ist und was nicht. Daher sind sie die wahren Erneuerer und Wegbereiter - und nicht manipulierbar.

Sie sind die wahrhaft Intuitiven und Imaginativen.

Menschen, die die **ATM-6** empfangen - gleichgültig in welchem Lebensalter - öffnen sich für dieses wundervolle Bewußtsein.

Sie sind die wahren Kanäle, sie empfangen Lösungen von den jenseitigen Welten. Sie tun die richtigen Dinge, ohne genau zu wissen, was sie tun. Sie sind von sich selbst überrascht. Sie sind dort, wo sie sich hindenken. Daher sind ihre Gebete, ihre Visionen und Meditationen so viel effektiver. Sie hören Gott, sie hören ihr Höheres Selbst und ihre Seele und das Höhere Selbst und die Seele von anderen.

Sie SIND zur selben „Zeit" in der fünften und sechsten Dimension. Von da ist es nicht mehr weit nach Hause.

Die Phase 6 ist auch die Phase des tiefen Verständnisses von Paradoxen und einer Fähigkeit, sie zu vereinen, zu verschmelzen. „Paradox" heißt übersetzt aus dem Griechischen: „Gegen den Lauf ... gegen die herkömmliche Meinung".

Ein Paradox ist z. B., die zu segnen, die einem Böses tun. Schon Christus wußte, daß dies der Weg ins „Himmelreich" ist. So ist seine oft mißverstandene Aufforderung mit der „Backe" gemeint.

Ein anderes Paradox ist, daß „Reales" und „Vorgestelltes" auf der Ebene des Bewußtseins eines Weisen dasselbe sind. Daher ist er auch ein genialer Visionär.

Hierzu ein Ausschnitt aus einer ATM-Ausbildung (Phase 6):

„Wenn du willens bist, weise genug zu sein, Paradoxe zu verstehen und nach ihnen zu handeln, öffnest du Menschen die Tore zu einer anderen Dimension. Es ist der beste Weg, die allgemeine Matrix, die allgemeinen Verhaltensparadigmen, die alte Welt, zu verlassen.

Dadurch gibst du neue Hoffnung, neue Vision außerhalb des Bekannten. Du siehst mit deinem Dritten Auge in das Unbekannte. Daher ist der Weise der sechsten Lebensphase der Prophet. Er sagt nicht nur, was er in der Zukunft SIEHT - er lehrt auch, wie man die Zukunft erschafft. Er ist ein aktiver Prophet. Die Menschen ab 77 sind Lehrer der Zukunft, weil sie danach handeln, was sie sehen."

Ein wichtiger Gehirnbereich ist der Thalamus (Zwischenhirn) mit der Hypophyse (Hirnanhangsdrüse). Neben den Steuerungen verschiedenster Vorgänge im Gefühls- und Sinnenbereich, kommt dem Thalamus eine Bedeutung als dem Ort der Blockaden und Prinzipien zu. Der Thalamus ist ein Tor, das steuert, wieviel Erfolg man in seinem Leben zuläßt. Die ATM-6 kann dieses Tor weiten und beschränkende Blockaden in weise Prinzipien transformieren.

Ich denke, daß die Menschheit sich als Ganzes zur Zeit in der **Phase 5** befindet (Informationszeitalter), in der immer noch **beschränkende Blockaden** wirksam sind (unweise „Prinzipien" sind auch Blockaden). Sie bereitet sich vor auf die **Phase 6** (Zeitalter der Imagination), das Zeitalter der **weisen Prinzipien**. Die Zahl sechs ist die Zahl des (vollendeten) Menschen, des weisen und wahren Erwachsenen.

Auch aus diesem Grund sind die **ATM-5** und die **ATM-6** so wichtig für Menschen aller Altersstufen.

Die Phase 6 ist auch die Phase des sogenannten Dritten Auges, von dem so viel gesprochen wird. Es ist das Auge des wahren Sehers und der Ort des 6. Chakras. Physisch hat es mit der Hypophyse und der Zirbeldrüse (Epiphyse) zu tun und liegt etwas oberhalb der Nasenwurzel. Es ist ein machtvolles Tor zur Erkenntnis und ein Garant der Wahrheit. Es ist das Auge des Geistes, das mit den beiden Augen - den Fenstern der Seele - EIN Auge bildet, das Auge des Heiligen Geistes, das alles erkennt und alles weiß.

Dieses Auge sendet und empfängt - im Zusammenwirken mit der metaphysischen Funktion von Thalamus, Hypo- und Epiphyse - spürbar Energie und magnetische Strahlen, die wie ein Echolot, ein Laser, ein Scanner funktionieren.

Das Symbol des Dritten Auges, meist eingebettet in ein nach oben gerichtetes Dreieck, ist machtvoll und wird von östlichen wie westlichen Religionen und Bewegungen benutzt und mitunter auch mißbraucht. Nach wie vor steht das Dritte Auge als Symbol für höchste Erkenntnis und Wahrheit.

6D. Die Aluah-Trance Massage der sechsten Seelenphase heute

Die Hauptkrankheit, die mit dem Dritten Auge zu tun hat, ist die Migräne. Sie beruht meist auf dem Konflikt zwischen innerem und äußerem Sehen, zwischen Wahrheit und Täuschung. Der Konflikt ist: „Ich sehe etwas, das ich nicht sehen darf (oder will)." Er kommt zustande, wenn man dem wahrhaftigen Sehen nicht vertraut oder vertrauen darf, und dies kann diesen pochenden Schmerz erzeugen. Die Übelkeit, die oft die Migräne begleitet, kommt aus dem Gefühlsbereich, denn dem Ich wird es bei diesem Selbstbetrug regelrecht schlecht. Die Lichtempfindlichkeit kommt von der Abwehr oder Angst, das Licht der Wahrheit anzunehmen und ihm zu vertrauen. Oft ist dies mit einem Kindheitstrauma verbunden, wo ein Kind für eine Wahrheit als Lügner hingestellt wurde oder immer wieder Lügen aufgetischt bekam (auch emotionale Lügen), die es aber aus Selbstschutz nicht durchschauen und benennen durfte. Ein Kind sieht das lächelnde Gesicht einer Bezugsperson, fühlt aber eine Lüge in dem Lächeln, spürt die Kälte oder den Haß dahinter, darf dies aber nicht zum Ausdruck bringen. Vater spricht stolz von seinen großen Erlebnissen im Krieg, aber das Kind bekommt die Angst, die Verzweiflung und den Selbsthaß mit, durch die der Vater hindurchgegangen ist. Zwei Bilder überlagern sich, die nicht zusammenpassen. Das erzeugt Schmerz und Übelkeit. Wahrhaftigen Menschen wird bei Lügen immer schlecht. Sie bekommen Kopfschmerzen, fühlen sich erschöpft und ausgelaugt.

Andere Beschwerden, die mit dem Dritten Auge zusammenhängen, sind übermäßiger, andauernder Tränenfluß oder Augentrockenheit, Sehstörungen oder Kopfverletzungen aller Art, nicht heilende Wunden, Ekzeme, Juckreiz etc. insbesondere in diesem Bereich und auch gesamtkörperlich.

Wenn Menschen im Alter ab dem 77. Lebensjahr die ATM-6 empfangen, werden sie eine große innere Befreiung erleben. Denn der Körper und die Seele dürfen endlich hinaus in den weiten Raum des Geistes. Alzheimer, Parkinson und ähnliche degenerative Krankheiten haben ganz sicher mit der mangelnden Spiritualität, mangelnden Gottverbundenheit oder Gottvertrauen in diesem Alter zu tun. Der Körper, einschließlich das Gehirn, braucht in dieser Phase ganz einfach den Geist - nicht den Geist der Vernunft, sondern den Geist Gottes. Wenn diese Transformation nicht geschieht, beginnt ein Zersetzungsprozeß, der eigentlich erst nach dem Tod beginnen sollte. Das ist eben die Art, wie der Körper sich ohne den Heiligen Geist auf den Tod vorbereitet und dem gnadenlosen Paradigma des Alterns folgt.

Alzheimer drückt aus: „Ich will gar nicht mehr mitbekommen, was mit mir geschieht. Ich will vom Tod nichts wissen und ihn nicht erleben. Ich trete schon vorher ein in einen nichtbewußten Dämmerzustand."

Parkinson drückt aus: „Meine Lebensangst übernimmt meinen Körper (durch Zittern), da meine Seele ohne den bewußten Geist mit der Todesangst nicht zurechtkommt." Diese Todesangst hat oft mit tiefer (vermeintlicher) Schuld, dem Leben noch etwas schuldig zu sein, nicht fertig, nicht abgeschlossen zu sein, zu tun. Hier kann die Kombination mit der ATM-5 sehr hilfreich sein.

Ohne Selbstvergebung gibt es keine Altersweisheit und auch keinen freudevollen Tod.

Es gibt aber noch eine weitere seelisch/geistige Ursache für diese Gehirnerkrankungen, und die hat damit zu tun, daß die Phase 6 auch die Phase ist, in der man sich nach den höheren Dimensionen ausstreckt, insbesondere nach der fünften und sechsten. Das sind Dimensionen, die uns Menschen durchaus zur Verfügung stehen. Die fünfte Dimension ist eine Raumdimension, die unseren dreidimensionalen Raum übersteigt. Es ist der Raum der Freiheit des Geistes und sehr persönlich. Die sechste Dimension ist, wie die vierte Dimension (Zeit), die Dimension der Bewegung in diesem Raum. Diese ist die Grundlage des weisen Handelns. Es sind die Dimensionen des sogenannten sechsten Sinnes, die Dimensionen von Einsicht über das Bekannte hinaus. Es sind auch die Dimensionen des wahren Träumens, des wahren Verstehens und des wahren Reisens - auch des Reisens nach Hause, zur Sternenherkunft, um sich mit ihr zu verbinden. Durch unser ganzes Leben hindurch haben wir immer wieder kurze Augenblicke des Kontaktes mit diesen Dimensionen, „glimpse“ würde der Amerikaner sagen, kurze Erleuchtungen. In der sechsten Phase möchten wir diese aber soweit erweitern, daß wir in allen Dimensionen gleichzeitig leben. Dazu muß man sich des „Kristallgehirns“, des Gehirns jenseits des Gehirns, bewußt sein und es gebrauchen können. Wenn sich dieses aber nicht entwickeln konnte, weil die Lebensphasen nicht wirklich gelebt wurden, sucht der Mensch in der sechsten Lebensphase die fünfte und sechste Dimension mit seinem „normalen“ Gehirn, verzweifelt oft - und findet sie nicht. Gerade spirituell suchende Menschen können dann wütend, sogar gewalttätig werden und „böse“. Die Sternenheimat bleibt ihnen verschlossen, und dafür bieten sich „Fälschungen“ an, astrale Wesenheiten und Energien, die durch sie Dinge tun und sagen, die sie „bei klarem Verstand“ nie geäußert oder getan hätten. Angehörige leiden oft sehr darunter.

Diese verzweifelte Suche nach dem „Kristallgehirn“ kann so elementar sein, daß sie Gehirnfunktionen beschädigt, Synapsen und Transmitter zerstört. Es ist der Versuch, das alte Gehirn außer Kraft zu setzten, um das „neue“ zu finden - meist vergeblich.

Die Massage der Phase 6 unterstützt darin, das Festhalten an alten Mustern und Paradigmen, an der Vergangenheit, zu beenden und den Raum des Bewußtseins „beyond brain“, also jenseits des Gehirns, zu weiten, damit das „neue Gehirn“ gefunden werden kann.

Das geht einher mit der Botschaft, das Dritte Auge zu öffnen und mit den beiden physischen Augen zu einem Bild, zu einem Auge zu vereinigen, das die WAHRHEIT sieht.

Die ATM-6 bereitet zudem das „Loslassen“ der Seele vom Körper und das Loslassen des Körpers von der Seele und vom Geist, das Nach-Hause-Gehen, vor.

Die Vorbereitung

Diese Massage kann im Sitzen oder im Liegen geschehen. Der Raum sollte eine behagliche und festliche Ausstrahlung haben. Dunkelblaue und goldene Töne können vorherrschen. Ein Strauß von tiefblauen Lilien unterstützt die Atmosphäre.

Man magnetisiert den Raum mit diagonal gelegten Lapislazuli und Bergkristallen. An den vier Wänden können Pyrite liegen.

Natürlich steht das Öl bereit, eventuell der Laserkristall, wiederum für die Person vorbereitet, programmiert und abgestimmt.

Eine gute, ruhige Musik ist sehr wichtig. Hier empfehle ich die von mir für die ATM-6 komponierte Musik, da sie genau die entsprechenden Schwingungen wiedergibt und verstärkt.

Setze dich, bevor der Klient kommt, in den fertig präparierten Raum. Schließe die Augen, strecke die linke Hand nach oben, biege die Handfläche leicht nach hinten, und suche den Himmel nach deinem persönlichen Sternenstrahl ab. Wenn die Energie gefunden ist, bleib so eine Zeitlang sitzen, atme tief aus und ein, und lasse die Energie durch den Arm, die Hand durch den Körper fließen. Auch wenn du nicht allzuviel spüren kannst - es geschieht!

Verbinde dich dabei bewußt mit deinem Höheren Selbst und Gott/Göttin. Öffne dein Drittes Auge, indem Du es sanft mit dem Öl massierst.

Der Raum sollte, wie bei allen Sitzungen, bewußt gereinigt werden, mit Salbei, Kohle und Sandelholz. Man kann auch Wasser mit ein paar Tropfen des ATM-6-Öles verdampfen lassen.

Die Sitzung ist bei Abenddämmerung besonders wirkungsvoll, da das Zwielicht die „Räume" öffnet. Es sollten auf jeden Fall Kerzen brennen. Ich empfehle drei Kerzen am Kopfbereich und drei Kerzen am Fußbereich.

Das Vorgespräch

„Was ist (die) Wahrheit ...?" ist die Frage dieser Phase. Probleme mit Wahrnehmung, nicht klar erkennen können, was richtig ist und einem gut tut, sind Hinweise auf die ATM-6.

„Ich habe so recht keine Vision für mein Leben ..." oder: „Ich kann keine klaren Gedanken fassen ..." deuten ebenfalls auf eine geschwächte 6 hin. Menschen, die viel Kopfschmerzen im Stirn- und Schläfenbereich haben, sind Kandidaten für eine ATM-6.

Kommen Menschen im Alter von 77 Jahren und älter zu Ihnen, oder besuchen Sie diese bei sich zu Hause, im Altersheim oder Krankenhaus, dann versuchen Sie, das Gespräch etwas zu lenken. Nachdem Sie sich die Geschichten von Krankheiten, von Erfahrungen im unmittelbaren Umfeld (Familie etc.) angehört haben, sollte Ihnen dieser ältere Mensch aber auch etwas über die eigene Zukunft, über Wünsche und Visionen erzählen. Dies wird vielleicht zunächst Erstaunen hervorrufen, aber dann kommt vielleicht ganz viel, das mit dem eigenen Selbstverständnis als Mensch im Alter zu tun hat.

Vielleicht kommt auch das Gespräch auf den Tod, was Sie durchaus unterstützen sollten.

Das Vorgespräch kann direkt vor der Sitzung stattfinden, d.h. die Person sitzt oder liegt bereits ganz entspannt, evtl. zugedeckt. Entkleiden ist nicht angesagt, außer es wird dringend ein ganzkörperliches Massieren erwünscht, was durchaus Sinn machen kann, da die Berührung, das Öl und die Energie der Mantras direkt auf die Haut vitalisierend, lösend und entspannend wirken.

Heutzutage sind ältere Menschen oft sehr verspannt, ohne daß sie das noch so richtig wahrnehmen. Sie haben schon so lange damit gelebt. Die Hauptverspannungen sind häufig im Gesicht, um die Mundpartie herum (Enttäuschungserinnerungen), im Schläfenbereich, aber auch oft sehr stark im Schulter- und Nackenbereich (alles, was man so auf sich genommen hat), im Solarplexusbereich, an Oberschenkeln, Knien, Unterschenkeln (Waden), Fußknöcheln und Füßen. Auch Hände und Arme können ganz hart sein. Alte Menschen können unbewußt große Schuldgefühle haben, weil sie für ihre Kinder, Enkel und Urenkel nicht das sind, was sie für diese eigentlich gerne sein würden: weise Ratgeber, Heiler, Gottverbinder. Gicht und Rheuma (festgehaltene Heilenergien), hoher Blutdruck (uneingestandene und unbewußte Schuldgefühle) und Schlafstörungen (unerfüllte Sehnsucht nach den geliebten Menschen) sind die Folge.

Menschen aller Altersstufen, die darüber klagen, keinen Sinn in der Zukunft mehr zu sehen, sich im täglichen Kleinkram festbeißen und keine Ideen haben, wie sie etwas verändern können, bedürfen der ATM-6.

Die Massage

Wie in Lemuria ist die ATM-6 auch heute eine **Massage der Verbindung** von Körper (der ja nun zum Kristall geworden ist), dem Lichtkörper und dem Energiekörper (Aura).

Der Lichtkörper besteht aus diesen vielen Millionen von Lichtfasern und Lichtinseln, die das „Bewußtseinsgespinst“ darstellen. Umhüllt ist dieser Lichtkörper von der Aura, die bis in die Sternenheimat reicht.

Der Massage der Verbindung sollte heutzutage eine **Massage der Erlösung und Transformation** vorangehen. Anders als in Lemuria ist beim heutigen Menschen der Körper im allgemeinen zur Verbindung nicht bereit, da er noch so viel Unaufgelöstes und Vergangenes, alte Muster und Erfahrungen in sich birgt. Sanfter Druck auf entsprechende Körperpartien anerkennt die dort eingelagerte Erinnerung, spricht das entsprechende Seelenmuster an und bewegt mit Hilfe der Sternenenergie und der Mantras zum Loslassen und zum Transformieren in den Kristall.

Man erfaßt die Hände, gibt zuerst lange Vertrauen.

Mit der linken Hand, der Handfläche sucht man den Himmel nach der Sternenherkunft des Klienten ab, indem man innerlich um den Kontakt betet und ihn visualisiert. Dabei sollte man die Handfläche so nach hinten biegen, daß eine gewisse Spannung entsteht. Nach einigen Sekunden bzw. Minuten wird ein sanfter Strom durch die Arme fließen, und der Kontakt zum Sternenstrahl ist hergestellt. Ein Heimatgefühl stellt sich ein, und der Raum ist mit neuer

Lebensfreude und Zuversicht erfüllt.

Bei vielen ist dies die sirianische Herkunft, die Urheimat der meisten Lemurianer, oder die plejadische Herkunft. Nach Lazaris stammen wir alle letztendlich vom Sirius ab, weil Sirius das Tor ist, durch den die Schöpfungsenergie fließt, die unser Universum erschaffen hat. Weiteres zu den Sternenherkünften in meinem Buch „Die Kristallstädte von Lemuria", insbesondere im Anhang.

Nun beginnt man, die Hände mit „anerkennendem" Druck zu massieren - weniger streicheln, sondern eher sanft drücken.

Der Sternenstrahl fließt ins Herz ...

Wichtig ist dabei, in eine ehrerbietige Haltung zu gehen, denn vor sich hat man einen alten weisen Menschen, der sich am Ende seiner Lebenswanderschaft in der Vollendung befindet und eins mit seinem Höheren Selbst und Gott wird.

Dabei spielt es keine Rolle, wie alt Ihr Klient wirklich ist.

Während man die Hände massiert, sind die Mantras: „Du bist weise. Ich ehre deine Weisheit und deine Liebe zu Gott/Göttin/Jashuah. Du bist eins mit deinem Geist. Du erkennst in Weisheit und Wahrheit. Du bist dir deiner selbst bewußt. Du empfängst hohe Inspiration. Du handelst und entscheidest in Weisheit. Deine Seele und dein Geist haben einen weiten Raum, sich zu entfalten. Du bist in Verbindung mit deiner Sternenheimat. Du gibst dich der Liebe zu Gott/Göttin voll hin. Dein Körper, deine Seele und dein Geist öffnen sich für den Strom der göttlichen Liebe und des göttlichen Lichts. Alle Teile deines Körpers lassen ihre Erinnerungen ins Licht gehen und entspannen sich wohlig."

Von den Händen kann man nun weiter die Arme hinauf bis zu den Schultern und den Nacken massieren.

Das Mantra an dieser Stelle heißt: „Lasse deine Schuld gehen. Dir ist vergeben. Du vergibst dir selbst. Lasse deine Last in das göttliche Licht schweben. Öffne den Raum für die höchste Liebe und Reinheit, für höchste Wahrheit und Weisheit, für dein göttliches Bewußtsein usw."

Dann kann man zum Gesicht weitergehen. In vielen Falten sind Erfahrungen, sind Gefühle eingelagert, die durch sanftes, streichelndes Massieren, sanftes Tupfen etc. gelöst werden. Dabei kann man die Stirn und auch das Dritte Auge sanft massieren (aber niemals das Dritte Auge mit einem Kristall berühren! Das sollten nur, wenn überhaupt, Kristallwissende tun!).

So viel Erinnerung in einem Gesicht ...

Stirn und Schläfen bergen die negativen Erfahrungen von Sehen und Erkenntnis: „Ich durfte nicht sehen, was ich sah. Niemand interessierte sich für das, was ich erkannte. Ich konnte und kann meine Wahrheit nicht leben ..."

Die Partien um die Augen bergen die Erfahrungen, die man beim inneren und äußeren Sehen gemacht hat: „Ich habe so viel Schlimmes gesehen und konnte nichts tun ...". Die Wangen nehmen Erfahrungen auf, die mit Vertrauen zu tun haben (negativ: „Ich bin so betrogen worden ..."), die Partien um den Mund herum bergen Erfahrungen mit Liebe und Nähe (negativ: „Ich bin so enttäuscht worden ..."). Wichtig ist, daß der Mund leicht geöffnet ist und der Kiefer locker. Viele Menschen beißen die Zähne zusammen, und in den Muskeln des Unterkiefers sind Botschaften von Frustration und Wut eingelagert: „Ich werde nicht mehr über meine Erkenntnisse sprechen ... niemals mehr die Wahrheit sagen ... die will ja doch niemand hören ...".

Die Massage ist ähnlich wie bei der ATM-5, aber hat in der ATM-6 mehr mit dem „Erkennen" und „Sehen" zu tun, während es in der 5 mehr um den „Ausdruck" geht.

Das Gesicht lagert in den Falten und Muskelpartien die Erinnerungen ein, die mit „Gesicht zeigen", „Gesicht wahren", mit Sehen auf verschiedenen Ebenen und mit der Kommunikation zwischen innerer und äußerer Welt zu tun haben. Die Augen sind die Fenster zur Seele, sagt man. Das Gesicht ist ebenfalls in vieler Hinsicht die „Maske" der Seele, die mehr oder weniger erstarrte Außenform, die das Weiche, Verletzliche, Innere schützen soll. Aus dem Schutz ist aber nicht selten ein lederharter Panzer geworden, der sich in seinem Schutz- und Abwehrverhalten zu einer Grimasse zusammenzieht. Und das nicht nur bei alten Menschen!

Kopfhaut und Haar nicht vergessen! In den Haaren sitzen Erinnerungen, die mit Selbstwert und Selbstbewußtsein als spirituelles Wesen zu tun haben, in der Kopfhaut lagern sich Erfahrungen mit existentiellen und spirituellen Lebensfra-

Fußzehen einzeln mit sanftem Druck massieren ...

gen, mit der Beziehung zu Gott ab (negativ: „Bin ich es überhaupt wert, von Gott geliebt zu werden ...?").

Dann die Füße: Dort eher mit einem bestimmten (anerkennenden) Druck massieren und tupfen. Eher drücken, nicht so sehr reiben - vor allem nicht kitzeln.

Hier sind, neben der Verbindung zum ganzen Körper (Reflexzonen), auch Erinnerungen an die Stationen des langen Lebensweges eingelagert, an die vielen Um- und Seitenwege, die gegangen wurden, weil man den „Blick" auf das Ziel verloren hat.

Existentielle Müdigkeit ist oft in den Füßen verankert. Auch Gefühle, die mit dem Lebenssinn zu tun haben, mit dem Verstehen, wer man auf der Erde ist und was man dort zu tun hat (negativ: „Ich bin so müde vom Wandern. Vieles auf meinem Weg habe ich nicht verstanden und auch falsch gemacht, weil ich bestimmte Dinge nicht rechtzeitig erkannt habe, aber es hat doch mir und anderen weh getan ...").

Bei der Massage, dem Drücken (nicht zu stark, aber auch nicht zu schwach) dieser Partien also innerlich die Mantras sprechen, die das **Gegenteil** der eingelagerten Informationen ausdrücken, also: „Du bist es wert, von Gott geliebt zu werden. Du hast Vertrauen in deine Erkenntnis und Weisheit. Deine Wahrheit ist die höchste Wahrheit, und du lebst sie. Deine Familie, die Gemeinde, die Menschen um dich herum profitieren von deiner Weisheit und Güte und ehren und lieben dich dafür. Deine Lebenswanderschaft hatte einen tiefen, erfüllenden Sinn. Du, dein Geist und deine Seele sind eins und verstehen die Mission deines Lebens."

So kann auch mit dem ganzen Körper verfahren werden.

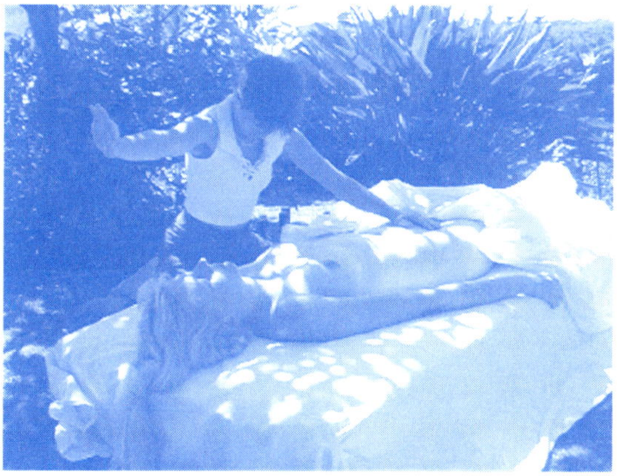

Massage der Verbindung in der ATM-6 ... auch gut in einer Kombination von ATM-1 und ATM-6

Nach der Massage des **Lösens und Transformierens** folgt die Massage des **Verbindens.**

Das ist das energetische Verbinden des Körpers, der jetzt zusammen mit der Seele zum Kristall geworden ist, mit dem Lichtkörper und der Aura - und über die Aura mit der Sternenherkunft.

Mit einem dementsprechend vorbereiteten Kristall oder mit den Fingern tupft man bestimmte Gebiete des Körpers an und verbindet sie mit Energiepunkten außerhalb des Körpers. Hier muß man sich voll auf die innere Schau und Intuition verlassen. Es ist wie ein Verweben, ein Verknüpfen - und tut unendlich gut.

Es ist sehr sanft, langsam und bewußt.

Die Mantras sind hier: „Du bist verbunden mit deinem Lichtkörper und deiner Sternenherkunft. Dein Lichtkörper ist geheilt, du bist erfüllt vom

Heiligen Geist."

Man kann den ganzen Körper auf diese Weise massieren und verbinden. Eine Hand- oder **Fußmassage des Erlösens und Verbindens** reicht aber durchaus auch.

Die Empfänglichkeit ist von Mensch zu Mensch verschieden. Sie spüren sehr schnell an der Energie, wenn die Handmassage wenig bringt. Es ist völlig in Ordnung, dort dann nur kurz zu verweilen und sich einem anderen Bereich zuzuwenden. Es kann manchmal ein einziger Finger, eine bestimmte Partie im Gesicht sein, die **das** Tor, **der** „Schalter" zur Lösung und Transformation ist. Es ist also wichtig, alle Vorstellungen von richtig und falsch gehen zu lassen.

Dennoch ist es sicher wertvoll, mit dem ATM-6-Öl einmal den ganzen Körper unter dem Aspekt der Befreiung von angestauten Erfahrungen und Energien zu massieren und dann den Raum mit der göttlichen Sternenenergie zu füllen, wie oben beschrieben.

Das kann man in jedem Alter tun - und immer wieder. Das ist der beste Schutz vor dem schnellen „Altern" - denn das schnelle Altern unserer Zeit wird begünstigt durch gestaute Erinnerungsenergie. Der Körper ist eigentlich immer nur höchstens 7 Jahre alt - weil alle Zellen in diesem Zyklus erneuert werden. Es ist die (negative) Erinnerung, die festgehaltene Vergangenheit, die alt machen. Dennoch werden Menschen alt, aber alt im Sinne von reif.

Die Zahl 6 ist die „Zahl des Menschen" in seiner Beziehung zu Gott und der Welt auf seiner spirituellen Wanderschaft. Daher ist die ATM-6 auch die ATM der sich weiterentwickelnden Menschheit zum wahren „Homo sapiens", dem „weisen Menschen", um danach in der Entwicklung den Sprung zum „Homo spiritualis" zu tun, dem „aktiv spirituellen, transformierten Menschen", der weniger dicht und dafür durchlässiger ist und sich auf der Zielgeraden nach Hause befindet.

Der Tod des alten Menschen ist das Heimkommen und das Hineingehen in eine neue Dimension des Lebens. Daher ist die ATM-6 für jedes Alter geeignet, da sie mit der grundsätzlichen Entwicklung der Menschheit zu tun hat. Die ATM-6 wird in Kombination mit jeder anderen Lebens- und Seelenphase diese Phase in das Licht der Transformation tauchen und das Erdenleben erleichtern.

Die Kombination von ATM-1 und dann ATM-6 bzw. ATM-6 und dann ATM-1 ist so thematisiert: „Ich bin auf dieser Erde auf meiner spirituellen Wanderschaft mit meiner Weisheit und Wahrheit willkommen." Und umgekehrt: „Mein spirituelles Wesen, meine Weisheit und meine Wahrheit heißen mich auf dieser Erde willkommen und bereiten mir den Weg nach Hause."

Die Kombination der ATM-6 mit der ATM-2 hat das Thema: „Meine Kreativität, meine Sexualität, meine Lebenslust fördern mich darin, noch mehr das weise und spirituelle Wesen zu sein, das ich in Wirklichkeit bin." Und umgekehrt: „Mein befreites und geheiltes spirituelles, weises und wahrhaftiges Wesen gibt meiner Kreativität, meiner Sexualität und meiner Lebenslust einen neuen, wunderbaren Sinn."

Eine dazu passende Meditation kann zum Beispiel eine geführte Meditation nach Lemuria sein, zum persönlichen heiligen Ort, zum Lieblingsfelsen über dem Meer. Du erlebst einen wunderschönen Sonnenuntergang, und in der Dämmerung wirst du von einem lemurianischen Kristallheiler besucht, der dich in einen Kristalltempel bringt, der von tausenden von Lichtern und heiligen Flammen umgeben und erleuchtet ist. Du liegst in der Mitte des Tempels, die Kuppel öffnet sich, und dein Sternenstrahl berührt dein Herz und dein Drittes Auge. Der Kristallheiler beginnt mit einer sehr sanften Tupfberührung mit seinem Kristall und stellt die Verbindungen zur Aura und jenseits der Aura her.

Vielen Menschen wird im Zusammenhang mit der Lebens- und Seelenphase 6 und ihren Themen bewußt, daß ihre Seele nicht mehr vollständig ist. Und in der Tat ist es so, daß sich bei großem Schmerz Seelenteile abspalten können und an einen mystischen inneren Ort, in das Tal „der verlorenen Seelen" gehen. Eine Meditation des Auffindens dieser abgespaltenen Seelenteile und sie mit der Seele zu vereinigen, ist eine sehr wertvolle Vor- oder Nachbereitung der ATM-6 und der ATM-7.

Die Meditation der Reinigung „Der Heilige Bezirk" ist ebenfalls wieder für beide Phasen zu empfehlen, außerdem die Meditation des Abschneidens von alten Verbindungen und der Erneuerung der Chakras durch das Höhere Selbst. Bitte fragen Sie nach all diesen Meditationen bei uns nach.

Die ATM-6 ist auch gut zur Vorbereitung von großen Projekten, bei denen eine starke Vision gebraucht wird und die richtigen Entscheidungen getroffen werden müssen. Kristallwissende und Kristallheiler sollten sich öfters einmal eine ATM-6 leisten, da sie die Fähigkeit, mit Kristallen umzugehen, sie zu programmieren usw. unterstützt. Die Kristallprogrammierer von Lemuria haben fast alle mit dem Dritten Auge programmiert. Die ATM-6 unterstützt Hellsichtigkeit und die Fähigkeit, das Wesentliche zu erkennen. Kombiniert mit der ATM-4 ist sie z.B. optimal als Vorbereitung auf das Leiten von Seminaren.

Das schlafende Wissen .... mit liebenden Händen ... ... aus den Schläfen küssen

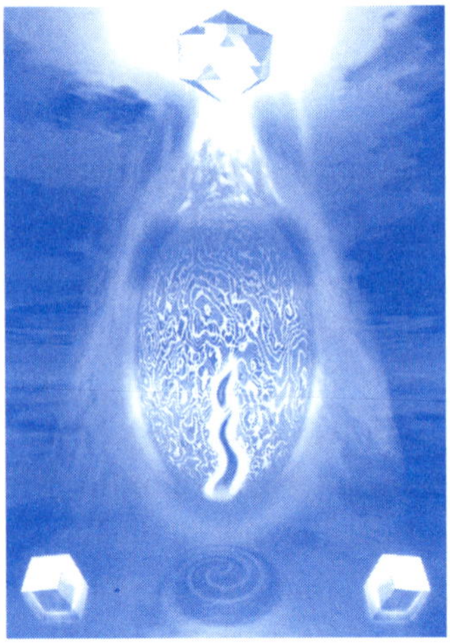

Die Lebens- und Seelenphase 7: Die Heimkehr

„Ich möchte euch alle ermutigen, zu leben und sich am Leben zu freuen, das Leben zu tanzen und sich nicht so viele Sorgen zu machen. Ich möchte mit euch über das Leben aus meiner Sicht sprechen, über die Liebe, über die Menschheit und die Schönheit von Mann, Frau und Kindern. Ich möchte mit meinen Worten heilen, ich möchte eure Augen für die Schönheit öffnen, die euch umgibt. Ich möchte euch die Furcht nehmen, eure Furcht vor Gott, die Furcht voreinander, die Furcht zu sterben und die Furcht zu leben."

Lady Di in „Green Hills", S. 10 f.

Name in Lemuria:	Die Heimkehr, die dritte Geburt
Grundthemen:	Fülle und Reichtum • Loslassen, Veränderung und Neubeginn • Verlust, Trauer und neue Freude • die Krönung und Feier des Lebens • das Erntedankfest • die Ganzheit der Seele • das nach Hause Kommen • angstfrei dem Tod begegnen • Sucht und Freiheit • Schuld und Vergebung • Kontrolle und Vertrauen
Fähigkeiten:	Flexibilität und Spontaneität • loslassen können • Dankbarkeit • etwas ohne Selbstwertverlust aufgeben können • Hingabe • Fülle empfangen und geben können • Zufriedenheit • Glück • Selbstbestimmung • vollkommene Selbstliebe
Energie:	DIE HINGABE
Archetypen:	Der Reisende • der Space Traveller • das Sternenwesen Phoenix • Engel
Mythologische Wesen:	Der Büffel • der Albatros
Verbündete Tiere:	Flieder, Veilchen, Anemone, Lilie, goldener Lotus, Lavendel • Palme, Eibe
Blumen • Pflanzen:	
ATM-Öl-Essenz:	No. 7 • DAS ERGEBEN: Loslassen zu einem neuen Leben
Essenz-Symbole:	■ ■ ERDE/ERDE • FÜLLE/FÜLLE
Hauptsymbole der Phase:	Die eindrehende Spirale
Elemente • Phänomene:	Erde • Erdbeben, Erdrisse, Erdrutsche
Einweihungen und Feste:	**Die letzte Ölung, die letzte Salbung** Die Rede des Dankes • das letzte Mahl • das Loslassen zu einem neuen Leben • die heilige Ölung • das Freudenfest
Einweihungsvorbereitungen:	Die Seelenberuhigung • die Tage der Dankbarkeit

Chakra:	Das Scheitelchakra, Kronenchakra
Farben:	Violett • Gold • kristallweißes Licht
Basiston:	H
Steine:	Amethyst • Onyx • Diamant • Rubin
Drüsen:	Epiphyse (Zirbeldrüse)
Sekrete • Hormone:	Speichel • Endorphine, Melatonin
Hauptorgane:	Gehirn
Neuralgische Bereiche:	Füße • Hände • Schultern • Gehirn
Kardinalfrage:	Habe ich genug geliebt?
Globales Mantra:	Die Welt ist transformiert zu ihrer Wahrheit.
Zentrales Mantra:	Du läßt los und gehst ins Licht.
Weitere Mantras:	**Allgemein:** Du bist eins mit deinem Höheren Selbst, mit Gott • Du läßt los und gehst in ein neues Leben • Du kehrst heim zu deinem Urbild, zu deinem wahren Sein. **Körper:** Ich danke dir für deine geleistete Arbeit, du darfst ins Licht • Du bist erfüllt vom Heiligen Geist • Du bist vollkommen und kannst loslassen • Du bist Fülle und Reichtum • Jede einzelne Zelle erfüllt sich mit Licht und geht ins Licht. **Füße:** Ich danke euch für den langen Weg • Ihr tragt ins Licht • Ich danke euch für euer Verstehen. **Hände:** Ich danke euch für euer Geben und Empfangen, Formen und Erschaffen • Deine Seele ist vereint und zum Loslassen bereit. **Kopf:** Ich danke euch Augen für euer Sehen, ich danke euch Ohren für euer Hören, ich danke dir Gehirn für die geleistete Arbeit • Du bist erlöst und gehst ins Licht • Es ist vollbracht.
Massagebereiche:	Ganzer Körper • die Füße • die Hände • Schultern • Kopf
Massagetechnik:	Massage des Dankes und des Erlösens • verbinden mit der Sternenherkunft • das Öffnen des Sternenstrahls • sanfter lösender Druck • Hände liegen lassen, bis Körperbereich „satt“ ist • tupfen mit Kristallen oder Fingern • Salbung des Kopfes, der Füße, der Hände
Fürsorgebereiche:	**Somatisch/Körperfunktionen und -fähigkeiten:** Ganzer Körper, insbesondere Füße, Hände, Kopf **Beschwerden:** Gesamtkörperliche Verspannungen • starke Schulterverspannung • Kopfschmerzen, Kopfverletzungen • Fußprobleme • steife, schmerzende Hände • Haarausfall

Mental/Beruf/Außenwelt:
Große berufliche Veränderungen • Umzüge • neue Projekte • Umstrukturierungen in Beruf und Leben • Investitionen • finanzielle Unternehmungen
Beschwerden: Finanzielle Zusammenbrüche • Schulden • Angst und Blockieren vor Veränderungen in Leben und Beruf • Festhalten an alten „bewährten" Strukturen
Seelisch/Liebe/Innenwelt:
Eigenes Sterben und Tod und das anderer • gehen lassen • Liebesverlust • Verlust von allem, was einem lieb und teuer ist • seelische Heimatlosigkeit
Beschwerden: Freudlosigkeit, Sinnlosigkeit • Angst vor neuer Liebe • Angst vor Neuanfängen aller Art • Blockade und Kontrolle von Kreativität und Spontaneität • Drogen und andere Süchte • alles kontrollieren müssen • permanente Gefühle des Mangels • Geiz, Eifersucht und Neid
Spirituell/Gottesbeziehung/Höhere Welten:
Heimkehr • Eingehen ins Licht • Licht der Wahrheit • Selbstvergebung
Beschwerden: Angst vor dem Licht • Angst vor dem, was „danach" kommt • Gefühl von spiritueller Heimatlosigkeit • Gefühl von Verdammnis

Traumamuster:
Plötzlicher, unerwarteter Tod (auch in Inkarnationen) • große, plötzliche Veränderungen (Umzüge etc.) in der Kindheit • plötzlicher Verlust eines geliebten Menschen, eines Tieres, einer Heimat, eines Projektes, einer Liebe, eines Lebenstraumes • Konkurs

Grundaussagen:
Negativ: Alles wird mir genommen • Ich kann ... nicht loslassen • Ich muß kontrollieren • Ich hasse das Licht • Es gibt keine Wahrheit • Ich bin verdammt (zu ...) • Ich habe Angst vor dem Neuen.
Positiv: Ich bin erlöst • Ich bin im Frieden mit mir und der Welt • Ich darf neu anfangen • Ich freue mich auf die Zukunft.

Meditation:
- Abschneiden alter Verbindungen
- Die eigene Kraft zurückholen
- Vereinigung der Seelenteile
- Chakra-Erneuerung
- Vergebung

7A. Die siebte Seelenphase in Lemuria

Der Tod hatte für die Lemurianer weder etwas Schreckliches noch etwas Furchteinflößendes, sondern war etwas Erhabenes und Majestätisches. Es war die Einweihung „des Heimgangs", des „Loslassens zu einem neuen Leben".

Die Einweihungszeit war in der Regel ein siebentägiges Fest, es konnte aber auch je nach Region sehr viel länger sein, wie ich es im Kapitel 11 meines Buches „Lemuria - das Land des goldenen Lichts" beschrieben habe. Das Lied Majarnons (s. 77 ff.) beschreibt zutiefst die Feierlichkeit, die Festlichkeit und Würde des Todes einer Wissenden.

Von den sieben Tagen war der vierte Tag der Tag des Verlassens des Körpers, der eigentliche Tag des Sterbens. Es war ein Tag der Freude und des Jubels, ähnlich dem Tag der Geburt.

Der Tod kam nicht irgendwie über die Lemurianer, sie wußten schon einige Zeit vorher, daß sie bereit waren und setzten im Gespräch mit anderen Weisen den Zeitpunkt fest, an dem sie ihren Körper verlassen wollten. Grund für den Tod war nie Krankheit, Schwäche oder Unfall, sondern das klare Gefühl, die klare Entscheidung, daß der Lebenszyklus für dieses Leben beendet war. Lemurianer wollten im Vollbesitz ihrer geistigen und körperlichen Kräfte sterben. Falls sie krank gewesen wären, hätten sie mit dem Sterben gewartet, bis sie wieder gesund sind.

Eine Erinnerung daran scheint heute noch wirksam. Immer wieder wird berichtet, daß es Menschen am Tag ihres Todes noch einmal richtig gut geht.

Sterben hieß auf Lemuria, das Geschenk des Lebens, das man von Gott/Göttin, Jashuah, empfangen hat, in Dankbarkeit „erfüllt" als Geschenk zurückzugeben.

So waren die drei Tage vor dem Tag des „Loslassens zu einem neuen Leben" hauptsächlich Tage der Dankbarkeit. Immer wieder kamen Gruppen von Freunden, Verwandten und Bekannten zum Haus des Sterbenden, um gesegnet zu werden, um zu danken für die schöne und wertvolle Zeit mit ihm oder ihr. Das war sehr bewegend, und es wurden auch durchaus Tränen vergossen, aber das waren nicht Tränen der hoffnungslosen Trauer, wie wir sie heute haben, sondern Tränen der Liebe und der Dankbarkeit.

Am dritten Tag wurde das Haus festlich geschmückt. Am Abend saß der Weise, die Weise in der Mitte seiner Lieben und hielt eine längere Rede. Er gab Ratschläge an die Jüngeren, bedankte sich für die ihm erwiesenen Ehrungen. Dann aß er mit ihnen ein letztes Mahl. Dabei verteilte er das Essen an alle als Symbol seiner Hingabe an die Gemeinschaft. So segnete er auch das Getränk und reichte es herum als ein Symbol des Lebens, das sie alle verband.

Nach dem Essen ging der Sterbende in eine Trance, um Botschaften von hoher Inspiration an die Anwesenden zu übermitteln. Dies war ein besonders bewegendes Ereignis, denn die Liebe Jashuahs erfüllte das Haus, und an jeden Gast wurde ein besonders segensreiches, meist prophetisches Wort gegeben. Der Weise, die Weise legten noch einmal die Hände auf alle und segneten sie, während sie sich in völliger Einheit mit Gott befanden.

Der nächste Tag, der Tag des eigentlichen Sterbens, wurde verschieden begangen, je nach Wunsch des Sterbenden. Solche, die an der Küste wohnten, wurden am frühen Morgen von den engsten Freunden und Verwandten zum Sonnenaufgang zu ihrem Lieblingsfelsen am Meer begleitet. Dann ließen sie den Weisen für eine Zeitlang allein, um ihm die Gelegenheit zu geben, in heiliger Einsamkeit den Sonnenaufgang zu erleben und sich mit „All dem, was ist", mit Jashuah, zu verbinden. Nicht selten kamen Delphine und Wale herbei, um mit dem Sterbenden zu sprechen, und auch, um gesegnet zu werden. Auch andere Tiere kamen oder flogen herbei, um Lebewohl zu sagen.

Dann kehrten die Freunde und Verwandten zurück und plauderten heiter und fröhlich mit dem Sterbenden. Jetzt kamen auch Zwerge, Elfen und Feen, und alle wollten bei dem besonderen Ereignis dabei sein. Die Zwerge nutzten die Gelegenheit, noch einmal eine Rede zu halten, wobei viele dicke Tränen flossen und viel geherzt und geküßt wurde. Die Elfen zeigten sich von ihrer besten Seite, und die Feen schwebten mit ihren Lichtgeschenken aus den Reichen zwischen den Welten herbei. So war dieser heilige Ort von einer Atmosphäre von Heiterkeit und Freude erfüllt.

Die Weise war in halbsitzender Position gebettet, mit dem Lebenskristall auf dem Schoß, mit dem heiligen Festgewand bekleidet. Meistens hatte sie jetzt die Augen geschlossen. Schließlich verstummten alle zu einer feierlichen Stille. Eine Abordnung von drei Wissenden aus den Kristallstädten erschien. Sie setzten sich rechts und links und an die Kopfseite der Sterbenden. Der Wissende an der Kopfseite begann nun, sehr liebevoll den Kopf und das Gesicht mit heiligem Öl zu massieren. Die Wissenden zur Rechten und zur Linken öffneten gemeinsam den Sternenstrahl. So verharrten sie dann eine Weile, während die Sterbende in tiefe Meditation ging, aus der sie nicht mehr zurückkehrte.

Dies konnte auch auf einem heiligen Platz im Gebirge geschehen oder auf dem Platz des Festivals, wo die Kristallorgel stand. Mitunter wurde sie zur Sterbezeit gespielt. Die kristallinen Klänge halfen beim Loslassen und ins Licht Gehen.

Viele Lemurianer wählten es, zur Sonnenwende auf dem Festival zu sterben. Dann waren natürlich sehr viel mehr Menschen Zeugen des feierlichen Geschehens und begleiteten das bewegende Ereignis mit ihrem Singen und Tanzen. Nicht selten traten auch andere vorübergehend in ihrer Ekstase aus ihren Körpern aus, um zusammen mit der Seele und dem Geist des Verstorbenen über dem Platz zu schweben. Die meisten Lemurianer konnten die Aura sehen, und so erfreuten sie sich an dem wunderbaren Lichterspiel.

7B. Die Aluah-Ashamah der siebten Seelenphase in Lemuria

Die Massage der Phase 6 war, wie bereits erwähnt, eine wichtige Vorbereitung der 7. Phase. Der Körper wurde im Laufe der Jahre ab 77 immer feiner und durchlässiger und immer mehr bereit, von dem physischen Leben loszulassen.

Wenn die Lemurianer schließlich die herannahende Vollendung und den Wunsch zu sterben spürten, ging die Massage der Phase 6 in die der Phase 7 über. Das begann mehrere Monate vor der eigentlichen Sterbezeit.

Der Massagewissende kam jetzt immer öfter zum Weisen, um ihn liebevoll und zärtlich zu massieren, mit folgender Botschaft an die Seele: „Wir haben dich gehört, deine Entscheidung wird respektiert, du darfst loslassen, du darfst heimgehen ...“ Das nannten die Lemurianer auch „die Beruhigung der Seele“. Die Massage war eine Reihe von zärtlichen Berührungen und zarten Massagen von Händen und Füßen, ein Schweben der Hände über dem Körper, um den Energiekörper zu streicheln und zu magnetisieren. Die Massagewissenden arbeiteten nun oft mit dem Lebenskristall des Weisen, mit dem sie symbolische Bewegungen in der Aura ausführten, zum Teil sah es auch so aus, daß sie mit den Händen „Raum schafften“ oder energetische Verbindungen herstellten. Immer wieder richteten sie sich nach dem Stern des alten Menschen aus und ließen, verstärkend, seine Energie in die Aura und den Körper fließen. All das sollte Körper, Seele und Geist auf das bevorstehende vollkommene Loslassen vorbereiten und ermuntern. Begleitet war das mit einem seltsamen Singsang, auf- und abschwellend, der zu den Bewegungen paßte. Die Bewegungen waren sehr langsam und sehr behutsam.

Auch während der sieben Tage des Sterbens wurde massiert. Ich sah vier Kinder zu gleicher Zeit die Hände und Füße des Alten, der Alten massieren. Sie taten das mit sehr viel Liebe und Zärtlichkeit und auch mit einem solchen Singsang, der sich allerliebst anhörte. Manchmal kamen Elfen herzu, die das Gesicht und die Haare mit ihren Flügeln streichelten und Luft zufächelten, auch Zwerge halfen den Kindern, besonders bei den Füßen, und brachten dafür ihre kostbarsten Kräuteröle mit.

Die Massage am vierten Tag, am Tag des Sterbens, sah ich nur von den drei Wissenden ausgeführt. Es war sehr bewegend, mit wieviel Liebe sie zuerst das Haupt (Haare bis Schultern) mit kostbarstem Kristallöl einrieben und sanft massierten. Man konnte das goldene Licht sehen, das allmählich das Gesicht von innen her durchstrahlte, wie es schließlich den ganzen Körper des Sterbenden erfaßte und durchdrang. Um den Kopf spielte violettgoldenes Licht, und die

Haare glänzten in einem kristallenen weißen Licht. Man sah förmlich, wie der Körper von der zeitlos jungen Lichtgestalt der „anderen Seite" durchdrungen wurde, so daß der Sterbende nun aussah wie ein Dreißigjähriger in seiner vollen Kraft.

In dieser Schönheit und Tiefe des Augenblicks hoben die Wissenden und der Sterbende zu singen an, sangen vom Leben und vom Sterben, sangen von all den Wundern der Schöpfung, und die Umstehenden fielen ein. Der Gesang steigerte sich und wurde zu einem brausenden Sturm in seiner Ekstase. Dann wurde wieder alles still, aber das Leuchten blieb und steigerte sich zu einem brillanten Licht. Nun öffneten die beiden Wissenden zur Rechten und zur Linken den Sternenstrahl.

Die Aura war nun so erregt, so am Vibrieren, daß sie sich zu drehen begann und sich langsam in kreisender Spiralbewegung, zusammen mit den Lichtern der Energiezentren, vom Körper löste. Dann folgte die Seele in ihrem glitzernden Licht aus dem Herzen und verband sich mit der Aura, die jetzt vollständig vom Licht des Sternenstrahles umhüllt wurde, in dessen Mitte sich jetzt der Geist formte als das Urbild des Verstorbenen, zuerst die Augen, dann der ganze Körper. Zunächst war er noch mit feinen Fäden mit dem Körper des Sterbenden verbunden, aber diese lösten sich nun, bis der Lichtkörper sich völlig von der Hülle getrennt hatte.

Die Wissenden blieben so lange in der Trance versunken, bis der Lichtkörper völlig gelöst war. Auch diese Loslösung unterstützten sie mit Bewegungen ihrer Hände, die jetzt selbst voller Licht waren und die Lichtfäden lösen halfen. Dann legten sie ein letztes Mal ihre Hände auf den verlassenen Körper, um ihm zu danken.

Der Körper glühte immer noch, wie eine Kohle in erlöschendem Feuer. Feierlich wurde er nun entkleidet und gewaschen und noch einmal völlig eingeölt. Während dieser Prozedur schwebte der Lichtkörper heiter und fröhlich über den Anwesenden.

Das anschließende Freudenfest dauerte weitere drei Tage. Am dritten Tag wurde die körperliche Hülle des Verstorbenen feierlich verbrannt. Dies war kein gewöhnliches Feuer, sondern das Feuer aus dem inneren heiligen Bezirk. Es wurde angefacht durch ein Bett aus Kristallen (Rubine, Bergkristalle und Amethyste), die, von Kristallwissenden kunstvoll zusammengelegt, den inneren Kristall zum Brennen anregten. Man kann also sagen, daß der Körper sich von innen her selbst verbrannte, sich molekular auflöste. Es blieb kein Rest übrig. Auf Lemuria gab es keine Friedhöfe. Das Gedenken an die Toten war nicht in Stein, sondern in die Herzen der Menschen geschrieben.

7C. Die siebte Seelenphase in der heutigen Zeit

Kurz nach den letzten Minuten, das Ich-Bewußtsein hat meinen Körper verlassen, kommt dieser starke Drang nach Süßem. Ich brauche etwas Süßes, Schokolade, irgendetwas, das mich tröstet, weil doch alle meine Lieben weinen. Dort liegt ein Stück Schokolade, ich will es essen, aber ich rutsche durch die Materie, ich kann es nicht essen, es geht nicht in mich hinein. Aber ich brauche es ... ! Oh, dort ist ein Kind. Es verspeist gerade einen süßen Keks. Ich muß irgendwie da hineinkommen, in diesen Körper, ich muß ihn irgendwie mitessen, den Keks.

„Hier ist das Licht, lasse los, gehe in das Licht, du bist geliebt, es ist alles in Ordnung ...“, sagt die Stimme. Ich kann nicht, sage ich, ich brauche meinen Seelentröster, ich brauche den Wein, den Schnaps, Sex, ich muß mich um meine Aktien, um meinen Fond kümmern, ich muß mich um meine Kinder kümmern, ich muß auf meinen Mann aufpassen ...

Viele Seelen bleiben mit dem Ich-Bewußtsein noch einige Zeit vereinigt, vielleicht noch ziemlich lange nach dem Tod. Sie sind um uns herum, weil sie nicht loslassen können. Besonders Menschen, die es schwer hatten zu sterben, denen es schwer fiel, vom Leben loszulassen, haben es danach schwer, in das Licht zu gehen. Viele mißtrauen diesem Licht mit seiner bedingungslosen Liebe, sie empfinden es als trügerisch, oder sie haben das Gefühl, daß es zu rein ist, daß sie nicht verdienen hineinzugehen, oder daß sie zuerst noch dies und das erledigen müssen, obwohl sie das gar nicht mehr können. Sie empfinden genau das, was sie auch zu Lebzeiten empfunden haben. Es hält sie davon zurück, in die Liebe und zum Ruheplatz Gottes zu gehen. Besonders solche Ichs, die während des physischen Lebens viel kontrolliert haben, wenig vertrauten, haben auch jetzt Schwierigkeiten, das Geschenk des Todes als Durchgang zu einem neuen Leben, als eine Befreiung, als ein Fest anzunehmen.

Die meisten lassen sich dann doch nach einiger Zeit überzeugen, daß sie diese Kontrollen und unerlösten Süchte (auch Kontrolle ist eine Sucht) nicht befriedigen können und geben sich der Liebe hin. Es gibt aber doch auch solche, die sich sehr lange nicht lösen können, und manche versuchen, sich irgendwie an einen Lebenden anzuhängen, sich in eine fremde Aura hineinzuschieben und irgendwie wieder mitzuleben. Das ist für beide nicht gut und kann sehr schmerzhaft werden. Im schlimmsten Fall geht die Verhärtung weiter, und die Seele, immer noch durch das sich so verdammt fühlende Ich-Bewußtsein festgehalten, wird zum weiteren Aufenthalt in dieser Zwischenwelt gezwungen.

Besonders schwierig ist es für solche Menschen, die durch einen Unfall aus dem physischen Leben gerissen wurden. Das kam so nie auf Lemuria vor. Wenn es so sein sollte, daß einmal ein Lemurianer im Gebirge abstürzte, waren immer blitzschnell Naturwesen (heute würde man sagen: Engel) da, die ihn auffingen.

Oder für einen Moment wurde die Schwerkraft außer Kraft gesetzt, und die Person schwebte zur Erde. Menschen sind seit jeher magische Wesen, die so etwas eigentlich vermögen - und es ist unserem Unglauben und unserer Dichte zu „verdanken", daß wir es nicht (mehr) können.

Viele Unfälle kommen auch daher, daß wir sie nicht vorhersehen können und daß wir uns Technologien anvertrauen, die eigentlich nicht menschlich sind. Nun gut, das ist ein Thema, über das man lange diskutieren kann. Fest steht, viele Menschen erleben den Tod als etwas Plötzliches, ohne Vorbereitung, ohne bewußte Wahl.

Wenn sie auf der anderen Seite des Lebens ankommen, wissen sie zunächst nicht, was geschehen ist, sie spüren nur, daß etwas sehr anders ist. Oft sehen sie ihren kranken oder verstümmelten Körper noch dort liegen, sehen die Ärzte sich darum bemühen, beginnen dann allmählich, den Sachverhalt zu begreifen, zum Teil auch deshalb, weil sie bei Lebzeiten darüber gelesen haben. Das Licht ist da, wenn sich die Panik gelegt hat und man bereit ist, es zu sehen und die „Stimme" zu hören.

Viele sagen sich dann: „Aber ich wollte doch noch dies und das in meinem Leben erledigen ...", und es kann schwierig sein, loszulassen und zu vertrauen, daß irgendwie alles perfekt ist, so wie es ist. Das nicht loslassen Können beruht oft auf Gegenseitigkeit, denn auch die Familie, die Geliebten, können oft nicht loslassen, vielleicht auch Gläubiger nicht oder solche, mit denen man in Fehde war und wo nicht vergeben wurde.

Natürlich gibt es auch dann höhere Hilfe, und schließlich gehen die meisten ein in das Licht der bedingungslosen Liebe, um ganz in Ruhe das Leben Revue passieren zu lassen, zu bewerten (nicht zu beurteilen!) und vielleicht neue Pläne zu schmieden. Dieser Vorgang ist uns vertraut und erscheint uns möglicherweise realer als das physische Leben. „Der Tod ist wie ein Aufwachen aus einem Traum", sagt *Lazaris*.

Aus dem, was ich bisher sagte, läßt sich sicher die Wichtigkeit der Beachtung der Phase 7 verstehen. Gleichgültig, in welchem Alter ATM-7 gegeben wird, sie hilft loszulassen, übermäßige Kontrolle aufzugeben, Süchte abzubauen. Sie ist eine Sterbevorbereitung, ja, aber auch ein wunderbares Hilfsmittel, leichter durch das Leben zu surfen.

So viele Menschen haben keine Vorstellung vom Tod, lassen ihn einfach auf sich zukommen. Alles, was nicht bekannt ist, macht Angst - wie jede Veränderung. Der Tod ist eine sehr radikale Veränderung, so radikal wie die Geburt. Daher wurde der Tod auf Lemuria auch die dritte Geburt genannt.

Auf diese radikale Veränderung, eingeleitet durch das Sterben, muß man sich vorbereiten. Diese Vorbereitung ist heutzutage sehr selten. Ein Relikt ist das Geben der Sterbesakramente. Es wird die Beichte abgenommen und die Absolution erteilt. Dies ist gut, weil dadurch zumindest die beiden Blockaden „Schuld" und „Unversöhnlichkeit" etwas abgebaut werden. Dann wird die letzte Ölung erteilt. Die ATM-7 ist eine solche letzte Ölung, aber sehr viel tiefer und umfassender.

Es gibt sehr wenige Menschen, die bewußt „aus der Sattheit" ihres Lebens heraus sterben, sich bewußt entscheiden, bewußt in diese tiefe Meditation hineingehen und dann nicht zurückkehren. Sie gehen in die inneren Räume und von dort weiter ins Licht. Das ist heutzutage eine Gnade.

In unserer Gesellschaft gibt es keine Selbstbestimmung über den Tod. Für die Lemurianer ist das eine Horrorvorstellung. Es ist eine Tragödie, daß wir dem Konzept huldigen, daß ein Mensch unter allen Umständen am Leben erhalten werden muß. Man kann sich die Qualen der über Tage und sogar Wochen am Tropf hängenden mehr oder weniger bewußtlosen Menschen gar nicht vorstellen. Zum Teil sind das Ich und die Seele während dieser Zeit noch im Körper, zum Teil auch außerhalb. Oft kehren die Schmerzen und das Bewußtsein in Wellenbewegungen zurück, man kann nicht leben und nicht sterben, es ist ein Zustand des Festgehaltenseins, der Einkerkerung.

Man sollte ja nicht glauben, daß Menschen, die im sogenannten Koma liegen, nicht alles mitbekommen, was um sie herum vorgeht. Sie wünschen sich, daß es wenigstens einen gibt, der versteht, was mit ihnen geschieht, der sie hören kann. Aber es gibt ja (noch) keine wahrhaftigen und mutigen Weisen, die das fühlen, hören und „sehen" können. Und man würde ihnen ja auch nicht glauben, wenn sie Ärzten und Angehörigen die Entscheidung des Sterbenden mitteilen würden.

Das Sterben und der Tod ist im allgemeinen etwas Unangenehmes, etwas, das man wegschiebt, nichts davon wissen will. Dabei soll es die Krönung des Lebens sein! Es ist die Begegnung mit der Essenz des Lebens, es ist das Einfahren der Ernte, die man mit anderen teilen kann. Es ist das Erntedankfest. Es ist der Altar, den man für Gott schmückt und sagt: „Du hast mir das Leben geschenkt, und ich schenke dir, was ich daraus gemacht habe."

Nach *Lazaris* stellt man sich auf der anderen Seite des Lebens nur eine Frage: „Wieviel habe ich geliebt ... wieviel habe ich gegeben ... wieviel habe ich von dem Potential umgesetzt, das ich bin?" Die Höhe des Bankkontos oder ein Bundesverdienstkreuz spielen dabei keine Rolle ...

Ach, was hätte ich darum gegeben, dieses Erntedankfest mit meinem geliebten Vater erleben zu dürfen. Wie sehr hätte ich gehofft, in seinen letzten Tagen klar mit ihm sprechen zu können, ihn begleiten zu dürfen, von ihm gesegnet zu werden. Von seinen letzten Tagen, beherrscht von dieser schrecklichen Krankheit (Parkinson), will ich gar nicht sprechen. Natürlich haben wir alle davon gelernt, natürlich haben wir immer wieder mit ihm Liebe getauscht und erfahren - aber dieses Leiden! Da war keine Wahl, kein Bewußtsein am Ende. Vielleicht ganz kurz noch einmal, wenige

Sekunden vor dem Hinscheiden. Und doch: Wie dankbar bin ich, daß ich dabei sein durfte.

So lange habe ich damit gehadert, mit dieser Brutalität seines Sterbens. Mit der Würdelosigkeit und Brutalität des Sterbens in dieser Welt allgemein. Dieses herzlose Vorgehen, die Sterbenden um alles in der Welt am „Leben" zu erhalten. Wer fragt denn die Seele? Wer fragt denn, welchen Sinn die Krankheit macht? Viele Geschichten habe ich von anderen Betroffenen gehört, und immer wieder war der Tod viel eher eine Erlösung von Schmerzen als eine Krönung des Lebens. Will denn jemand nicht lieber sterben, als noch jahrelang ohne klares Bewußtsein dahinzudämmern?

Dazu müßten wir uns eben alle sehr klar auf das, was Sterben und Tod ist, einlassen. Dazu müßten wir uns auf das Leben einlassen und sehen, wie wir alle nicht richtig leben. Wir sind alle hunderte, vielleicht tausende Male gestorben. Wir wissen, was der Tod ist ... tief in uns - und wir wissen, daß er nichts Schreckliches ist. Der Tod als Schrecken kommt wohl hauptsächlich von Kriegs-, Katastrophen- und Kerkererfahrungen. Gerade in unserem Land, in dem so viele Menschen mit Gewalt zu Tode gebracht wurden, gehen wir jetzt genau auf die andere Seite der Medaille und halten nun Menschen mit Gewalt am Leben. ABER ES IST DIESELBE MEDAILLE! Und dieselbe Gewalt.

Eines habe ich mir vorgenommen: Meine Lemuria-Arbeit und die ATM sollen einen entscheidenden Beitrag dazu leisten, daß das Sterben mit Würde und der Tod als die Krönung des Lebens gefeiert werden.

Zu dieser Würde gehört die Freiheit und das Bewußtsein, den Zeitpunkt des Todes wählen zu dürfen und ganz bewußt zu sterben.

Wie immer wir unser Leben gelebt haben ... Gott empfängt uns mit Freuden und bedingungsloser Liebe. Nicht jeder kann das wirklich annehmen ...

Die Beachtung der siebten Lebensphase ist also auch eine Vorbereitung auf das Empfangenwerden und das Heimkommen und macht es noch so viel schöner und tiefer. Möglicherweise hat das Auswirkungen auf die Entscheidung, wiederzukehren oder ganz nach Hause zu gehen. Sicher hat aber die Beachtung der siebten Phase auch Auswirkung auf die nächste Inkarnation.

Ich sagte schon oben: Wenn wir durch wirklich weise gottesverbundene Alte regiert würden, gäbe es keine Kriege auf dieser Welt. Wir würden auch feststellen, daß wir schon längst die Phase des **Überlebens** abgeschlossen haben und in eine Phase des **Lebens** eingetreten sind. Gerade Kriege sind es immer wieder, die uns die „Sinnlosigkeit" und „Würdelosigkeit" des Sterbens vor Augen führen und uns permanent die Angst vor dem Leben suggerieren. Hierbei meine ich auch die kleinen Kriege in Familien, Belegschaften, Schulen und Auseinandersetzungen mit Behörden. Wieviele unwürdige Tode werden hier gestorben, selbst wenn man danach noch „am Leben" ist. Wieviele Medikamente aufgrund dieser Kriege eingenommen werden! Es geht wohl in die Milliarden.

Warum die Sterbenden heute immer noch so behandelt werden, als seien sie Kriegsopfer, hängt damit zusammen, daß wir die Fülle des Lebens nicht annehmen. Interessanterweise ist das Symbol für die Lebensphase 7 die beiden goldenen Kuben, die **doppelte Fülle**. Die Fülle des Lebens wird erlebt und die Fülle des Abschiednehmens, des Todes, des neuen Lebens. Der Mensch, der alle Lebens- und Seelenphasen voll und bewußt erlebt hat, kann nun auch lebenssatt aus dem Leben scheiden und muß ihm keine Träne mehr nachweinen.

Es hört sich vielleicht hart an, aber ist bedenkenswert: Solange die Menschen nicht wirklich leben, halten sie sich selbst und andere so krampfhaft am „Leben" fest. Liebe zum Leben heißt eben auch, jemanden mit Dank aus dem Leben scheiden zu lassen.

Wir können und wir sollen uns auf unser Sterben und auf unseren Tod freuen. Das können wir nur, wenn wir richtig gelebt haben. Richtiges Leben bedeutet aber auch, der Seele für ihre Phasen Raum gegeben zu haben. Die ATM, mit allen ihren Stufen, ist eine wunderbare Vorbereitung auf die Krönung des Lebens.

Sterben und Tod sollten auch heute in der eigenen Familie, umringt von Freunden und Verwandten, gefeiert werden. Für alle kann es ein so besonderes Ereignis sein, denn es hat wahrlich etwas Königliches an sich. Es macht das ganze Leben wieder zu dem, was es ist, ein wunderbares, kostbares Geschenk. Alle, die teilnehmen, erleben, wie schützenswert, wie wesentlich und wunderbar Leben ist. Wenn jemand bewußt stirbt und sein Vermächtnis an die Lebenden weitergibt, wird dies auf vielen Ebenen des Bewußtseins anklingen und die anteilnehmenden Menschen verändern.

Für dieses Ereignis sollte man sich Zeit nehmen, wie auf Lemuria. Der Raum, das Haus sollte geschmückt sein, Blumen und Dankesgeschenke gebracht werden. Es ist eine Zeit, in der die Sterbenden an die Lieben ganz besonders segensreiche, erfahrungsreiche, auch prophetische Worte richten und sogar langgehütete Geheimnisse preisgeben. So, wie Stradivari z.B. seine beste Geige und die letzten strenggehüteten Geheimnisse des Baues und besonders der Lackierung der Instrumente in seiner Todesstunde an seinen Meisterschüler weitergegeben hat. Es ist die Zeit des „Testaments". Mit Freuden verteilt man in Weisheit die irdischen Güter an Angehörige und Freunde, so wie man es für richtig und segensreich hält.

Natürlich sollte alles, was die Freude schmälert, ausgesprochen und vergeben sein, und liebevoll sollte von allen Abschied genommen werden.

Dem Segnen der Kinder und der Enkel kommt eine ganz besondere Bedeutung zu, denn gerade in dieser Zeit ist der sterbende Mensch ein besonders offener Kanal für die göttliche Liebe und Gnade.

Es wird sicher die Zeit kommen, in der die Menschen ganz bewußt auf die andere Seite hinübergehen. Es wird sein wie eine Meditation in tiefer Entspannung, aus der man nicht zurückkehrt. Wie in Lemuria sollte vorher eine letzte sanfte Massage mit Öl gegeben und der Sternenstrahl geöffnet werden. Dies ist eine Anerkennung des Lichts, das den Gestorbenen auf der anderen Seite empfängt und nach Hause geleitet.

Große Intensität und Energie erfüllt das Haus, und die beiwohnenden Menschen fallen ebenfalls in Trance und sind kurzzeitig „auf der anderen Seite“, um den Sterbenden ein Stück zu begleiten. Es ist wichtig, bei dem Toten zu bleiben, denn die Loslösung geschieht langsam - heute noch langsamer als auf Lemuria. Heute geht man wohl durch einen „Tunnel“, was in Lemuria so nicht war. Mindestens fünf bis sieben Stunden sollten die Angehörigen noch mit dem Toten zusammen sein, bevor er gewaschen und zur Bestattung gebracht wird. Was dann mit dem Körper geschieht, ist für die Seele unerheblich.

Es ist in Ordnung, sich an diesem Tag zu freuen. Es ist in Ordnung, das Leben zu feiern. Meist sind es die Kinder, die an diesem Tag außer Rand und Band sind. Man sollte es ihnen nicht verwehren. Denn die fröhliche Seele des Verstorbenen spielt mit den Kindern - und wenn die Erwachsenen lachen und fröhlich sind, kommt das der Seele durchaus entgegen. Sie kann sich dann noch schneller lösen und verabschieden, denn alles ist gut. Dem Loslassen folgt Heiterkeit und Friede.

Oft wollen Ich-Bewußtsein und Seele noch Tage danach mit ihren Lieben zusammen sein. Daher erscheinen sie manchmal auch in ihren Träumen, denn sie schlafen nicht mehr. Sie genießen es, wieder jung und schön zu sein, sich so leicht zu fühlen, so geheilt und sicher. Sie sitzen gerne mit in der fröhlichen Runde. Sie besuchen auch Freunde an anderen Orten, und ihr Transportmittel ist der Wunsch, der Gedanke. Endlich kann man hinfliegen, wo man sich hindenkt! Und Achtung: In dieser Zeit hören sie alles, was man über sie sagt, sogar denkt. Es ist durchaus in Ordnung, mit ihnen (laut) zu sprechen und noch Dinge zu sagen, die man bei Lebzeiten nicht gesagt hat oder sagen konnte.

Die Themen der Lebensphase 7, Sterben und Tod, Loslassen und Eingehen ins Licht, Altes gehen lassen und Neues zu beginnen, ziehen sich durch das ganze Leben. Sie sind urmenschlich. Träume können sterben, Visionen können ihr Licht verlieren, Partnerschaften, Freundschaften, Projekte können zu Ende gehen - und nicht selten bleibt das Gefühl, daß etwas gestorben ist und eine Leere entsteht.

Dann ist es auch wichtig zu trauern. Trauern heißt anzuerkennen, daß es wirklich geschehen ist, daß wirklich jemand oder etwas gestorben ist, was einem lieb und teuer war. Es heißt, durch die gefühlsmäßigen Phasen von Schmerz, Wut und Enttäuschung, Verleugnung und schließlich Hingabe zu gehen. Diese Trauer sollte immer aber verbunden sein mit Hoffnung: Hoffnung und Vertrauen in ein ewiges Leben, d.h. auch, daß Verlorenes in anderer Form wiederkommt und die gleiche Freude und der gleiche Segen sich wieder einstellen, wenn nicht sogar mehr.

Die ATM-7 hilft in jeder Lebensphase, diesen Durchgang vom Dunkel ins Licht, von der Trauer in das Neue zu schaffen.

7D. Die Aluah-Trance Massage der siebten Seelenphase heute

Die ATM-7 ist sowohl für Sterbende und zur Sterbevorbereitung da, als auch für jedes Alter, denn ihre Grundlage ist das „Loslassen", die Verbindung mit dem Heimatstern, die liebevolle Vorbereitung auf Veränderung, das Einssein mit Gott.

Sie ist auch eine Vorbereitung auf einen möglichen plötzlichen Tod, der einen - anders als in Lemuria - jederzeit ereilen kann.

Daher empfehle ich jedem, gleichgültig welchen Alters, die ATM-7 zu empfangen.

Die ATM-6 bzw. die ATM-7, gegeben vor Operationen, ist ein guter Schutz vor Komplikationen und eine spirituelle Hilfe für alle Beteiligten.

Ich werde auf den folgenden Seiten die Massage der ATM-7 zunächst als Behandlung in jedem Alter und dann als Sterbevorbereitung und -begleitung beschreiben.

A. Die ATM-7 als Behandlung für jedes Alter

Die Vorbereitung

Im Raum sollten violette und goldene Töne vorherrschen. Er sollte eine festliche Ausstrahlung haben. Gut für die Behandlung ist der frühe Vormittag, aber auch die Abenddämmerung - letztere insbesondere für eine ATM-7-Kristallbehandlung.

Bilder von Sonnenaufgängen an den Wänden erhöhen die Resonanz, aber auch Bilder vom Sternenhimmel, Planeten und Milchstraßen. Eine oder sieben Kerzen können brennen.

Energetisch sollte der Raum besonders rein sein. Vorbereitet kann dies werden mit dem Abbrennen von reinigendem Räucherwerk, respektive Salbei. Laute Gebete und das laute Sprechen oder Singen der ATM-7-Mantras zusammen mit der ATM-7-Musik erhöhen die Schwingung und die Reinheit im Raum.

Flieder, Veilchen, Anemonen und weiße Lilien sind die unterstützenden Blumen.

Magnetisiert wird der Raum durch diagonal gelegte Amethyste und Bergkristalle, die auf „Loslassen" programmiert sind (wenn man Richtung Norden schaut, liegt links der Amethyst und rechts der Bergkristall). Zusätzlich können an den Wänden vier rote Steine liegen: im Uhrzeigersinn der Rubin, der Granat, der Jaspis und ein Rubellit (beginnend mit der Ecke links vorne, wenn man Richtung Norden steht). Sie magnetisieren die innere Flamme, das innere Heiligtum, das den „alten Körper", die alten Muster verbrennt und die Energie der Neugeburt herbeizieht. Statt Bergkristalle kann man auch einen Obsidian (Nordseite) und einen Onyx (Südseite) benutzen.

Direkt unter der Massage-Liege kann ein gereinigter Diamant liegen, der durch seine kubische Struktur zur 7 paßt. Er kann auch gefaßt sein (möglichst in Gold).

Der Amethyst ist ein sehr kraftvoller Helfer bei all den Loslösungsprozessen und der Hinwendung zum Einssein mit Gott. Der Onyx unterstützt die Seelenkräfte und der Obsidian die Selbsterkenntnis des inneren göttlichen Wesens. Man kann auch einen Obsidian unter die beiden Achselhöhlen, einen Obsidian zu Füßen und einen Amethyst ans Kopfende legen. Man kann aber auch Bereiche des Kopfes nach der Einölung mit einem Amethysten bestreichen und Bereiche der Füße mit dem Onyx (die Steine müssen die Haut nicht berühren). In jedem Falle sollten die Kristalle auf die ATM-7 vorbereitet sein (diese Vorbereitung sollte gelernt werden).

Diese Kristallaufstellungen und -verwendungen sind zusätzliche Verstärker, aber nicht notwendig.

Die Schönheit der Lebensphase 7 besteht darin, mit Dankbarkeit Altes gehen zu lassen und sich dem Neuen zuzuwenden. Der ATM-7-Gebende sollte sich daher vor der Sitzung selbst mit dem Thema „Loslassen" und „Veränderung" in seinem eigenen Leben beschäftigen. Vielleicht ist es noch nötig, dem einen oder anderen zu vergeben, Zweifel und alte Gedanken loszulassen und sich der Selbstliebe zuzuwenden.

Das Vorgespräch

Wie in der Phase 6 ist auch in der Phase 7 „Schuld" und „Vergebung" ein Thema, dieses Mal in Verbindung mit dem Loslassen-Können. Menschen, die in Schuld, Lebenszweifeln und Unvergebenem verstrickt sind, können sich sehr schwer Neuem zuwenden. Sie können sich aber auch nur schwer Gott und dem göttlichen Licht zuwenden. Daher war für Christus Vergebung so wichtig.

Viele Menschen haben es deshalb so schwer mit Vergebung, da sie sich dadurch auch kontrollieren und im Alten festhalten können. Geradezu klassisch ist es, Gott für manches die Schuld zu geben („wo war er, als dies und das passierte") und ihm dann nicht mehr zu vergeben. Man hält auch deshalb daran fest, um nicht mehr enttäuscht zu werden - klingt plausibel, ist aber eine gewaltige Blockade für jede Art Neuanfang.

Sätze sind: „Ich fühle mich für dies und das so lange schon schuldig ...“, „Ich kann das einfach nicht vergessen, ich muß immer daran denken ...“, „Ich fühle mich von Gott, von allem so abgeschnitten ...“, „Ich bezweifle, daß ich von Gott geliebt bin, daß es Gott überhaupt gibt, sonst hätte er das nicht zugelassen. Ich bezweifle, daß ich überhaupt liebenswert bin ... daß es überhaupt Liebe auf der Welt gibt ... daß das, was ich selbst an Liebe zu geben habe, überhaupt zählt und wichtig ist...“

Andere Sätze in diesem Zusammenhang sind: „Ich kann diese Situation, dieses Haus, diesen Beruf, diese Sucht, diese Person einfach nicht loslassen, weil ich damit noch nicht fertig bin, weil es mir immer noch etwas gibt, obwohl ich weiß, daß es mir schadet ... “ Das sind alles Hinweise auf die ATM-7.

Alle Abhängigkeiten, sei es von materiellen Stoffen wie Schokolade, Alkohol, Drogen etc., mentale und psychische Süchte und Abhängigkeiten (wie übermäßiges Arbeiten, übermäßige Kontrolle, Geld- und Machtgier, Geiz, sexuelle Abhängigkeiten, Perversionen, TV-Sucht etc. ...) und Abhängigkeiten von Lebenden und auch bereits Gestorbenen rufen nach der ATM-7.

Auch am Anfang oder Ende von Kombinationen ist die ATM-7 ideal. Die ATM-7 am Anfang einer Kombination oder Behandlungsreihe lockert Festgehaltenes und macht dadurch die Behandlungen der anderen ATM-Phasen leichter. Eine ATM-7 am Schluß ist wie Balsam: Sie bringt die Vergebung für das Erlittene und das Loslassen ins Licht.

Natürlich sind auch die Angst vor (plötzlichen) Veränderungen, vor materiellem Verlust, vor Liebesverlust, vor Neubeginn und vor Sterben und Tod Themen für die ATM der Phase 7. Jede Art von (krankhaftem) Festhalten an der Vergangenheit, an vergangenen Erlebnissen, Erfahrungen, beruflichen und anderen Enttäuschungen, an einer verflossenen Liebe, an Vater, Mutter etc. sind Themen der ATM-7.

Zentrales Thema ist, wie schon mehrmals gesagt, das Gefühl des Getrenntseins, der Abgeschnittenheit von Gott, vom Göttlichen und damit das Gefühl, nie wirklich gelebt zu haben und deshalb nicht in Frieden loslassen zu können - insbesondere nicht die Vergangenheit.

Die Massage

Die ATM-7 ist die „letzte Ölung, die letzte Salbung“. So kommt dem ATM-7-Öl eine zentrale Bedeutung zu.

Die Ölung (oder auch Salbung genannt) ist immer auch ein Hinweis auf das Erfülltwerden mit dem Heiligen Geist. Der Name „Christus“ kommt aus dem griechischen „chrio“, das heißt salben. Es ist der Gesalbte, es ist der, der eins mit Gott ist.

Maria, eine der Jüngerinnen Jesu, die Schwester Marthas, salbte Jesus kurz vor seinem Tod mit einem sehr kostbaren Öl. Nachzulesen bei allen 4 Evangelisten, was auf die Wichtigkeit dieses Ereignisses hindeutet (Mt 26:6-13, Mk 14:3-9, Lu 7:36-50, Joh 12:1-8). Zwei Evangelisten sprechen davon, daß Maria mit dem Öl Jesu Haupt, die beiden anderen, daß sie Jesu Füße gesalbt und mit ihren Haaren unter Tränen getrocknet habe.

Somit sollte ein Teil der ATM-7 auch eine solche feierliche Salbung sein, hauptsächlich an den Füßen und am Kopf.

In den meisten Fällen wird man jedoch mit dem **Körper** beginnen. Es geht darum, mit sanftem, anerkennendem Druck die Hand auf den einzelnen Körperteilen aufzulegen und den zugehörigen Lichtkörper-, Seelen- und Aura-Bereichen für ihre Dienste zu danken und mit dem heiligen Geist zu erfüllen. Das kann durchaus mit nur einem Hauch von Öl an den Händen auf dem bekleideten oder dem nackten Körper oder schwebend über dem Körper geschehen.

Dem Körper danken ...

Die Mantras sind: „Ich danke dir für deine geleistete Arbeit, du darfst ins Licht ... du vergibst, deine Wunden und Schmerzen sind geheilt, du bist vollkommen und gehst ins Licht ... du bist vom Heiligen Geist erfüllt ... du bist eins mit Gott und deinem Höheren Selbst... du bist erfüllt von göttlichem, heiligem Licht ... du bist Fülle ...“

Dazu sollte man wieder, wie beschrieben, den Sternenstrahl des Klienten herbeirufen und öffnen.

Bitte die Hände immer so lange liegen oder an einer Stelle schweben lassen, bis man das Gefühl hat, daß der entsprechende Bereich „satt“ geworden ist. Wichtig sind vor allem auch die Gelenke, in denen das Festhalten sich besonders manifestiert.

Danach geht man über zur Massage und Ölung der **Füße**, der eine heilige Fußwaschung mit warmem Amethystwasser vorausgehen kann.

Auch hier wird sanft gedrückt - Zehen, Ballen, Knöchel und Bereiche um die Knöchel - und gut eingeölt. Es geht insbesondere darum, den Füßen zu danken, daß sie den Klienten so gut auf dem Lebensweg getragen haben, sie mit Liebe zu salben und so mit den Flügeln des Heiligen Geistes zu versehen.

Die Mantras sind: „Ich danke euch Füßen für euren langen Weg. Ich danke euch, daß ihr ... so lange so gut getragen habt. Nun geht den Weg leicht und sicher ins Licht, den ihr kennt ... ich gebe euch die letzte Ölung für euren Weg ins Licht. Ihr seid erfüllt vom Heiligen Geist, vom göttlichen Licht und göttlicher Wahrheit."

Die Fußmassage hat hauptsächlich mit dem Vergeben und dem Verstehen

Das Herz mit dem Sternenstrahl (der göttlichen Essenz) verbinden ...

des eigenen Lebens zu tun, mit der spirituellen Freiheit und mit der Freude, neue Schritte zu gehen und Veränderungen anzunehmen.

Danach geht man zu den **Händen** über. Ihnen dankt man für alles, was sie empfangen, gegeben und geschaffen haben. Auch hier besonders die Gelenke beachten und mit Öl sanft massieren. Die Hände sollen aber auch sich selbst vergeben, was sie vielleicht einmal getan haben.

Die Mantras sind: „Ich danke euch für euer Geben und Empfangen, Formen und Erschaffen. Nun empfangt ihr den Heiligen Geist und die Liebe und die Vergebung Gottes. Ihr seid transformiert in Hände aus Licht und Barmherzigkeit, in die wahren Schöpferhände."

Der Handmassage kommt in der ATM-7 noch die Bedeutung zu, daß die Seele „an die Hand genommen" und unterstützt wird, ihre verlorenen Teile zu finden und diese wieder „an die Hand zu nehmen". Bei der Handmassage kann man also visualisieren, daß die (aus großem Schmerz heraus) abgespaltenen

Seelenteile sich mit der Seele des Klienten wieder vereinen und versöhnen. Insofern ist diese ATM-7-Handmassage auch gut als Abschluß der Meditation „Vereinigung mit den abgespaltenen Seelenteilen", die ein Bestandteil der ATM-7 ist. Näheres dazu während der Ausbildung und auf der Kassette: „Die Ganzheit der Seele" (Erklärung mit Meditation).

Die Mantras sind: „Deine Seele ist zum Loslassen bereit ... deine Seele freut sich darauf heimzukehren ... alle deine Seelenteile sind vereint ..."

Keine Angst, der Klient wird nicht sterben bei diesen Mantras, denn die Seele ist im zeitlosen Raum, und sie weiß, daß der Zyklus noch nicht vollendet ist. Aber es beruhigt die Seele jetzt schon für alle Eventualitäten.

Die Krönung ist die Ölung und Massage des **Kopfes.** Dazu sitzt man möglichst hinter dem Kopf und beginnt, ihn liebevoll mit dem Öl zu massieren. Dabei dankt man den einzelnen Partien, wie Augen, Ohren, Nase, Mund, Kinn,

Dank an die Hände ...

... die Arme, die Schultern

Hals, Schädelbasis etc., ganz konkret. Es ist sehr schön, dabei einmal die Ohren und auch die Augen mit den hohlen Händen für eine Zeit zu bedecken, um dann langsam die Hände nach oben wegzubewegen.

Die Mantras sind: „Ich danke euch Augen für Euer Sehen, für die Farben und Formen, die Schönheit, die ihr gesehen habt. Ihr seid erlöst, geheilt und die wahren, reinen Fenster der Seele. Ich danke euch Ohren für die Musik, das Singen der Vögel, für all das, was ihr gehört habt. Ihr seid erlöst, geheilt und reiner Kanal für die göttliche Stimme und die Stimme der Seele." Finden Sie weitere Mantras für alle Bereiche!

Die Kopfmassage im Zusammenhang mit dem Kronenchakra hat insbesondere mit der Beziehung zu Gott, dem Höheren Selbst, dem Loslassen von weltlichen Abhängigkeiten und Ego-Kontrolle zu tun.

Die Mantras sind hier: „Du läßt los von deinen Süchten und Abhängigkeiten und schickst sie ins Licht. Du läßt Kontrolle gehen und ersetzt sie mit Vertrauen. Dein Kronenchakra öffnet sich zum Empfangen höchster Wahrheit und der

Verbindung mit Gott. Du bist erfüllt vom Heiligen Geist."

Nicht vergessen: Den Duft des Öles öfters einatmen lassen!

Zusammenfassend ist zu sagen: Eine gelungene Aluah-Trance Massage der Phase 7 kann durchaus nur aus einer Handmassage, nur einer Kopfmassage, nur einer Fußmassage oder einer Kombination aus diesen bestehen. Sie kann die Einölung und Massage des ganzen Körpers einschließen. Der Körper kann bekleidet oder unbekleidet oder teilweise bekleidet sein, in liegender oder sitzender Position.

Das Wichtigste ist, das Loslassen und die Transformation zu erreichen - laß

Verbindungen schaffen, um zu reinigen und heiligen ...

dich also intuitiv führen - und du machst alles richtig!

Alle Massagen kann man auch mit Kristallen durchführen. So kann die Handmassage zum Beispiel auch mit einer „Regeneration des Lichtkörpers" kombiniert werden, wie wir es oben bereits beschrieben haben.

Eine wichtige Kombination ist die ATM-7 mit der ATM-1. Sie fördert die „7-1"-Motivation, die darin besteht, Dinge abzuschließen und mit dem Göttlichen zu verbinden. Im nachfolgenden Beitrag von Dr. med. Neumann werden einige solcher Kombinationen besprochen. Die „7-1" fördert den Weg der Vollendung (Completion), d.h. im Leben immer von Vollendetem zu Vollendetem zu schreiten und die „losen Enden" zu verknüpfen.

Auf Körperbereiche angewandt, verbindet man einzelne Zonen mit dem Kronenchakra, um sie zu heiligen, zu reinigen und mit göttlicher Energie zu versorgen (s. Abbildung).

Die Mantras sind hier: „Du bist vollendet. Dieser Körperbereich ist göttlich und mit dem Göttlichen verbunden. Jeder Bereich deines Körpers ist heilig, rein und ganz."

Am Ende der Massagen wie immer die Integrationsphase anschließen und das Regenbogenöl (ATM-Öl-8) von oben nach unten und unten nach oben, je dreimal, in die Aura einfächeln, zusammen mit der Integrationsmusik, der Nummer 8 auf der ATM-CD.

Man sollte eine lange Ruhepause nach dieser Massage gönnen und die Musik weiterlaufen lassen.

An die Massage kann man eine geführte Meditation anschließen, wie zum Beispiel diese: Man besucht einen heiligen Platz in Lemuria, dort wird man von einem Wissenden, einer Wissenden abgeholt und schwebt mit ihnen auf einen hohen Berg. Auf diesem Berg des Loslassens bringt uns der Wissende mit unserer Sternenherkunft und mit unserem Sternenstrahl in Verbindung, in den man dann hineinschwebt. Der unter einem liegende und nach unten verschwindende Berg repräsentiert das Alte, der Sternenstrahl ist der Korridor zu etwas Neuem, einem Tor in die Zukunft, in die Visionen hinein. Diese Meditation kann man auch vor die Massage legen.

Wirksam und unterstützend sind auch: „Die Reinigung des Heiligen Bezirks“, die Meditation vom „Abschneiden alter Verbindungen“, die „Erneuerung der Chakras“ und ganz besonders das „Vereinen der verlorenen Seelenteile“.

Nach der ATM-7 sollte man sich mit Freuden in das neue Leben begeben, Neues planen, sich die Zukunft in kraftvollen Visionen gestalten und mit Mut und Risikobereitschaft Veränderungen annehmen.

Hier empfehle ich Visualisierungen (z.B. die Meditationskassette „Vision“).

Als heilungsfördernde und schützende Subliminal-Musik für ehemals Suchtabhängige empfehle ich zudem meine Kassette „Clean Path“ (der saubere Weg).

B. Die ATM-7 als Sterbebegleitung

Im folgenden Kapitel lege ich meine Gedanken und Ideen nieder, ohne eine wirkliche Erfahrung mit der ATM-7 in der Sterbezeit gemacht zu haben. Schon oben habe ich ja meiner tiefen Überzeugung Ausdruck gegeben, wie wichtig es für den Einzelnen und auch für die Gesellschaft ist, daß wir Sterben und Tod als einer Krönung des Lebens, als einem würdevollen und freudevollen Erntedankfest begegnen und nicht als einem (oft so kläglichen) Ende des Lebens.

Prunkvolle Begräbnisse sollen über diese Tatsache hinwegtäuschen. Sie wollen darüber hinwegtäuschen, daß auch die Großen unserer Zeit oft elend sterben und nicht selten nach ihrem Tod noch mit Schmutz beworfen werden.

Viele haben nach dem Tod von Lady Di zutiefst getrauert. Die Liebe zu ihr wurde in vieler Weise sehr wahrhaftig zum Ausdruck gebracht. Dennoch war es für die meisten das traurige **Ende** einer Prinzessin, die noch „so viel Gutes hätte tun können". Wenige machten sich die Mühe, ihr Vermächtnis zu verkünden und ihrem Tod dadurch einen Sinn zu geben. Dabei sollte man in diesem „Ende" die Geburt einer neuen, noch strahlenderen Königin der Herzen sehen, die jetzt in einer ganz anderen Art - vielleicht sogar noch viel effektiver - wirkt und ihr Vermächtnis lebt.

Dies war der Sinn des Büchleins kurz nach ihrem Tod („Diana-Ich möchte euch so gerne noch etwas sagen ...") und der ***Diana-2000-Edition*** *(beide erschienen im Ch. Falk-Verlag).*

„De mortuis nihil nisi bene." Dieses lateinische Sprichwort sollten wir uns zu Herzen nehmen (übersetzt: „Sagt nur Gutes über die Toten"). Heißt das, die Wahrheit unter den Tisch zu kehren? Nein, es heißt, sich auf das zu konzentrieren, was ein Mensch in seinem Leben an Liebe, Fürsorge und Gutem gegeben hat. Denn in der Zeit des Todes und danach sind alle Anteilnehmenden sehr sensibel. Alles, was gesagt wird, trifft auf offene Herzen und wird vertieft wahrgenommen.

Nichts freut eine Seele, die auf die andere Seite geht, mehr, als wenn das Gute verstärkt wird. Das ist das Ver-mächt-nis, das Weitergeben der Macht der Liebe.

Diana betont dies in ihrem ersten Büchlein, das sie mir diktierte, immer wieder: „Also trauert nicht zu lange. Schließt euch der Freude an, die die Dunkelheit überwindet und den Schmerz. Sorgt für die, die keine Hoffnung mehr zu haben scheinen, für die, die allein sind. Führt ihre Seele aus dem Tal des Todes auf die grünen Hügel von Licht und Leben ..." (Diana-Ich möchte euch so gerne noch etwas sagen, S. 37) und „Ich hoffe, daß euch mein Tod gezeigt hat, daß sogar Sterben zum Leben beiträgt." (S.36).

Das Folgende schreibe ich im Hinblick auf das, was ich in Lemuria gesehen habe und was mich so tief beeindruckte. Es ist mein tiefster Herzenswunsch, daß es auf fruchtbaren Boden fällt.

Die Vorbereitung

Als Beispiel nehme ich eine 85-jährige Frau im Altersheim oder im Krankenhaus, zu der du gerufen wirst, weil sie das Herannahen des Todes fühlt. Sie fühlt, daß sie in die siebte Phase eintritt. Sie hört das Flüstern der Seele, und die Seele hofft, daß sie gehört wird. Denn die Seele weiß den Zeitpunkt.

Bereite dich auf deinen Besuch sorgfältig vor. Nimm Öle mit (außer dem ATM-Öl-7 mindestens auch das 6., das 8. und das 9. Öl). Außerdem kannst du Kristalle der Gattung Amethyst, Onyx, Obsidian und Bergkristall mitnehmen, die du auf diese Begegnung hin sensibilisiert hast.

Nimm Blumen mit, einen Strauß aus weißen Lilien und vielleicht roten Astern. Auch eine Schale Obst ist schön, um auf das „Erntedankfest" hinzudeuten, zusammen mit einem Laib Brot und einer Flasche Rotwein (hier empfehle ich wirklich einen guten, trockenen, in Eichenfässern gereiften Wein). Möglicherweise ist es besser, statt des Straußes von Blumen Topfblumen mitzubringen. Des weiteren würde ich eine Flasche mit Amethystwasser vorbereiten und zusammen mit einem Glaskrug und Gläsern einpacken, außerdem eine goldene Kerze mit Halter (Streichhölzer nicht vergessen). Eine Karte mit dem Symbolbild der ATM-7 ist ebenfalls ein schöner Beitrag zur Atmosphäre.

Wenn du im Altersheim oder Krankenhaus angekommen bist, solltest du dafür sorgen, mindestens eine Stunde mit deiner Klientin ungestört zusammensein zu können. Sie liegt (möglicherweise sogar festgeschnallt) mehr oder weniger beweglich im Krankenbett, vielleicht wird sie künstlich ernährt, vielleicht ist sie sehr schwach und fast nicht bei Bewußtsein. Laß dich davon nicht beeindrucken. Freu dich darüber, mit diesem alten Menschen in der Zeit der **Krönung seines Lebens** zusammen zu sein. Richte den Raum ein, und stelle Blumen, die Kerze, die Kristalle, die Öle, die Schale Obst und Brot und Wein, den Krug Wasser, die Gläser auf. Nicht alle Menschen dieses Alters ertragen Räucherstäbchen oder starkes Aroma, also Vorsicht damit (das gilt auch für die Blumen, Parfüm, Deodorant etc.). Tu alles heiter und gelassen - nicht hektisch. Versuche nicht, perfekt zu sein - das Wohlbefinden deiner „Klientin“ ist wichtiger als dein Anspruch an dich selbst, alles richtig zu machen! (Dies gilt im Übrigen für die ganze ATM!) Unter Umständen kannst du nicht alles aufstellen ... das ist auch o.k.

Warum einen Laib Brot zu jemand mitbringen, der künstlich ernährt wird? Eben deshalb!

Wenn der Raum vorbereitet ist, stell noch einmal sicher, daß du nun ungestört sein kannst. Wenn Familienangehörige und Freunde dabei sein wollen, dann ist das möglich, wenn diese ein wenig verstehen können, was du tust. Wenn diese **auch** Geschenke und Blumen mitgebracht haben, ist das o.k. Bitte laß die Überzeugung los, nur **du** hättest „das Richtige“ mitgebracht - integriere im Raum alles, was dort steht, räume nichts weg oder um. Ältere Menschen können hier sehr empfindlich sein, ebenso die Angehörigen. Frage erst, bevor du handelst.

Wenn es geht, bring Musik mit. Da manchmal nicht einmal eine Steckdose, geschweige denn ein CD-Player vorhanden ist, mußt du ein portables, mit frischen Batterien versorgtes Gerät mitbringen. Wenn du großzügig bist und es darfst, läßt du das Gerät sogar dort, zusammen mit der Musik der siebten Phase, evtl. auf Kassette.

Die von mir komponierte Musik für die ATM-7 hat die optimale Schwingung für diese Phase und moduliert einen Grundton, der dem 7. Chakra zugeordnet ist. Ansonsten tut es eine ruhige, schöne klassische Musik (bitte aber kein Requiem).

Das Vorgespräch

Du nimmst ihre Hand in deine beiden Hände, du schaust diesen wunderbaren Menschen an, du schweigst. Du betest innerlich um Beistand durch dein Höheres Selbst und das Höhere Selbst deiner Klientin. Du bittest Gott und Göttin, da zu sein. Du bittest mächtige Engel, Michael, Raphael, Gabriel, den Raum zu schützen. Wenn du einen Bezug zu ihm hast, dann bitte St. Germain um seine Präsenz und weitere liebevolle hilfreiche Meister und Meisterinnen (Lady Nada, Kuan Yin).

Bete innerlich, daß die höchste Integrität und Liebe, die höchste göttliche Wahrheit den Raum erfüllt und sonst nichts - im Namen von Jesus Christus von Nazareth, Joshua Ha Maschiach, dem Gesalbten, und im Namen von Gott/Göttin/All dem, was ist, Jashuah. Dieses inbrünstige Gebet ist sehr wichtig, da sich gerade in Sterbezimmern oft negative Energien tummeln, astrale Gebilde, die irgendwie partizipieren wollen. Schicke diese aus dem Raum, hinein ins göttliche Licht, in die violett-goldene Flamme.

Es kann sein, daß die Sterbende sprechen will, dann laß sie sprechen. Du kannst jetzt schon ein wenig Öl nehmen und sanft dabei die Hand massieren. Die Musik sollte sehr leise sein. Lächle, nicke, bestätige, daß du gehört hast - aber gib nicht zu viele Kommentare ab, erst recht keine Bewertungen oder gar Predigten oder spirituelle Rezepte. Das ist nicht das, was der Sterbende jetzt braucht. Bemühe dich um bedingungslose Liebe ...

Wenn der Mensch aber für Spiritualität offen ist und dich um deine Meinung fragt, sei freimütig.

Sprich die inneren Mantras, sprich zur Seele, und du wirst spüren, wie sich allmählich der Raum immer mehr verändert und ein goldenes Licht alles durchflutet.

Vermittle immer die Gewissheit, daß Gott bedingungslos liebt und jeden erwartet, ganz gleich, was er für ein Erdendasein hatte, ganz gleich, ob er an Gott glaubte oder nicht.

Die Massage

Möglicherweise bleibt es bei der Handmassage. Wenn du das eine Viertelstunde tun darfst, ohne gestört zu werden, ist das schon viel. Gib inbrünstige Mantras hinein: „Du freust dich darauf heimzukehren .... du erlebst die Krönung deines Lebens voller Dankbarkeit und Freude ... du bist in den Händen von Gott/Göttin/All das, was ist, Jashuah ... dein Körper bereitet sich darauf vor, in Dankbarkeit und Hingabe loszulassen ... du läßt mit Freuden los ... alles ist vergeben, alles ist versöhnt, du darfst heimgehen ... wie ein mächtiger Adler erhebst du dich und fliegst nach Hause ... dein Sternenstrahl öffnet sich weit und zieht dich hinein in das göttliche Licht der Heimat... alle deine Seelenteile sind vereint und gehen gemeinsam nach Hause." Lächle! Gib viel, viel Liebe und Dankbarkeit in die Hände. Danke diesem Menschen für all das, was er/sie dir, anderen und der Welt gibt und gegeben hat. Danke für sein Leben, das er empfangen hat und nun zurückgibt.

Es ist ein zusätzliches Geschenk, wenn du eine Fußmassage oder Kopfmassage geben darfst, so wie oben beschrieben.

Öffne den Sternenstrahl mit den entsprechenden Mantras. Wenn du die entsprechenden Bewegungen nicht sichtbar machen kannst, dann tu es mit deinem Herzen. Visualisiere, wie euch beide euer Sternenstrahl, das Licht vom Herzen Gottes, erfüllt.

Währenddessen kann es durchaus geschehen, daß die Sterbende etwas sagen möchte. Vielleicht will sie bestimmten Menschen vergeben und auch Vergebung empfangen. Unterstütze sie darin, spezifisch zu sein, vielleicht sogar Namen zu nennen. Möglicherweise kommt sie auf ihre Beziehung zu Gott zu sprechen. Hier kannst du dann sanft sagen, daß Gott die Sterbende gerne und liebevoll aufnimmt, daß er sie bedingungslos liebt, daß sie vertrauen kann. Gott urteilt und verurteilt nicht.

Möglicherweise haben die Sterbenden Angst vor diesem Übergang, da sie kirchlich-religiöse Vorstellungen von Hölle und Verdammnis haben. Sprich davon, daß für jeden Menschen Gott auf der anderen Seite wartet mit seiner ganzen Liebe und daß es dafür **auch** viele Stellen in der Bibel gibt.

Sage innerlich oder äußerlich mit klarer, sicherer Stimme: „Dir ist vergeben ... du darfst heimgehen in die Liebe und das Licht Gottes. Du bist geliebt, so gib dich der Liebe Gottes hin, lege dich in seine Arme, ruhe dich aus."

Hierzu möchte ich einen Abschnitt aus einem wichtigen Buch zur Sterbebegleitung zitieren:

„Wenn eine entspannte Atmosphäre entstanden ist, kann ein Vertrauensverhältnis aufgebaut werden, das es dem Sterbenden ermöglicht, Dinge zur Sprache zu bringen, die ihm wirklich am Herzen liegen. Bestärken Sie den Menschen freundlich darin, sich frei zu fühlen, wirklich all seine Gedanken, Ängste und Emotionen über Tod und Sterben zum Ausdruck zu bringen. Dieses aufrichtige und rückhaltslose Offenbaren aller Emotionen ist die unerläßliche Grundlage jeder Transformation - ob es nun darum geht, mit dem Leben ins Reine zu kommen oder einen guten Tod zu sterben. Sie müssen Ihrem Gegenüber völlige Freiheit geben, alles, was hochkommen mag, auch auszudrücken.

Wenn der sterbende Mensch dann schließlich seine geheimsten Gefühle ausdrückt, unterbrechen Sie ihn nicht, widersprechen Sie nicht und spielen Sie nicht herunter, was gesagt wird."

Und an anderer Stelle:

„Auch habe ich oft gesehen, daß gerade sehr kranke Menschen sich nach Berührung sehnen. Sie möchten als Menschen behandelt werden und nicht als Krankheitsfälle. Man kann Schwerkranken sehr viel Trost geben, indem man einfach nur ihre Hand hält, ihnen in die Augen schaut, sie zärtlich massiert oder sie einfach im Arm hält und sanft im selben Rhythmus mit ihnen gemeinsam atmet. Der Körper hat seine eigene Sprache der Liebe; nutzen Sie sie, ohne gehemmt zu sein, und sie werden dem Sterbenden Wohlbefinden und Trost spenden."

(Aus: „Das tibetische Buch vom Leben und vom Sterben" von Sogyal Rinpoche)

Verwende hauptsächlich das ATM-Öl-7. Danach kannst du das Öl No. 8 in die Aura einfächeln und mit dem Vital-Öl No. 9 noch einmal die Hände oder Füße massieren.

Im Anschluß daran kannst du, wenn es denn akzeptiert wird, mit ihr das „Heilige letzte Mahl" feiern. Dabei ist es schön, wenn die Abschiednehmende das Brot bricht und an die Anwesenden weitergibt. Die inneren oder äußeren Worte dazu sind: „Dies ist mein Vermächtnis und mein Zeichen der Dankbarkeit an das Leben, das ich mit euch teilen durfte und weiterhin mit euch teile ... Ich gebe mich hin." Dann reicht sie ein mit Wein gefülltes oder (wenn das nicht geht) ein mit Amethyst- oder Rosenquarzwasser gefülltes Glas an die Angehörigen weiter, nachdem sie einen Schluck davon getrunken hat. Die inneren oder äußeren Worte dazu sind: „Dies ist mein Vermächtnis und mein Zeichen der Dankbarkeit an die Liebe, die ich mit euch teilen durfte und weiterhin mit euch teile ... Ich gebe mich hin."

Achte darauf, daß es nie so aussieht, als ob die Sterbende hilflos ist. Sie soll, wenn es irgendwie geht, selbst das Brot brechen und den Wein reichen. Gerade um die Zeit des Todes herum werden Menschen noch einmal recht vital, dafür gibt es viele Zeugnisse.

Nach dem Heiligen Mahl bitte die Sterbende um ihren Segen. Bitte respektiere dabei die Angehörigen, wenn diese im Raum sind. Vielleicht ist es möglich, sie dazu zu bewegen, den Segen der Sterbenden anzunehmen und sich durch Handauflegen segnen zu lassen. Das ist für alle Beteiligten ein großes Geschenk. Spüre hinein, ob du an diesem Punkt den Raum verlassen solltest, um die Privatsphäre zu respektieren. Denke immer daran, **du** bist **nicht** die Hauptperson.

Spüre nach, was du von all dem tun kannst und darfst. Vielleicht kannst du gar nichts auspacken und aufstellen, nur die Hand halten und die inneren Mantras sprechen. Und das ist schon so viel.

Wenn du eine geführte Meditation wie oben beschrieben machen darfst, ist das natürlich wunderbar.

Wenn du wieder gehst, lasse Blumen, Kerze, Karte etc. da, wenn dies erlaubt und gewünscht ist. Vielleicht auch die Musik mit dem Kassettenrekorder.

Natürlich ist es etwas ganz Besonderes, wenn du der Stunde des Todes beiwohnen und wie in Lemuria eine letzte Ölung geben und helfen darfst, den Sternenstrahl zu öffnen. Dies ist heutzutage, außer vielleicht in der eigenen Familie, kaum möglich. Ich hoffe und bete, daß dies in einigen Jahren möglich sein wird, wenn man Würde, Freiheit und Selbstbestimmung auch auf das Sterben und den Tod der Menschen anwendet und vor allem - wenn wir Sterben und Tod als das Einfahren der Ernte und ein Loslassen zu einem neuen Leben begreifen.

Kann man die ATM-7 auch noch nach dem Tod eines Menschen geben? Ja, das kann man. Man kann jede ATM meditativ jedem Menschen, jedem Tier, jeder Pflanze, jedem Volk, jeder Idee, jedem Projekt geben, solchen, die schon gegangen sind und solchen, die erst noch geboren werden.
Ist das nicht wunderbar?
Doch davon mehr zu einer anderen Zeit.

Empfangt das Leben, seid sanft und vergebt,
genießt euch selbst und andere,
tut Gutes.
Dann seid ihr im Himmel. Dann seid ihr zu Hause.

(Lady Di in „Green Hills", S. 99)

Kapitel 3
Weitere Anwendungs- und Wirkbereiche

Die ATM als Beruf

Während ich dieses Buch schrieb, ist mir noch sehr viel klarer geworden, welcher immense Wert der ATM für die Regeneration von Körper, Geist und Seele zukommt. Sie wird immer mehr Ärzten und Heilpraktikern ihre Arbeit erleichtern und vielen Menschen mehr Lebensqualität bringen.

Sicher wird mit diesem Buch die ATM noch bekannter, so daß immer mehr Menschen nach Behandlungen fragen werden. Daher ist es wichtig, daß möglichst viele Menschen die ATM lernen, damit diesen Bedürfnissen entsprochen werden kann. Die ATM kann dann sicher für manche auch zum Beruf werden. Grundbedingung dafür bleiben die Ausbildungen, zur Zeit nur durch mich.

Für das **öffentliche Anbieten** von ATM-Behandlungen braucht jeder die **Ausbildungsstufen I und II**. Die weiteren Stufen bilden ATM-Lehrer aus.

Darüber hinaus darf die ATM-Behandlung nur von den Personen durchgeführt werden, die ausdrücklich von mir empfohlen sind. Eine Liste der autorisierten ATM-Behandler kann von mir angefordert bzw. im Internet unter www.lemuria.de abgefragt werden.

Niemand außer mir ist befugt oder berechtigt, zum jetzigen Stand die **ATM-Ausbildung** anzubieten.

Alle weiteren Details, die die ATM als Beruf angehen, werden während der Ausbildung besprochen.

Die ATM im Zusammenwirken mit anderen Behandlungsmethoden

Je reiner die ATM gegeben wird, umso besser. Sie ist eine Wesenheit ganz eigener Art, die umso effektiver ist, je authentischer sie wirken darf. Somit rate ich vom Mischen mit anderen Methoden ab. Auch während der Zeit eines längeren Behandlungszyklus mit der Aluah-Trance Massage sollten zumindest „ähnliche" seelisch-spirituell orientierte Behandlungen nur in Ausnahmefällen erfolgen, zum Beispiel die Mischung mit Reiki, Aura Soma, Seelenmeridianbehandlung und anderen. Natürlich können und müssen ärztliche und heilpraktische Behandlungen weitergehen, wenn sie angebracht sind. Dennoch wäre es wünschenswert, daß letztere auf den Verlauf der ATM-Behandlungen und auf Verbesserungen des Zustandes des Klienten Rücksicht nehmen.

Menschen, die mit der ATM behandelt werden, reagieren vielleicht plötzlich ablehnend auf ein Medikament oder eine Behandlungsart. Dem sollte man mit der gebührenden Achtsamkeit entgegenkommen.

In Anbetracht unserer gesellschaftlichen Paradigmen möchte ich jedoch hiermit klarstellen, daß die Aluah-Trance Massage die ärztliche Behandlung nicht ersetzt.

Sie fördert den Heilungsprozeß.

Die ATM und Männer

Männer stehen der ATM möglicherweise skeptischer gegenüber als Frauen. Sie brauchen mehr Erklärung, was geschieht.

Wenn eine Frau einen Mann behandelt, insbesondere wenn es sich um die ATM-1 und um die Einölung und Massage von jedem Körperteil geht, sollte vorher von ihr klar gestellt werden, daß beide in die Trance gehen und daß die Behandelnde nun eine ATM-Wissende ist.

Die Wissenden der Kristallstädte von Lemuria waren in völlig reiner Integrität ohne jede Bewertung und Urteil, ohne ein geschlechterspezifisches Bewußtsein.

Sagen Sie, daß Sie jeden Körperteil berühren und dadurch der Licht- und Seelenkörper berührt wird - und daß Ihr Klient zulassen soll, was immer da ist. Alles, was geschieht, geht in das göttliche Licht und wird zu Licht.

Die Chakra-Thematik ist bei Männern in den unteren Chakras etwas anders als bei Frauen. Zum einen ist beim Mann die Thematik und die Energie des zweiten Chakras enger mit dem ersten Chakra verbunden, beide überlappen sich mehr, zum anderen enthält das erste Chakra wesentlich mehr sexuelle Energie als bei Frauen.

Sexuelle Verletzungen werden beim Mann für die ersten 9 Lebensjahre hauptsächlich über das erste Chakra angesprochen, bei Frauen über das zweite.

Männer, die in den ersten Lebensjahren viel auf den Hintern geschlagen wurden, tragen sicher ein latentes Muster von Sexualität und Gewalt in sich, das sich z.B. in Sadismus oder Masochismus äußern kann. Das ist bei Frauen nicht so. Ihr Sexualzentrum ist hauptsächlich das zweite Chakra mit Überlappung in das dritte Chakra (Gefühle).

Die ATM und Frauen

Frauen genießen im allgemeinen die ATM, ohne viel nachzufragen, da die ATM von Natur aus viel weibliche Energie hat. Dennoch kann auch bei ihnen die Schamgrenze erreicht sein, besonders wenn ein Mann sie behandelt. Hier ist es für den behandelnden Mann sehr, sehr wichtig, SICH SELBST klarzumachen, daß er in die Rolle des **ATM-Wissenden** schlüpft und von dort zeitweise die Rolle von Mutter und Vater der Klientin übernimmt. Das sollte er auch seiner Klientin sagen. Seien Sie immer ehrlich über Ihre menschlichen Gefühle, und geben Sie sie ins Licht. Wahren Sie die Integrität!

Die ATM in der Zeit der Menstruation kann durchaus Sinn machen, besonders wenn sie mit Schmerzen verbunden ist. Diese Schmerzen haben meist entweder mit einer Verleugnung, dann gilt ATM-1, mit einem Mißverständnis oder Mißbrauch, dann gilt meist ATM-2 und ATM-3, oder mit einem Mangel an Loslassen zu tun, dann gilt ATM-7. Hier ist also eventuell auch eine Kombination von Phasen angesagt.

Wenn irgend möglich, sollte während der Massagezeit keine Binde oder Tampon getragen werden.

Die ATM und Kinder

Natürlich können auch Kinder jede ATM erhalten. Diese Sitzungen werden eventuell nicht so lange gegeben. Bei sehr kleinen Kindern sollte man zuerst einmal testen, wie sie das Öl und die Berührungen vertragen. Bisher haben wir aber gute Erfahrungen gemacht. Kinder wehren sich vielleicht zunächst, entweder weil sie es nicht gewohnt sind, oder weil sie noch nicht vertrauen können. Gehen Sie also behutsam vor, besonders wenn Sie für das Kind fremd sind. Am besten ist immer, wenn die Mutter oder der Vater die ATM lernen oder, bei kleineren Kindern, mit anwesend sind.

Natürlich ist es wunderbar, wenn eine junge Mutter sich entschließt, ihr Baby so zu massieren, wie ich es eingangs beschrieb. Wenn das ATM-1-Öl von der empfindlichen Haut vertragen wird, dann nehmen Sie es. Wenn ein Baby-Öl besser vertragen wird, nehmen Sie dieses. Träufeln Sie einige Tropfen vom ATM-1-Öl in das Öl für Ihr Baby, und schütteln Sie gut.

Wie wählen Sie die richtige ATM für ein Kind aus, das noch nicht oder kaum sprechen kann? Stellen Sie die sieben Öle vor dem Kind auf und beobachten Sie, welches Öl als erstes von dem Kind ausgewählt wird, welches dann als zweites und welches als drittes. Dies sind dann die ATM-Phasen, die Sie einzeln oder in Kombination geben können.

Natürlich ist es auch bei Kindern und Babies durchaus ausreichend, die ATM nur über die Aura zu geben, also schwebend über dem Körper und die Öle nur einzufächeln.

Die ATM bei Schwangerschaft und Geburt

Schwangere Frauen sollten, bevor sie das Kind auf die Welt bringen, zumindest die ATM-1 empfangen, am besten schon in den frühen Tagen der

Schwangerschaft. Dadurch werden die Botschaften und Verletzungen der eigenen Geburt und der vor- und nachgeburtlichen Zeit geheilt, und man gibt die eigenen Verletzungen nicht an das Kind weiter.

Die Geburt, vorbereitet und begleitet durch die ATM, wird dadurch sicher leichter und freudevoller, insbesondere auch, wenn man die ATM-1 mit der ATM-7 kombiniert (Thema: Loslassen). Auch das Kind im Mutterleib wird den Segen der Behandlungen spüren und dankbar dafür sein, daß sein Weg so gut vorbereitet wird.

Ein ganzer ATM-Behandlungszyklus vor der Geburt ist natürlich optimal. Auch hier, wie bei den vorhergehend beschriebenen Anwendungsbereichen, werden wir in der nächsten Zeit noch mehr erforschen, erfahren und beschreiben, also bleiben Sie dran, und fragen Sie von Zeit zu Zeit nach.

Natürlich sind Massagen, insbesondere vom Partner, mit den verschiedenen Ölen, insbesondere mit Öl 1, 7 und 9, wunderbar. Man kann auch dem kleinen Wesen im Bauch schon eine ATM-1 geben mit den entsprechenden Mantras! Seien Sie kreativ! Auch eine ATM-7 zum leichteren Loslassen von der so schöööönen und geborgenen Zeit im Mutterleib ist sicher förderlich für eine reibungslose Geburt.

Vergessen Sie auch den werdenden Vater nicht! Auch er braucht mit Sicherheit eine ATM-1 vor der Geburt seines Kindes, am besten aber auch den ganzen Zyklus.

In der Geburtsnachbereitung kann man sich die ATM als Massage der Regeneration aller Energiezentren vorstellen, was sicher die körperliche Regeneration unterstützt. Massagen mit den ATM-Ölen 2 und 3 und natürlich mit dem Vitalöl 9 helfen der Haut und dem Bindegewebe, sich zu straffen.

Insbesondere empfehle ich das Geben der ATM-5: Regeneration über die Originale.

Die ATM in Partnerschaft und Familie

Weiter oben habe ich beschrieben, daß auf Lemuria Erwachsene, bevor sie ein Kind ansprachen, erst einmal geschaut haben, wo das Kind innerlich war und sich auf seine Welt „eingeschwungen“ haben.

Das ist genauso wichtig zwischen Liebespartnern. Jeder Mensch hat eine andere Realität, hat andere Dinge, die ihm oder ihr wertvoll sind. Jeder Mensch hat einen Heiligen Bezirk, einen heiligen Altar, wo die persönlichen Schätze liegen: tiefe wunderbare Gedanken, Erlebnisse, kraftschöpfende Erfahrungen mit Gott, geheimnisvolle persönliche Mythen und Geschichten, Legenden und Reiseberichte. Jeder hat dies im Laufe seiner Leben gesammelt.

Die Aluah-Ashamah hatte auf Lemuria natürlich eine sehr tiefe Bedeutung zwischen Liebespartnern. Man führte sich gegenseitig durch den magischen Garten und zum Altar des inneren Tempels. So achtsam und tief waren dann auch die gegenseitigen Berührungen, die die Liebe verstärkten und den Bund immer wieder erneuerten.

Das zweite Chakra gilt im allgemeinen als das Chakra der Sexualität, das aber - wie wir angemerkt haben - insbesondere beim Mann das erste und bei der Frau das dritte Chakra miteinschließt. Da tiefe Partnerschaft und Liebe heutzutage immer Heilungswillen benötigt, da wir alle auf diesem Gebiet so verletzt sind, ist die Partner-ATM mit dem Öl, mit den Mantras, mit der Musik sehr segenreich. Sie kann ein Teil des Liebesspieles sein und alle Chakras und Lebensphasen umfassen. Bei Orgasmusschwierigkeiten ist die ATM-7 und ihr Öl sicher hilfreich, bei Potenzproblemen und Problemen des Empfangens die ATM-1, bei mangelnder sexueller Vitalität die ATM-2, bei mangelnder Gefühls- und Herzensbeteiligung die ATM-3 und -4, bei übermäßiger Schüchternheit und Verlegenheit die ATM-5 und bei mangelnder Selbstliebe und bei Selbstablehnung die ATM-6 und die ATM-2.

Sich gegenseitig in der ganzen Familie die ATM zu geben und gar die einzelnen Seelen- und Lebensphasen ein wenig in lemurianischer Art zu feiern - das ist ein Traum, es gehört zu meinen Visionen für die zukünftige Welt!

Es gibt keinen größeren Schutz und keine größere Garantie für Familienharmonie als die gegenseitige Anerkennung als Seelenwesen in der jeweils eigenen Phase. Lassen Sie sich dazu durch das Lesen dieses Buches anregen. Wenn Sie nur ein wenig davon umsetzen, wird das schon sehr viel bewirken.

Die ATM in der Sterbevorbereitung

Darüber wurde ausführlich bereits im Kapitel über die Anwendung der ATM-7 gesprochen. Es ist ganz bestimmt so, daß Menschen, die ihre Lebens- und Seelenphasen bewußt erlebt haben, leichter sterben und ihren Tod als Wahl, als Entscheidung erleben. Hierzu kann die ATM mit all ihren Phasen und insbesondere mit der Phase 7 Entscheidendes beitragen.

Es gehört zu meinen Visionen für die Aluah-Trance Massage, daß durch sie die Würde des Sterbens und des Todes wiederhergestellt wird und wir endlich wieder ein natürliches Verhältnis dazu und damit auch zum Leben haben.

Die ATM in Kliniken, Heimen und Praxen

Die ATM kann im Wohnzimmer genauso gegeben werden wie in einer Praxis oder Klinik. Ich erhoffe mir natürlich, daß es immer mehr Heilpraktiker und Ärzte gibt, die die ATM in ihr „Repertoire“ aufnehmen und in ihrer Praxis vielleicht sogar einen gesonderten ATM-Raum einrichten.

In Deutschland haben wir keine englischen Verhältnisse - und so wird man die ATM wohl kaum offen in einer Klinik oder in Heimen geben dürfen, es sei denn, es handelt sich um eine Privatklinik, und die Ärzte halten die ATM für gut.

Aber vielleicht setzt sie sich im Laufe der Jahre überall durch.

Wir können aber jetzt schon mit einem Öl in die Klinik gehen und dem oder der Kranken einige Minuten die Hand halten, wobei man vorher ein paar Tropfen in den eigenen Händen verrieben hat. Dabei werden innerlich die Mantras gesprochen. Wenn man dann noch die Musik spielen darf, ist schon einiges gewonnen!

In den nächsten Jahren werde ich mich sicher intensiv um Kontakte mit Menschen in Heilberufen bemühen.

Es macht mich glücklich, daß ich in Frau Dr. med. Neumann eine Ärztin gefunden habe, die in so hingebungsvoller Weise die ATM unterstützt. Siehe dazu auch ihren Beitrag im Teil III dieses Buches.

Die ATM und Tiere/Pflanzen

Über dieses Thema würde ich gerne noch mehr schreiben - gerade in dieser Zeit, in der es so offenbar wird, was wir den Tieren antun und angetan haben. All dies kommt daher, daß wir den Tieren die Seele absprechen. Das haben uns ganz sicher die Weltreligionen eingebrockt, vorneweg das Christentum.

Niemand, der einen Hund oder eine Katze wirklich liebt und kennt, würde deren Seele leugnen. Unsere so „primitiven" Vorfahren wußten das und handelten danach - so entstanden zum Beispiel die Höhlenbilder. Diese waren immer eine Anerkennung - selbst der gejagten Tiere. Auf jeder Packung Tierfleisch in den Supermärkten sollte das Foto des Tieres sein und ein Vermerk des Dankes - wenn wir schon Fleisch essen.

Unsere Seele empfindet alles, was wir tun, und sie empfindet auch alles, was sich hinter unserem Tun verbirgt. Die Seele spürt und weiß ganz genau, **wie** das Tier gestorben ist, das wir essen. Auch deshalb wollen so viele Menschen mit ihrer Seele nichts mehr zu tun haben.

Tiere sind unsere Brüder und Schwestern, sogar die Pflanzen. Denn wir gingen selbst durch alle diese Lebensformen hindurch in unserer Wanderschaft des Bewußtseins. In den „primitiven" Naturvölkern wird diese Wahrheit respektiert.

Nach Lazaris haben wir die verschiedenen Königreiche durchlebt: Das Reich der Mineralien, der Pflanzen, der Tiere, der Primaten (human animals). Aber anders als in manchen östlichen Lehren verbreitet, können wir nicht mehr auf eine frühere Stufe zurückfallen. Wir können also nicht wieder zu einem Käfer oder einer Maus werden. Wir können aber durchaus die „Gefühle" von Tieren, Pflanzen und Steinen, sogar von Wind und Regen, empfinden. Möglicherweise waren wir einmal genau die Tiere und Pflanzen, denen wir uns heute besonders verwandt fühlen, die wir besonders lieben.

Natürlich kann man auch Tieren die ATM geben. Ihre Seelen- und Lebensphasen sind nicht ganz genau identisch mit den menschlichen, aber man kann davon ausgehen, daß auch ein Tier willkommen geheißen, in seiner Schönheit gesehen und in seinem Selbstausdruck geachtet sein will.

Bis jetzt haben wir mit gutem Erfolg ATM-Erfahrungen mit Katzen und Pferden gemacht. Bitte Vorsicht mit den Ölen - erst schauen, ob sie vertragen werden.

Probieren Sie es auch mal mit Pflanzen. Über eine Rückmeldung würde ich mich sehr freuen.

Allergien gegenüber bestimmten Tieren und Pflanzen haben viele Ursachen, die im ganz persönlichen Umfeld liegen. Sicher haben sie grundsätzlich mit der Einstellung zum Leben, zu allem Lebendigen zu tun. Vielleicht aber auch mit vorgeburtlichen Ereignissen, mit Informationen, die auf chemischem, hormonalem und gedanklich/emotionalem Weg von der Mutter auf das Kind übertragen wurden. Daher ist die beste ATM bei schwer heilbaren Allergien die ATM-1.

Das gleiche gilt für Phobien, z.B. eine krankhafte Angst vor Hunden oder Pferden. Hier muß man auch schauen, was „Hund" oder „Pferd" für eine symbolische Bedeutung haben (nachzulesen z.B. in Knauers „Lexikon der Symbole").

Der (große) Hund steht z. B. für die persönliche machtvolle Ausdruckkraft, Selbst-Bewußtsein und das sichere Gespür für Wahrheit. Hier helfen sicher die ATM-5 und die ATM-6. Das Pferd steht für Vitalität und Kraft im physischen, psychischen und metaphysischen Bereich und für (spirituelle) Integrität. Hier ist die ATM-2, die ATM-6 und die ATM-7 angebracht.

Die ATM und Kristalle

Kristalle wurden in der lemurianischen Ashamah viel eingesetzt, besonders als Magnetisierer, Verstärker, Bewahrer der Resonanz, Regenerierer etc. Sie sind zuverlässige Helfer der ATM-Wissenden. Ich bin bei der Beschreibung der einzelnen Phasen nur kurz darauf eingegangen, da der Einsatz von Kristallen eine Ausbildung in Kristallwissen voraussetzt, damit nicht „das Falsche" verstärkt wird.

Die Überblickslisten zu Beginn der Phasen-Beschreibungen geben Kristalle an, die zu der jeweiligen Phase und dem jeweiligen Chakra passen. Insbesondere können sie zur Magnetisierung des Behandlungsraumes verwendet werden. Das bedeutet, daß der Raum in eine Schwingung versetzt wird, die die ATM dieser speziellen Phase unterstützt.

Kristalle sind auch heute wunderbare und zuverlässige Freunde des Menschen, wenn wir denn mit ihnen umzugehen wissen.

ATM-Empfangende, die einen **Lebenskristall** besitzen, sollten diesen zu jeder Sitzung mitnehmen. Lebenskristalle sind meist auf eine besondere Weise zu ihren Besitzern gekommen. Fast immer war es Liebe auf den ersten Blick. Diese Lebenskristalle, meist größere gut geschliffene Bergkristalle, sind von ihrer Schwingung her der Essenz ihres Besitzers ähnlich. Sie nehmen sehr schnell alle seine Seinsweisen und Realitäten auf, seine Lebenswahrheit, die Lebensmission und die Seelenaspekte. Lebenskristalle sind nie reine Kristalle. Meist haben sie sogar farbige Einschlüsse, die auf Dispositionen, Verletzungen, Fähigkeiten, Inkarnationen etc. ihrer Besitzer hinweisen. Sie sind meist Phantomkristalle und meist so geschliffen, daß man ihre Wachstumsschichten sehen kann. Sie haben möglicherweise schon tausende von Jahren zuvor Kontakt zu ihrem späteren Freund und dessen Wesen aufgenommen und ließen sich dann finden.

Lebenskristalle sind meist geschliffen und drücken dadurch die menschliche Entwicklung aus, die ja auch nicht ohne „Schliff" auskommt, um das Beste freizulegen.

In Lemuria wurden Lebenskristalle für die neuen Erdenbürger sehr sorgfältig ausgesucht und mit größter Achtsamkeit und Einsicht geschliffen. Danach wurden sie von Kristallwissenden im Zusammenwirken mit dem Höheren Selbst und der Sternenherkunft des Kindes programmiert, besser gesagt „sensibilisiert".

Auch Lebenskristallen kann man die ATM geben. Man kann sie mit den Ölen beträufeln, damit sie die Schwingung des Öles verstärken, wie auch andere speziell dazu sensibiliserte Kristalle im Behandlungsraum.

Jedoch gilt nach wie vor: Eine ATM mit Öl, Musik und Mantras ist in **allen** Stufen völlig ausreichend.

Insbesondere der Einsatz von Laserkristallen sollte gelernt werden.

Ich biete zu diesem Zweck Kristallseminare an.

Die ATM-spezifische Kristallanwendung wird aber auch in den ATM-Ausbildungen gelehrt.

Die ATM jenseits von Raum und Zeit

Immer wieder wurde die Frage an mich herangetragen, ob man jemandem die ATM auch aus der Ferne geben kann.

Ich kann das mit Ja beantworten, denn die ATM tritt aus dem Zeit-Raum-

Gefüge heraus. Sie gibt ihre Botschaften in den zeit- und raumlosen Seelenbereich, und daher ist sie nicht abhängig von der 3-D-Illusion unserer Welt.

Hier ist Integrität angesagt und Hellfühligkeit, die zu wissen vermag, ob ein bestimmter Mensch, dem man die ATM geben will, dieser auch zustimmt, auch wenn nicht mit ihm gesprochen werden kann. Wenn man natürlich sein Einverständnis einholen kann, ist die Sache klar.

Die ATM ist als Wesen so der Integrität verpflichtet, daß sie niemandem, der sie nicht will, weder von fern noch von nah, gegeben werden kann.

Das Geben der ATM als Fernbehandlung oder in der Meditation ist noch nicht von mir erforscht. Ergebnisse werden sicher bald veröffentlicht bzw. auf Seminaren weitergegeben.

Ich habe es jedoch aus berufener Quelle, daß die ATM für Menschen, Tiere, Pflanzen, Familien, Volksgruppen, Völker, Projekte aller Art, vorwirkend, rückwirkend und inkarnationenübergreifend wirkt.

Die ATM und das spirituelle Wachstum

Sie können sicher sein - und die anschließenden Erfahrungsberichte sagen es ja auch -, daß sowohl das Geben als auch das Empfangen der ATM eine tiefe seelische und spirituelle Erfahrung ist.

Seelisch geheilte Menschen haben es auf dem spirituellen Weg leichter. Nur ein Beispiel: Eine geheilte **erste** Lebens- und Seelenphase ist die Bedingung für eine tiefe Gottesbeziehung. Warum? Weil das kleine Kind, wenn es geboren wird, hier in dieser Welt die gleiche Liebe „wie im Himmel" erwartet. Und wer ist der Gott auf der anderen Seite? Natürlich die Mutter und später der Vater. Ihr Verhältnis zum Neugeborenen, ihre innere Haltung ist entscheidend, ob der neue Erdenbürger sein Gottvertrauen beibehält oder plötzlich spüren muß, daß er nun von „Gott" nicht mehr geliebt wird. Daher ist die Behandlung mit der ATM-1 genauso wichtig für die Beziehung zum Göttlichen wie die ATM-7.

Spirituelles Wachstum steht und fällt mit unserer Gottesbeziehung und der Beziehung zu uns selbst, mit dem göttlichen Bewußtsein in uns mit all seinen wundervollen Potentialen. Wenn unsere Energiezentren nicht voll arbeiten, wenn wir uns unserer Talente und Fähigkeiten unseres inneren goldenen Magiers und espritvollen Genius und deren Ausdrucksmöglichkeiten nicht voll bewußt sind, haben wir es auf dem spirituellen Weg schwer - oder wir geben unsere Kraft ab: an eine Sekte, einen Guru, an eine seichte Esoterik oder an sonstige oberflächlichen, wenig auf die eigene, persönliche Spiritualität und Wahrheit fokussierenden Lehren.

Die Aluah-Trance Massage hilft, die ganz persönliche spirituelle Kraft und spirituelle Freiheit zu gewinnen und zu leben. Sie hilft auf dem Weg nach Hause.

Kapitel 4
Die Ausbildung in der ATM

Immer wieder habe ich in diesem Buch darauf hingewiesen, wie wichtig es ist, eine ATM-Ausbildung zu machen, wenn man Behandlungen geben will.

Während der Basisausbildung wird unter Anleitung der ganze ATM-Zyklus der 7 Phasen gegeben, und man empfängt ihn auch. Danach hat man die Erfahrung „auf beiden Seiten" und ist als ATM-Gebender sehr viel sicherer. An den 5 Wochenenden bzw. 9 Tagen der Ausbildung zur Stufe 1 taucht man tief ein in die Schwingung und in das Verständnis der Aluah-Ashamah und gibt sie dadurch mit sehr viel größerer innerer Sicherheit weiter, als wenn jemand ausschließlich nach dem Buch verfährt.

In der Ausbildung werden auch die Themen zu den Lebensphasen geklärt und persönliche Fragen beantwortet, die erst in der praktischen Anwendung der Massage vor Ort aufkommen.

Die Ausbildung ist auch dann segensreich, wenn nicht geplant ist, die ATM später an andere weiterzugeben. Sie ist eine tiefe Erfahrung der eigenen Lebensphasen, Lebensmuster, Lebensmotive und eine tiefe Begegnung mit der eigenen Seele - in Gesprächen, Meditationen, Erläuterungen von Zusammenhängen, praktischer Erfahrung und vielem mehr. Das alles kann dieses Buch nicht leisten.

Für das Erlernen der ATM gibt es keine Voraussetzungen, außer dem Willen, das Beste in Integrität zu geben und zu empfangen.

Zur Zeit der Drucklegung des Buches (Anfang 2002) werden **alle** Ausbildungen vom Autor dieses Buches selbst durchgeführt, was wahrscheinlich noch bis Ende 2002 so bleibt. Danach werden Ausbildungen weiterhin vom Autor und von speziell trainierten ATM-Wissenden angeboten, die vom Autor autorisiert sind. Ensprechende Information erhalten Sie beim Autor bzw. über die Webseite „www.lemuria.de".

Es wird Menschen geben, die nur die Basisausbildung zur ATM nehmen wollen, andere werden bis zur Stufe des ATM-Lehrers gehen.

Das erfolgreiche Absolvieren jeder Ausbildungsstufe wird durch ein Zertifikat bestätigt.

Als zusätzliche Ausbildung empfehle ich die von mir angebotene Ausbildung in der lemurianischen Kristallakupunktur, die Teil der ATM-Behandlung sein kann, aber unbedingt gelernt werden sollte.

Die Ausbildung in der Aluah-Trance Massage ist so angelegt:

1. Die Ausbildung zum ATM-Wissenden Stufe I (Basisausbildung)

Gewöhnlich umfaßt diese Ausbildung fünf Wochenenden, jeweils von

Freitagabend bis Sonntagnachmittag, bzw. eine Woche von Freitagabend bis Sonntag der darauffolgenden Woche. Sämtliche Phasen werden erläutert, Zusammenhänge und Methoden erklärt und praktisch angewendet.

Nach Erhalt des Zertifikates und der Zustimmung zu einer vertraglichen Vereinbarung können Sie dann in einem beschränkten privaten Rahmen Einzelbehandlungen durchführen.

2. Die Ausbildung zum ATM-Wissenden Stufe II

Diese Ausbildungsstufe ist für ATM-Wissende, die bereits das Zertifikat für Stufe I erhalten und einige Erfahrung mit dem Geben der ATM gemacht haben. Die Ausbildungsinhalte von Stufe I werden vertieft (Gesprächsvorbereitung, Behandlungsermittlung, Magnetisierung des Raumes etc.). Es wird noch mehr auf den Einsatz von Hilfsmitteln, wie z.B. Kristalle, eingegangen. Insbesondere werden Behandlungskombinationen geübt und Erfahrungsberichte ausgewertet.

In der Regel sind dies zwei Wochenenden oder Mittwoch bis Sonntag.

Nach Erhalt des Zertifikates und der Zustimmung zu einer vertraglichen Vereinbarung können Sie **uneingeschränkt** Einzelbehandlungen durchführen.

3. Die Ausbildung zum ATM-Lehrer Stufe I

Diese Ausbildungsstufe kommt erst nach einiger Praxis in der ATM in Frage. Sie lernen in dieser Ausbildung, wie Sie die ATM an und in Gruppen weitergeben. Nach erfolgreichem Abschluß können Sie eine Ausbildungs-Lizenz erwerben und Menschen zum **ATM-Wissenden Stufe I** führen.

4. Die Ausbildung zum ATM-Lehrer Stufe II

Sie lernen, Menschen zum **ATM-Wissenden Stufe II** auszubilden.

5. Die Ausbildung zum ATM-Lehrer Stufe III

Diese Ausbildungsstufe bildet Sie dazu aus, **ATM-Lehrer** auszubilden.

Jede Ausbildungsstufe ist natürlich auch dazu da, die eigenen Erfahrungen zu vertiefen, Fragen zu klären, Behandlungserfahrungen auszutauschen, neue Möglichkeiten, Behandlungsmethoden, ATM-Themen und Wirkungsweisen zu diskutieren und sich noch tiefer auf die eigene Seelenarbeit einzulassen.

Änderungen der Ausbildungsfolge, ihrer Inhalte und der zeitlichen Gestaltung bleiben vorbehalten.

Die Maximen der Aluah-Trance Massage

1) Jeder Mensch ist ein göttlicher Funke. Dieser Funke hat eine enorme Schöpferkraft. Wir haben diese, ob wir uns ihrer bewußt sind oder nicht. Wenn wir uns ihrer bewußt sind und sie bewußt in unser Leben ziehen, dann können wir Großes bewerkstelligen.

2) Aluah ist die Liebes- und Schöpferkraft, aber auch die Lebenskraft von Lemuria. Diese Kraft weht durch die Jahrtausende. Sie ist rein und die Kraft der Einheit mit Gott/Göttin/All dem, was ist - Jashuah. Sie ist heilig. Die Trance, erreicht durch Atmen, Gebet, Entspannung und Musik, öffnet den Sensor der tiefen Erkenntnis (das Dritte Auge und weitere Erkenntnissensoren).

3) Wenn wir zu Wissenden von Lemuria werden, was ein Symbol ist für das Einswerden mit unserer spirituellen Kraft und Aufgabe, dann können wir, auch wenn wir selbst noch auf dem Weg sind, bereits anderen Menschen und der Erde helfen. Wir sehen mit unseren inneren Augen in der Trance die Bereiche, die zu berühren, massieren und zu energetisieren sind und stellen so das Original wieder her. Der Prozeß kann einige Zeit dauern, aber er wird begonnen.

4) Die Aluah-Trance Massage ist eine ganzheitliche Massage und berührt sowohl den, der massiert wird, als auch den Massierenden. Sie wirkt sich aus auf alle Seinsbereiche: physisch, mental, seelisch und spirituell.

5) Die Grundhaltung ist in einem Satz so zusammengefaßt: „Der göttliche Funke in mir anerkennt den göttlichen Funken in dir.“ Die Haltung beim Massieren ist demzufolge Mitgefühl, Respekt und Verantwortung, Achtsamkeit und Behutsamkeit und die Achtung vor der Realität und dem Heiligen Bezirk des anderen. Es ist wichtig, zu jeder Zeit einen sicheren Raum herzustellen - mit Gebet, geeigneter Musik, geeigneten Ölen, Kristallen, Essenzen usw. Die Tür sollte für die Zeit der Sitzung verschlossen sein, und nichts sollte stören können.

6) In einem Vorgespräch mit dem zu Massierenden kann man dessen Probleme den sieben Lebensphasen zuordnen. Das Wissen über die Eigenschaften und Bedürfnisse dieser Lebensphasen ist Grundbedingung für eine verantwortliche Aluah-Trance Massage.

7) Die Aluah-Trance Massage geht sehr tief. Daher ist es wichtig, sich persönlich immer weiterzubilden und die Quelle, woher die Massage kommt, anzuerkennen und anderen gegenüber die Notwendigkeit der Ausbildung nahezulegen, wenn diese andere behandeln wollen.

8) Die ATM-Öle haben die Schwingung, den Massierenden „auf Kurs“ zu halten. Der Duft, die Konsistenz des Öls und seine feinen Resonanzen unterstützen die Prozesse, weil sie das Wesen der jeweiligen Lebensepochen beinhalten.

9) Alles, was bei dem, der massiert wird, und dem Massierenden im Laufe der Sitzung an Bildern, Gefühlen, Worten und Gedanken hochkommt, transformiert sich im Licht, im göttlichen Strahl der Wahrheit. Um dieses Licht sollte gebeten, und es sollte zu jeder Zeit im Raum visualisiert werden.

TEIL III
DIE ALUAH-TRANCE MASSAGE AUS ÄRZTLICHER SICHT

von Dr. med. Sylke Neumann

In dem Maße, wie ich mit der Aluah-Trance Massage in Berührung kam, eröffnete sich mir eine wunderbare Möglichkeit, Menschen zu heilen. Durch die Aluah-Trance Massage werden Botschaften direkt an die Seele gegeben, und dadurch ist es möglich, alte Muster gehen zu lassen, ohne noch einmal durch sie hindurchgehen zu müssen.

In meinen Behandlungen spüre ich immer wieder die tiefe Sehnsucht der Menschen nach Liebe, Zärtlichkeit und dem Gefühl, angenommen zu sein - ein Aufseufzen der Seele, die endlich die lang ersehnte Botschaft vernimmt. Oft fühle ich mich selbst durch die Energie, die bei der Behandlung durch mich fließt, erfüllt, und ich habe dann das tiefe und beglückende Gefühl, etwas geben zu können.

Ich empfinde es als Geschenk, neben meiner Tätigkeit als Ärztin die Aluah-Trance Massage oft bei Patienten anwenden zu können, und so ist mir die Möglichkeit gegeben, Körper, Geist und Seele als Einheit wahrzunehmen und Krankheiten als Botschaften zu erkennen und bewußt damit umzugehen.

Die Aluah-Trance Massage ist mit ihrer Liebe, Integrität und Reinheit ein Segen für die Menschheit. Möge sie mit ihrer Tiefe dazu beitragen, den Traum Jashuahs von der Schöpfung zu verwirklichen. Möge sie die Menschen in ihre wahre Göttlichkeit führen, so daß eine Welt entstehen kann, in der alle von Gott geschaffenen Wesen mit Achtung und Liebe behandelt werden und die Menschen das Geschenk des Lebens feiern können.

Ich möchte im folgenden über einige Erfahrungen berichten, die ich mit der Aluah-Trance Massage machen konnte. Ich habe meine Ausführungen absichtlich sehr medizinisch gehalten, da ich möglichst viele Ärzte ansprechen möchte. Es wäre sehr heilsam, wenn die ATM durch viele Ärzte ausgeführt werden würde, da so Krankheiten auf tiefer Ebene verstanden und behandelt werden könnten. Im Gesundheitssystem könnten Lücken geschlossen werden. Der Mensch würde wieder als Einheit von Körper, Geist und Seele betrachtet und behandelt werden. Die Ärzte würden sich für ihre Spiritualität und für die Spiritualität ihrer Patienten öffnen.

Es ist also keinesfalls eine Voraussetzung für den ATM-Gebenden sich medizinisch so gut auskennen zu müssen, da die ATM auf einer anderen Bewußtseinsebene gegeben wird. Je mehr Menschen die ATM geben, um so segensreicher für die Menschheit. Allerdings ersetzt eine ATM-Behandlung nicht den Gang zum Arzt, wie der Autor bereits ausgeführt hat.

Ein junger Mann hatte sich mit ca. sieben Jahren den Schwur geleistet, niemals zu heiraten. Seine Eltern waren geschieden. In dem Moment, als er seine Freundin fragte, ob sie ihn heiraten wolle, durchzuckte es ihn wie ein Blitz. Von da an verschlechterte sich sein energetischer und seelischer Zustand zusehends. Inzwischen ist er geschieden. Er war in psychologischer Behandlung, aber nichts konnte ihm helfen. Ich gab ihm die ATM 2-1-4-7. Ich sagte ihm vorher, er solle versuchen, während der Behandlung an den Punkt zu kommen, wo er sich diese Dinge geschworen hatte. Das war ihm aber leider nicht möglich. Er war darüber sehr im Zweifel, daß es die Chance gibt, derartige Programme im Unterbewußtsein zu löschen.

Die Menschen müssen davon überzeugt sein, daß sie geheilt werden können. Ansonsten werden bestimmte Bereiche blockiert.

Trotzdem war diese ATM für ihn ein großartiges Erlebnis. Er sah in der Phase „Du bist willkommen, du bist geliebt“ seine Kindheit und hatte zwischendurch das Gefühl, den Mund wie ein Baby zu verziehen. Beim Übergang in die Phase „Laß los, und geh ins Licht“ flog er mit mir zusammen über die Welt, mit kurzen Pausen an heiligen Plätzen. Als er die Augen aufschlug, war nur Erstaunen in seinem Gesicht. Es sei ein unglaubliches Gefühl gewesen. Er sei so von Licht durchflutet worden, und er spüre jetzt eine wunderbare Leichtigkeit. Er war völlig verändert. Seine Augen glänzten. Auch ich hatte während dieser Aluah-Trance Massage das Gefühl, entflammt zu sein.

Nach zehn Monaten sagte er, es sei vieles besser geworden. Er fühle sich von diesen Kindheitsgeschichten nicht mehr so belastet, sie seien zwar noch unterschwellig da, hätten aber an Dominanz beträchtlich verloren.

Das Unterbewußtsein hat einen enormen Einfluß auf den Zustand und auf Handlungsweisen eines Menschen. Dieser junge Mann hatte mit seinem Heiratsantrag sozusagen ein Programm in seinem Unterbewußtsein aktiviert. Meinem Gefühl nach ist dieses Programm durch die ATM zumindest in den Hintergrund getreten. Bei ihm sind weitere ATM-Behandlungen sinnvoll.

Die Verbindung von zweiter und dritter Phase ist der Schlüssel zum erwachsenen Handeln, die Umsetzung der Kreativität in die Tat. Die Aluah-Trance Massage in dieser Kombination (2-3-4) bewog einen Mann, mit seiner Kindheit abzuschließen und den Willen zu entwickeln, jetzt Verantwortung zu übernehmen.

Ich habe oft erlebt, daß die ATM den Energiefluß im Körper erhöht und die Menschen dadurch lebendiger werden.

Eine leicht erschöpfbare junge Frau, oft depressiv und ohne Antrieb, berichtete, daß sie seit der Behandlung sehr aktiv sei und abends keine Müdigkeit mehr verspüre. Sie hatte oft Panikgefühle gehabt und das Gefühl, „es nicht zu schaffen". Sie nahm ein Antidepressivum (Zoloft). Sie konnte Dinge schlecht umsetzen und fragte sich oft nach dem Sinn ihres Lebens. Mit neunzehn Jahren war ihre Mutter gestorben. Während der ATM 6-2-3 kamen ihr Bilder vom Tod ihrer Mutter, aber sie berührten sie nicht negativ. Als sie ging, war sie in einem sehr entspannten Zustand. Wochen später fragte mich ihr Arbeitskollege, was ich denn mit ihr gemacht hätte. Sie würde ja nur noch strahlen und hätte so sehr von dieser Behandlung geschwärmt. Sie spiele jetzt auch wieder Geige. Nach einem Jahr berichtete sie, sie sei anhaltend stabil und habe das Antidepressivum seitdem nicht mehr genommen. Auch würde sie jetzt viele Dinge besser verkraften.

Meiner Meinung nach bewirken Antidepressiva und Neuroleptika, ja wahrscheinlich alle Medikamente, daß sich der Mensch noch weiter von sich selbst entfernt. Die Krankheit ist eine Botschaft der Seele an den Körper, daß etwas nicht stimmt, daß die Liebe fehlt und die Zellen nicht mehr kommunizieren (Krebs). Die meisten Menschen verstehen die Botschaft ihrer Krankheiten nicht und nehmen Medikamente. Auch die Ärzte verstehen die Botschaften nicht. Es ist ein Kreislauf, den man mit der ATM durchbrechen kann. Auf die Botschaft der Krankheit gibt man die Botschaft durch die ATM, die Antwort sozusagen, das, was die Seele immer hören wollte. So kann sich die Seele auch überhaupt erst willkommen fühlen, denn es gibt ja tatsächlich „jemanden", der auf ihre Botschaft, auf ihren Schrei antwortet. Die Menschen fühlen sich oft so einsam, weil niemand antwortet, niemand wirklich versteht.

„Wenn die Seele voll im Körper inkarniert ist, hat dieser ein starkes Immunsystem. Geht die Seele zum Teil oder ganz aus dem Körper, entsteht ein Vakuum. Dann kommen Viren und Bakterien und füllen es aus. Sobald die Botschaft einer Krankheit verstanden wird, ist derjenige geheilt.

In jedem Körperteil ist die Seele als Ganzes enthalten. Fehlt die Liebe für diesen Körperteil durch Schmerz, Verletzung, Nichtwillkommensein, geht die Seele aus diesem Körperteil."

(aus Seminaren von Dietrich von Oppeln)

Einen Hinweis darauf zeigt die Akupunktur. Auch hier gibt es überall am Körper Mikrosysteme (Hand, Fuß, Auge, Mund, Nase, Ohr, Unterschenkel, Daumen usw.), wo der Körper noch einmal als Ganzes enthalten ist.

Eine Frau kam energetisch völlig ausgebrannt. Sie kaute ständig an ihren Fingernägeln. Ihre Hände und Füße waren fast immer kalt. Ich gab ihr die ATM 7-1-3. In der Phase 7 schwebte ihre Seele weit draußen, was sie mir dann auch bestätigte. In der Phase des „Willkommenheissens" hatte ich das Gefühl, daß ihre Energie nicht bis in ihre Fingerspitzen fließt. Dasselbe Gefühl hatte ich an den Füßen. Ich verweilte sehr lange an den Fingern und an den Zehenspitzen und hieß diese willkommen. Sie hatte nach der ATM warme Hände und Füße. Später beschrieb sie, daß in ihr etwas an die richtige Stelle gerückt worden sei. Ihre Hände und Füße seien jetzt auch nicht mehr kalt.

Manchmal spüre ich bei der ersten Phase „Du bist willkommen, du bist geliebt", daß die Aura größer wird und die Seele im Körper ihren Platz einnimmt. Manchmal spüre ich auch, wie Seelenteile integriert werden. Oft beschreibt dann derjenige, daß er sich in den Körper hineingezogen fühlte.

Ein 29-jähriger Mann sagte mir nach einer Aluah-Trance Massage: „Es sind mehrere Seelenteile zurückgekehrt, mindestens drei." Er sagte auch, er hätte sich wochenlang noch sehr geliebt gefühlt. Nach einem halben Jahr meinte er, er spüre die Behandlung immer noch. Er war sehr dankbar.

Die vierte Phase „Du erwachst zu deiner wahren Herzensliebe" öffnet Räume der Liebe und der Schönheit. Ich spüre hier die Tiefe und den Herzensraum des anderen. Diese Phase ist nach meinem Gefühl auch in der Genitalregion bei Männern von Bedeutung, da hier alte Muster von Verletzung und Gewalt überschrieben werden. Ein junger Mann, den ich so behandelt hatte, beschrieb, daß die eiskalte Wut nicht mehr da wäre, die er sonst in bestimmten Situationen empfunden hätte.

Wenn ich die sechste Phase „Du bist weise, du siehst" mit großer Magnetik durchführe, habe ich das Gefühl, daß auch die Chakras 1-5 in die Behandlung eingeschlossen sind.

Eine junge Frau mit zwei Kindern, oft unzufrieden und überlastet, erzählte, daß sie oft das Gefühl hätte, verrückt zu werden und daß in ihrem Leben die Dinge nicht so zusammenkommen würden, wie sie es sich eigentlich wünschte.

Während der Phase „Du bist weise, du siehst" hatte ich das Gefühl von großer Magnetik, und starke energetische Ströme durchflossen mich. Ich magnetisierte Punkte auf ihrer Körperoberfläche und verband diese mit Punkten und Räumen in ihrer Aura. Ich spürte, daß ihre Aura hoch energetisch wurde. Als ich an ihren Füßen arbeitete, kam mir das Bild eines barfüßigen Heiligen, und ich hatte das Gefühl, sie energetisch wiederzuerkennen. In dem Moment wurde es ganz hell in meinem Kopf. Es war eine unglaublich starke Energie. Anschließend beschrieb sie, daß ihr während der Behandlung viele Dinge klar geworden seien und daß sie mehrmals viel Licht gesehen hätte, wo keine Gedanken waren, aber trotzdem Fülle. Nach ein paar Tagen schrieb sie mir folgende Worte: „Gestern - das war für mich ein großartiges Erlebnis, und ich bin noch ganz erfüllt davon. Ich fühle mich rein und sensibel, wie als würde jetzt etwas Neues beginnen ..."

Sieben Monate später berichtete sie, daß ihr Zustand stabil sei. Von dieser Behandlung an hatte sie das Gefühl, daß es richtig aufwärts gehe. Sie kann mit den Dingen ihres Lebens besser umgehen und ist seitdem auch nicht mehr in ein „energetisches Loch" gefallen. Sie fühle sich gefestigt und habe das Gefühl, in ihrem Leben Fuß gefaßt zu haben. Außerdem habe sie seitdem gelernt, Entscheidungen zu treffen.

Eine 32-jährige Frau kam wegen starken Ängsten. Sie sah beim autogenen Training Ungeheuer. Vor zehn Jahren hatte sie sich die Pulsadern aufgeschnitten. Sie beschrieb, daß sie während der ATM-7-1 wie ein Vogel aus ihrem Körper geflogen sei. Sie sah ihren Körper liegen und kam immer wieder zurück, da sie ihn so sehr liebt. Sie ist dann weitergeflogen, und es waren viele Wesen um sie herum. Dann war sie bei Gott. Sie hatte große Glücksgefühle. Anschließend sah sie sich als Embryo im Mutterleib - sie erlebte ihre Geburt und erlebte sich als Säugling. Sie spürte während der Behandlung viel Liebe und ist sehr dankbar für dieses Erlebnis.

Im letzten Jahr meiner Ausbildungszeit kamen gelegentlich Drogenabhängige oder junge Alkoholiker in meine Sprechstunde. Diese jungen Menschen hatten traumatische Kindheitserlebnisse und wurden auf dieser Erde nie willkommen geheißen. Manche gingen mit ca. fünfzehn Jahren auf die Straße und wohnten bei Freunden oder in Abrißhäusern. Viele hatten kaum eine Beziehung zu ihrer Umwelt und wußten nicht, warum sie hier sind.

Die Beziehung zur Erde hat mit dem ersten Chakra zu tun. Manchmal äußert sich dieser Schmerz des Hierseins auch körperlich. Ein junger Mann, der als Kind von seiner Mutter verlassen worden war, schnitt sich die Pulsadern auf, nachdem ihn seine Freundin verließ. Nach dem zweiten Selbstmordversuch wurde er lange stationär behandelt und medikamentös ruhiggestellt. Er kam dann zu mir mit einer Analfissur, die so weh tat, daß er kaum sitzen konnte. Er konnte sich damals nicht für eine ATM-Behandlung entscheiden, da er auch erst einmal zur Kur fahren wollte.

In seinem Falle würde ich nur sehr vorsichtig oder sehr kurz in die erste Phase gehen. Möglicherweise wäre es besser, mit anderen Chakras zu beginnen.

Nach meinem Gefühl könnte man mit der ATM-1 Analfissuren, Hämorrhoiden und andere Krankheiten in diesem Bereich heilen. Für mich war der Zusammenhang zwischen der Analfissur und dem, was der junge Mann erlebt hatte, sehr offensichtlich. Man könnte hierzu weitere Nachforschungen anstellen.

Ein junger Mann nahm immer wieder LSD, weil er sich so sehr nach dem Gefühl sehnte, wieder eins mit Gott und der Natur zu sein. Er sprach diese Sehnsucht sehr direkt aus und sagte, die Öffnung durch LSD wäre zwar noch nicht das, wonach er sich sehnte, aber er würde wenigstens mehr als vorher spüren. Er berichtete sogar, daß er nach einer Dosis das Gefühl gehabt hätte, sterben zu müssen, und daß er nur knapp daran vorbei gegangen sei. Dieser Mann hatte enorme Kindheitstraumata, vor allem in der Phase 1, erlitten. Er sagte, wenn alle seine Grenzen wegfielen, fühle er sich wie ein kleines Kind und wolle nur noch Mami und Papi. Er hatte während eines autogenen Trainings das Gefühl, sehr klein zu sein und nicht so groß wie sein Körper. Diese Aussage des jungen Mannes zeigte mir sehr klar, daß seine Seele in ihrer Entwicklung stehen geblieben war aufgrund seiner Verletzungen und seines Nichtwillkommenseins. Er kam oft völlig aufgelöst und unsicher zu mir und war nicht fähig, Verantwortung für sich selbst zu übernehmen. Er war in psychiatrischer Behandlung und nahm in Intervallen ein Neuroleptikum (Risperdal), um die Angst auszuschalten und um seine Mauern aufrechtzuerhalten. Er fühlte sich damit total taub und stumpf, aber er funktionierte. Er fühlte sich oft nicht in seinem Körper, und seine Beine waren meist wie taub. Er hatte Schwierigkeiten, Dinge in die Tat umzusetzen. Ich gab ihm nach einigen Vorbehandlungen (Aenne Winter) eine ATM in der Kombination 7-1. Ich empfand die 7 sehr stark und stand total im Kanal. Ich begleitete seine Seele. In diesem Kanal stehend, ging ich in die Phase 1 und hieß ihn willkommen. Ich hatte das Gefühl, dort und hier gleichzeitig zu sein und viel größer, als ich körperlich bin. Ich spürte einen starken Strom durch meinen Körper. Nach ungefähr fünf Minuten fing er an zu weinen, und ich nahm ihn in den Arm. Er weinte lange. Ich betete und bat die Göttin, ihm Frieden zu geben, ihm seine Schuld und Scham zu nehmen und ihn zu trösten. Die Energie ging in Wellen durch mich hindurch. Ich fragte ihn dann, ob ich mit der Behandlung fortfahren solle. Er entschied sich, daß es erst einmal genug sei. Ich hielt ihn dann noch lange im Arm. Als er ging, fühlte er sich gut. Er kam weiterhin. Es war für ihn der Beginn der Heilung. Ich behandelte ihn weiter mit der „Heimagnetik“ nach Aenne Winter.

Wenn die traumatischen Ereignisse in der Kindheit sehr tief waren, ist es gut, wenn man mit der Phase 7 beginnt, da dann Gott/ Göttin spürbar ist. Oder man heilt über das Herz, indem man mit der Phase 4 beginnt und dann auf die Phase 1 geht. In dem Fall des jungen Mannes war die Phase 7 auch wegen seiner LSD-Erfahrungen wichtig, da der Griff nach der Droge auf die Sehnsucht nach Gott zurückzuführen ist. Es war auch gut, die Phase 1 nur kurz anzudeuten, um ihm Zeit zu lassen für die Verarbeitung seiner Kindheit. Es ist sehr wichtig, während der ATM flexibel zu sein, weil jeder anders reagiert.

Menschen, die zur ATM kommen, sollten keine Drogen oder Neuroleptika genommen haben. Falls Patienten Antidepressiva nehmen, sollte man auch vorsichtig sein.

Die Kombination 7-1 ist eine Schlüsselbehandlung für Drogenabhängige und Alkoholiker, um sie aus ihrem „Abgeschnittensein" herauszuholen. Dann kommt die Feinarbeit. Hierzu lohnt es sich, noch Nachforschungen anzustellen.

Ein 31-jähriger Mann kam mit zwei alten Bandscheibenvorfällen (L3/L4 und L5/S1 vor drei Jahren). Er hatte seit zehn Jahren einen schlecht einzustellenden Bluthochdruck Stadium I und war psychisch oft dekompensiert. Er dachte ständig an seinen Blutdruck und fühlte Angst, sterben zu müssen. Deshalb wollte er auch nicht Vater werden, da er dachte: „Es hat doch sowieso keinen Sinn, ich werde nicht alt." Er hatte eine athletische Figur und wirkte sehr robust. Wenn ich ihn nach seiner Kindheit fragte, winkte er ab und sagte: „Ach, hören sie damit auf." Er wollte nicht einmal darüber sprechen, war auch schon in psychologischer Behandlung gewesen. Das hätte alles nichts gebracht. Er nahm öfters Faustan.

Ich gab ihm eine ATM-Sitzung in der Kombination 1-2-3, wobei der Schwerpunkt auf der Phase 1 lag. Am nächsten Tag hatte er eine hypertone Krise mit einem Blutdruck von 210/120 mmHg und wäre fast kollabiert. Er ließ sich ins Krankenhaus bringen. Daraufhin war sein Blutdruck sehr gut einstellbar. Ich verschrieb ihm für den Notfall Bayotensin-Piolen und erklärte ihm diese Blutdruckreaktion. Ungefähr acht Wochen später erzählte er mir, daß er nicht mehr ans Sterben denke und auch nicht mehr an seinen Blutdruck. Bei ihm wären natürlich noch weitere Sitzungen nötig gewesen, um die ganze Sache abzurunden und um ihn in einen stabilen Zustand zu bringen.

Ich glaube, daß Bandscheibenvorfälle immer auf Verletzungen zurückzuführen sind, die an die Substanz gehen und je nach ihrer Höhe auf das jeweilige Chakra hindeuten. Ich habe die Vermutung, L5/S1 (Achillessehnenreflex) und unterhalb bezieht sich auf das erste Chakra und L3/L4 (Patellarsehnenreflex) auf das zweite Chakra.

Im Bereich von Verletzung kann die Energie nicht fließen. Es kann wahrscheinlich dazu kommen, daß ein Chakra völlig verschlossen wird, damit der seelische Schmerz nicht spürbar ist. Auf der körperlichen Ebene kann er sich in Form von Lumbalgien, Bandscheibenvorfällen oder anderen Erkrankungen äußern.

Die Verbindung von ATM-Behandlung und hypertoner Krise war sehr augenscheinlich. Eine erhöhte innere Spannung bewirkt einen vegetativ bedingten Gefäßspasmus, vor allem wenn derjenige seine Gefühle, oft auch Aggressionen, unter Kontrolle halten will, da Liebesentzug befürchtet wird. Zur Entstehung des Bluthochdruckes lohnt es sich, in dieser Hinsicht zu forschen.

Wenn ein Bluthochdruck schon mehrere Jahre besteht, ist es natürlich schwierig, ihn zu normalisieren, ohne daß Medikamente benötigt werden. Die Gefäße verändern sich bei anhaltend hohem Blutdruck und werden starrer, so daß die Regulationsfähigkeit abnimmt.

Eine Frau kam mit einer Lumbalgie in meine Sprechstunde. Die Schmerzausstrahlung reichte bis Th 4, wobei die Schmerzintensität lumbal am stärksten war. Sie war sehr spirituell. Sie wollte sehr bewußt keine Schmerzmedikamente und keine Spritzen. Sie war als Kind und als Jugendliche mißbraucht worden und brachte auch ihre rezidivierend auftretenden Schmerzen damit in Verbindung. Ich gab ihr die ATM 1-3-2, worauf sich die Lumbalgie besserte.

Ich besuchte regelmäßig eine alte Patientin im Pflegeheim. Sie sprach kein Wort mehr. Ihr Mund war ständig offen und sehr ausgetrocknet. Sie schaute mich immer nur an, und die Schwestern meinten, sie würde sowieso nichts verstehen. Sie weigerte sich oft, etwas zu sich zu nehmen. Ich nahm mir immer viel Zeit für sie, streichelte sie und hielt ihre Hand. Meist hatte sie Tränen in den Augen. Ihre Verwandten besuchten sie nicht. Wenn ich bei ihr war, gab ich ihr die Botschaft: „Laß los, und geh ins Licht." Einmal ölte ich ihren Körper mit dem Öl der Phase 7 ein. Sie schaute sehr ungläubig. Ein anderes Mal begann ich, ihr von Gott zu erzählen. Da versiegten ihre Tränen, und ihr Mund verschloß sich. Ich fühlte ihren Haß, ihren Haß auf Gott und auf ihr Schicksal. Als ich sie danach wiedersah, saß sie im Rollstuhl. Ihre Augen füllten sich mit Tränen. Ich hielt ihre Hand und schaute in ihre Augen und gab ihr direkt über ihre Augen mitten in ihre Seele die Botschaft, daß Gott sie liebt. In diesem Moment stöhnte sie auf. Sie wollte mich lange nicht loslassen. Als ich ging, schaute sie über sich nach oben.

Er tut mir so weh, Menschen so dahinvegetieren zu sehen. Für viele ist der Sterbeprozeß eine Qual. Sie haben nie richtig gelebt und wurden nicht willkommen geheißen. Viele glauben nicht an Gott, oder sie hassen ihn, weil sie ihn für ihr Schicksal verantwortlich machen. Manche glauben, Gott würde sie bestrafen für all ihre Sünden und haben Angst vor ihm. Vor allem in diesem Bereich wäre die ATM ein Segen für die Menschen. Es geht um die Würde des Sterbens. Durch die ATM kann die Beziehung zwischen Gott/Göttin und den Menschen geheilt werden.

Eine Frau mit großen Kindheitstraumata kam zu mir. Sie war mit drei Jahren mißbraucht worden und mußte im Kinderheim das eigene Erbrochene essen. Sie war sehr feinfühlig. Ich ließ sie mit geschlossenen Augen die Öle ertasten. Sie wählte die Phasen 6-1. Die Energie bei dem Mantra „Du bist weise, du siehst" war sehr stark. Es öffneten sich Räume. Ich spürte ihre Schönheit. Als ich sie willkommen hieß, atmete sie immer wieder tief auf, besonders wenn ich ihren Bauch, ihre Brüste, ihre Genitalien, ihre Schenkelinnenseiten und ihren Po berührte. Die Göttinnenenergie war sehr stark. Nach der Behandlung bedankte sie sich sehr. Sie sagte, sie sei sehr weit weg gewesen. Nach einem halben Jahr berichtete sie mir, daß sie die Energie dieser Behandlung jetzt noch spüren würde, es sei für sie eine wichtige Heilung gewesen. Sie empfindet diese Behandlung wie einen Abschnitt in ihrem Leben.

Einmal machte ich eine Behandlung im Freien. Es war sehr warm. Diese junge Frau wollte willkommen geheißen werden, da sie ihren Platz in dieser Welt nicht fühlen konnte. Ich spürte ihr zartes und lichtvolles Wesen, wie ein Schmetterling. Als ich sie an ihren Füßen behandelte, wurde die Energie so stark, daß ich in dieser Haltung sitzen blieb. In dem Moment kamen laut bellende Hunde vorbei, die zum Haus gehörten. Es störte uns beide nicht. Wir waren beide absolut in Trance. Anschließend sagte sie: „Ich habe mich gefühlt wie ein Kind, das vom Himmel gefallen ist."

Es ist sehr gut, wenn man während der ATM so im „Kanal" steht, daß das, was in der Umgebung passiert, unwichtig wird. So kann man sich selbst prüfen, ob man auch wirklich aus sich herausgegangen ist und zum Wissenden geworden ist.

Eine oft depressive Frau mit Verspannungen im Schulter-Nacken-Bereich hatte sich als Kind nie geliebt gefühlt. Sie hatte Probleme mit ihrer Kreativität und ihrem Ausdruck. Ihre Ängste waren nach homöopathischer Behandlung eskaliert. Sie hatte sich als Kind entschieden, nicht alt werden zu wollen. Ich behandelte sie in einer ATM-Kombination 2-1-5-4. Danach fühlte sie sich drei Wochen lang richtig wohl. Es passierten Dinge, die für sie ungewöhnlich waren. Sie lernte zum Beispiel einen Mann kennen. In der Nachfolgebehandlung gab ich ihr die Kombination 2-4-6. Sie fühlte sich immer besser. Die Verspannungen um die Schultern gingen langsam weg. Zehn Monate später erzählte sie mir, daß ihr die Behandlungen unheimlich gut getan hätten. Sie hätte aber noch so viele andere Sachen nebenbei gemacht, daß sie jetzt nicht mehr konkret sagen könnte, was auf die ATM zurückzuführen wäre.

Ich glaube, daß es sehr wichtig ist, den Klienten zu sagen, daß sie für mindestens vier Wochen keine anderen Behandlungsmethoden ausprobieren sollen, da sich die Dinge sonst vermischen. Ich bin auch der Meinung, daß es nicht gut ist, wenn Menschen von einem Behandler zum anderen laufen. Damit wird es unmöglich, Dinge klar zu beurteilen.

Ein ca. 40-jähriger Alkoholiker kam, weil er sich oft depressiv fühlte. Er war seit ungefähr einem Jahr trocken. Er sagte, die Behandlung (7-1-3) sei sehr schön und tief gewesen. Aber hinterher fühlte er sich verlassen. Ihm wurde etwas gegeben, und dann war es wieder weg. Das war für ihn ein bekanntes und „beschissenes" Gefühl. Er sagte, er fühlte sich wie ein Ertrinkender, und wenn er die Hand nach jemandem ausstreckte, würde derjenige sie wieder zurückziehen. Er habe noch keinen Menschen getroffen, der auf festem Boden stünde und ihm das Gefühl von Halt vermitteln könnte. Ich besprach mit ihm, daß ich nach der ATM so lange für ihn da sein würde, wie er wollte. Nach der zweiten ATM (7-2-3-4-5) hielt ich ihm sehr lange die Hand, und wir tauschten Zärtlichkeiten über die Hände aus, so lange, bis es für ihn gut war. Als er ging, fühlte er sich sehr gut, und er war sehr gelöst. Er umarmte mich.

Ein 34-jähriger Mann kam in die Sprechstunde mit Heuschnupfen und Rasselgeräuschen in der Lunge, obwohl er täglich eine Tablette Lisino einnahm. Er hatte Heuschnupfen und Asthma als Kind gehabt. Jetzt waren die Beschwerden wieder verstärkt aufgetreten. Nach vier Behandlungen (Kombination aus Ohrakupunktur und Aenne Winter) waren diese Beschwerden spurlos verschwunden, und eine Medikamenteneinnahme erübrigte sich.

Er konnte sich an seine Kindheit kaum erinnern. Das ist nach meinem Gefühl immer ein Zeichen dafür, daß diese Zeit traumatisch war. Manche Menschen blenden Ereignisse oder manchmal ganze Zeiträume aus, weil sie nicht imstande sind, diese Dinge zu verarbeiten. Die Erinnerung daran ist zu schmerzhaft. Dabei verringert sich wahrscheinlich die Größe der Aura, und der Energiefluß nimmt ab. Die Geschehnisse sind nicht integriert.

Nach einer ATM-Sitzung Phase 1 brauchte er eine Pause von ca. acht Wochen. Er fühlte, daß er viel verarbeiten mußte. Nach der zweiten Sitzung, ATM 1-4-3-7, sagte er, er fühle sich mehr im Hier und Jetzt.

Eine Frau mit rezidivierenden Gallenkoliken und Erbrechen behandelte ich mit der ATM-Kombination 2-3-6. Durch die Kombination 2-3 kommen Gefühle besser ins Fließen. Gallenkoliken haben meist mit gestauten Emotionen zu tun. Die Phase 6 „Du bist weise, du siehst" schloß ich daran an, da sich diese Frau über bestimmte Dinge in ihrem Leben nicht klar war. Sie rief mich abends an, weil sie vor Energie förmlich vibrierte. Die Intervalle der Koliken wurden größer.

Ein 28-jähriger Mann kam mit Asthma. Er nahm Arubendol-Spray. Vier Monate zuvor hatte er aufgehört zu rauchen. Das Asthma hatte er, seit er ein halbes Jahr alt war. Er sprach sehr wenig, und ich mußte jeden Satz aus ihm herausholen. Deshalb gab ich ihm die Kombination 4-7-1-5. Das Asthma besserte sich danach kurzzeitig. Einen Monat später hatte er verstärkte asthmatische Beschwerden. Nach acht Monaten nahm er den Spray kaum noch. Er hatte nur noch gelegentlich Beschwerden bei Belastung.

Eventuell wären bei ihm noch ein oder zwei Behandlungen sinnvoll.

Die ATM führt auf lange Sicht zu einem geheilten Zustand. Sie ist wie ein innerer Impuls, der gegeben wird. Es lohnt sich, hierzu Beobachtungen anzustellen.

Man kann nie sagen, wie viele ATM-Sitzungen ein Mensch benötigt. Es werden immer die Dinge bearbeitet, die gerade anstehen.

„Die Heilung erzeugt einen Sog, und alle ungeheilten Dinge kommen, damit auch sie geheilt werden können.“ (aus einem ATM-Seminar)

Ein 42-jähriger Mann kam mit Verspannungen im Schulter-Nacken-Bereich und Schluckbeschwerden. Er wollte ein spirituelles Zentrum eröffnen. Er schwankte noch, ob er sich das zutrauen könne. Er fühlte sich auf der Erde nicht richtig zu Hause

Die Energie beim Behandeln (ATM 1-5) war sehr stark. Ich spürte an Herz, Schultern und an den Armen, daß die Energie nicht so gut floß. Ich verweilte dort. Beim Riechen des Öls Nr. 5 schoß ihm eine weiße Energiekugel in das Halschakra. Nach der Behandlung fühlte er sich sehr entspannt, auch um die Schultern und den Hals herum. Seine Schluckbeschwerden waren verschwunden. Nach dieser Erfahrung entschloß er sich, sich in der Aluah-Trance Massage ausbilden zu lassen.

Eine ältere Frau kam mit massiven Ängsten. Sie nahm ein Antidepressivum. Als ich ihre Hand hielt (ATM-1), floß eine unglaublich starke Energie durch mich, und ich bat ihre Seele zu kommen und hieß sie willkommen. Sie atmete sehr tief. Anschließend erzählte sie mir, daß sie immer wieder an die Angst herangekommen sei, und jedesmal, wenn sie dachte, sie würde hineinfallen, wurde sie aufgefangen. Plötzlich erinnerte sie sich, wie sie ihr Vater bei Tisch immer mit eiskalten Augen beobachtet hatte. Sie schaute in diese Augen, und dann verwandelten sie sich in die liebevollen Augen Gottes. Nach diesem Erlebnis war ihr Gesicht völlig verändert. Sie wirkte wie erlöst. Ihre Ängste waren verschwunden. Um diesen Zustand zu stabilisieren, sind bei ihr noch weitere Behandlungen nötig.

Eine Frau kam mit rezidivierenden Unterleibsbeschwerden. Sie hatte erst kürzlich eine Blasenentzündung gehabt. Jetzt war noch ein Restschmerz vorhanden. Ich gab ihr eine Kurz-ATM-1 von 15 Minuten. Danach waren die Blasenbeschwerden komplett verschwunden. Nach 14 Tagen trat wieder ein leichter Blasenschmerz auf. Das kann jedoch noch einmal eine Gegenreaktion gewesen sein. Man sollte den Klienten sagen, daß Gegenreaktionen nicht negativ zu bewerten sind. Entscheidend ist, wie sich Prozesse auf längere Sicht entwikkeln. Man muß dem Körper und der Seele Zeit lassen, die Dinge zu verarbeiten. Das kann manchmal Monate dauern.

ATM Behandlungen von weitem gegeben sind ebenfalls sehr wirkungsvoll. Ich tat dies bei einer 59 jährigen Frau mit Darmkrebs. Dieser war so weit fortgeschritten, daß sich eine Operation erübrigt hatte. Als ich sie besuchte, wurde sie künstlich ernährt. Ihre Augen waren leer. Ich hatte das Gefühl, daß ihre

Seele bereits nicht mehr anwesend war. Nach diesem Besuch gab ich ihr meditativ die ATM-7, und ich bat ihre Seele/Seelenteile, in ihren Körper zu gehen. Ich spürte eine enorme Energie, trotzdem ich diese Behandlung aus der Ferne gab. Als ich sie das nächste Mal wiedersah, fühlte sie sich besser. Sie hatte stark abgenommen. Aber was mich am meisten beeindruckte, ihre Augen schauten liebevoll. Ich hatte zuvor keine Liebe in ihren Augen sehen können. Es ist sehr wichtig, daß die Seele während des Sterbeprozesses anwesend ist, da sie nur so bewußt durch das Tor des Todes auf die andere Seite gehen kann.

Eine 50-jährige Frau mit starken klimakterischen Beschwerden kam zu mir. Ihre Regel war ausgeblieben. Sie hatte oft starke Schmerzen im Unterleib. Schwitzen wechselte mit Frieren. Sie hatte Sehstörungen, als ob sie durch Mattglas schaute. Sie litt immer noch unter ihrem übermächtigen Vater, in dessen Nähe sie noch wohnte. Ich gab ihr die ATM-7-1-2-7, wobei ich die Phase 2 nur kurz andeutete. Trotzdem fühlte sie in dieser Phase einen Schmerz in der linken Brust, und ihre Hände verkrampften sich. Auch spürte sie einen Schmerz im Unterleib. Ich hatte schon im Gefühl, daß diese Phase bei ihr sehr heftig sein würde. Deshalb schloß ich die Phase 7 daran an, um alles ins Licht zu führen. In der Nacht nach dieser Behandlung wachte sie mehrmals auf. Sie spürte einen Schmerz im Kreuzbein und in den Kniekehlen. Das Herz schlug wild und schmerzte. Früh ging es ihr gut. Zwei Tage später rief sie mich früh an. Sie hätte überall Schmerzen, im Nacken und Kopf, im Unterleib und im Herzen. Ich gab ihr noch einmal die ATM-7 und bettete eine Meditation darin ein, in der sie die Verbindungen zu ihrem Vater löste. Sie bekam auf einmal massiven Brechreiz und begann sich zu verspannen. Ich beruhigte sie ganz sanft und sagte, sie solle alles gehen lassen und sich entspannen. Es gelang ihr, und der Brechreiz legte sich. Am Schluß weinte sie, und ich nahm sie in den Arm.

Ich mußte sie immer wieder stoppen, ihre Vergangenheit durch Worte zurückzuholen. Sehr tiefe Heilung geschieht vor allem, wenn man bereit ist, die Vergangenheit loszulassen und sich positiv auf die Zukunft auszurichten.

Nach dieser ATM fühlte sie sich wie vergiftet, und sie mußte erbrechen. Ich rief sie an diesem Tag noch einmal an, sie solle unbedingt abends vorbeikommen, falls es ihr schlecht gehe. Sie kam. Sie hatte Schmerzen im Nacken, Herzbrennen und das Gefühl, daß ihr ganzer Rücken offen wäre, ebenso ihr Unterleib. Alles fühlte sich an wie eine große Wunde. Sie sah wie zerstört aus. Ich besprach mit ihr die nun folgende Behandlung. Dann legte ich meine Hände auf, um Vertrauen zu geben. Ich bat Aenne Winter, energetisch da zu sein, da sie sehr viel Liebe und Zartheit ausstrahlt. Die rechte Hand legte ich auf den Unterleib. Ich hatte die Klientin vorher gefragt, ob das für sie in Ordnung wäre. Die linke Hand legte ich auf ihr Herz. Ich ließ ich einen Strom von Liebe zwischen beiden Händen fließen. Dann legte ich die linke Hand auf ihr Kronenchakra und führte sie anschließend in ihren Sternenstrahl. Die linke Hand wanderte also zwischen den drei Positionen Herz, Kronenchakra und Sternenherkunft hin und her, während die rechte Hand auf ihrem Unterleib liegen blieb. Ich ließ die linke Hand jedesmal sehr lange liegen. Sie sollte so in das Gefühl kommen, daß Herz, Kronenchakra und Sternenherkunft mit ihrer Sexualität verbunden sind. Während ich das tat, gab ich die Mantren: „Du vergibst ... es ist vergeben ... du bist erlöst ... du bist getröstet." Anschließend legte ich die Hände auf ihren Rücken, da auch er noch schmerzte. Ich tat dies so lange, bis aller Schmerz verschwunden war.

In dieser Behandlung bettete ich eine Meditation ein, in der ich sie in ihren inneren sicheren Platz führte. Dort fand sie eine Schale mit heiligem Feuer, und ich forderte sie auf, alle Dinge hineinzugeben, Blut, Eiter, Glaubenssätze, Schuld, Anschuldigungen von anderen usw.

Sie blieb noch sehr lange liegen. Sie war sehr erstaunt und dankbar über die Wirkung meiner Hände. Als sie ging, fühlte sie sich gut.

Zwei Tage später rief sie an. Sie fühlte sich gut. In den nächsten Wochen flackerten die alten Symptome noch einige Male in abgemilderter Form auf. Ich hatte sie darauf vorbereitet. Sie sollte mich jederzeit anrufen, falls es ihr schlecht gehe. Ich gab ihr die Meditation „Die Reinigung des heiligen Bezirks" mit, und sie sollte bei Beschwerden die Meditation mit dem heiligen Feuer wiederholen.

Wenn die Verletzungen, egal in welcher Phase sie passieren, zu tief sind, ist es möglich, daß es zu Zerwürfnissen mit Gott und der Sternenherkunft kommt. Diese Wunden vernarben. Durch die ATM werden auch Narben geöffnet, und es fließt förmlich der Eiter heraus. Ist das zu massiv, kann es schwierig sein, es zu verarbeiten. Bei dieser Frau waren in der Phase 2 offensichtlich sehr heftige Dinge geschehen. Daß sich die Symptome auch in der Phase 7 verstärkten, wies auf verlorenes Gottvertrauen hin. So war es erst einmal notwendig, diese Phasen mit den oben genannten Mantren und in der beschriebenen Art und Weise zu heilen und sie nicht unbedingt auf Gott anzusprechen. Außerdem brauchte sie eine Möglichkeit, den energetischen Eiter abfließen zu lassen.

Zwei Wochen später erzählte sie, daß sie mehr Energie von den Füßen her spüre. Außerdem lasse sie sich nicht mehr alles gefallen. Sie wäre sogar manchmal unwirsch. Sie könne jetzt mehr Gefühle zulassen.

Sie wird noch einige Zeit brauchen, um diese Dinge zu verarbeiten. Auf jeden Fall wird sie noch weitere Behandlungen benötigen.

Es kann vorkommen, daß ein Chakra von anderen Chakras isoliert ist. Bei Männern ist das meistens das 1. Chakra. Um es zu integrieren, bietet es sich an, eine Behandlungsfolge in z. B. sechs einzelnen Sitzungen wie folgt zu geben: 1-2, 1-3, 1-4, 1-5, 1-6, 1-7. Man kann auch während der ATM-1 kurz in andere Phasen gehen und somit die Verbindungen schaffen. Weitere Forschungen in dieser Richtung sind sehr wertvoll.

Die männliche Sexualität ist mehr mit dem ersten Chakra assoziiert, die weibliche mit dem 2. Chakra. Männer, die als Säuglinge nicht willkommen geheißen wurden, fühlen sich auch mit ihrer Sexualität nicht willkommen. Die Sexualenergie, auch Aluah (Schöpferkraft) genannt, ist eine enorme Power, die Dinge transformieren kann. Deshalb ist es so wichtig, die Sexualität der Menschen zu heilen und zu integrieren. So können Menschen sie als kreative Kraft nutzen.

Ich möchte darauf hinweisen, daß eine Krankheit nichts Schlechtes ist, sondern der Ausdruck eines Zustandes. Es ist durchaus in Ordnung, krank zu sein. Deshalb ist der kranke nicht weniger wert als der gesunde Mensch. Der Kranke will seiner Umgebung etwas sagen. Dann kann er sich entscheiden, gesund zu werden, oder er lebt seine Botschaft weiter. Die Anerkennung der Krankheit führt zu einem besseren Verständnis der Schöpfung. Ist die Schöpfung gesund? Ist die Schöpfung geliebt? Manche Menschen haben sich entschieden, bestimmte Dinge mitzutragen. Unter diesem Aspekt gesehen, sollte es Krankenhäuser geben, wo es erlaubt ist, krank zu sein, und zwar bewußt und mit Purpose (mit einer Ausrichtung).

Bei sehr schweren Krankheitsbildern empfiehlt es sich, alle Lebensphasen in die Behandlung einzubeziehen. Diese sollte man jedoch in mindestens drei Sitzungen aufteilen. Es kann sehr individuell sein, da die Menschen sehr unterschiedlich reagieren. Um das Erlebte zu verarbeiten, sollte der Behandelte genügend Zeit zwischen den Sitzungen erhalten, ca. drei Wochen oder länger. Es kann sinnvoll sein, daß derjenige den nächsten Behandlungstermin selbst festlegt. Man sollte sich von seinem Gefühl leiten lassen.

Ich glaube, daß die ATM bei funktionellen Syndromen und bei psychosomatischen Krankheitsbildern sehr schnell Abhilfe schaffen kann, wobei sehr genau eruiert werden sollte, was die Ursachen sind. In jedem Falle sollte die ATM-1 als Grundbehandlung gegeben werden. Bei Globusgefühl (Druckgefühl im Hals) und Herzstolpern würde ich zusätzlich ATM-4 undie d die ATM-5 geben. Hierbei ist zu beachten, in welchem Lebensalter sich der Klient/die Klientin befindet. Handelt es sich um einen Jugendlichen, gibt man die ATM-4-1-3-5. Das Globusgefühl hat damit zu tun, nicht den Mut zu haben, nach außen zu gehen mit dem, was man zu sagen hat und was man geben möchte.

Die Herzneurose verbinde ich mit der Angst vor Verlust, Angst, keine Liebe zu bekommen und fehlendem Urvertrauen, sowie mit dem Unvermögen loszulassen. Ich gebe hier die ATM-7-1-4.

Die CIHK (chronisch ischämische Herzkrankheit = Durchblutungsstörung am Herzen, Sauerstoffmangel am Herzmuskel) bedeutet Schmerzen mit der Liebe. Ein Verschließen des Herzens, um den Schmerz nicht zu spüren, bewirkt eine Kontraktion der Gefäße. Hier ist die ATM-4 angebracht.

Die Herzinsuffizienz (das Herz ist nicht in der Lage, das Blut im Körper zirkulieren zu lassen) bedeutet das Unvermögen, das Blut = Liebe zu bewegen. Auch hier die ATM-4.

Die Hypotonie (zu niedriger Blutdruck) hängt mit der nicht gelebten Power zusammen. Hier empfehle ich die ATM-1-2-5 und die -Botschaft „Du darfst deine Power leben".

Die Lunge und das Bronchialsystem sind die Organe, die unmittelbar mit der Umwelt verbunden sind. Eine Bronchitis (Entzündung der Bronchien) deutet darauf hin, daß die körpereigene Abwehr zu schwach ist und damit Viren und Bakterien Zugang haben. Ich gebe die ATM-4.

Mamma-Ca (Brustkrebs): Krebs ist immer ein Zeichen dafür, daß die Zellen nicht mehr miteinander kommunizieren. Diesen Zellen fehlt die Liebe. Die ATM-1 und -4 und eine intensive ATM-5 könnten hier Heilung bringen. Es lohnt sich, vor allem auch hier zu forschen.

Die Struma (Kropf) gibt die Botschaft: „Es ist mir nicht erlaubt, mich auszudrücken." Ich gebe hier ATM-1 und -5.

Die Hyperthyreose (Überfunktion der Schilddrüse) vermittelt: „Ich habe viel zu sagen, traue mich aber nicht." ATM-4-5.

Die Hypothyreose (Unterfunktion der Schilddrüse) zeigt: „Ich habe nichts zu sagen und bin es nicht wert." ATM-2-5.

Psychosomatisch bedingte Parästhesien (Mißempfindungen) haben möglicherweise mit Schmerz zu tun. Hier sollte man diesen Körperteilen (Arealen) unbedingt die ATM-1 geben.

Depressive Verstimmungen werden oft durch das Gefühl ausgelöst, hier auf der Erde nicht richtig zu sein und sich nicht verwirklichen zu können. Außerdem besteht das Gefühl der Trennung von Gott. Hier könnte man die ATM-2-5 bzw. -7-1-2-5 geben. Man sollte außerdem versuchen herauszufinden, in welcher Phase einschneidende Dinge erlebt wurden. Diese Phase wird dann in die Behandlung einbezogen.

Unruhezustände und Schlafstörungen weisen darauf hin, daß der Betroffene nicht in seiner Mitte, nicht geerdet ist. Die Seele ist nicht vollständig im Körper, und die Energien kreisen in den oberen Chakras. Man gibt die ATM-1 und die derzeitige Lebensphase, sowie die Phase, wo einschneidende Erlebnisse vorkamen.

Bei alten Leuten mit Demenz (Verlust der normalen Funktionsfähigkeit des Gehirns bzw. Hirnschädigung gekennzeichnet durch Verwirrtheit) fällt oft die Kontrolle über die Gefühle weg. Bei diesen alten Menschen wird die Entwicklungsstufe offensichtlich, in der sie sich immer befanden. Sie benehmen sich oft wie kleine Kinder. Sie sind hilflos, aggressiv usw. Da dies sehr häufig in unserer Gesellschaft vorkommt, ist die Achtung vor alten Menschen nicht sehr groß. Sie werden oft als überflüssig empfunden und in ein Altersheim abgeschoben. Das verstärkt natürlich den Kreislauf, und so sind Depressionen im Alter vorprogrammiert. Das Gefühl, nicht mehr gebraucht zu werden, nichts wert zu sein, verstärkt den körperlich-geistigen Verfall. Ich würde hier die ATM-7-1-2-6 empfehlen, evtl. in mehreren Sitzungen. Die Menschen können durch die ATM-7 ihre Verbindung zu Gott wiedererlangen. Wenn alte Menschen die Möglichkeit hätten, ihre Weisheit zur Blüte zu führen und das in unserer Gesellschaft Anerkennung finden könnte, gäbe es Demenz, M. Parkinson, Depressionen und andere Erkrankungen im Alter nicht. Es geht auch darum, den Menschen die Würde des Alters und die Würde des Sterbens wiederzugeben.

Bei der Ulcuskrankheit (Magen- bzw. Zwölffingerdarmgeschwür) sind meiner Meinung nach die Chakras 2,3 und 4 nicht verbunden. Die Kreativität wird nicht in die Tat umgesetzt, sondern die Handlungen sind an gesellschaftliche Normen angepaßt. Man fühlt sich unter ständigem Druck. Oft wird auch der Seele kaum Beachtung geschenkt. Ich gebe die ATM-2-3-4.

Beim Colon irritabile (Reizdarmsyndrom, Funktionsstörung des Darmes) sollte immer eine Nahrungsmittelallergie ausgeschlossen werden. Dieses Krankheitsbild hat mit Ängsten und mangelndem Selbstwertgefühl zu tun. Hier gebe ich die ATM-1-2-5, ebenso bei Colitis ulcerosa (chronische Entzündung des Darmes mit Narbenbildung).

Die chronische Appendizitis (chronische Blinddarmentzündung) ist meiner Meinung nach ein Zeichen dafür, daß sich die Seele nicht genügend ausdrücken kann, daß sie sich zu wenig gewürdigt fühlt. Diese Menschen sollten sich bemühen, ihren Lebenspurpose zu finden. Ich empfehle hier die ATM-7-1-2-5, evtl. 4-6.

Bei der Adipositas (Fettsucht) kommt es zur Einlagerung unverarbeiteter Erlebnisse. Die Kreativität kann nicht gelebt werden. Die innere Aggressivität wird ruhiggestellt. Es kommt zu Frust oder Verdrängung. Ich empfehle hier die ATM-1-2-3-5, evtl. in mehreren Sitzungen.

Anorexia nervosa (Magersucht): Hier geht es darum, der Person zu vermitteln, daß sie willkommen ist. Da dieser Erkrankung oft eine Ablehnung der eigenen Sexualität zugrunde liegt, ist die ATM-2 sehr wichtig. Der Schlüssel zum Erkennen der eigenen Erkrankung ist die ATM-6. Es handelt sich hier um ein schweres Krankheitsbild. Deshalb sollte man die ATM-7-1-4-2-5-3-6 in mehrere Sitzungen aufteilen.

Die Schizophrenie hat meiner Meinung nach oft auch mit negativen astralen Einflüssen zu tun, da die Seele möglicherweise nicht vollständig im Körper ist, weil sie sich nicht willkommen fühlte oder wegen grossem Schmerz oder Scham sich zurückgezogen oder abgespalten hat. So ist in diesem Körper Platz für andere Wesen. Die ATM-1 bewirkt, daß die Seele zurückkehrt und das Fremde hinauswirft. Hierbei ist auch das Mantra wichtig: „Es ist leicht, zu Gott zurückzukehren." Ich hatte einen Patienten mit diesem Mantra behandelt. Nach drei Wochen hörte er keine Stimmen mehr. Er ist bis heute stabil, sechs Monate nach der Behandlung.

Die Nikotinsucht ist auf eine orale Bedürfnisbefriedigung zurückzuführen. Das hängt wahrscheinlich mit einem zu frühen Abstillen zusammen. Ich gebe hier die ATM-7-1, auch wegen der Suchtproblematik.

Die Skoliose (Wirbelsäulenverkrümmung) wirft meiner Meinung nach die Frage auf: „Kann ich in dieser Welt gerade sein, kann ich gerade wachsen?" Ich empfehle die Kombination ATM-7-1-2-4-5, evtl. in mehreren Sitzungen.

Angeborene Mißbildungen der Wirbelsäule sowie der Rippen haben immer mit massivsten Verletzungen in anderen Inkarnationen zu tun, auch mit Schmerzen, die die Schöpfung betreffen. Hier sollte man alle Chakras in die Behandlung mit einbeziehen, besonders aber die ATM-7-1-4-2.

Der Morbus Scheuermann ist eine Wirbelkörperreifungsstörung an Grund- und Deckplatten der Brustwirbelsäule. Bei Wirbelsäulenerkrankungen empfehle ich immer, die ATM-1 zu geben, zudem aufgrund des Auftretens in der juvenilen Phase die ATM-2-3, und, da die Brustwirbelsäule betroffen ist, auch die ATM-4. Man kann die Kombination ATM-7-1-4-2-3 auch in mehrere Sitzungen aufteilen.

Das Kreuzbein ist der Sitz des heiligen Bezirkes. Treten hier Schmerzen oder Blockierungen auf, gibt man die ATM-2.

Bei Hüfterkrankungen gebe ich die ATM-1-6, z. B. bei angeborener Hüftdysplasie oder bei M. Perthes, einer ischämischen Nekrose des wachsenden Hüftkopfes mit unklarer Ätiologie (Krankheitsentwicklung). Hier lohnt es sich, weitere Nachforschungen anzustellen.

Knieerkrankungen deuten darauf hin, daß sich die Kreativität nicht entfalten kann und keinen Ausdruck findet. ATM-2-5.

M. Osgood-Schlatter ist eine aseptische Nekrose der Tuberositas tibiae. Hier treten Schmerzen kurz unterhalb der Kniescheibe auf, vor allem bei und nach Belastungen. Der Altersgipfel liegt im zehnten bis sechzehnten Lebensjahr. ATM-2-3.

Bei kongenitalen (= angeborenen) Mißbildungen des Fußes bringt die Seele schon inkarnationsbedingt das Nichtwillkommensein mit. Hier könnte außer der ATM-1 noch die ATM-6 gegeben werden, um einen Erkenntnisprozeß einzuleiten.

Bei Erkrankungen der unteren Extremitäten ist die ATM-Kombination 6-1-

4-7 immer von Nutzen, da diese Kombination den Selbsterkenntnisprozeß beinhaltet. So können Erkrankungen in einen Bewußtseinsprozeß geführt werden.

Autoimmunerkrankungen kommen durch Selbstablehnung zustande, sowie durch die Verletzung der eigenen Integrität. Ich empfehle hier die ATM-1-2 und die dem jeweiligen Organ zugeordnete Lebensphase, z. B. beim M. Basedow die ATM-1-2-5.

Die chronische Polyarthritis ist meiner Meinung nach eine Autoaggression (Schlüsselphase: 2) aufgrund von nicht gelebten Emotionen, meist Aggressionen. Als Behandlungsfolge kann ich empfehlen: ATM-2, nächste Sitzung ATM-2-3, dann ATM-2-3-4 und in der letzten Sitzung die ATM-1.

Bei der HIV-Erkrankung besteht eine Verletzung innerhalb der Sexualität, der Integrität und der Liebe. Die Schlüsselbehandlung ist hier die ATM-1-2-4.

Das Immunsystem ist ein Marker für die intakte Integrität. Bei Integritätsverletzung wird das Immunsystem geschwächt bzw. bricht zusammen. Wenn der HIV-Kranke die Botschaft seiner Erkrankung versteht, ist die Tür zur Heilung geöffnet. In diesem Bereich gibt es meiner Meinung nach viel zu tun. Beobachtungen mit der ATM über längere Zeiträume wären hier sehr wertvoll.

Impfungen empfinde ich als Integritätsverletzung wegen des Durchdringens der Haut und weil Fremdbewußtsein (Fremdeiweiß) in den Körper injiziert wird. Da die Impfstoffe häufig auf Hühnerembryonen gezüchtet werden, ist die Möglichkeit der Übertragung von Geflügelviren sehr groß. Wenn das Immunsystem der Menschen vollständig intakt wäre, wären keine Impfungen notwendig. Die Voraussetzung hierfür ist eine unverletzte Integrität. Impfungen verstärken sozusagen diesen Kreislauf, und die Menschen werden für andere Infektionen anfälliger. Unterstützend empfehle ich hier die ATM-1-2-5.

Hauterkrankungen, z. B. Psoriasis (Schuppenflechte), Neurodermitis, Akne zeugen oft von einer hohen Integrität des Betroffenen. Integritätsverletzungen stehen in dieser Gesellschaft an der Tagesordnung. Die Betroffenen fühlen sich oft schmutzig. Ich gebe die ATM-2 und die Phase, in der es auftrat.

Nierenerkrankungen haben immer mit existentiellen Ängsten zu tun. ATM-7-1-2-4.

Bei einer Zystitis (Blasenentzündung) sollte unbedingt die ATM-1-2 gegeben werden.

Gynäkologische Erkrankungen deuten auf Verletzungen im sexuellen Bereich hin bzw. auf Integritätsverletzungen. Fühle ich mich als Frau angenommen? ATM-2 und evtl ATM-3-5 sind sinnvoll.

Die chronische Sinusitis (Nebenhöhlenentzündung) hängt meiner Meinung nach damit zusammen, daß derjenige nicht aus sich herausgeht, sozusagen in seiner Höhle bleibt. Hier gebe ich die ATM-4-5-6, auch um die Dinge besser wahrnehmen zu können.

Migräne und Kopfschmerzen hängen oft mit Verspannungen im Schulter-Nacken-Bereich zusammen. Migränebeschwerden haben oft damit zu tun, daß gesehene Dinge nicht verarbeitet werden können. Bei Verspannungen im Schulter-Nacken-Bereich fließt die Energie im Herz- und Ausdrucksbereich nicht genügend. Ich empfehle die ATM-4-5-6.

Die Epilepsie kommt meiner Meinung nach durch eine ungenügende Erdung zustande. Hier sollte man die Seele mit der ATM-1 willkommen heißen. Durch weitere Beobachtungen werden evtl. auch Lebensphasen offensichtlich, die in die Behandlung einbezogen werden.

Die Multiple Sklerose ist eine Entmarkung der weissen Substanz des Zentralnervensystems. Die Ätiologie ist bisher unbekannt. Es ist wertvoll, Nachforschungen mit der ATM-7 anzustellen.

Der Hörsturz hat damit zu tun, bestimmte Dinge nicht hören zu wollen oder sich die Möglichkeit zu geben, nur auf sich selbst konzentriert zu sein. Ich würde die ATM-5 und die ATM-6 geben und die jeweilige Phase, in der der Hörsturz auftrat.

Karies bedeutet eine erhöhte Anfälligkeit der Zahnsubstanz, wenn die eigene Power nicht gelebt werden kann. ATM-1-2-6-5.

Beim plötzlichen Kindstod entscheidet sich die Seele, vorzeitig zu gehen. In den ersten Lebensmonaten ist die Seele noch nicht so fest an den Körper gebunden, und es fällt ihr relativ leicht, diesen wieder zu verlassen. Bekäme jeder Säugling die ATM-1, beispielsweise durch die Eltern, gäbe es den plötzlichen Kindstod möglicherweise nicht.

Ich gebe im folgenden die spirituelle Bedeutung von Organen wieder, wie ich sie in einem Seminar mit Aenne Winter erfahren habe.

Nieren: Existentielle Fragen; bewußter Einsatz von Gefühlen in Liebe als Anteilnahme und Mitgefühl
Unterleib: Essenz von Anima und Animus; Kreativität; das Gefühl, wertvoll zu sein, „Wer bin ich?“, „Darf ich beitragen zu Neuem?“, „Darf ich mich als Frau/Mann ausdrücken?“
Steißbein: Ort der Integrität und des Lotes
Lendenwirbelsäule: Integrität und Existenz, existentielle Scham, Schuld
Dick- und Dünndarm: „Bin ich bereit, Dinge aufnehmen zu können, die mich nähren?“
Menschen mit großer Angst, daß keine Liebe mehr nachkommt, können nicht loslassen - Obstipation (Verstopfung).
Menschen, die Angst haben, die Liebe gleich wieder zu verlieren, haben Durchfall.

Prüfungen: „Ich präsentiere meine Existenz." Erbrechen vor der Prüfung hängt mit dem Gefühl zusammen, wertlos zu sein.
Bulimie: Grat zwischen Leben und Tod
Solarplexus: „Ich bin nicht und darf nicht sein, was ich bin."
Leber: Membran zwischen Leben als Aktivität und als spirituelle Existenz: „Bin ich bereit, fähig und berechtigt, Gifte abzugeben und loszulassen?" Sitz der Schuld mit der Botschaft: „Du darfst keine Fehler machen, sonst bist du verdammt." Die Konsequenz daraus: „Bleib unerlöst in deinem Schmerz, in deinem Schmutz."
Wirbel, Skelett: Grundlagen, Schöpfung, Ego.
Herz: Herzrhythmusstörungen - Streß in der Liebe, Rhythmus des Zusammenspiels in der Liebe (Herzklappen); Koronare Herzkrankheit: „Ich bin keine Liebe wert. Mein Mitgefühl nützt nichts." = Schuld unter dem Herzen aus Hilflosigkeit heraus
Asthma: Ausdruck der Hilflosigkeit
Luftröhre: Ausdrucksbereich dessen, was von der Schöpfung aufgenommen wird, und der Erfahrungen
Schwache Stimme: „Das, was ich rauslasse, ist nichts wert."
Zähne: Biß des Lebens: „Wie offen und kraftvoll darf ich mit meinem Ausdruck sein ?"
Unterkiefer: Existentielle Liebe
Lippen zusammenkneifen: Falsche Liebe abwehren, Mißbrauch
Kopfschmerz/ Schläfe: Eigene Power, Wissen
Knie/ Füße: Verstehen, was passiert; Knie: „Wer bin ich als kreatives Wesen?";
Füße: Kontakt zum Boden
Hüfte: „Ich verstehe meine Existenz."
Oberschenkel: Verstehen im Zusammenhang mit Wert; „Ich verstehe mich in meiner jetzigen Existenz."
Unterschenkel: Verstehen von Erfahrungen
Beine: Inkarnationen, Lebensläufe
Aufgeschlagene Knie: Inkarnationsprobleme
Kreislauf: Blut = Liebe
Thrombose: Blockaden in der Liebe, venös = Problem, Liebe zu empfangen
Bluter: „Ich zeige meine Wunde."
Arme: „Ich darf nicht segnen."
Ellbogen: Balance zwischen Geben und Nehmen
Hände: Geben und Empfangen, „Ich kann niemanden erreichen. Niemand möchte meine Hand."

TEIL IV

Erfahrungen

Erfahrungsbericht einer ATM-Klientin

Weil ich schon viel davon gehört hatte, und weil mich hin und wieder leichte Depressionen, verbunden mit dem Gefühl, verrückt zu werden, überkamen, ließ ich mir von S. eine ATM geben. S. entschied sich für die „Sechs".

Ich war innerlich sehr aufgeregt und auch ein klein wenig ängstlich. Was würde passieren? Es wurde eine Erfahrung, die ich noch nie in meinem Leben gemacht hatte.

Während der Behandlung habe ich mich tief entspannt. Irgendwann sollte ich mich auf den Bauch drehen. Das war gar nicht leicht, denn ich hatte wohl die Schwerkraft meines Körpers hinter mir gelassen.

Aus dem Körper heraus und doch mittendrin. Denn die Berührungen, so sparsam sie waren, ließen Körper und Seele regelrecht aufatmen. Dieses Gefühl überkam mich bereits zu Beginn der Behandlung, am Kopf. Es war so etwas wie: Endlich ankommen! Viele Gedanken und Bilder kamen mir. Sie gaben mir über einige aktuelle Probleme absolute Klarheit!

Vielleicht klingt es komisch, wenn ich sage, daß ich und überhaupt alles EINS waren. Obwohl ich mich stark spürte, schienen S. und ich EINS zu werden. Es gab nicht mehr die ATM- Gebende und die ATM-Empfangende. Der Satz „Seelen erkennen sich." schoß mir durch den Kopf (oder durchs Herz oder durch die Sinne!?). Oft war es hell vor meinen Augen. Poetisch ausgedrückt erlebte ich, daß lichte Leere mich füllte, mit Liebe ...

Es gab auch Momente, in denen ich mich nicht so wohlfühlte. Als S. bei der Behandlung an meinen Beinen die Hände vom Körper nahm, glaubte ich, völlig einsam und verlassen und allein auf der Welt zu sein. Aber sie kam zurück! Auch das war zum ersten Mal in meinem Leben völlig in Ordnung. Dinge geschehen, die ich nicht erklären kann, die aber richtig sind. So war es.

Die ganze Zeit fühlte ich mich sicher und geborgen. Absolutes Vertrauen in S., absolute Hingabe - ohne etwas zu wollen oder zu müssen. Befreiend, das zu erleben!

„Leider" ging es nach zweieinhalb (!) Stunden („... wieso, wir haben doch gerade erst begonnen?!") wieder zurück in die Welt. Doch ich fühlte und fühle mich klar, gereinigt und glücklich!

Und die Krönung für mich war, daß auch S. sich danach sehr, sehr gut fühlte.

Hiermit bekunde ich, daß ich erfahren habe und weiß, was Tiefenentspannung und Ganzheitlichkeit bedeuten. Aber: ATM ist noch viel mehr! Danke!

C. H. aus L.

Erfahrungsbericht eines ATM-Gebenden

Da wir alle mehr oder minder dramatische Dinge in der Vergangenheit erlebten, ist es für einige Menschen besser, die ersten Kontakte mit der Aluah-Trance Massage sanft zu gestalten: Als Geber der ATM „einfach nur da zu sein“, die Hände zu halten und das Gefühl des Angenommenseins zu verströmen, ist für den/die Empfangende/n ein großes Geschenk und meist eine Gefühlsüberwältigung. So viele Seelen lechzen regelrecht nach solch liebevollen Berührungen. Nach meinem Dafürhalten ist die Aluah-Trance Massage auch eine der geeignetsten Möglichkeiten, „verlorengegangene Seelenanteile“ wieder zurückzuführen, um endlich ganz zu werden in dieser Welt. Die Zeit ist reif dafür.

Schon bei der eigentlichen Aluah-Trance-Behandlung zieht ein regelrechtes Leuchten durch die Person und deren Aura. Es ist auch ein enorm bereicherndes Erlebnis für den Gebenden, diesen Menschen vor sich zu seinem Besten zu erwecken. Zu erwecken mit Aluah, der Kraft der Liebe, der größten Kraft überhaupt. Die wünschenswerten Veränderungen, welche dann nach und nach im Lebensumfeld dieser Menschen eintreten, bestätigen meine Empfindungen und das göttliche Prinzip „innen wie außen“.

Kombinationen von unterschiedlichen Lebensphasen wende ich in letzter Zeit häufiger an. Das heißt, daß ich in einer Sitzung mehr als eine Lebensphase behandle. Dazu ein Beispiel: Gerade die „Schnittstelle“ von zweiter und dritter Phase, also der Beginn der Pubertät (12 - 14 Jahre) war für viele sehr dramatisch und auch traumatisch. Hier kann der Einsatz von zwei Ölen (in diesem Fall orange und gelb) diese „harte“ Übergangsphase „aufweichen“ und dadurch nachträglich befriedigen.

Doch selbst „Einzelbehandlungen“ bewirken immer wieder wahre Wunder. So z. B. bei einer Frau, die sich selbst sehr wenig zutraute. Gerade Aufgaben, die mit ihren persönlichen Lebenszielen zu tun hatten, machten ihr Angst und ließen sie zweifeln. Nach einer Aluah-Trance Massage der ersten Lebensphase, welche dem Wurzelchakra zugeordnet ist, fand sie kurz darauf das Selbstvertrauen und den Mut, selbst einen Kurs an einer Volkshochschule zu leiten. All dies nach nur einer Sitzung!

Das Weitergeben von Mantras, sei es nun still oder ausgesprochen, an den Menschen, der vor mir liegt, ist sehr bezaubernd. Dabei ist mir wichtig, die Sätze intuitiv und vom Herzen her zu formulieren. Jemand im rechten Moment zu sagen, wie schön er/sie ist und wie willkommen sein Wesen ist, kann grundlegende Veränderungen bewirken. In letzter Zeit spüre ich aber auch, daß ich sehr persönliche Botschaften für die entsprechende Person erhalte. Das sind offensichtlich Dinge, die die Seele hören will, da sie sie so lange vermißt hatte. Als Zukunftsvision sehe ich, daß diese Botschaften auch in Form von Gesängen weitergegeben werden können. In Lemuria war dies durchaus üblich und hatte zusätzlich einen ganz besonderen Zauber für die Seele.

In den nächsten Jahren wird sich bei einer Vielzahl von Menschen die Vergangenheit nicht mehr unter den Teppich kehren lassen. Deshalb ist es wichtig, daß ihre Seelen in liebevolle und integre Hände gelangen. Ich betone hiermit, daß es für den Gebenden der Aluah-Trance Massage in der Zeit der Behandlung immens wichtig ist, ein reiner und liebevoller Kanal für die Heilkraft Jashuahs zu sein.

M. A. aus R.

Erfahrungsberichte als Gebende und Empfangende

Die ATM empfinde ich als großes Geschenk an mich und an die Menschen, die sie geben und empfangen. Nach jeder Aluah-Trance Massage, die ich erhielt oder gab, hatte ich das Gefühl, sehr rein, durchlässig und verletzlich zu sein. Der Körper vibrierte leicht, und die Gefühle lagen dicht unter der Oberfläche.

Bei den Menschen, denen ich die ATM geben durfte, habe ich diese und andere Reaktionen erfahren:

Eva L. kam zu mir, weil sie sich energie- und lustlos fühlte und sich nicht traute, neue berufliche Projekte anzugehen. Nach jeder ATM hatte sie sehr spezifische Träume, die ihr die Verletzung, die sie in dieser Entwicklungsphase erfahren hatte, verdeutlichten und auflösten. Teilweise kamen noch am gleichen oder aber am nächsten Tag stärkere Gefühle wie Verlassenheit, Nicht-geliebt-Sein, Eifersucht, Wut u.ä. hoch. Ihr wurden seelische Konflikte, Ängste und Defizite bewußter. Diese wichen dann einem Gefühl der inneren Reinigung, Klärung und tiefer Zufriedenheit. Eva wurde im Verlauf der ATM zunehmend seelisch stärker, bewußter und kreativer.

Zum Abschluß bedankte sie sich mit den Worten, daß sie sehr dankbar für die Aluah-Trance Massagen sei und sie voll Vertrauen in ihre eigene Kraft und mit Liebe in die Zukunft blicke.

Eine junge Mutter kam mit ihrem dreieinhalbjährigen Sohn zu mir, weil er - besonders nachts - sehr unruhig war und an Neurodermitis litt. Sein Name, Adrian (der Ausdruck Gottes in dieser Welt), besagte schon etwas über seine Mission. Den Konflikt, die Abwendung der meisten Menschen von Gott, trug er buchstäblich über seine Haut aus. Es juckte ihn, machte ihn unruhig ... Adrian reagierte auch sehr empfindlich auf elektromagnetische Dinge wie Fernseher, Handy und Mikrowelle. Die Botschaft der ATM gab ich ihm ca. 20 Minuten lang über meine Hände in die Aura.

Sonst schlief Adrian nachts nie durch, kam meist ins Bett seiner Eltern. Nach der zweiten ATM schlief er durch und war insgesamt ruhiger. Als er aus D. wegzog, wollte er sich noch unbedingt von mir verabschieden. Er hatte gespürt, daß ich - durch die ATM - auch wichtig für ihn gewesen bin.

Susann, eine sehr sensible junge Frau, reagierte jedesmal sofort körperlich auf die ATM.

Bei der ATM-1 fühlte sie zuerst Schmerzen im Herz-Chakra, die sich dann während der Behandlung lösten und durch den Körper „herunterrannen". Anschließend fühlte sich Susann ausgeruht und irgendwie befreit. Später berichtete sie mir, daß sie die Zeit darauf viel ruhiger und ausgeglichener war und nachts endlich besser durchschlafen konnte. Das Verhältnis zu ihren Eltern hatte sich ebenfalls verbessert. Auch ihr Pferd spürte ihre Veränderung und war in seinem Verhalten ebenfalls viel ausgeglichener. Außerdem sprang es wieder exzellent.

Bei der ATM-2 spürte Susann leichte Schmerzen, wenn ich meine Hand auf ein Gelenk legte, die sich dann auflösten.

Nach der Behandlung fühlte sie sich total entspannt, stieg fröhlich in ihr Auto und sang während der Fahrt nach Hause. Das hätte sie vorher noch nie getan, meinte sie später.

M. H. aus D.

Auf meine Bitte, ihre Eindrücke bezüglich der ATM-Behandlung wiederzugeben, erhielt ich diese Rückmeldung von einer Klientin (einer Freundin aus der Schulzeit):

„Mit gemischten Gefühlen sah ich dieser Massage entgegen. Der Abend begann in sehr angenehmer Atmosphäre, und wir führten ausführliche Gespräche über mein Befinden sowie die Dinge, die mich bewegen. Zu diesem Zeitpunkt hatte ich Schmerzen in meiner rechten Schulter und fallweise im rechten Knie.

Während der Gespräche lichteten sich für mich sehr viele Dinge meine Ängste betreffend und die möglichen Auslöser meiner Schulterprobleme.

Bei schöner Musik und duftenden Räucherstäbchen begann die Massage, und mich durchströmte angenehme Wärme, obwohl ich keinerlei Berührung spürte. Wie von Geisterhand bewegte sich mein rechter Arm ohne mein Zutun nach oben. Ich bekam bewußt all dies mit und spürte ein geborgenes wohliges Gefühl. Dieses angenehme Gefühl kann ich auch heute noch empfinden, wenn ich an diesen Abend denke. Ich bemühe mich seither, manche Dinge - z.B. die Ängste - mit Gedanken an Gott auszutauschen und erlebe dadurch noch mehr Lebensfreude."

A.S. aus L. (Österreich)

Nachwort

Lazaris spricht vom „adult", vom wahren Erwachsenen. Die wenigsten Menschen, so sagt er, sind überhaupt erwachsen, sie sind nur herangewachsen. Er bringt viele Beispiele, wie ein wahrer Erwachsener sich verhält, was er eigentlich ist. Dazu empfehle ich die entsprechenden Lehrkassetten von *Lazaris*, insbesondere die mit dem Titel „Discovering the Adult".

Erwachsene sind sicher auch solche Menschen, die die Mysterien und die Kreativität ihrer Seele in das tägliche Leben einbinden. Es sind die, die ihrer Seele erlauben, in **ihrer** Weise auf die Situationen des täglichen Lebens zu reagieren und zu antworten. Die Seele kann und will sich nicht an Routine anpassen, sie ist die „Unruhige", sie will mitspielen, dabei sein, teilnehmen.

Manchen Menschen, Popsängern, Schauspielern, Filmemachern, Musikern und anderen ist es zuweilen vergönnt, der ungewöhnlichen Kreativität ihrer Seele Ausdruck zu verleihen und dadurch ein Millionenpublikum in ihren Bann zu ziehen. Gerade jüngere Menschen in der Lebensphase, in der sie sich nach Idolen umschauen, sind von solchen Künstlern magisch angezogen.

Michael Jacksons Video zu seinem Earth Song gehört zum Eindrucksvollsten, was ich in dieser Hinsicht gesehen habe. Es hat Millionen von Herzen bewegt. Die Jugendlichen von heute WOLLEN Seele im täglichen Leben, wollen das Engagement von Herz und Mitgefühl - das ist es, was sie in den Konzertsälen „ausflippen" läßt.

Eine andere solche Person, die ihre Seele lebte und dadurch zum Idol wurde, war Prinzessin Diana.

Die Seele LEBT, sie atmet, sie experimentiert, sie singt, sie tanzt, sie weint, sie lacht und sie liebt - und all das nach ihren eigenen Kriterien. Mitunter entmachtet sie eine Gewohnheit, nimmt einem Paradigma die Grundlage. Es war die Seele, die die Berliner Mauer niederriß, nicht die Politik.

Seelenhafte Menschen wirken machmal exaltiert, haben „Macken", sehen alles ein wenig anders als andere, leiden an Dingen, an denen niemand leidet, und lachen über Dinge, über die man gewöhnlich nicht lacht.

Seelen achten nicht auf heilige Kühe und umgehängte Kruzifixe. Sie übersehen Verbotsschilder und sehen dafür Details, die niemand sonst wahrnimmt. Sie erkennen das Wesen und sind vom Schein unbeeindruckt. Sie lieben die Wahrheit und wahre Schönheit.

Die Seele möchte außergewöhnlich handeln, weil sie außergewöhnlich ist. Sie hat ihre eigenen Antworten auf die Dinge des Lebens. Sie stellt heimlich ein Sträußchen Blumen auf den Tisch der ungeliebten Geschäftskollegin und beantwortet einen unverschämten Brief mit humorvollen Zeilen.

Nur das Ego, vornehmlich das negative Ego, besteht auf Auge um Auge, Zahn um Zahn, was so oft die Regel im Umgang zwischen einzelnen Menschen wie auch zwischen den Völkern ist. Des Egos Antwort ist Festhalten und Vergeltung, der Seele Antwort ist Kreativität und Vergebung.

So ist es auch im Bereich der Heilfürsorge. Hier werden leider selten die Wege der Seele beschritten.

Die Aluah-Trance Massage befreit die Seele und gibt ihr die Erlaubnis, endlich wieder voll am Leben teilzunehmen - auch im Bereich der Heilung. Endlich darf sie in ihrer Weise die Botschaft der Krankheit beantworten.

Wenn du Grippe hast, sagt sie vielleicht zu dir: „Gehe auf den Balkon, wälze dich nackt im Schnee, trink einen Topf Glühwein, und höre dazu Beethovens Neunte". Du tust es - und du bist gesund.

Wenn du dies aber öffentlich als Rezept gegen Grippe anpreist, wirst du wahrscheinlich als verrückt erklärt. Und es wird auch niemand anderem helfen, weil es nur für dich war. Deine Seele ist dein bester Hausarzt. Sie hat dir dieses ganz persönliche Rezept gegeben, das zu dieser Zeit und an diesem Ort und unter diesen Umständen genau richtig war.

Allgemeingültige Rezepte sind eine Farce. Es gibt keine Heilmittel und Verfahrensweisen, die zu jeder Zeit und unter allen Umständen für jeden gelten. Sicherlich gibt es allgemeine Mittel und Verfahren, die auf den Körper und die Psyche symptombeseitigend oder lindernd wirken. Aber die Tatsache bleibt bestehen: Nur deine Seele weiß wirklich alles um dein Befinden und was du ganz persönlich brauchst.

Die Zeit der allgemeinen Rezepte ist bald vorbei - es bröckelt ja jetzt schon an allen Fronten. Mit ungeheurem Kraftaufwand versucht man seit Jahrzehnten, durch immer mehr Variationen von nur einigen chemischen Grundstoffen auf die individuellen Bedürfnisse der Menschen einzugehen - aber das ist genauso absurd, wie wenn ein Barfüßiger auf seinem Weg durchs Gehölz alle Dornbüsche mit Leder abdecken würde, anstatt die eigenen Schuhe anzuziehen.

Viele sagen, die Kranken sollten endlich selbst Verantwortung für ihre Krankheit übernehmen - aber niemand sagt, wie das geht.

Die ATM trägt dazu bei, diese Selbstverantwortung übernehmen zu können.

Die Seele hat kein Problem mit der spirituellen Macht und Kraft des Menschen, wenn sie denn voller Werte, voller Ästhetik und Integrität gelebt wird. Sie hat aber sehr wohl Probleme mit der Macht des Egos, besser gesagt, des negativen Egos. Diese Macht kann bis in das Metaphysische hinein wirken, bis in den Seelenraum, und große Zerstörung und unendliches Leid bringen, wie wir an unserer persönlichen, aber auch der globalen jüngeren Geschichte sehen können. Von letzterer haben wir uns noch nicht erholt - auch sie MUSS geheilt werden, weil sie noch immer Ursache für so viele Schmerzen und Probleme ist.

Wir stehen in einer Zeit der Sehnsucht und der Erweckung der wahren spirituellen Kräfte, damit Lösungen für eine Welt gefunden werden, die immer mehr unlösbare Probleme zu haben scheint.

Die Zukunft mit ihren persönlichen und globalen Problemen kann NUR von Menschen mit erwachter spiritueller Kraft in Synergie mit der befreiten Seele bewältigt werden - von den wahren Erwachsenen.

Dualismus und Polarität, Paradoxe und Widersprüche sind in unserem irdischen Leben eingewoben. Sie haben einen Sinn. Wir werden geboren und wir sterben - auch das bleibt uns erhalten. Das „Was“ ist gegeben. Das „Wie“ aber ist unsere Entscheidung, und das „Warum“ ist eine immerwährende Frage, die uns motiviert und auf dem Weg hält. Zu sehr und zu lange haben wir uns auf das „Was“, auf Fakten konzentriert. Die Seele aber fragt nach dem „Wie“, dem Motiv, und dem „Warum“, dem Sinn. Dies ist kein rastloses Fragen, sondern kommt aus der Liebe zur eigenen Lebensmission und zum Leben als göttliches Geschenk.

Die Fragen nach dem „Wie“ und „Warum“ beenden die Vergeltung auf Kosten Unschuldiger, das sich Durchsetzen um jeden Preis, das Produzieren ohne Gewissen und bringen einen neuen Frieden in die Herzen der Menschen und Mitgefühl.

„Seid doch gnädig miteinander ... ihr seid doch alle Menschen und habt Jashuah in euch ...“, flehen die Lemurianer.

Wo stehen wir mit der Menschheit? Kurz nach der „Midlife - Krise", würde ich sagen, am Anfang oder in der Mitte der 5. Phase. Wie die einzelnen Menschen, so hat auch die Menschheit als Ganzes ihre Lebens- und Seelenphasen nicht voll gelebt. Wir sind in der 5. Phase und fühlen uns immer noch nicht wirklich willkommen, kämpfen immer noch ums Überleben in so vielen Teilen der Welt. Die Werte lassen zu wünschen übrig, sehr liebevoll gehen Völker und Volksgruppen nicht gerade miteinander um, und die Verantwortlichkeit füreinander und für die Schöpfung läßt sehr zu wünschen übrig.

Die Weltfragen von heute sind leider immer noch die Kardinalfragen der ersten und zweiten Phase: „Bekomme ich genug?" und „Habe ich genug?" Dabei sollten wir uns fragen: „Bringe ich genug Seele zum Ausdruck?" Meine Leser können ja mal die Kriterien der einzelnen Lebens- und Seelenphasen auf die Menschheit übertragen und sehen, wo wir damit stehen.

Dennoch **sind** wir jetzt im **Zeitalter der Information**, der Kommunikation, der 5. Phase - keine Frage. Wir sind bewußter und werden bewußter gemacht. Auch die Menschheitsseele tritt nach außen. Der Lebensauftrag der Menschheit wird sichtbar. Das globale Informationsnetz, das Internet und andere Vernetzungen, machen das Weltbewußtsein sichtbar und können sehr segensreich zu den Veränderungen beitragen, die in der fünften Phase anstehen. Aber auch die weltweiten Krisen werden machtvoller, genau so wie im persönlichen Leben eines 55-Jährigen. Auch die Weltseele will sich äußern und auf ihre Weise beitragen, auch sie läßt sich nicht verbunkern. Wenn wir ihr keinen Raum geben, werden wir gewaltig fühlen müssen, was das heißt - und wir fühlen es bereits.

Wir werden weitergehen, geheilt oder nicht. Wir werden in die 6. Phase übergehen, das **Zeitalter der Imagination**. Es fragt sich, wie wir dort ankommen und was wir dann damit tun. Die Imagination kann man benutzen, um die schlimmsten Alpträume zu erschaffen oder den Himmel auf Erden. Die jetzige fünfte Phase bereitet vor, was wir in der sechsten Phase erschaffen.

So braucht die ganze Welt eine Heilung und Erneuerung, eine Lösung und Transformation ihrer bisherigen Lebens- und Seelenphasen, um weise zu werden und um dieses vielbeschworene, vielbesungene und vielerhoffte neue Zeitalter überhaupt erschaffen und erleben zu können.

Die *Aluah-Ashamah* von Lemuria legt ihre Hände auf die geschundene Welt und sagt: „Du bist willkommen ... lasse los und gehe heim."

Der Kreis endet, wo er beginnt, und beginnt, wo er endet.

Ich bin unendlich dankbar, daß das Buch jetzt zum Abschluß gekommen ist. Hunderte von durchgehaltenen Stunden, tiefe Begegnungen, Liebe und Schmerz, durchwachte Nächte, Traurigkeit, Verzweiflung, Mut und Freude begleiteten das Schreiben. Es ist vollbracht.

Ich danke all denen, die so lange darauf warten mußten, für ihre Geduld.

Ich danke insbesondere allen, die bis hierher gelesen haben. Ich freue mich über ein Kärtchen von Ihnen, wie Ihnen die ATM, wie Ihnen dieses Buch gefällt.

Und - ich danke dir, liebe Leserin, lieber Leser, ganz persönlich ... für deine Anteilnahme, für das, was und wer du bist, was dich dazu bewogen hat, diese Zeilen zu lesen ...

Laß uns Kameraden sein, jeder auf seinem Weg und doch gemeinsam ...

Es war, als hätt' der Himmel
die Erde still geküßt,
daß sie im Blütenschimmer
von ihm nun träumen müßt.

Ein Hauch ging durch die Felder,
die Ähren wogten sacht,
es raunten leis die Wälder,
so sternklar war die Nacht.

Und meine Seele spannte
weit ihre Flügel aus,
flog durch die stillen Lande,
als flöge sie nach Haus.

Joseph von Eichendorff (1788-1857)

... das sagt alles.

In tiefer Verbundenheit ...

Ihr / Dein Dietrich von Oppeln

Biographisches zu Dietrich von Oppeln

Hier mein bisheriger Lebenslauf in wenigen Worten:

Ich wurde 1945, kurz nach Kriegsende, als Ältester von sieben Kindern in der Nähe von Schwäbisch Hall geboren. Mein Vater war Lehrer, meine Mutter lebt als Schriftstellerin in der Nähe von Freiburg.

Zunächst beschritt ich die typische Laufbahn zum Baden-Württembergischen Pfarrer, indem ich zwischen 1961 und 1965 die Internate der Klöster Maulbronn und Blaubeuren besuchte. Im letzteren machte ich dann auch Abitur. Nach einem praktischen Jahr studierte ich evangelische Theologie in Tübingen und später in München. Zwischendurch leistete ich Wehrdienst ab. Ich entschied mich dann aber zum Lehrberuf, studierte Deutsch und Kunst in München und Stuttgart, wo ich 1973 die geforderten Examina ablegte. Danach lebte ich eine Zeitlang als freier Grafiker, Siebdrucker, Maler und Musiker. Schließlich entschied ich mich, meine Lehrambitionen wieder aufzunehmen, und war von 1979 bis 1983 Lehrer an Gymnasien in Baden-Württemberg für Kunst, Deutsch und (als Dauervertretung) in Musik.

Schon 1976 kam ich mit der Human Potential Movement aus den USA in Berührung und besuchte eine Reihe von Seminaren und Ausbildungen, darunter in Massage und Primärtherapie.

1977, nach einigen mehr oder weniger erfolgreichen Therapie- und Bewußtseinserweiterungsversuchen, besuchte ich in München die legendäre „experience"von Rannette Daniels, eine viereinhalb-Tage Seminar-Erfahrung, die mich zutiefst berührte und mich wieder mit meiner Spiritualität in Verbindung brachte.

Danach war alles anders ...

1983 verließ ich die Laufbahn als Lehrer und folgte einem Ruf in die USA, wo ich mich intensiv mit spirituellen Fragen auseinandersetzte, insbesondere auch mit den Formen des Christentums. Dazu bereiste ich mit einer Gruppe von Gleichgesinnten viele amerikanische Bundesstaaten und lebte in den Städten Houston, Chicago, Los Angeles, um nur einige zu nennen. Dort durfte ich endlich in (hauptsächlich charismatischen) Kirchen nach Herzenslust predigen. Ich machte sehr tiefe Erfahrungen in den Bereichen von Gottesnähe und Heilung, Vergebung und Erlösung, Gebet und Meditation.

Weitere spirituelle Forschungsreisen brachten mich mehrmals nach Israel, Ägypten, Griechenland und später auch nach Brasilien, Hawaii, Slovenien.

Im Januar 1987 heiratete ich meine Frau Elisabeth, die ich bereits zu den Zeiten der „experience" kennengelernt und die mich auf vielen Reisen durch die USA begleitet hatte. Im Dezember 1987 kam unser Kind auf die Welt, Simon.

1988 machten wir in den USA Bekanntschaft mit *Lazaris*, einem Geistwesen, gechannelt durch Jach Pursel. Seitdem habe ich viele Seminare und „Intensives" von *Lazaris* besucht und arbeite mit seinen Tapes und Büchern. Von ihm bekam und bekomme ich die entscheidende Unterstützung in allen spirituellen Fragen und in meiner persönlichen spirituellen Entwicklung.

1989 kehrten wir nach Deutschland zurück. Ich nahm den Faden des „freien Grafikers" wieder auf und verdiente mein Geld als Computergrafiker und Desktop-Publisher, eine Zeitlang sogar mit einer eigenen Firma. In den darauffolgenden Jahren wurde mein Wunsch immer stärker, mich mit meinen Fähigkeiten in Kunst, Musik und Schreiben wieder dem spirituellen Weg zu widmen. Außerdem begann ich mich mehr und mehr als Kanal zu öffnen, insbesondere für meine geistigen Führer und Begleiter Abra'am und Lo'amar, die seitdem einen entscheidenden Beitrag in meinem Leben als Autor, Musiker und Seminarleiter leisten.

Nach einer tiefen persönlichen Krise und der Trennung von meiner Frau begann ich 1995 die ersten Seiten meines Buches „Lemuria - das Land des goldenen Lichts" zu schreiben. Ich hatte von Lemuria von *Lazaris* gehört, und meine ersten von *Lazaris* geführten Meditationen „nach Lemuria" und in die Kristallstädte im Magischen Tal hatten einen solchen lebendigen Eindruck in mir hinterlassen, daß ich von da an meine inneren Augen und Ohren nur öffnen mußte und sofort aufschreiben konnte, was ich sah und hörte.

Ich beschrieb ein Land, in dem alles gut war, wo die Menschen mit sich und der Natur in großer Liebe und Fürsorglichkeit umgingen und eins waren mit Gott oder, wie die Lemurianer sagten, mit Gott/Göttin/Alles, was ist, Ja-shu-ah. Ich hatte gefunden, was in Mythologien als das Paradies, Insel der Glückseligen, Shambhala, Shangrila etc. beschrieben wurde und offensichtlich eine tiefe Erfahrung im menschlichen Bewußtsein ist.

Von da an wollte ich in Büchern, in Musik und Seminaren diese liebevolle und heilsame Energie für unseren geschundenen und verwundeten Planeten erwecken, auf daß „werde, was wir träumen", eine bessere und schönere Welt in einer geheilten Schöpfung.

Dem ersten Buch folgte bald darauf das zweite über Lemuria „Die Kristallstädte von Lemuria".

Ich hatte einen Verlag gefunden, der Freude an meiner Arbeit hatte und sie publizieren wollte. Mit der Verlegerin Christa Falk verbindet mich heute eine tiefe Freundschaft, die auch zur Zusammenarbeit führte, insbesondere in der „Diana-2000-Edition".

1997, einen Tag nach dem Tod meines geliebten Vaters und fünf Tage nach dem Tod von Prinzessin Diana, hörte ich zum ersten Male ihre Stimme. Ich überwand die Scheu und schrieb nieder, was ich hörte. Daraus ist zunächst ein kleines Büchlein entstanden mit dem Titel „Diana - Ich möchte euch so gerne noch etwas sagen ...". Zwei Jahre später wagte sich Christa Falk an eine Diana-Gedächtnis-Edition mit einem Buch, einer Musik-CD und einem Video.

Das Buch „Green Hills" ist eine Art Fortsetzung des ersten Büchleins. Ich durfte noch mehr Worte von Dianas Weisheit und Liebe niederschreiben. Sie inspirierte mich auch zu einer Musik-CD („How much I love you"). Das Video „Botschaft der Liebe" ist Christa Falks Hommage an Diana, mit tiefen und berührenden Reminiszenzen an Artus und Guinevere, Avalon, Chalice Well und den Heiligen Gral.

Im Jahr 1999 hatte ich wieder tiefen Kontakt mit meiner Großmutter Aenne Winter, die zwischen 1920 und 1965 viele Menschen, Tiere und Pflanzen mit ihrer „Heilmagnetik" erfolgreich behandelte. Sie hat mir ihre Heilkraft anvertraut, die ich jetzt wiederum in Seminaren an Menschen weitergebe.

Inzwischen schreibe ich weiterhin an Büchern, Filmskripten und Musik, meist mit spiritueller Thematik. Außerdem gebe ich Seminare über Lemuria und sein Wissen, über Kristalle und spirituelle Heilmethoden aller Art.

Meine gestalterischen Leidenschaften fließen ein in die Herstellung von „Seelenlandschaften". Das sind auf dem Computer gemalte symbolisch-metaphorische Landschaftsbilder, die schon vielen Menschen zum täglichen Begleiter wurden.

Gott ist meine erste Liebe ...

.... und danach kommt gleich die Musik.

Zum Schluß mein Konfirmationsspruch, der mich immer begleitet:
„Meine Lippen und meine Seele, die Du erlöst hast, sind fröhlich und lobsingen Dir ..."

August 2001

Dietrich von Oppeln

Biographisches zu Dr. med. Sylke Neumann

1967 erblickte ich als Tochter einer Ärztin und eines Ingenieurs das Licht der Welt - der östlichen Welt in der Nähe von Dresden. Von früh an liebte ich alles, was kreucht und fleucht - und meine Schwester und ich durchstreiften Wald und Wiesen der noch oft unberührten Natur.

Die Schule erlebte ich zunächst als Beschneidung meiner Freiheit und als verschwendete Zeit - erkannte aber bald, daß ich den Traumberuf Ärztin, den ich schon als 5-Jährige hegte, nur mit Bestnoten erreichen konnte. So strengte ich mich an und erreichte den Notendurchschnitt, den ich zum Medizinstudium brauchte. Trotz einer ersten Ablehnung, was im damaligen Regime keine Seltenheit war, blieb ich hartnäckig an meinem Ziel und arbeitete zunächst als Hilfskraft in einem Krankenhaus. Das Leiden, die Hoffnungslosigkeit und die Schmerzen, die ich sah, bestärkten mich noch mehr auf meinem Weg. Nach Abschluß meiner Ausbildung als Krankenschwester wurde ich schließlich zum Medizinstudium zugelassen, das ich 1996 abschloß. Parallel zum Studium erlernte ich klassische Akupunktur.

Meine spirituelle Entwicklung begann mit einer Ausbildung in Yoga. Mein Heißhunger nach neuen Erkenntnissen, insbesondere im Bereich Körper, Geist und Seele, erwachte. 1998 lernte ich den Autor dieses Buches in einem seiner Kristallseminare kennen und kam so auch mit der Aluah-Trance Massage in Berührung, die mich sofort faszinierte. Ich machte die ATM-Ausbildung und verwendete von da an die Massage in meiner Praxis als Ärztin - mit erstaunlichen Erfolgen, wie Sie es im Teil III dieses Buches nachlesen können.

Die ATM bestärkt mich in meiner Einsicht, daß eine gesunde, heile Seele einen gesunden, heilen Körper hervorbringt. Das Schöne ist, daß die ATM vom Körper als Tor zur Seele ausgeht und daß die liebevollen, fürsorglichen und „wissenden“ Berührungen das stärkste menschliche Kraftpotential erwecken - das des inneren Heilers, der inneren Heilerin. Das unterstützt die traditionellen Heilmethoden ungemein und läßt sie in einem neuen, zukunftsweisenden Licht erscheinen.

Januar 2002

Dr. med. Sylke Neumann

Über *Lazaris* ...

Lazaris ist eine Wesenheit, die durch Jach Pursel in den USA seit 1974 gechannelt wird. Tausende von Menschen aus der ganzen Welt haben inzwischen die Intensives und Workshops besucht, die Bücher gelesen, Kassetten gehört und die Videos gesehen, die sich alle dadurch auszeichnen, daß sie zutiefst das „Menschliche" berühren. *Lazaris* will kein Lehrer, erst recht kein Guru sein, sondern ein Freund. Er war nie inkarniert, hat aber auf seine Weise gelernt, wie die Menschen, wie die Welt ist und was dazu gehört, hier auf Erden ganz bewußt Spaß und Erfolg zu haben.

Sein „Teaching" zu den verschiedensten Themen ist zutiefst von Mitgefühl und Liebe erfüllt und erfrischend „down to earth". Ich habe von *Lazaris*, den ich für die integerste Wesenheit halte, die auf dieser Erde gechannelt wird, unendlich viel gelernt. So viel Wissen, aber auch so viel Trost habe ich in den vielen Seminaren, die ich in den USA besucht habe, empfangen, so viel Bestärkung und Ermutigung auf meinem spirituellen Weg.

Ohne meine Begegnung mit *Lazaris* hätte ich dieses Buch nicht schreiben können.

Lazaris gibt Workshops und Seminare in Orlando, USA.

Bei Interesse gebe ich gerne mehr Auskunft.

Materialien zur Aluah-Trance Massage

Die ATM-Öl-Essenzen

Sie sind wunderbar geeignet zum Energetisieren und Schützen der Chakras und zur Unterstützung der Themen der jeweiligen Lebensphasen. Der Bezug und die Verwendung der 9 ATM-Öle ist frei und nicht an die ATM-Ausbildung gebunden. Sie können also jederzeit Öle für den täglichen Gebrauch bestellen.

ATM-Öl No. 1 • DAS EMPFANGEN
Chakra: Wurzelchakra
Lebensphase: Geburt - 6 Jahre
Themen: Vertrauen, Liebe, Mitgefühl, Intensität, Lebenswille
Fürsorgebereich: Allgemeiner Schutz, Prostata, Geburtsvorbereitung, Mißbrauch aller Art, Lebensangst, Allergien

ATM-Öl No. 2 • DAS ENTDECKEN
Chakra: Nabelchakra
Lebensphase: 7 - 13 Jahre
Themen: Unschuld, Schönheit, Selbstvertrauen, Kreativität, Sexualität
Wirkung: Selbstwertsteigerung, Selbstvergebung, Schaffensfreude, erfülltes Liebesleben
Fürsorgebereich: Unterleibsorgane, Harnprobleme

ATM-Öl No. 3 • DAS ERWECKEN
Chakra: Solarplexus
Lebensphase: 14 - 20 Jahre
Themen: Sicherheit, Lebenssinn, Gefühl, Umsetzungskraft
Wirkung: Gefühlsbalance, Mut zur Manifestation, Beruhigung
Fürsorgebereich: Magen und Darm, Eßstörungen, Ängste, Gefühlsstörungen, Leber, Galle

ATM-Öl No. 4 • DAS ERWACHEN
Chakra: Herzchakra, Anahata-Chakra
Lebensphase: 21 - 48 Jahre
Themen: Erwachsen werden, erwachsene Liebe, Verantwortung, voll im Leben stehen
Wirkung: Geduld, Mitgefühl, Spontaneität, Selbstliebe, Tatkraft, Ehrlichkeit, Mut

ATM-Öl No. 5 • DAS ERLEBEN
Chakra: Halschakra
Lebensphase: 49 - 76 Jahre
Themen: Lebenswahrheit und Lebensmeisterschaft, Kommunikation
Wirkung: Sicherheit im Ausdruck, Selbstbewußtsein ***Fürsorgebereich:*** Atemwege, Stimme, Sprechen und Hören

ATM-Öl No. 6 • DAS ERKENNEN
Chakra: das Dritte Auge
Lebensphase: ab 77 Jahre
Themen: Erkenntnis und Weisheit
Wirkung: Bessere Intuition, Imagination, Visionskraft, Inspiration, weise Entscheidungen treffen
Fürsorgebereich: Migräne, Sehorgane, Strahlenschutz

ATM-Öl No. 7 • DAS ERGEBEN
Chakra: Scheitelchakra
Lebensphase: Der Abschied
Themen: Loslassen zu einem neuen Leben
Wirkung: Mut zum Neubeginn, Vergebung, Heilung und Loslassen der Vergangenheit
Fürsorgebereich: Süchte, Abhängigkeiten, Gehirnfunktionen

ATM-Öl No. 8 • DAS REGENBOGENÖL
Chakra: alle 7
Lebensphase: alle Lebensphasen
Themen: Integration und Balance
Wirkung: Auraschutz, Aura-Regeneration
Fürsorgebereich: Gesamter Körper, Aura

ATM-Öl No. 9 • SHIJALLAH
das goldene Öl von Lemuria
Themen: die goldene Magie
Wirkung: allgemeiner Schutz, Vitalisierung, Ermutigung, Vertrauen
Fürsorgebereich: Gesamter Körper, Aura, Lichtkörper, Energiekörper

Die ATM-Musik

Für die Aluah-Trance Massage wurde vom Autor speziell diese Musik komponiert. Sie umfaßt 7 Stücke für die sieben Lebens- und Seelenphasen und die zugehörigen Chakras. Das 8. Stück auf der CD ist die Begleitmusik zur Regenbogenphase und zur Integration aller Chakras. Auch gut geeignet zu jeder Art von Meditation oder einfach als energetisierende Hintergrundmusik.

Die 7 ATM-Symbolbilder und das Regenbogenbild

Während des Schreibens des Buches habe ich diese Bilder gestaltet, die Sie zu Anfang jedes Kapitels der Phasenbeschreibungen sehen. Sie enthalten Farben, Symbole und Elemente der Lebens- und Seelenphasen und sind gut dazu geeignet, den Raum in die entsprechende Schwingung zu versetzen. Man kann alle im Raum aufhängen oder immer nur einzelne im Wechsel oder in Kombination. Erstellt in Fotoqualität in den Formaten Din A4 und Din A3.

Weitere Materialien

Beständig wird das Angebot an Begleitmaterialien zur Aluah-Trance Massage und weiteren Lehrmaterialien ausgebaut.
Dazu gehören Massagekristalle, Meditationskassetten, subliminale Kassetten, Körperkarten, Videos und vieles mehr.
Bitte bestellen Sie dazu bei uns den entsprechenden Katalog, oder schauen Sie unter:
http://www.lemuria.de

Wie und wo kann ich eine ATM-Behandlung bekommen?

Es gibt bereits eine Anzahl von Personen, die in der ATM ausgebildet sind. Grundsätzlich sollten Sie nur von solchen eine Behandlung in der ATM empfangen, die ein von mir persönlich unterschriebenes Zertifikat besitzen, die Stufe I und die Stufe II absolviert haben, entsprechende Weiterbildungen nachweisen können und von mir direkt autorisiert sind.
Frau Dr. med. Sylke Neumann und ich werden ein- bis zweimal im Jahr selbst Behandlungswochen in der ATM anbieten.
Näheres dazu und eine Liste weiterer ATM-Behandelnder in Deutschland, Österreich und der Schweiz können Sie gerne von mir erhalten oder immer aktuell im Internet abfragen unter folgender Adresse:
http://www.lemuria.de

Weitere Bücher und Musik von und mit Dietrich von Oppeln, die im Ch. Falk-Verlag erschienen sind:

LEMURIA - das Land des goldenen Lichts
ISBN 3-89568-029-X
264 S. mit farbigen Abbildungen und Zeichnungen

Die Kristallstädte von Lemuria
ISBN 3-89568-042-7
260 S. mit farbigen Abbldg. und Zeichnungen

MUSIK-CD
Die Gesänge Lemurias
ISBN 3-89568-041-9

DIANA-Ich möchte euch so gerne noch etwas sagen ...
ISBN 3-89568-044-3 • 100 S.
DIANA-There is still something
I would like to tell you ...
ISBN 3-89568-045-1

Die Diana-2000-Edition mit Buch, CD, Video • Hrsg. von Ch. Falk • ISBN 3-89568-083-4
Video: „Botschaft der Liebe • Mit der Prinzessin von Wales am Herz-Chakra der Welt"
ISBN 3-89568-071-0
Buch: „Green Hills • Gespräche mit der Königin der Herzen" • ISBN 3-89568-070-2
Musik-CD: „How much I love you • Musik für das neue Jahrtausend ... inspiriert von der Königin der Herzen" • ISBN 3-89568-074-5

Erhältlich in jeder Buchhandlung oder bei:
Ch. Falk-Verlag • Ischl 11 • D-83370 Seeon
Telefon (49) 08667-1413 • Fax (49) 08667-1417
Webseite: http://www.chfalk-verlag.de • email@chfalk-verlag.de

Adressen und Bezugsquellen

Informationen über Ausbildungen, Seminare, Seminarreisen im Bereich „Lemuria", Kristalle, Reality-Creating, energetische Arbeit, die Aluah-Trance Massage, alle Produkte und Materialien erhalten Sie von:

Lemuria • Dietrich von Oppeln • Box 1160 • D-78148 Gütenbach
Telefon: (49) 07723-913 470 • Fax 913471
oder unter der Webseite: http://www.lemuria.de
Email: info@lemuria.de

Hier können Sie auch die ATM-Öle und andere ATM-Materialien bestellen.

Kontakt zu Frau Dr. med. Neumann erhalten Sie ebenfalls über obige Adresse oder die Webseite.